Informiert
Ihr sollt Informationen aus verschiedenen Medien (Bücher, Internet) zu einem Sachverhalt herausfinden und zusammenstellen.

Lest und berichtet
Zunächst müsst ihr den Text genau lesen und euch dabei das Wichtigste merken. Über den Inhalt sollt ihr dann der Klasse berichten oder den Inhalt mit euren eigenen Worten in eurer Arbeitsmappe festhalten.

Löst
Ihr sollt nach entsprechenden Vorgaben eine stumme Karte bearbeiten oder ein Kreuzworträtsel ausfüllen.

Nehmt Stellung
Hier ist eure Meinung gefragt, ihr sollt begründen, was ihr zu einer bestimmten Sache, Aussage meint.

Nennt Gründe, warum …
Ihr sollt wichtige Gründe nennen, warum eine Sache so oder so ist. Die Informationen dafür entnehmt ihr Texten, Karten oder Schaubildern.

Ordnet
Ihr sollt verschiedene Informationen in einer sinnvollen Reihenfolge, z. B. in einer Tabelle, aufschreiben.

Prüft
Ihr sollt feststellen, ob eine Behauptung über einen Sachverhalt stimmt oder ob sie falsch ist.

Recherchiert
Ihr sollt umfangreiche Informationen aus verschiedenen Informationsquellen sammeln und zusammenstellen – beispielsweise aus anderen Schulbüchern, aus einem Lexikon, aus Jugendbüchern, Büchern, Zeitschriften und aus dem Internet.

Schreibt einen Bericht …
Aus den Materialien (z. B. einer oder zweier Doppelseiten, aus Texten, Bildern oder Grafiken) sollt ihr eine zusammenfassende Darstellung in euren Worten verfassen. Dieser Bericht soll klar gegliedert sein (Einleitung, Hauptteil, Schluss) und kann mit Skizzen oder Bildern ergänzt werden.

Stellt zusammen
Aus einem Text oder einer Grafik stellt ihr die wichtigsten Aussagen ohne Kommentar zusammen.

Sucht
In verschiedenen Medien (Bücher, Filme, Internet) sucht ihr nach einem Sachverhalt und notiert die Ergebnisse der Suche.

Unterscheidet
Ihr beschreibt mit euren Worten den Unterschied zwischen Sachverhalten oder Aussagen.

Untersucht
Ihr geht einer Sache auf den Grund, indem ihr genaue Fragen stellt und die Ergebnisse dann aufschreibt.

Vergleicht
Aus zwei oder mehreren Materialien (Texte, Bilder, Karten) sollt ihr Unterschiede und Gemeinsamkeiten erarbeiten. Das geht am besten, wenn ihr eure Beobachtungen in einer Tabelle notiert.

Verortet
Hier geht es darum, die geographische Lage eines Objektes (Stadt, Fluss, Großraum …) anzugeben.

Versetzt euch
Ihr sollt euch in eine Person versetzen und durch eure Fantasie erspüren, wie es der Person (damals) wohl ergangen sein kann. Dabei handelt es sich immer um Vermutungen.

Wertet … aus
Zunächst müsst ihr den Text genau lesen, dann solltet ihr euch wichtige Stichwörter notieren und die Argumente für und gegen eine Sache nennen und bewerten.

Weist nach
Sagt mit euren Worten, dass ein Sachverhalt aufgrund eurer Feststellungen so oder so ist, also aufgrund eurer „Beweise“.

Zeigt auf
Ihr stellt einen Zusammenhang zwischen verschiedenen Informationen und Sachverhalten her.

1

Arbeitsbuch für Gesellschaftslehre

Menschen | Zeiten | Räume

Herausgegeben von
Dr. Thomas Berger-von der Heide

mit Beiträgen von
Dr. Michael Berger, Dr. Thomas Berger-von der Heide,
Dr. Jürgen Ehlers, Christian M. Ernst, Peter Fischer,
Prof. Dr. Martina Flath, Mechthild von Gillhaußen, Sabine Held,
Karl-Heinz Holstein, Dr. Manfred Koch, Dr. Winfried Kunz,
Uta Möhlenkamp, Karl-Heinz Müller, Dr. Harald Neifeind,
Jürgen Neumann, Bärbel Oelmann, Prof. Dr. Hans-Gert Oomen,
Nadine Di Pardo, Hans-Otto Regenhardt, Edgar Reinert,
Dr. Dieter Richter, Ellen Rudyk, Margrid Schiewek-Giesel,
Dr. Bettina Schmitz, Dr. Gudrun Weinert,Thomas Zimmermann,
Josef Zißler

Beratende Mitarbeit
Kerstin Menning (Oberhausen), Norbert Achtelik (Essen)
in Zusammenarbeit
mit der Verlagsredaktion

Cornelsen

Redaktion Dr. Frank Erzner

Bildredaktion Elke Schirok

Illustration Silke Bachmann; Klaus Becker, Oberursel; Thomas Binder, Magdeburg; Elisabeth Galas, Bad Breisig; Daniel Hoesch, Berlin; Peter Lowin, Bremen; Matthias Pflügner, Berlin; Michael Teßmer, Hamburg; Dorothee Wolter, Köln; Hans Wunderlich, Berlin

Grafik Dr. Volkhard Binder, Berlin; Franz-Josef Domke, Hannover; Elisabeth Galas, Bad Breisig; Dieter Stade, Hemmingen

Kartenherstellung Elisabeth Galas, Bad Breisig; Peter Kast, Ingenieurbüro für Kartographie, Schwerin

Layout L101 Mediengestaltung, Berlin

technische Umsetzung zweiband.media, Berlin

Coverfoto Am Brandenburger Tor

www.cornelsen.de

Dieses Werk berücksichtigt die Regeln der reformierten Rechtschreibung und Zeichensetzung.

1. Auflage, 2. Druck 2013

Alle Drucke dieser Auflage sind inhaltlich unverändert und können im Unterricht nebeneinander verwendet werden.

Druck Mohn Media Mohndruck, Gütersloh

ISBN 978-3-06-064951-8

Inhalt gedruckt auf säurefreiem Papier aus nachhaltiger Forstwirtschaft.

Inhalt

* Dies ist ein zusätzliches Angebot über den Kernlehrplan hinaus.

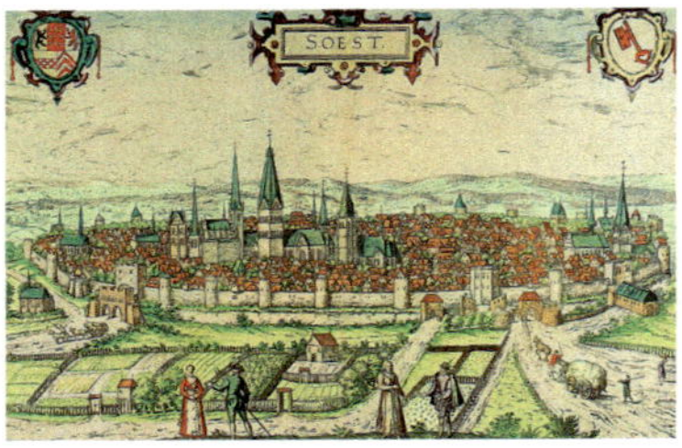

3b Leben und Versorgen – im Mittelalter 126

4 Kinder der Welt 150

5 Menschen nutzen Naturräume und Wasser 176

6 Medienrevolution – damals und heute 218

Menschen | Zeiten | Räume

Auftakt
Die blauen Auftaktdoppelseiten eröffnen ein Kapitel. Bilder und ein einführender Text mit Fragen erschließen das Thema und laden zur Mitarbeit ein.

Unterkapitel
Über der Seitenüberschrift der Inhaltsseite (Doppelseite) zeigt die gelbe, kleinere Überschrift das Unterkapitel an. Dadurch könnt ihr sofort sehen, um welchen Teilbereich es auf dieser Doppelseite geht.

Begriffserklärungen
Hier werden Wörter erklärt, die ihr noch nicht kennt. Im Text sind sie mit einem Sternchen* markiert.

Inhaltsfeld
Diese Eintragungen wiederholen die Angaben des Lehrplans, den das Schulministerium erlassen hat.

Webcode
Über den Webcode könnt ihr im Internet unter www.cornelsen.de/webcode weitere Informationen zum Thema einer Doppelseite abrufen. Auf dieser Website findet ihr oben ein Feld, in das ihr die Zahlenkombination eingebt, die ihr in dem Webcode findet, zum Beispiel MZ649518-215.

Methode

In jedem Kapitel gibt es „Methodenseiten“, mit denen ihr schrittweise lernen könnt, wie ihr fachgerecht die vielfältigen Materialien des Faches Gesellschaftslehre aufschließen und erarbeiten könnt. Niemand kann alles wissen, aber wie man an das Wissen kommt, sollte jede und jeder können.

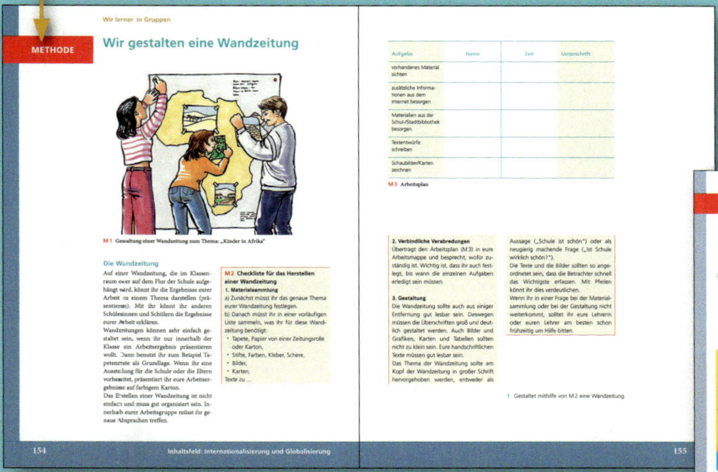

Das kann ich …

Am Ende eines Kapitels könnt ihr euer Wissen überprüfen. Mit den Fragen auf dieser Seite könnt ihr feststellen, ob ihr über die in diesem Kapitel geforderten Fähigkeiten (Kompetenzen) verfügt.

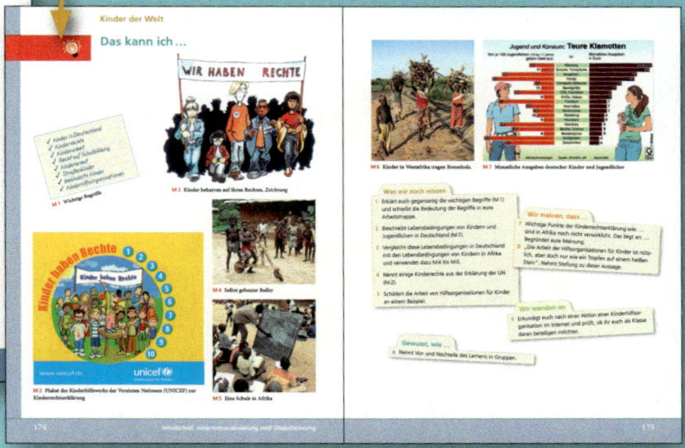

Inhaltsseiten

Auf diesen Seiten könnt ihr mithilfe verschiedener Materialien eine Frage bearbeiten, die immer links oben steht. Texte, Bilder, Karten und andere Materialien (**M**) erschließen den Sachverhalt, um den es geht. Aufgaben rechts unten auf der Doppelseite helfen euch, die Materialien zu erarbeiten.

Quellentexte

Texte aus früherer Zeit sind mit „**Q**“ gekennzeichnet und werden auf blauem Hintergrund abgedruckt.

Schauplatz

Ein oder zwei große Bilder verdeutlichen ohne weiteren Text ein Thema aus einem Kapitel.

Anhang

Der „Anhang“ beginnt auf der Seite 318. Zunächst sind hier noch einmal alle Methoden (mit Seitenverweisen) aufgelistet. Dann folgen ein kleines Lexikon (S. 323–328) und ein Sachregister (S. 329–333).

Inhaltsfeld: Herrschaft, Partizipation und Demokratie

1 Mitbestimmen – heute und damals

Bei der Wahl einer Klassensprecherin oder eines Klassensprechers könnt ihr in der Schule mitbestimmen. Ebenso seid ihr bei der Wahl eurer Vertreter im Schülerrat der Schule beteiligt. Wichtige Entscheidungen, die eure Klasse betreffen, werden von euren Lehrerinnen und Lehrern mit euch besprochen. Wer mitbestimmen will, muss aber auch bereit sein, Aufgaben zu übernehmen und z. B. die Schulordnung einhalten.

In diesem Kapitel könnt ihr

- eure Mitbestimmungsmöglichkeiten in der Schule und in der Gemeinde erarbeiten,
- eure Rechte und Pflichten in eurer Familie untersuchen und
- herausfinden, wie vor fast 2500 Jahren in Athen Bürger sich dafür einsetzten, in wichtigen politischen Fragen mitzureden und mitzuentscheiden.

Am Ende des Kapitels könnt ihr auf der Doppelseite „Das kann ich …“ überprüfen, was ihr mit diesem Kapitel über die Möglichkeiten mitzuwirken und sich zu beteiligen gelernt habt.

Wie wird man ein gutes Team?

*Team
Arbeitsgruppe, Sportmannschaft

Gemeinsam mit euren Mitschülerinnen und Mitschülern bildet ihr eine neue **Klassengemeinschaft**. Erfahrungsgemäß dauert es eine Weile, bis daraus ein gutes **Team*** geworden ist. Lernen, Neues entdecken, Freude haben, Probleme bewältigen, Sorgen teilen und Freunde finden fällt in einer guten Gemeinschaft leichter. Doch um ein richtiges Team zu werden, muss man einander erst einmal richtig kennenlernen.

*Interview
Ein Interview ist eine Befragung, die dazu dient, dass man von einer Person Daten, Informationen, Meinungen, Erfahrungen, Gefühle oder Wünsche erfährt.

M 1 Das Kennenlernspiel

Vorbereitung
Jeder wählt einen persönlichen Gegenstand aus, den er bei sich trägt.

Durchführung
Diesen Gegenstand tauscht er mit Begrüßung und Nennung seines Namens in einer festgelegten Zeit beliebig oft aus.
„Hallo, ich bin Claudio, und das ist mein Mäppchen."
„Hallo, ich bin Irina, und das ist meine Kette."
„Hallo, ich bin Claudio, und das ist die Kette von Irina."
usw.

Abschluss
Jeder gibt den zuletzt erhaltenen Gegenstand vor der Klasse an den Eigentümer zurück. Dabei nennt er seinen eigenen Namen und den des Besitzers:
„... gehört Doran und ich heiße ..."

Auswertung
Berichtet, was euch beim Spielen aufgefallen ist.

M 2 Das Partnerinterview*

Bei einem Partnerinterview tauschen sich zwei Schüler aus.
Durch Losverfahren werden die Gesprächspaare gebildet. Jeder interviewt den anderen etwa drei Minuten lang.
Nach der Befragung finden sich alle Schülerinnen und Schüler in einem Stuhlkreis zusammen und stellen ihren jeweiligen Interviewpartner der Klasse vor.
Ist die Klassengemeinschaft groß, kann die Vorstellungsrunde auch in zwei oder drei kleineren Gruppen erfolgen.

Tipps für das Befragen
- Überlegt, was ihr wissen wollt.
- Legt die Reihenfolge der Fragen fest.
- Beschließt, wie die Antworten festgehalten werden.
- Stellt nicht alle Fragen auf einmal.
- Fragt nach, wenn ihr etwas nicht verstanden habt oder formuliert die Antwort des anderen zu einer Frage um.
- Antwortet nur auf das, was ihr gefragt worden seid.
- Eure Höflichkeit während des Gesprächs und der Dank zum Abschluss sind selbstverständlich.

Name:	Tobias Fellmann
Geburtsdatum:	17.10.2000
Adresse: (Herkunftsort bei Umzug)	Daruper Straße 48249 Dülmen
Telefonnummer:	02594 913 ...
Geschwister:	Leonie (9 Jahre)
Besondere Kennzeichen:	blonde Haare
Ich freue mich über:	neue Computerspiele
Gut kann ich:	Handball spielen
Hobbies:	Fische im Aquarium halten, ins Fußballstadion gehen
Von meinen Mitschülern wünsche ich mir:	dass sie nett sind
Das würde ich für eine gute Klassengemeinschaft tun:	Wenn jemand etwas nicht versteht, helfe ich ihm gern.
Unterschrift:	Tobias Fellmann

M 3 Das Klassenschiff mit Steckbriefen

Das Klassenzimmer verschönern

Steckbriefe helfen nicht nur dabei, einander besser kennenzulernen, sondern lassen sich auch zur Klassenraumgestaltung einsetzen. Das Klassenschiff (M 3) ist nur eine von vielen Möglichkeiten. Es gibt viele andere Ideen, Steckbriefe zur Gestaltung des Klassenzimmers einzusetzen.
Bilder, Pflanzen, Spiel- oder Leseecke sind weitere Möglichkeiten, das Klassenzimmer so zu gestalten, dass ihr euch gerne darin aufhaltet – und somit bestimmt auch leichter lernt.

1 Spielt das Kennenlernspiel (M 1) und berichtet, was euch beim Spielen aufgefallen ist.

2 Führt Partnerinterviews durch und stellt eure Interviewpartner in der Klasse vor (M 2).

3 Ermittelt mithilfe der Steckbriefe (M 3)
- Gemeinsamkeiten,
- Unterschiede, die das Zusammensein spannend machen.

4 Nennt Vorteile, die sich daraus ergeben, dass man viel über den anderen weiß.

5 Macht Verschönerungsvorschläge für den Klassenraum und setzt sie um.

Wie gelingt gemeinsames Lernen?

M 1 Das dreifache Klassenzimmer

So ist Lernen viel angenehmer …

Nicht nur beim Spielen helfen verbindliche Regelungen. Auch der Erfolg beim Zusammenleben und Lernen in einer Klassengemeinschaft ist von der Einhaltung bestimmter Absprachen abhängig. Da jeder seine eigenen Vorstellungen hat, müsst ihr euch gemeinsam einigen.

M 2 Die „schwebende" Stange

Alle Mitspieler/-innen stellen sich mit dem Gesicht zueinander in zwei Reihen gegenüber auf. Jeder streckt einen Arm etwa in Brusthöhe vor sich und spreizt dabei den Zeigefinger nach vorne. Die Gruppe soll etwa so lang sein wie die Stange. Bei größeren Schulklassen müssen mehrere Gruppen gebildet werden.
Die/der Lehrer/-in legt die Stange auf die Zeigefinger der Mitspieler/-innen.
Sobald die Stange auf den Fingern der Mitspieler/-innen ruht, gilt folgende Bedingung: Jede/-r Teilnehmer/-in muss mit dem Zeigefinger die Stange von unten berühren. Die Stange soll nicht herunterfallen, sondern gleichmäßig auf dem Boden abgelegt werden.

M 3 Regeln für unsere Klasse

A) Überlegt zunächst in Einzelarbeit acht Regeln, die euch wichtig sind.
B) Vergleicht eure Ergebnisse mit einem Partner und einigt euch als Paar auf sechs Übereinstimmungen.
C) Tauscht euer Teamergebnis mit einem anderen Paar aus und haltet die für euch fünf wichtigsten Regeln fest.
D) Stellt eure Gruppenergebnisse der Klasse vor.
E) Erarbeitet im Klassengespräch eure Klassenordnung. Stellt dabei lieber wenige Regeln auf, aber haltet sie dafür ein.
F) Schreibt eure Vereinbarungen auf ein Plakat.

M 4 Das Regelplakat einer fünften Klasse

1 Betrachtet die Bilder auf Seite 12. Stellt die Vor- und Nachteile für jede Unterrichtssituation in einer Tabelle gegenüber. Vergleicht mit eurem Klassenraum.

2 Entscheidet euch für eine Schülergruppe, der ihr gerne angehören möchtet. Begründet euren Entschluss (M 1).

3 Spielt die „schwebende" Stange (M 2).

4 Erarbeitet eine Klassenordnung. Geht dabei vor, wie in M 3 beschrieben.

METHODE

Wir erkunden unsere neue Schule

M 1 Vorschläge zur Erkundung des Schulgebäudes

Hinweis:
Bitte nicht in das Buch schreiben.

Auf Entdeckungsreise durch die neue Schule

1. Wie heißt die Schulleiterin oder der Schulleiter und wo ist ihr oder sein Büro?

   ----

2. Wo befindet sich das Schulsekretariat?

   ----

3. Wie viele **Eingänge** hat unser Schulgebäude? ____________________
4. In welchen Räumen wird das Fach **Musik** unterrichtet? Gib die Raumnummern an. ____________________
5. Wo hängt der **Vertretungsplan**?
   - ❒ vor dem Sekretariat im 1. Stock
   - ❒ beim Hausmeisterraum im Erdgeschoss
   - ❒ am „Schwarzen Brett" beim Haupteingang
6. Wann ist das **Sekretariat** für Schülerinnen und Schüler geöffnet? ____________________
7. Welche **Fachräume** befinden sich im Erdgeschoss unserer Schule? ____________________
8. Wo sollst du dich in den **großen Pausen** aufhalten?
   - ❒ in der Schülerbücherei
   - ❒ im Aufenthaltsraum
   - ❒ in der Aula
9. Beschreibe den **Fluchtweg bei Feueralarm** aus eurem Klassenzimmer. Wo müsst ihr euch als Klasse anschließend treffen?

M 2 Erkundungsbogen „Schulhaus-Rallye"

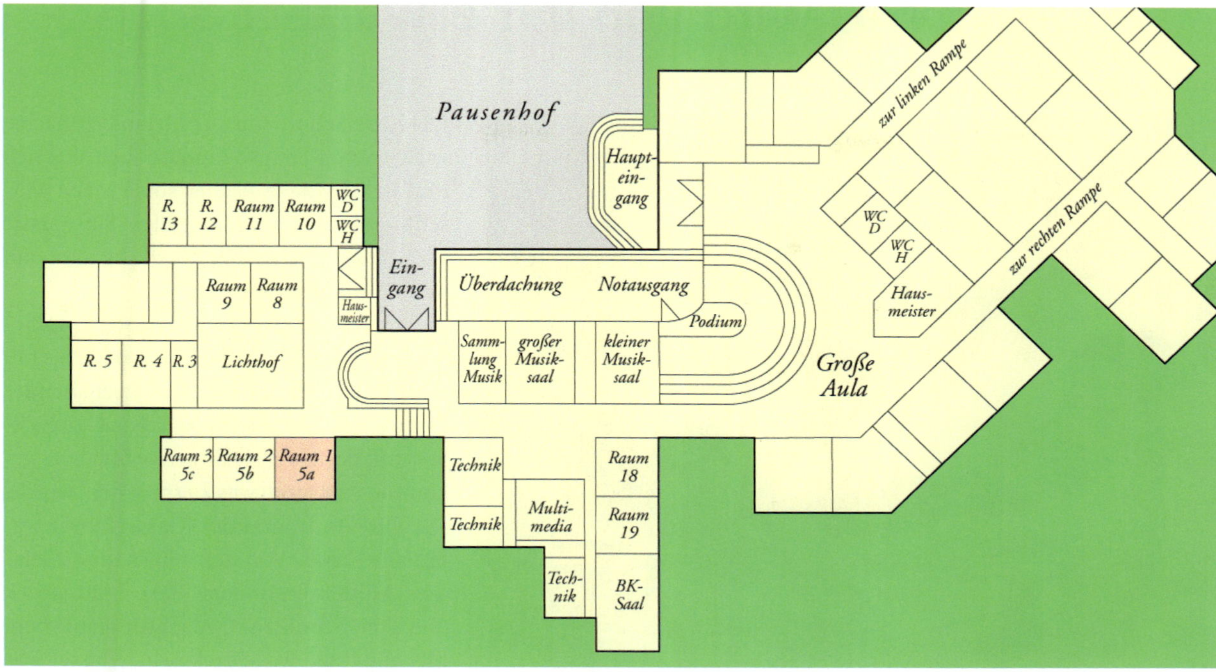

M 3 Als Beispiel: ein Schulzentrum mit dem Raumplan vom Erdgeschoss

Vieles ist anders in der neuen Schule: Eure Lehrerinnen und Lehrer sowie die Klassenkameraden habt ihr bereits kennengelernt. Ihr wisst auch schon, welche Fächer auf dem Stundenplan stehen und welche Bücher sowie Arbeitsmappen ihr benötigt. Aber findet ihr euch auch bereits im Schulgebäude zurecht?

Manchen Schülerinnen und Schülern fällt die Orientierung ziemlich schwer – besonders, wenn die neue Schule sehr groß ist, in mehreren Gebäuden untergebracht ist oder sich mit anderen Schulen ein Haus teilt.

Schulhaus-Rallye

Zur Orientierung hat die Lehrerin der Klasse einen einfachen Plan der Schule mitgebracht. Nachdem das eigene Klassenzimmer farbig markiert worden ist, sollen im Rahmen einer Unterrichtsstunde das Gebäude erkundet und wichtige Fragen geklärt werden:

- Wo sind die Schülertoiletten?
- Wo befinden sich das Sekretariat und das Lehrerzimmer?
- Wo gibt es in der Pause Brötchen zu kaufen?

Die Lehrerin hat hierzu einen Erkundungsbogen vorbereitet und jeweils zwei Schüler/-innen machen sich auf die „Entdeckungsreise durch die neue Schule". „Seid aber bitte sehr leise, damit ihr den Unterricht der anderen Klassen nicht stört!"

***Rallye**
Wettrennen (mit Motorfahrzeugen), bei dem die Teilnehmer mehrere Teilstrecken bewältigen und Aufgaben lösen müssen

1 Manche Unterrichtsstunden werden in Fachräumen erteilt. Beschreibt, wo sie sich befinden.

2 Der Elternabend findet meist im Klassenzimmer statt. Beschreibt euren Eltern den Weg vom Eingang dorthin (mit kleiner Skizze).

3 Sammelt in der Klasse Ideen, wie ihr das Schulgebäude erkunden könnt, und entscheidet euch für eine dieser Ideen.

4 Der Schnuppertag für die zukünftigen Fünftklässler ist eine gute Gelegenheit, eure Schule vorzustellen. Anregungen findet ihr in der Abbildung M 1.

Was wird von mir erwartet?

M 1 **In der Klassengemeinschaft**

Die neue Schule war für Melanie zunächst verwirrend. Es gab andere Lehrerinnen und Lehrer, neue Fächer sowie neue Mitschülerinnen und Mitschüler. Sie musste auch früher aufstehen, weil sie nun auf den Bus angewiesen war.
Melanies Mutter ist an den Schulproblemen ihrer Tochter sehr interessiert. Sie besucht nach Möglichkeit alle Elternabende. Als sie vom letzten Elternabend zurückkommt, berichtet sie ihrer Tochter, wer gekommen ist und was besprochen wurde. Die Direktorin und der Klassenlehrer waren anwesend. Von den Eltern sind Melanies Mutter besonders Herr Mattuschek und Frau Schulz im Gedächtnis geblieben. Melanie fragt, was Direktorin, Klassenlehrer und die Eltern gesagt haben.

	Verhalten der Schüler	Erwartungen an die Schüler	Erwartungen an den Lehrer
Frau Dr. Kröger	Regeln einhalten	...	...
Herr Paulsen	...	...	
Herr Mattuschek	...	gute Noten	
Frau Schulz	...	...	Abwechslung – nicht nur Lernen

M 2 **Tabelle**

1 Ordnet die Aussagen in M 4 den verschiedenen Personen zu.

2 Tragt in einer Tabelle (M 2) die Forderungen aus M 4 zusammen. Vergleicht die Forderungen. Wo stimmen sie überein, wo nicht?

3 Herr Paulsen hat 28 Schülerinnen und Schüler in seiner Klasse und dazu die Eltern. Wie soll er sich verhalten, wenn von ihm so Unterschiedliches wie von Herrn Mattuschek und Frau Schulz verlangt wird? Gebt Herrn Paulsen Ratschläge.

4 Sammelt mögliche Erwartungen, die Mitschülerinnen und Mitschüler an Melanie haben könnten (M 3).

5 Vergleicht eure Überlegungen. Gibt es gegensätzliche Erwartungen?

6 Welches Gefühl könnt ihr bei Melanie beobachten? Wie würdet ihr euch an ihrer Stelle verhalten?

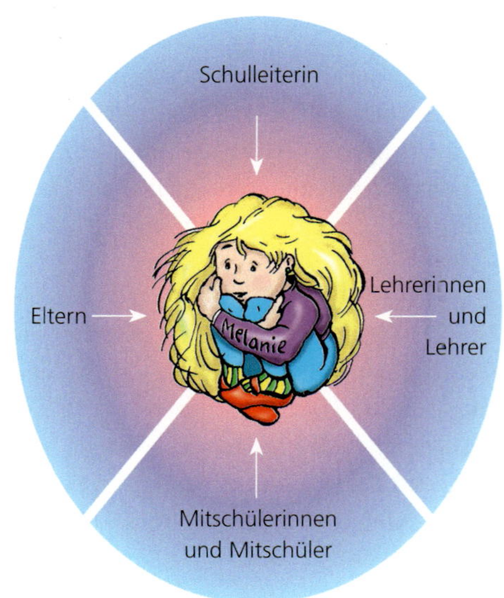

M 3 **Erwartungen an Melanie**

Herr Paulsen, Klassenlehrer

(a) Ich hoffe, dass meine Tochter irgendwann auf eigenen Beinen stehen kann. Freuen würde ich mich, wenn sie das Abitur schafft. Ein Schüler verbringt heute in zehn Schuljahren 20 000 Stunden in der Schule. Das ist eine lange Zeit. Deshalb soll sich meine Tochter in der Schule wohlfühlen. Spiele, Wanderungen, gemeinsame Unternehmungen halte ich für genauso wichtig wie Lernen. In den Pausen sollten Spiele angeboten werden. Als Mutter ist mir ein fröhliches Kind lieber als ein Kind, das andauernd hinter den Büchern sitzt. Manchmal habe ich den Eindruck, dass von den Kindern viel zu viel verlangt wird.

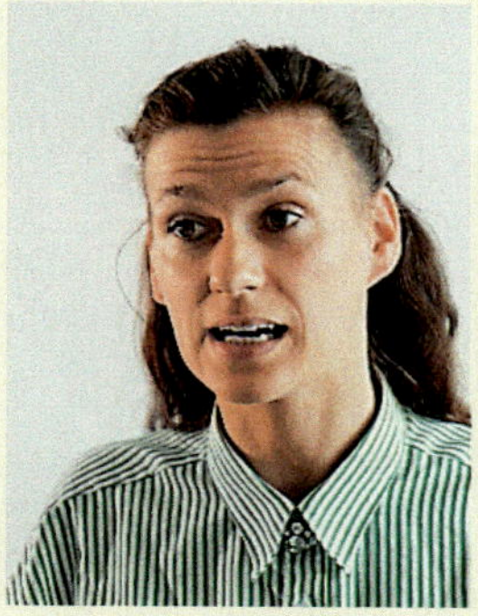

Frau Dr. Kröger, Schulleiterin

(b) Als Klassenlehrer erwarte ich, dass die Schülerinnen und Schüler fleißig sind. In einem Schuljahr ist so viel zu lernen, dass kaum Zeit für besondere Veranstaltungen bleibt. Die Lehrerinnen und Lehrer im nächsten Schuljahr erwarten von mir, dass meine Schülerinnen und Schüler den Stoff sowie bestimmte Lerntechniken und -methoden beherrschen. Sie können nichts nachholen. Ich erwarte von den Schülerinnen und Schülern auch, dass sie ehrlich sind. Wenn sie voneinander abschreiben, kann ich keine gerechten Zensuren geben. Schließlich erwarte ich, dass in der Klasse eine angenehme Atmosphäre herrscht. Die Schülerinnen und Schüler sollen freundlich miteinander umgehen.

(c) Wenn die Schüler und Schülerinnen die Schule verlassen, müssen sie vor allem erst einmal ordentlich lesen, schreiben und rechnen können. Im Beruf wird später so viel verlangt, dass sie viel wissen müssen. Nur Leistung zählt. Deshalb erwarte ich von meinem Sohn, dass er gute Noten und Zeugnisse nach Hause bringt. Die Lehrer müssen die Schüler ordentlich rannehmen. Ich meine, dass die Kinder heute viel zu wenig Hausaufgaben aufbekommen. Es ist auch wichtig, dass die Schüler die Schule körperlich fit verlassen. Sport ist deshalb ein wichtiges Fach.

Herr Mattuschek, Inhaber einer Kfz-Werkstatt

(d) Unsere Schule hat 645 Schülerinnen und Schüler. Damit der Betrieb funktioniert, müssen sich alle an Regeln halten. Ohne Pünktlichkeit und Ordnung geht es in der Schule nicht. Das gilt auch für die Pausen. Ich verstehe ja, dass die Kinder toben wollen, aber bei so vielen Schülerinnen und Schülern besteht doch Verletzungsgefahr. Lehrwanderungen, Projekttage und Schullandheimaufenthalte halte ich für wichtig. Sie können aber nicht so oft durchgeführt werden. Ich brauche die Lehrkräfte doch auch für den Unterricht in anderen Klassen.

Frau Schulz, Angestellte

M4 Verschiedene Erwartungen

Wie war Schule früher?

M 1 In einem Klassenzimmer im Jahre 1903. *Foto*

Schulpflicht und allgemeinbildende Schulen

Jedes Kind im Alter von sechs Jahren hat die Pflicht (und das Recht), in die Schule zu gehen. Genauer gesagt, die Eltern müssen dafür sorgen, dass ihr Kind in die Schule geht. Das war nicht immer so, denn diese **allgemeine Schulpflicht** und **allgemeinbildende Schulen** haben sich in Europa erst im 19. Jahrhundert allmählich durchgesetzt. Vorher hatten nur die Kinder reicher Eltern die Möglichkeit, entweder von Privatlehrern oder in Kloster- und Fürstenschulen das Rechnen und Schreiben zu lernen.
Mit der Schulpflicht war sichergestellt, dass alle Kinder, ob Arm oder Reich, Mädchen oder Jungen, zumindest eine Grundausbildung bekommen.

1. Die Kinder haben pünktlich zur bestimmten Zeit, an Körper und Kleidung reinlich und anständig, mit den erforderlichen Schulsachen versehen, in dem Schulzimmer zu erscheinen, sich sofort an ihre Plätze zu setzen und alles zum Unterricht Nötige in Bereitschaft zu legen.
3. Während des Unterrichts sollen die Schüler still, ruhig, in gerader und anständiger Haltung auf ihren Plätzen sitzen, mit den Händen nicht spielen und mit den Füßen sich ruhig auf dem Boden verhalten. Alles, was den Unterricht hemmt oder stört, wie Essen, Spielen, Scharren oder Stampfen mit den Füßen, Schwätzen, Lachen, eigenmächtiges Verlassen des Platzes, ist untersagt. […]
4. Beim Eintritt des Lehrers in das Schulzimmer haben die Kinder denselben durch Aufstehen zu begrüßen.
5. Die Schüler sollen ihre volle Aufmerksamkeit dem Lehrer oder bei unmittelbarem Unterricht ihren schriftlichen Arbeiten zuwenden. Beim Aufsagen, Lesen und Singen sollen sie aufrecht stehen.

M 2 Aus einer Schulordnung von 1910

1 Vergleicht das Foto M 1 mit eurem Klassenzimmer. Welche Gemeinsamkeiten, welche Unterschiede stellt ihr fest?

2 Lest die Schulordnung von 1910 (M 2). Fasst zusammen, wie sich die Schüler nach der Schulordnung im Unterricht verhalten sollten.

3 Gebt anhand von M 2 an, bei welchen Vorgängen die Schüler stehen sollten. Vermutet, weshalb sie aufstehen sollten.

4 Stellt fest: Welche Bestimmungen aus der alten Schulordnung gibt es heute nicht mehr?

5 Schreibt Argumente für und gegen die Schulpflicht auf. Bildet zwei Gruppen und führt eine Diskussion über die Vor- und Nachteile der Schulpflicht.

Wir führen eine Arbeitsmappe

Für euer neues Fach Gesellschaftslehre solltet ihr eine Arbeitsmappe führen. Während des Unterrichts, beim Wiederholen oder bei der Vorbereitung auf einen Test ist eine gut geführte Arbeitsmappe sehr nützlich. Ihr stellt beim Erstellen der Arbeitsmappe aber auch sofort fest, wenn ihr etwas nicht verstanden habt. Dann könnt ihr Mitschülerinnen oder Mitschüler oder eure Lehrerin, euren Lehrer um Hilfe bitten.

Beim Führen der Arbeitsmappe lernt ihr auch, wie man Informationen übersichtlich anordnen und verständlich weitergeben kann.

Auf dieser Seite seht ihr einige Blätter aus der Arbeitsmappe von Kirsten. Ihr könnt euch von ihren Ideen anregen lassen, aber auch eigene Vorstellungen finden …

Auf ein Deckblatt schreibt ihr am besten folgende Angaben: Fach, Name, Klasse. Oft ist auch noch Platz für eine Zeichnung, die zum Fach passt.

Seitenzahl

Am besten schreibt ihr zu jedem Eintrag ein Datum. Es steht oben rechts.

Jeder Eintrag bekommt eine Überschrift. Ihr könnt sie unterstreichen oder farbig hervorheben.

Tabellen sollten mit dem Lineal gezeichnet werden.

Zeichnungen besser mit Buntstiften, nicht mit Filzstiften anfertigen, damit die Farbe nicht durchschlägt.

Am besten lasst ihr je zwei Zentimeter Rand an jeder Seite.

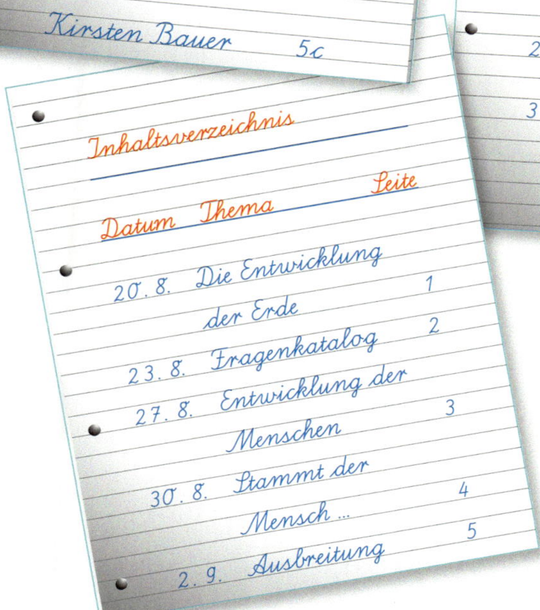

Das Inhaltsverzeichnis sollte keine Seitenzahl bekommen. Es kann ja sein, dass im Laufe des Schuljahres mehrere Seiten daraus werden.

In der Schule mitbestimmen?

- allgemein
- frei
- gleich
- geheim

M 1 Wahlrechtsgrundsätze

Die Klasse 5 a im Wahlkampffieber

Nicole, Tobias, Melanie und Mark haben sich als Kandidaten für das Amt des Klassensprechers aufstellen lassen. Einige Schüler wissen noch nicht, wen sie wählen sollen, und diskutieren:

SABRINA: „Ich wähle Nicole. Die ist immer aufmerksam und fleißig. Sie hat mir schon vieles erklärt."

AYSHE: „Und sie hat der Lehrerin mutig gesagt, dass sie Luca ungerecht behandelt hat."

KEVIN: „Mag ja sein! Aber Tobias ist viel stärker und kann sich besser durchsetzen!"

CLAUDIA: „Mark hat gesagt, er wird es uns schon zeigen, wenn wir ihn nicht wählen."

THOMAS: „Am besten wähle ich niemanden. Dann kann mir auch keiner etwas vorwerfen."

CHRIS: „Ich wähle Mark, er sieht einfach gut aus.

LEANDER: „Ich finde, es sollten nur diejenigen wählen, die letztes Jahr auch bei uns in der Grundschule waren."

MARCO: „Klassensprecher können ja doch nichts erreichen!"

gute Noten **hilfsbereit**
laute Stimme **mutig** **wortgewandt**
groß und stark **vermittelnd**
zuverlässig
gut aussehend **zurückhaltend**
begeisterungsfähig **lustig** **ehrlich**
empfindlich **durchsetzungsfähig**
cool **freundlich** **rechthaberisch**

M 2 Welche Eigenschaften sollte ein/-e Klassensprecher/-in haben?

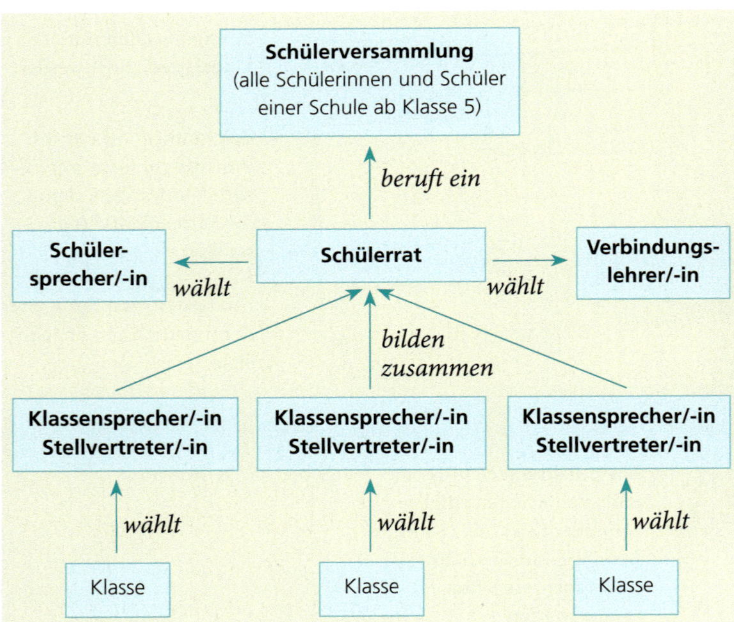

M 3 Die Schülervertretung in Nordrhein-Westfalen

M 4 Klassensprecherwahl

M 5 Wozu Klassensprecher und SV?

„In den Ferien hat mir mein Cousin einmal sein Schulgelände gezeigt. Dort findest du einen Pizzaofen in einer Ecke. Hüpfspiele sind auf den Boden gezeichnet. Eine Malwand, Tischtennisplatten und ein Streetball-Korb sind da", berichtet Michael seinem Freund Achmed.

„So etwas müsste es bei uns auch geben, dann wäre es in den Pausen nicht so langweilig", entgegnet er und wendet sich an Nicole: „Kannst du da nichts versuchen? Du bist doch jetzt unsere Klassensprecherin!" „Na gut", sagt Nicole, „ich werde das Thema bei der nächsten Klassensprecherversammlung vorschlagen. Die SV kann mehr erreichen als ein Einzelner."

„Die SV – davon habe ich noch nichts gehört. Was ist denn das?", will Achmed wissen.

Nicole weiß Genaueres: „Das heißt SV. SV steht für Schülervertretung. Alle Klassensprecher und ihre Stellvertreter wirken daran mit.

Die SV kann das Schulleben mitgestalten. Sie kann

- Schülersprecher und Verbindungslehrer wählen,
- mit Lehrern und Eltern wichtige Angelegenheiten beraten,
- Schulveranstaltungen anregen,
- zur Ordnung an der Schule beitragen,
- Interessen der Schüler vertreten, z. B. bei der Umgestaltung des Pausenhofes."

M 6 Aufgaben der Klassensprecher

Die Klassensprecherin oder der Klassensprecher vertritt die Interessen der Klasse. Sie oder er führt die Beschlüsse der Klasse aus und informiert die Klasse über wichtige Angelegenheiten der SV (Schülervertretung).

§ 74 Schülervertretung

(2) Die Schülerinnen und Schüler der Klasse [...] wählen von der fünften Klasse an ihre Sprecherinnen und Sprecher und deren Stellvertretungen. Die Schülerschaft [...] kann im Monat [...] eine Stunde während der allgemeinen Unterrichtszeit für Angelegenheiten der Schülervertretung (SV-Stunde) in Anspruch nehmen.

(3) Der Schülerrat vertritt alle Schülerinnen und Schüler der Schule; er kann Anträge an die Schulkonferenz richten. Mitglieder des Schülerrats sind die Sprecherinnen und Sprecher der Klassen [...] sowie mit beratender Stimme deren Stellvertretungen.

(4) Der Schülerrat kann im Benehmen mit der Schulleiterin oder dem Schulleiter eine Versammlung aller Schülerinnen und Schüler (Schülerversammlung) einberufen. Die Schülerversammlung lässt sich über wichtige Angelegenheiten der Schule unterrichten und berät darüber. [...]

(7) Verbindungslehrerinnen und Verbindungslehrer unterstützen die Arbeit der Schülervertretung. Der Schülerrat wählt je nach Größe der Schule bis zu drei Verbindungslehrerinnen und Verbindungslehrer. [...]

M 7 Aus dem Schulgesetz von Nordrhein-Westfalen

1 Klärt in einem Klassengespräch, welche Aufgaben eine Klassensprecherin/ein Klassensprecher hat und welche nicht (M 5, M 6).

2 Entscheidet 1. allein, 2. mit dem Partner und 3. in der Gruppe, welche fünf Eigenschaften eure Klassensprecherin/euer Klassensprecher haben sollte (M 2). Tragt eure Gruppenentscheidung der Klasse vor und begründet sie. Stimmt abschließend über die wichtigsten drei Merkmale ab.

3 Die Klasse 5 a ist im Wahlkampffieber: Gebt mit Begründung an, welcher Meinung aus dem Text S. 20 (rechte Spalte oben) ihr euch anschließen würdet.

4 Diskutiert, was passieren würde, wenn jeder so dächte wie Thomas.

5 Legt fest, wie euer Klassensprecher und sein Stellvertreter gewählt werden sollen. Klärt folgende Fragen: „Hat man nur eine Stimme oder zwei, weil auch zwei Personen gewählt werden?", „Wählen wir offen oder geheim?", „Müssen ein Mädchen und ein Junge gewählt werden?" – seht euch dazu M 1 an.

6 Notiert, wie vorgegangen werden muss, wenn Schüler einer Klasse regelmäßige Spielnachmittage durchführen wollen.

7 Gebt den Auszug aus dem Schulgesetz in euren Worten wieder (M 7).

METHODE

Wir erkennen und lösen Konflikte

Streitigkeiten und Vorurteile

Nicht alle Schüler haben dieselben Wünsche und Bedürfnisse. Deswegen können schnell Streitigkeiten und Probleme entstehen. Auch wenn zwei verschiedene Meinungen aufeinandertreffen, kann es zu **Konflikten*** kommen. Nicht selten geht es darum, dass „eine Seite“ ihren Willen durchsetzen will oder unbedingt Recht behalten möchte. Konflikte können aber auch aufgrund von **Vorurteilen*** entstehen. Oft ist ein Konflikt wie ein Eisberg: Nur ein kleiner Teil davon ist sichtbar. Um mehr davon zu erkennen, müsste man eigentlich „tiefer tauchen“. Das heißt: Manchmal werden Dinge an der Oberfläche „vorgeschoben“, aber eigentlich gibt es ganz andere Gründe für einen Konflikt.
An vielen Schulen gibt es Hilfen für den Umgang mit Konflikten.

***Konflikt**
(eigentlich bedeutet das Wort so viel wie „Zusammenstoß“) das Aufeinanderprallen unterschiedlicher Meinungen oder Absichten

***Vorurteil**
vorgefasste Meinung

M 2 **Der größte Teil des Eisbergs befindet sich unter der Wasseroberfläche.**

M 1 Schüler haben sich zu Hilfen bei Konflikten so geäußert:

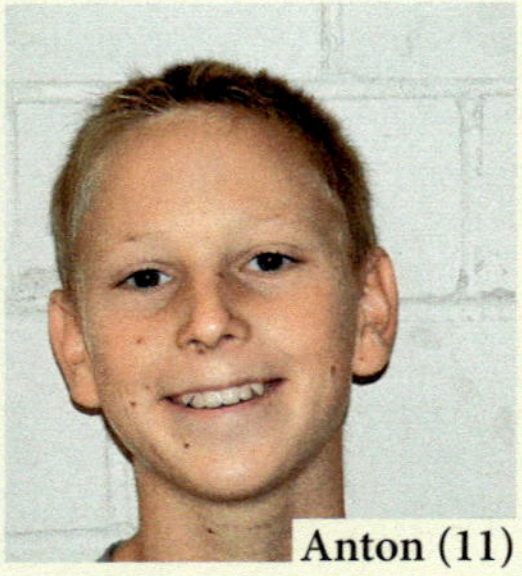

Anton (11)

„Wer ein großes Problem mit einer anderen Person aus der Schule hat, kann sich an unsere Streitschlichter wenden. Das sind besonders geschulte ältere Mitschüler, die zu bestimmten Zeiten im Streitschlichterzimmer anzutreffen sind. Im gemeinsamen Gespräch mit den Beteiligten versuchen sie, bei der Problemlösung zu helfen.“

Anna (12)

„Wenn es bei uns in der Klasse kracht, halten wir eine Klassenstunde ab. Unter der Leitung der Lehrerin wird das Problem ausführlich besprochen. Dabei müssen festgelegte Gesprächsregeln eingehalten werden. Anschließend wird nach einer Lösung gesucht, die für alle Beteiligten akzeptabel ist.“

M 3 Durcheinander geratene Tipps zur Entschärfung von Konflikten

- Dem anderen ganz genau zuhören …
- Den anderen Zeit geben …
- Man darf auch sagen, …
- … und Beleidigungen vermeiden.
- Den eigenen Standpunkt nachdrücklich vertreten, …
- … in Ruhe ausreden lassen.
- Nicht sofort beleidigt sein …
- … und Unwahres behaupten.
- … um Missverständnisse zu vermeiden.
- Wirklich an einer Lösung interessiert sein und …
- … aber nicht so, dass der andere sich zwangsläufig bedrängt fühlt.
- Dem Gegenüber nichts unterstellen …
- … dass man enttäuscht ist.
- … einen fairen Kompromiss anstreben.

Mobbing und Bullying

Man spricht von **Mobbing**, wenn ein Einzelner oder eine Gruppe immer wieder jemanden belästigt oder bedroht. Kommt es zu regelmäßigen gewalttätigen Übergriffen, bezeichnet man dies als **Bullying.**

M4 Krissi in Not

Als Krissi zehn Minuten später die Treppe runterkommt, steht dort Henry. Mist, denkt er. Er will schnell zurück. Aber Herr Winkler hat den Werkraum schon abgeschlossen.

„Das ist ja eine Überraschung!", ruft Henry und baut sich grinsend vor ihm auf.

Er bekommt Angst. Was soll ich tun?, fragt sich Krissi. Er kann keinen anderen Weg gehen, also versucht er, freundlich an ihm vorbeizukommen. Er hält sein Flugzeug hinter den Rücken.

Jetzt tauchen auch Sofie und Peter aus dem Hintergrund auf. Sie grinsen genauso gemein wie Henry.

„Jetzt zeig doch mal, was du da Schönes hast." Henry reißt ihm das Flugzeug aus der Hand und zerbricht es vor seinen Augen in der Luft. „Pech gehabt, Kleiner", sagt er.

„Sorry", sagt Sofie, packt ihn an der Schulter und schiebt ihn hinten in den Hof, wo kein Lehrer hinkommt. „Wir wollen uns mal einen Augenblick unterhalten, ja, Kleiner?"

Der Textauszug M4 stammt aus diesem Buch.

M5 Was man tun kann

1. So tun, als ob man nichts mitbekommen hätte.
2. Dem Mobber aus dem Weg gehen.
3. Sich einmischen und den Mobber angreifen.
4. Tun, was der Mobber verlangt.
5. Die Lehrer informieren.
6. Eltern/Erwachsene um Rat bitten.
7. Freunde informieren und versuchen, eine Gegenwehr aufzustellen.
8. Versuchen, mit dem Mobber vernünftig zu sprechen.

1 Informiert euch über das Konflikthilfen-Angebot an eurer Schule (siehe auch M1).

2 Setzt die Sätze zur Entschärfung von Konflikten richtig zusammen und schreibt sie in eure Arbeitsmappe (M3).

3 Beschreibt, welche Konflikte es in eurer Klasse gibt.

4 Wählt einige Konflikte aus und erarbeitet in Gruppen Lösungsvorschläge.

5 Stellt eure Ergebnisse der Klasse vor und diskutiert sie.

6 Spielt die im Text M4 dargestellte Szene nach (→ **Wir spielen in verschiedenen Rollen: ein Rollenspiel**, S. 100/101). Berichtet, wie ihr euch in den Rollen gefühlt habt.

7 Versetzt euch in die Lage von Krissi und den „Schlägerkids". Überlegt, wie es zu dieser Situation gekommen sein könnte.

8 Besprecht, wie diese Szene weitergehen könnte.

9 Diskutiert die verschiedenen Möglichkeiten zu reagieren (M5). Überlegt weitere Möglichkeiten, Hilfe zu leisten.

10 Denkt euch in Gruppen Lösungsmöglichkeiten für das Textbeispiel M4 aus und stellt sie der Klasse vor.

In der Familie mitbestimmen?

§ 1626 Abs. 2
Bei der Pflege und Erziehung berücksichtigen die Eltern die wachsende Fähigkeit und das wachsende Bedürfnis des Kindes zu selbstständigem verantwortungsbewusstem Handeln. Sie besprechen mit dem Kind, soweit es nach dessen Entwicklungsstand angezeigt ist, Fragen der elterlichen Sorge und streben Einvernehmen an.

M 1 **Aus dem Bürgerlichen Gesetzbuch (BGB), Teil 1**

§ 1619
Das Kind ist, solange es dem elterlichen Hausstand angehört und von den Eltern erzogen oder unterhalten wird, verpflichtet, in einer seinen Kräften und seiner Lebensstellung entsprechenden Weise den Eltern in ihrem Hauswesen und Geschäfte Dienste zu leisten.

M 2 **Aus dem BGB, Teil 2**

Meinungsbild: Erwartungen der Eltern

1. Notiert auf Zettel Erwartungen und „Bestimmungen“ an Kinder von Elternseite (jeweils ein neuer Zettel).
2. Sammelt anschließend die Zettel ein.
3. Jeder/jede fertigt danach aus farbigem Papier drei Karten zur Abstimmung an und beschriftet diese Karten folgendermaßen:
   - eine **grüne Karte**
     „Darüber lass ich mit mir reden, denn …“
   - eine **gelbe Karte**
     „Ich sehe ein, dass das sein muss, denn …“
   - eine **rote Karte**
     „Damit bin ich nicht einverstanden, denn …“
4. Nun kann abgestimmt werden. Dazu lesen zwei Schülerinnen/Schüler die Erwartungen und Bestimmungen vor. Die anderen heben eine Karte ihrer Wahl hoch. Notiert die Ergebnisse der Abstimmung an der Tafel, z. B. so: grün IIII gelb IIII rot IIII

M 3 **Mitbestimmung üben**

Wo Menschen zusammenleben, kann es manchmal ganz schön schwierig werden. Du kennst sicher solche Situationen: Wer bestimmt, wie lange du fernsehen und welche Filme du dir anschauen darfst? Wer sagt, wie und wann dein Zimmer aufgeräumt sein soll? Und wie hoch ist eigentlich dein Taschengeld?

In einer Familie leben Menschen mit teilweise unterschiedlichen Bedürfnissen, Interessen und Meinungen zusammen. Damit man möglichst friedlich zusammenleben kann, ist es wichtig, dass alle Familienmitglieder **Verantwortung** übernehmen. Dazu gehört, dass jede Person ihre **Rechte** und **Pflichten** hat. Auch die Kinder übernehmen Arbeiten für die Familie, z. B. Abwaschen oder den Tisch decken. Wenn Kinder mit den übertragenen Aufgaben nicht einverstanden sind, sollten sie mit ihren Eltern darüber sprechen. Mit zunehmendem Alter werden Kinder verstärkt in Entscheidungen der Familie einbezogen. Die Familie setzt sich zusammen, um zum Beispiel über die neue Gestaltung des Kinderzimmers oder den nächsten Urlaub zu sprechen. **Mitbestimmung** bedeutet, dass Kinder ihre Meinung gegenüber den anderen Familienmitgliedern vertreten können.

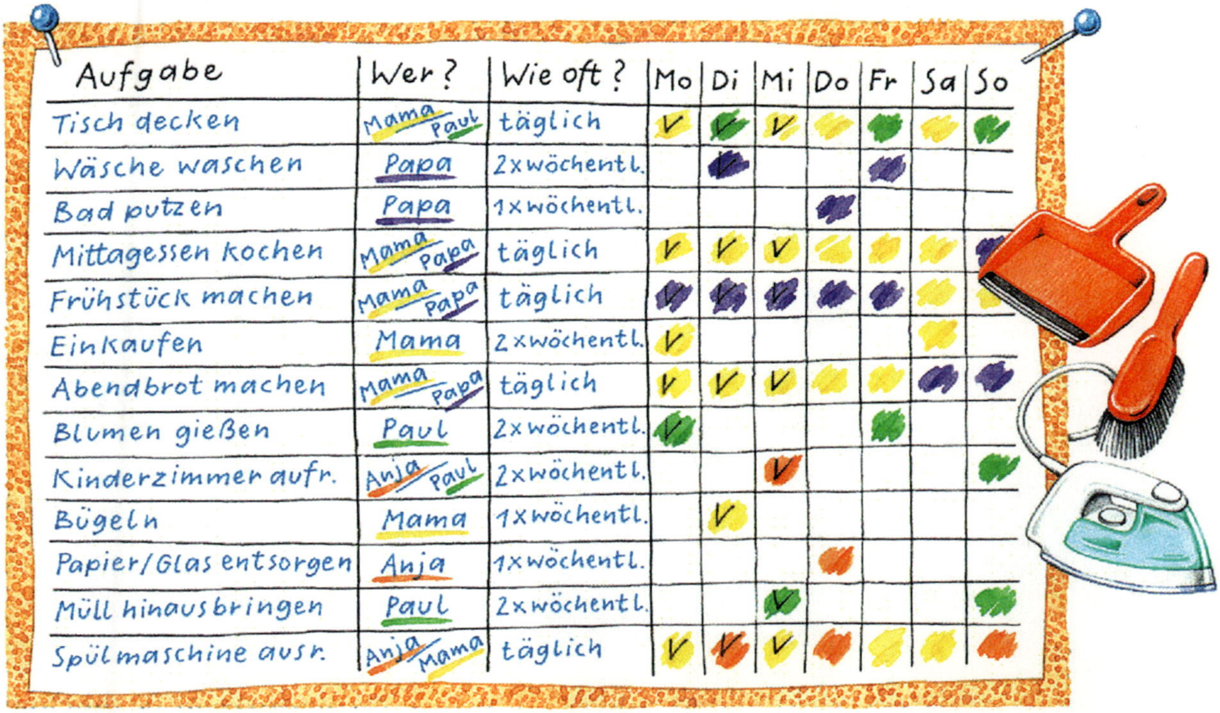

Aufgabe	Wer?	Wie oft?	Mo	Di	Mi	Do	Fr	Sa	So
Tisch decken	Mama, Paul	täglich	✓	✓	✓	●	●	●	●
Wäsche waschen	Papa	2x wöchentl.		✓			●		
Bad putzen	Papa	1x wöchentl.				●			
Mittagessen kochen	Mama, Papa	täglich	✓	✓	✓	●	●	●	●
Frühstück machen	Mama, Papa	täglich	✓	✓	✓	●	●	●	●
Einkaufen	Mama	2x wöchentl.	✓					●	
Abendbrot machen	Mama, Papa	täglich	✓	✓	✓	●	●	●	●
Blumen gießen	Paul	2x wöchentl.	✓				●		
Kinderzimmer aufr.	Anja, Paul	2x wöchentl.			✓				●
Bügeln	Mama	1x wöchentl.		✓					
Papier/Glas entsorgen	Anja	1x wöchentl.				●			
Müll hinausbringen	Paul	2x wöchentl.			✓				●
Spülmaschine ausr.	Anja, Mama	täglich	✓	✓	✓	●	●	●	●

M4 Aufgabenplan einer Familie

M5 Karikatur

1 Führt die Abstimmung nach der Anweisung von M3 durch und diskutiert über das Ergebnis der Abstimmung.

2 Stellt wichtige Rechte und Pflichten für Erwachsene und Kinder in zwei Tabellen zusammen (Text, M1, M2).

Erwachsene		Kinder	
Rechte	Pflichten	Rechte	Pflichten

3 Sucht die Pflichten der Kinder aus M4 heraus und vergleicht mit euren Ergebnissen von Aufgabe 2.

4 Wertet die Karikatur M5 aus (→ **Wir werten Karikaturen aus**, S. 302/303).

5 „Solange du deine Füße unter meinem Tisch hast, tust du, was ich sage!" Prüft, ob dieser Satz (mit M1 und M2) vereinbar ist.

Verhandeln statt streiten?

In jeder Familie wird auch gestritten. Wo Menschen so eng miteinander leben, kommt es fast zwangsläufig zu Meinungsverschiedenheiten und Konflikten, wenn unterschiedliche Interessen, Ansichten und Pläne aufeinanderprallen.

***Bestseller**
vom englischen Wort „sell" (verkaufen); etwas, das sich sehr gut verkaufen lässt

***Autorität**
Überlegenheit einer Person infolge ihrer Stellung in einer Gemeinschaft

M 1 „Dabei hatte der Abend so vielversprechend begonnen"

„Übrigens, am Freitag ist ein Fest bei der Silvi, das dauert so bis zwölf, und da geh ich auch hin!" Petra schaut kurz in die Abendtischrunde, streift mit einer raschen Handbewegung ein paar Haarsträhnen aus der Stirn und rückt, schon halb aufgestanden, ihren Stuhl zurück.

Die Mutter findet als Erste die Sprache wieder: „Halt mal! So geht das ja nicht! Was soll denn das heißen?" Der Vater starrt schweigend auf seinen Teller. Daniel, der kleine Bruder, blickt verlegen grinsend abwechselnd auf seine Mutter und auf seine Schwester. Er weiß, was jetzt kommt, er kennt den Verlauf im Voraus, er hat das oft genug miterlebt.

„Was soll das heißen – dauert bis um zwölf, und da geh ich hin! Ob du da hingehst und wie lange, das haben immer noch wir zu entscheiden!" In scharfem Ton, mit deutlich erhobener Stimme hat die Mutter die Sätze hervorgestoßen. Daniel schaut auf Petra. Sie ist an der Reihe. Gleich wird sie zurückschreien. Die 14-Jährige steht hinter dem Stuhl, hat die Hände um die Lehne geklammert, ihre Mundwinkel zucken. „Ich hab's ja gewusst, ich hätt's mir denken können, dass ihr mich nicht lasst! Bei euch darf man ja überhaupt nichts! Ihr könnt immer bloß verbieten!"

Mit zwei Schritten ist sie bei der Tür, reißt sie auf und knallt sie hinter sich zu. Ein paar stampfende Tritte auf dem Flur, dann fällt noch eine Tür ins Schloss, die von Petras Zimmer. „Also, das ist doch ...!" Die Mutter will aufspringen, um der Tochter nachzulaufen, der Vater fasst sie, ein wenig hilflos, am Arm. Daniel murmelt in seinen Teller: „Lass sie doch, die blöde Kuh! Die führt sich doch immer so auf!" Mit einem wütenden Seufzer setzt sich die Mutter wieder.

Dabei hatte der Abend so vielversprechend begonnen. Die Mutter war rechtzeitig aus dem Geschäft gekommen. Daniel hatte mit dem Papa gekocht und Petra war ausnahmsweise pünktlich zum gemeinsamen Essen erschienen. Die Spagetti schmeckten großartig, und der Vater wollte gerade anfragen, wer anschließend eine Runde „Scrabble" mitspielen würde. Und dann: mit einem Schlag alles kaputt! Die gemütliche Stimmung wie weggeblasen!

M2 Drei Möglichkeiten, mit Konflikten umzugehen

Der amerikanische **Wissenschaftler** Thomas Gordon hat bereits 1970 seine Erfahrungen als Erziehungsberater in seinem Buch „Familienkonferenz" zusammengefasst, das über Jahrzehnte ein **Bestseller*** blieb und bis heute bleibende Bedeutung behalten hat. Darin beschreibt er drei grundsätzlich verschiedene Möglichkeiten der Lösung eines **Konflikts** zwischen Eltern und Kindern.

Möglichkeit 1:
Kommt es zu einem Konflikt zwischen Eltern und Kind, entscheiden die Eltern, wie die Lösung auszusehen hat. Sie gehen davon aus, dass das Kind ihre Lösung schon hinnehmen wird. Verhält sich das Kind jedoch anders, setzen die Eltern ihre Macht und Autorität* ein, um das Kind zum Gehorsam zu zwingen (Eltern siegen, Kind verliert).

Möglichkeit 2:
Kommt es zu einem Konflikt zwischen Eltern und Kind, machen die Eltern einen Versuch, das Kind zu überreden, die Lösung der Eltern anzunehmen. Widersetzt sich das Kind, geben die Eltern nach und erlauben dem Kind, nach seinem Willen zu verfahren (Kind siegt, Eltern verlieren).

Möglichkeit 3:
Kommt es zu einem Konflikt zwischen Eltern und Kind, fordern die Eltern das Kind auf, mit ihnen gemeinsam nach einer Lösung zu suchen, die für beide annehmbar ist. Beide können Lösungen vorschlagen, die dann im Gespräch beurteilt werden. Schließlich entscheidet man, welches die beste Lösung ist. Dann wird überlegt, wie sie umgesetzt werden kann (keiner verliert).

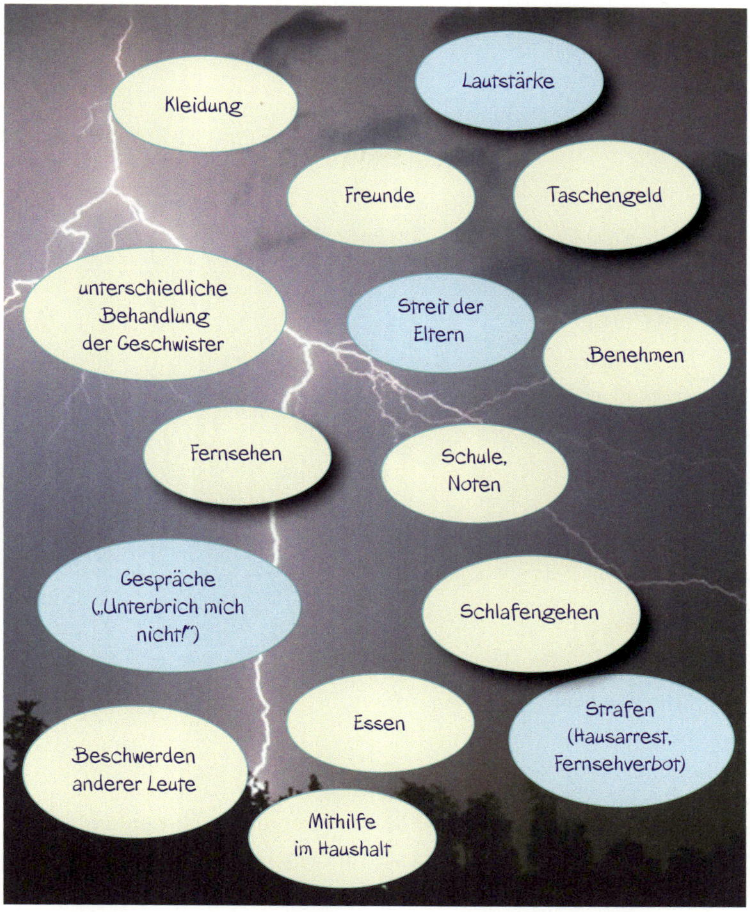

M3 Konfliktursachen in der Familie

1 Zählt die häufigsten Anlässe für einen Streit in der Familie auf. Schreibt dann einen Konflikt, den ihr für besonders wichtig haltet, auf einen Streifen (Anregungen in M3 oder eigene Beispiele). Erstellt dann in der Klasse eine Liste der häufigsten Konflikte.

2 Beschreibt den Konflikt M1 mit eigenen Worten.

3 Stellt fest, nach welcher der drei in M2 genannten Möglichkeiten der Konflikt gelöst wurde.

4 Überlegt gemeinsam, wie eine Lösung nach Möglichkeit 2 hätte aussehen können. Spielt die entsprechende Szene nach.

5 Besprecht auch, wie eine Lösung nach Möglichkeit 3 aussehen könnte.

6 Erläutert die Vor- und Nachteile jeder der drei Möglichkeiten. Welche ist eurer Meinung nach die beste? Warum?

Mitgestaltung vor Ort?!

M 1 Schwimmbad

M 3 Winterdienst

6.30 Uhr Julia steht auf. Der Montagmorgen im November ist trüb und kalt. Julia schaltet alle Lichter an und geht unter die Dusche.

6.45 Uhr Auf dem Frühstückstisch liegt ein Zettel von Mutti: „Abfall nicht vergessen!“ – Julia nimmt schnell noch den Stapel Altpapier und schiebt die blaue Tonne vor das Hoftor.

7.10 Uhr Nach dem Frühstück ist es höchste Zeit. Eilig packt Julia noch zwei Schulbücher ein.

7.15 Uhr Julia schiebt ihr Rad aus der Garage und macht sich auf den Weg in die Schule. Seit der neue Fahrradweg fertig ist, braucht sie nur zehn Minuten für ihren Schulweg.

7.20 Uhr Ihr Weg führt an der Stadtbücherei vorbei. Beim Feuerwehrhaus um die Ecke wäre sie beinahe mit Herrn Müller vom Bauhof zusammengestoßen, der gerade die großen Blumentöpfe winterfest macht.

7.25 Uhr Julia stellt ihr Fahrrad ab. Ihre Freundinnen kommen mit dem Schulbus an.

7.30 Uhr Julia und Iris besprechen, dass sie am Nachmittag ihre Kinderausweise, die sie für die Klassenfahrt brauchen, abholen werden.

M 2 Julias erste Stunde am Morgen

Verkehrswesen
Straßen, Radwege

Bildung, Volkshochschule
Schulen, Kindergärten

Öffentliche Sicherheit
Feuerschutz, Gewerbeaufsicht, Baupolizei

Sozialhilfe
Sozialfürsorge, Altersheime, Obdachlosenasyle

Kultur
Bücherei, Theater, Orchester, Museen

Versorgung, Wohnungswesen
Wasser, Strom, Gas, Wohnungsbau, Stadtplanung, Wirtschaftsförderung, Abfallentsorgung, Kanalisation, Grünanlagen, Friedhöfe

Gesundheits- und Jugendpflege
Naherholung, Krankenhäuser, Spielplätze, Sportstätten

Weitere Aufgaben und Ämter
Standesamtswesen, Lebensmittelkontrollen (u. a. des Fleischbestandes), Einwohnermeldewesen, statistische Arbeiten

M 4 Aufgaben einer Gemeinde

M 5 Mitarbeiter in einem Rathaus

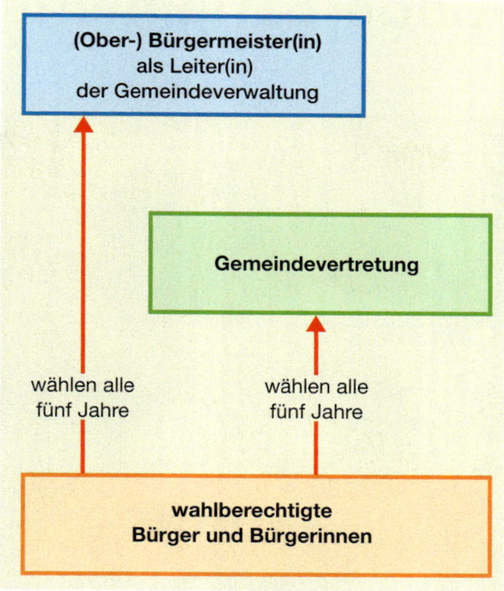

M 6 Wahl der Gemeindevertretung

- Bürgermeister, Gemeinderäte
- Einwohnerzahl
- Verkehrsverbindungen
- Einrichtungen am Ort (z. B. Kindergarten, Jugendtreff, Feuerwehr)
- Schulwesen
- Freizeitangebote, Vereine
- Kirchen
- Betriebe, Unternehmen
- Einkaufsmöglichkeiten und Gesundheitsvorsorge

M 7 Stichwörter für einen Gemeindesteckbrief

In Gemeinden leben

Die Bezeichnung **Gemeinde** wird für Dörfer oder Städte gebraucht. Das Wort selbst stammt von „gemein" ab und das bedeutet in diesem Zusammenhang „auf die Allgemeinheit bezogen". Wenn in deiner Stadt z. B. ein neues Schwimmbad gebaut oder ein neue Straße geplant wird, dann ist das eine Entscheidung der Gemeinde. Gemeinden sind die kleinsten politischen Einheiten des Staates. Hier werden Entscheidungen getroffen, die die Bürgerin / den Bürger unmittelbar betreffen. Dabei unterscheidet man zwischen den **Pflichtaufgaben** einer Gemeinde (z. B. Feuerwehr, Abwasserversorgung) und den **freiwilligen Aufgaben** einer Gemeinde, die dazu dienen, den Einwohnern einer Gemeinde durch verschiedene Einrichtungen das Leben angenehm zu gestalten (z. B. Schwimmbäder, Bolzplätze, Jugendzentren).

Die 18 Millionen Menschen in Nordrhein-Westfalen leben in 373 Gemeinden. Dazu zählen Großstädte wie Köln mit fast einer Million Einwohner, aber auch kleine Gemeinden wie Alsfeldt im Münsterland mit 11 000 Einwohnern. An der Spitze einer Gemeinde steht die **Bürgermeisterin** oder der **Bürgermeister**. Als Chefin oder Chef der Gemeindeverwaltung leiten sie im Rathaus die Ämter der Verwaltung. Und umgekehrt wenden sich die Bürgerinnen und Bürger mit ihren Wünschen an die örtlichen Einrichtungen, die Stadtverwaltung und die / den Bürgermeister / -in. Dabei gilt es, nicht nur die unterschiedlichen Interessen der Gemeindemitglieder zu beachten, sondern der Rat muss auch prüfen, ob es genügend Geld im **Gemeindehaushalt*** gibt, mit dem diese Wünsche bezahlt werden können.

***Gemeindehaushalt**
Verzeichnis der jährlichen Ausgaben und Einnahmen einer Gemeinde

1 Nennt alle Aufgaben einer Gemeinde, die in der Beschreibung von Julias erster Stunde am Morgen enthalten sind. (M 2, M 4)

2 Geht einzeln oder zu zweit am Nachmittag in das Stadtverwaltungsgebäude/das Rathaus eures Ortes und stellt fest, welche Einrichtungen es gibt. Versucht herauszufinden, welche Aufgaben einzelne Ämter übernehmen. Berichtet davon in der Klasse.

3 Überlegt, welche Gründe zu der Unterteilung in Pflichtaufgaben und freiwillige Aufgaben geführt haben (Text). Welche der in M 4 genannten Aufgaben sind vermutlich wohl Pflichtaufgaben der Gemeinde?

4 Erläutert M 6.

5 Erstellt mithilfe des Internets eine kurze Beschreibung eurer Gemeinde (M 7, → **Wir führen eine Internetrecherche durch**, S 232/233).

Kinderparlamente: Beispiel Hilden

M 1 Sitzung des Kinderparlaments

Politik = Kindersache?

Politik ist keine Angelegenheit, die die Erwachsenen allein unter sich ausmachen sollten. Ihr könnt in diesem Buch viele Möglichkeiten entdecken, selbst politisch aktiv zu werden, z. B. als Umweltschützer(in), als Klassensprecher(in) oder als Mitglied einer Gemeinde. Es gibt in Nordrhein-Westfalen z. B. Städte und Gemeinden, in denen Kinderparlamente eingerichtet worden sind. Hier vertreten Kinder ihre Interessen gegenüber den Politikern. Wie das funktioniert, könnt ihr hier an dem Beispiel des Kinderparlaments in Hilden erfahren.

Arbeitskreis	Antrag	Kommentar
AK Umwelt/Verkehr		
2. Sean Brix/Lindgren	An der Mickymaus-Eisdiele soll eine vierte Ampel hin.	Wird in einem extra Termin im Januar geklärt. Ergebnisse im Internet und durch die Parlamentarierin/den Parlamentarier* an der Schule.
8. Jule Klappert/ GGS Walderstr.	Die Skateranlage am HGH ist oft verdreckt und es liegen dort Glasscherben. Jugendliche mit Mopeds fahren zu schnell.	Die Skateranlage wird regelmäßig gereinigt. Bei den Überprüfungen ergaben sich die üblichen „frischen" täglichen Abfälle. Das Problem mit den Mopeds ist bekannt und wird kontrolliert.
AK Spielplätze		
12. Isabella Lancieri/ W-Hüls-Schule	Der Spielpatz in der Marie-Colinet-Str. ist zu klein und die Spielgeräte sind kaputt.	Durch den Schnitt der Wohnanlage ist leider keine Erweiterung möglich. Die Geräte werden jede Woche überprüft. Keine Mängel.
15. Judith Freese/ W-Busch	Beim Fußball fliegt der Ball immer über den Zaun. Deshalb möchte ich, dass auf dem Schulhof der Wilhelm-Busch-Schule der Zaun höher gemacht wird.	Alle Zäune über zwei Meter brauchen eine Baugenehmigung nach Bauordnung mit entsprechendem Bauplan usw. Der Aufwand steht in keinem Verhältnis mehr zum Nutzen.
AK Schule		
40. Joviane Szameit-preuß/Lindgren	Kein Müll auf Spielplätzen, saubere Toiletten, keine lange rote Ampel.	Bitte genauer sagen, welcher Spielplatz, welche Toiletten.
41. Nico Fahiri/Lindgren	Eiswagen, Fußballtore, Labyrinth, Lesepausen, Büdchen, Schulhofgeräte, längere Pausen, Spielzeug, Bälle, Kino	Das Kinderparlament ist leider nur für einige Punkte zuständig: Die Geräte auf dem Schulhof sind bereits sehr umfangreich. Bälle und Ähnliches findest du, wenn das Spielmobil zu euch kommt, Fußballtore siehe bei Robert ganz oben.
44. Sagas/Bonhoeffer	Besseres Mensaessen!	Bitte an die verantwortliche Firma bzw. die SV wenden!
53. Hanna Hankel, Marie List, Isabel Antweiter/ Bonhoeffer	Türen eher öffnen, damit kein Gedränge vor den Klassenräumen und Außentüren entsteht.	Das wird durch die Schulordnung bestimmt. Der Antrag wird dem Bonhoeffer-Gymnasium übergeben.

M 2 Anträge der unterschiedlichen Arbeitskreise des Kinderparlaments Hilden (Auszug)

M3 Wer sind wir?

Das Kinderparlament setzt sich aus gewählten Vertreterinnen und Vertretern aller Hildener Schulen zusammen und vertritt die Interessen der Kinder in der Stadt Hilden.

Die Vertreterinnen und Vertreter werden am Anfang jedes Schuljahres in den 3. und 4. Klassen der Grundschulen und in den 5. bis 7. Klassen der weiterführenden Schulen für ein Jahr gewählt. Danach kann die Amtszeit mit dem Einverständnis in der jeweiligen Klassenstufe um ein Jahr verlängert werden.

Die gewählten Mitglieder treffen sich ca. einmal im Monat in den Arbeitskreisen. Zweimal im Jahr findet unter dem Vorsitz des Bürgermeisters eine große Sitzung im Bürgerhaus statt. Hieran können alle Hildener Kinder teilnehmen, um ihre Fragen zu stellen und Wünsche zu äußern.

Am Ende des Jahres fährt das gesamte Kinderparlament auf Abschlussfahrt. Die Mitglieder haben für diesen Tag schulfrei.

M4 Was machen wir?

Beim ersten Treffen suchen sich die neuen Mitglieder einen Arbeitskreis aus:

Arbeitskreis Spielplätze

Wie sollte ein Spielplatz in eurem Wohnviertel aussehen? Welches Spielgerät wünscht ihr euch auf eurem Spielplatz? Wer ist für die Spielplätze verantwortlich?

Der Arbeitskreis arbeitet bei der Planung und Betreuung (z. B. Hundekotbroschüre verteilen) der Spielplätze in Hilden mit.

Arbeitskreis Umwelt/Verkehr

Wenn Schulbusse überfüllt oder Haltestellen schmutzig sind und kein Fahrplan aushängt, wenn Autos in 30-km/h-Zonen zu schnell fahren, dann kümmern sich die Mitglieder dieses Arbeitskreises darum. Sie halten Kontakt mit der Rheinischen Bahngesellschaft und der Polizei.

Arbeitskreis Schule

Gibt es in eurer Schule genügend Spielmöglichkeiten? Der Arbeitskreis sucht das Gespräch mit der Schulleitung, dem Hausmeister und dem Schulverwaltungsamt, um alle Wünsche und Probleme weiterzugeben, Vorschläge auszuarbeiten und Spielgeräte auszusuchen.

Arbeitskreis Öffentlichkeit

Um die Arbeit des Kinderparlaments in der Öffentlichkeit vorzustellen, informiert der Arbeitskreis an den Schulen, auf Veranstaltungen der Stadt und auf der Internetseite über alle Aktionen des Kinderparlaments. […]

***Parlamentarier / -in**
eine Person, die in einem Parlament arbeitet

***Logo**
zeichnerisches Erkennungszeichen oder besonderer unverwechselbarer Schriftzug

M5 Das Logo* des Kinderparlaments Hilden

1 Stellt fest, welche Kinder Mitglied im Kinderparlament werden können (M 3).

2 Erklärt, warum sich die Mitglieder des Kinderparlaments auf verschiedene Arbeitskreise verteilen (M 4).

3 Beschreibt die Themen, die auf den Kinderparlamentssitzungen diskutiert werden (M 2).

4 Weitere Informationen zu Kinder- und Jugendparlamenten findet ihr im Internet (M 5, → **Wir führen eine Internetrecherche durch**, S. 232/233). Informiert euch und berichtet der Klasse.

Wie entstand die Demokratie?

***Demokratie**
Die Griechen unterschieden um 300 v. Chr. drei Staatsformen, und zwar erstens: die Demokratie, die Herrschaft des Volkes, zweitens: die Aristokratie, die Herrschaft „der Besten" (des Adels), drittens: die Monarchie, die Herrschaft des Königs. Die Demokratie ist in Athen entstanden. In der Volksversammlung wurden alle politischen Entscheidungen per Mehrheitsbeschluss getroffen.

M 1 Athenische Volksversammlung. Der Platz war 80 Meter lang und 40 Meter breit.
Rekonstruktionszeichnung

***politische Rechte**
allgemein die Möglichkeit zur Teilhabe an Entscheidungen im Staat; dazu gehört, das Recht zu wählen, und das Recht gewählt zu werden

***v. Chr.**
Seit etwa 1000 Jahren ist in Europa und anderen christlich geprägten Ländern die Zählung „v. Chr." oder „n. Chr.", das heißt „vor" oder „nach Christi Geburt", üblich (hierzu mehr auf S. 78).

Stadtstaat Athen

In Athen lag die Herrschaft seit dem 7. Jahrhundert v. Chr.* in den Händen von Adligen, die das Königtum abgeschafft hatten. Nach langwierigen Auseinandersetzungen zwischen dem Adel und den übrigen Bevölkerungsgruppen kam es im 5. Jahrhundert v. Chr. zu einer Regierungsform, welche die Athener selbst als **Demokratie*** bezeichneten.

Der berühmteste Politiker Athens im 5. Jahrhundert v. Chr. war **Perikles**, den die Bürger von 443 bis 429 v. Chr. ununterbrochen in das höchste Staatsamt wählten. Seiner Ansicht nach sollten alle Bürger die gleichen politischen Rechte* besitzen, da sich in der Vergangenheit alle ohne Unterschied immer wieder für die Verteidigung der Stadt eingesetzt hatten.

Q 1 Der griechische Schriftsteller Plutarch (45–125 n. Chr.) schreibt, dass Perikles folgende Rede 429 v. Chr. gehalten hat:

[…] Wir leben in einer Staatsform, die die Einrichtungen anderer nicht nachahmt; eher sind wir für andere ein Vorbild, als dass wir andere uns zum Muster nähmen.

Mit Namen wird sie, weil wir uns nicht auf eine Minderheit, sondern auf die Mehrheit im Volke stützen, „Volksherrschaft" (= Demokratie) genannt. Und es genießen alle Bürger für ihre Angelegenheiten vor den Gesetzen gleiches Recht. […]

Jeder, der etwas für den Staat zu leisten vermag, kann bei uns ein politisches Amt erhalten.

Das ganze Volk trifft in der Volksversammlung die Entscheidungen und sucht hier, ein rechtes Urteil über die Dinge zu gewinnen. […]

Unsere Stadt ist für jedermann offen. Ausweisungen von Fremden gibt es bei uns nicht. […] Wir lieben Wissen und Bildung. Reichtum ist bei uns zum Gebrauch in der rechten Weise, aber nicht zum Angeben da. Armut ist keine Schande, aber sich nicht zu bemühen, ihr zu entfliehen, gilt als Schande. […]

Volksversammlung

Mindestens 40 Mal im Jahr wurden die Bürger Athens zur **Volksversammlung*** geladen. Auf der Volksversammlung wurden alle Gesetze beschlossen, die Beamten gewählt und über Krieg oder Frieden entschieden.

Häufig dauerten diese Versammlungen von Sonnenaufgang bis zum Abend. Teilnehmen konnte jeder athenische Mann, dessen Eltern auch Athener waren. In Wirklichkeit war vielen Bürgern ein Besuch der Volksversammlung jedoch kaum möglich.

M 2 Der Geschichtswissenschaftler K.-W. Weeber schrieb 1990:

[…] Der im Süden Attikas* wohnende Bauer konnte nicht beliebig oft seine Hacke fallen lassen und den langen Weg in die Stadt antreten, und der Gemüsehändler, der seinen Stand auch nur für einen Tag schloss, riskierte, dass seine Kunden am nächsten Tag anderswohin gingen. […]

Für gewöhnlich besuchten die Volksversammlung die Bauern der näheren Umgebung, die stadtansässige Bevölkerung (darunter viele Alte und Arbeitslose) und aus entfernteren Gegenden alle die, denen der Gegenstand der Beratung am Herzen lag; so ist z.B. verständlich, dass eine Debatte über den weiteren Ausbau der Flotte die in Piräus wohnenden Bürger in Scharen in die Stadt strömen ließ. […]

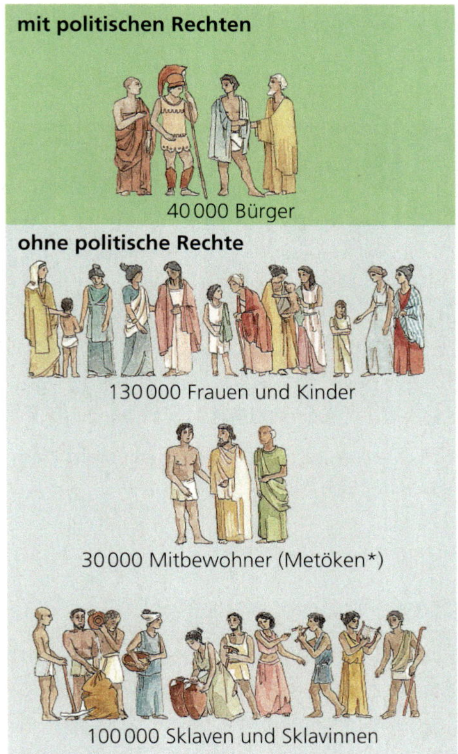

M 3 Gliederung der Bevölkerung des Stadtstaates Athen um 430 v. Chr. *Schaubild*

***Volksversammlung**
Versammlung der männlichen Bürger in Athen; sie entschied über Krieg und Frieden, beschloss Gesetze und wählte Beamte. Die Frauen und Kinder durften an der Volksversammlung nicht teilnehmen, ebenso wenig die Mitbewohner und Sklaven sowie deren Frauen und Kinder. Sie bildeten aber die Mehrheit der Bevölkerung.

***Attika**
Name der Halbinsel, auf der Athen liegt; sie ist ein Hügelland mit kahlen Gebirgen und fruchtbaren Ebenen.

***Metöken**
(Griechisch = Mitbewohner) Sie lebten in Athen und waren vor allem im Handwerk und Handel tätig. Sie waren keine Sklaven, aber sie durften nicht an der Volksversammlung teilnehmen und auch kein Land besitzen.

1 Schreibt zu folgenden Stichworten Erklärungen aus der Rede des Politikers Perikles (Q 1) auf: Volksherrschaft, Zugang zu politischen Ämtern, Volksversammlung, Rolle der Fremden, Reichtum und Armut (→ **Wir untersuchen Textquellen und werten sie aus**, S. 259).

2 Stellt fest, wie viele Menschen in Athen politische Rechte besaßen und wie viele davon ausgeschlossen waren (M 3).

3 Erkundigt euch, wer bei uns heute keine politischen Rechte hat.

4 Prüft die Behauptung des Perikles, die athenische Staatsform sei eine „Volksherrschaft". Wie unterscheidet sich seine Sichtweise von der heutigen?

5 Spielt folgende Situation: Zwei Bauern von der Südspitze Attikas, die zum Stadtstaat Athen gehörte (S. 36, M 1), unterhalten sich zur Zeit der Frühjahrsaussaat darüber, ob sie zur Volksversammlung gehen sollen. Entschieden werden soll dieses Mal über den Bau neuer Tempel. Berücksichtigt dabei M 2.

Waren in Athen alle gleich?

M 1 **Sklaven in einer Schuhmacherwerkstatt.** *Vasenbild, um 460 v. Chr.*

M 2 **Ein Bürger, der zu viel getrunken hat, auf dem Heimweg von einem Fest. Eine Sklavin steht ihm bei.** *Bild in einer griechischen Trinkschale, um 480 v. Chr.*

***Sklaven**
Bei den Griechen wurde man Sklave, wenn man im Krieg in Gefangenschaft geriet oder wenn man so viel Schulden hatte, dass man sie nicht mehr zurückzahlen konnte. Sklaven konnte man durch Kauf erwerben (Sklavenhandel). Die Sklaven konnten nicht mehr über sich verfügen und waren das Eigentum ihrer Besitzer. Sie wurden im Bergbau und in der Landwirtschaft eingesetzt, sie waren im Haushalt, im Handwerk und in der Verwaltung tätig. Kinder von Sklaven wurden ebenfalls Sklaven.

Mitbewohner ohne Rechte

Zur Zeit des Perikles lebten im Stadtstaat Athen etwa 300 000 Menschen. Ein politisches Mitspracherecht hatten aber nur etwa 40 000 Bürger (siehe S. 33). In Athen lebten damals auch ungefähr 30 000 Ausländer, von den Athenern **Metöken**, d. h. „Mitbewohner", genannt. Sie waren nach Athen gekommen, um hier in Handel, Handwerk oder im Bankgeschäft ihren Lebensunterhalt zu verdienen. Die Metöken mussten Militärdienst leisten und Steuern zahlen, hatten aber keine politischen Rechte. Völlig rechtlos waren die etwa 100 000 **Sklaven***. Sie waren wie eine Sache dem Willen ihres Besitzers ausgeliefert. Schwerstarbeit und Schmutzarbeit mussten in Athen vorwiegend von den Sklaven ausgeführt werden.

Sklaverei in Athen

Auf dem monatlichen Sklavenmarkt wurden Männer, Frauen und Kinder von Sklavenhändlern wie Vieh angepriesen und verkauft. Zahlreiche Sklaven arbeiteten als Handwerker in einem Betrieb oder waren als Dienerinnen oder Diener in einem Haushalt tätig. Einige waren auch Lehrer der Kinder reicher Familien. Zehntausende schufteten sich in den staatlichen Silberbergwerken zu Tode. Die Arbeit in den niedrigen Stollen dauerte von Sonnenauf- bis Sonnenuntergang. Ruhe- oder Feiertage gab es nicht.

Q 1 **Agatharchides, ein Grieche aus Kleinasien, berichtete um 120 v. Chr. über das Leben von Sklaven im Bergbau:**

[…] Die jüngeren Männer arbeiten sich kriechend und mit einer Lampe an der Stirn vor, indem sie den Metalladern folgen. Das geschlagene Gestein wird von Kindern herausgeschleppt, und ältere Männer zertrümmern es mit dem Hammer. Das Kleingeschlagene wird dann zu Staub gemahlen mit Steinmühlen, die nicht von Ochsen, sondern von Frauen gedreht werden. Die Sklaven werden von bewaffneten Aufsehern bewacht und häufig geschlagen. Ohne Pause und ohne Rücksicht auf ihren körperlichen Zustand müssen sie arbeiten. Alle begrüßen den Tod, wenn er naht. […]

Männer und Frauen in Athen

Q2 In dem Werk „Hauswirtschaftslehre" des Geschichtsschreibers Xenophon (um 430 bis 355 v. Chr.) sagt der 30-jährige Gutsbesitzer Ischomachos zu seiner 14-jährigen Ehefrau:

[...] Deine Pflicht ist es, zu Hause zu bleiben und die Sklaven, die außerhalb des Hauses zu tun haben, hinauszuschicken. Diejenigen aber, die im Hause zu tun haben, musst du beaufsichtigen. Das, was ins Haus gebracht wird, musst du in Empfang nehmen. Du musst das, was sogleich gebraucht wird, verteilen, musst einschätzen, was als Vorrat gebraucht werden soll, und darauf achten, dass nicht der Vorrat für ein ganzes Jahr schon in einem einzigen Monat verbraucht wird.

Wenn man Wolle bringt, musst du darauf achten, dass alle davon Kleider bekommen, die es brauchen, und du musst ferner darauf achten, dass die getrockneten Nahrungsmittel ordentlich zubereitet werden. [...] Eine freilich von deinen künftigen Aufgaben wird dir vielleicht nicht erfreulich erscheinen: Du musst nämlich, wenn jemand im Hause krank geworden ist, dich auch darum kümmern, dass man ihn pflegt. [...] Sollten uns nun die Götter einst Kinder schenken, so wollen wir zusammen beraten, wie wir ihnen die beste Erziehung geben können, denn diese müssen unsere Gehilfen und besten Pfleger im Alter werden. [...]

Das Leben einer Athenerin spielte sich hauptsächlich im häuslichen Bereich ab. Nur wenn sie zum Lebensunterhalt der Familie beitragen mussten, arbeiteten Frauen auch in der väterlichen Werkstatt mit oder gingen auf den Markt, um Gewänder, Blumenkränze usw. zu verkaufen, die sie zu Hause angefertigt hatten.

M3 Mutter mit ihrem Kleinkind im Kinderstuhl. *Malerei auf einer Schale, um 450 v. Chr.*

M4 Lesende Athenerin. *Vasenbild aus Athen, 5. Jahrhundert v. Chr.*

Eine willkommene Unterbrechung des Alltags brachten die zahlreichen Feste zu Ehren der Göttinnen und Götter, an denenalle Athenerinnen und Athener teilnahmen. Daneben gab es aber auch reine Frauenfeste, wie etwa das Fest zu Ehren der Fruchtbarkeitsgöttin Demeter. An diesem Fest durften nur verheiratete Frauen teilnehmen, Männer waren ausgeschlossen.

Männer nahmen am häuslichen Leben kaum Anteil. Sie waren mehr unterwegs als daheim. Sie trafen sich auf dem Marktplatz, in den Sporthallen oder bei den Volksversammlungen. Abends lud man seine Freunde zu sich nach Hause ein. An diesen Zusammenkünften durften Frauen nicht teilnehmen.

Bildung
Mädchen gingen nicht zur Schule. Sie wurden zu Hause von ihren Müttern in Haushaltsführung, Spinnen und Weben unterrichtet. Frauen aus wohlhabenden Familien konnten oft lesen und schreiben.

1. Das Schicksal der Sklaven hing sehr von ihrer Arbeit ab. Schildert die unterschiedlichen Lebensschicksale der Sklaven (M1, M2, Q1, → **Wir untersuchen Textquellen und werten sie aus**, S. 259).
2. Nennt die Aufgabenbereiche, für die die Frau nach Meinung des Ischomachos zuständig ist (Q2). Seht euch dazu auch die Abbildungen M3 und M4 an.
3. Stellt euch vor, ihr könntet mit Ischomachos sprechen: Berichtet ihm, in welchen Punkten sich das Leben einer Frau in unserer Gesellschaft von dem Leben einer athenischen Frau unterscheidet. Erklärt auch, was ihr jeweils besser oder schlechter findet (Q2).

Warum entstanden Stadtstaaten?

M 1 Das antike Griechenland

Olymp
(Griech. = *Olympos*)
Der Olymp ist ein Gebirge in Griechenland an der Grenze Thessaliens und Makedoniens. Es ist bis 2911 Meter hoch. Nach der Vorstellung im antiken Griechenland lebten auf den Gipfeln des Olymps die griechischen Götter.

***Polis**
(Griech. = Burg, Stadt; Mehrzahl: *Poleis*)
Bezeichnung für die im alten Griechenland selbstständigen Stadtstaaten, z. B. Athen, Sparta, Korinth; die Einwohner einer Polis verstanden sich als Gemeinschaft.

Ein Volk der Hellenen

Im Verlauf des 2. Jahrtausends v. Chr. drangen von Norden her kriegerische Volksstämme in das heutige Griechenland ein. Von einem kleinen Stamm übernahmen sie ihren gemeinsamen Namen: **Hellenen**. Dieser Name unterschied sie von der besiegten Urbevölkerung und von Fremden. Die Bezeichnung „Griechen" taucht erst viel später auf.

Die Stämme kamen in ein Land, das wenig Siedlungsraum bot. Das Mittelmeer gliedert das Land in zahllose Inseln und Halbinseln. Hohe Gebirgszüge umschließen kleine, nur begrenzt fruchtbare Ebenen.

Jedes Tal bildete damals eine abgeschlossene Welt für sich. Die Wege waren so schmal, dass Eselskarren nur mit Mühe aneinander vorbeikamen. Eine Reise zum nächsten Ort jenseits der Berge war beschwerlich. Am bequemsten war es noch, einzelne Strecken stattdessen per Schiff zurückzulegen.

So zersplitterten die eingewanderten Stämme in viele kleine, voneinander getrennte Gemeinschaften.

Wo es möglich war, errichtete man auf einer Anhöhe eine Burg. Von hier aus herrschten Fürsten, die sich auch als Könige bezeichneten, über die Bevölkerung des Tals oder der Insel. Unterhalb der Burg entstanden städtische Siedlungen, in denen Großgrundbesitzer, Händler und Handwerker wohnten. Die Bauern lebten auf dem Land, das die Siedlungen umgab.

M 2 **Kolonisation der Griechen vom 8. bis 6. Jahrhundert v. Chr.**

So entstand in Griechenland kein großes Reich mit einer Hauptstadt. Vielmehr bildete jede Stadt einen eigenen Staat für sich mit einer eigenen Regierung. Die Griechen nannten eine solche Siedlung **Polis***.

Die Polis als Heimat

In einer Polis lebten selten mehr als ein paar tausend Menschen. Dennoch nennen wir sie heute „Stadtstaaten". Für die Bürger war der Stadtstaat das eigentliche Vaterland. Für seine Unabhängigkeit und Freiheit kämpften sie – auch gegen den jeweiligen Nachbar-Stadtstaat. Wenn damals ein Bewohner Griechenlands gefragt wurde, woher er komme, dann antwortete er nicht: „Ich bin ein Hellene", sondern: „Ich bin ein Athener". Ein anderer hätte gesagt: „Ich bin ein Spartaner" oder „Ich bin ein Korinther" usw. Einige Stadtstaaten litten schon bald unter Überbevölkerung und Hungersnöten. Deshalb wanderten zwischen 750 und 550 v. Chr. zahlreiche Griechen aus und gründeten neue Stadtstaaten (**Kolonien***) rund um das Mittelmeer und das Schwarze Meer. Viele Kolonien wuchsen schnell heran und übertrafen schon bald nach ihrer Gründung die Mutterstädte an Reichtum und Macht. Das Gefühl der Zusammengehörigkeit mit dem Mutterland blieb aber bei allen Auswanderern bestehen.

***Kolonien, Kolonisation**
abgeleitet vom lateinischen Wort *colonus* = Bebauer, Ansiedler

1 Beschreibt die Landschaft Griechenlands mithilfe der Karte M 1 (→ **Wir lesen eine physische Karte**, S. 62/63).

2 Erklärt anhand von M 1 und des Textes, wie die Landschaft das politische Leben der Griechen beeinflusste.

3 Erstellt anhand der Karte M 2 und mit dem Atlas eine Liste der heutigen Länder, in denen es damals griechische Kolonien gab (→ **Wir lesen Geschichtskarten**, S. 249).

4 Befragt eure ausländischen Mitschülerinnen und Mitschüler: Warum haben sich ihre Eltern entschlossen, für einige Jahre oder für immer ihr Heimatland zu verlassen?

Warum wurde Sparta ein Kriegerstaat?

M 1 Ausdehnung Spartas im 6. Jh. v. Chr.

M 2 Kampf schwerbewaffneter Krieger in Reihen. *Korinthische Vasenmalerei um 650 v. Chr.*

Ein Kriegerstaat

Das im Süden der Halbinsel Peloponnes gelegene Sparta dehnte seinen Machtbereich durch ständige Kämpfe nach Süden und Westen aus. Im Gegensatz zu anderen griechischen Städten gründete Sparta keine Tochterstädte (Kolonien).

Die „Spartiaten", so nannten sich die Vollbürger Spartas, verteilten das eroberte Land unter sich und versklavten die Bevölkerung. Um 450 v. Chr. herrschten etwa 9000 Spartiaten über 200 000 Sklaven, die „Heloten" genannt wurden.

Den Spartiaten gehörte das Land, das aber von den Heloten bearbeitet werden musste. Die Heloten musten die Hälfte ihrer Ernte an die Spartiaten abliefern. Die Heloten hatten keinerlei Rechte, sie gehörten dem Stadtstaat Sparta und nicht einzelnen Spartiaten. Neben den Heloten gab es eine weitere fast rechtlose Gruppe in Sparta: die Periöken. So nannten man die in der Umgebung Spartas wohnenden Menschen, die nicht versklavt waren. Sie mussten Kriegsdienst für die Spartiaten leisten und als Händler und Handwerker für Sparta arbeiten. Die Spartiaten selber durften nur als Krieger leben und keine anderen Berufe ausüben.

Der Stadtstaat Sparta war militärisch geprägt. Die Spartiaten waren stets darauf bedacht, die Herrschaft ihrer Minderheit über die Mehrheit sicherzustellen und Aufständen der Heloten vorzubeugen.

Q 1 Der athenische Dichter Kritias (um 460 bis 403 v. Chr.) berichtete:

[…] Aus Misstrauen gegen die Heloten geht der Spartaner immer mit dem Speer in der Hand umher. Er hofft, auf diese Weise dem Heloten überlegen zu sein. Das zeigt doch, dass die Spartaner in ständiger Angst leben. Sie wagen kaum aufzuatmen wegen des Schrecklichen, das man ständig erwartet. Wie können denn Menschen die Freiheit genießen, die beim Frühstücken, beim Schlafen und jeder anderen Beschäftigung die Furcht vor ihren Sklaven dazu zwingt, bewaffnet zu sein! […]

Politische Ordnung Spartas

Die über dreißigjährigen männlichen Spartiaten bildeten die **Volksversammlung.** Sie beschloss ohne Diskussion über

- die Gesetze
- Krieg und Frieden
- Bündnisse und
- das Bürgerrecht.

Sie wählte jährlich fünf leitende Beamte, die „Ephoren". Sie überwachten die Einhaltung der Gesetze und Sitten und waren auch als Richter tätig.

Die eigentliche politische Macht übte aber der Rat der Alten aus, der sich aus 28 Männern über 60 Jahre zusammensetzte. In diesem Rat wurden alle wichtigen Entscheidungen vorbereitet. Dem Rat gehörten auch zwei Könige an, die im Kriegsfall das spartanische Heer anführten.

Q2 Der griechische Schriftsteller Plutarch (ca. 40 n.Chr.–120 n.Chr.) schrieb ca. 400 Jahre später über Sparta:

[…] Niemand durfte leben, wie er wollte; in der Stadt hatten die Spartaner wie in einem Feldlager eine genau festgelegte Lebensweise und eine Beschäftigung, die auf das öffentliche Wohl ausgerichtet war, da sie dachten, sie gehörten ganz dem Vaterland und nicht sich selbst. […]

Artikel 3

(1) Alle Menschen sind vor dem Gesetz gleich.

(2) Männer und Frauen sind gleichberechtigt. […]

Artikel 20

(2) Alle Staatsgewalt geht vom Volke aus. Sie wird vom Volke in Wahlen und Abstimmungen […] ausgeübt.

Artikel 38

(2) Wahlberechtigt ist, wer das achtzehnte Lebensjahr vollendet hat. […]

M3 Aus unserer Verfassung, dem Grundgesetz

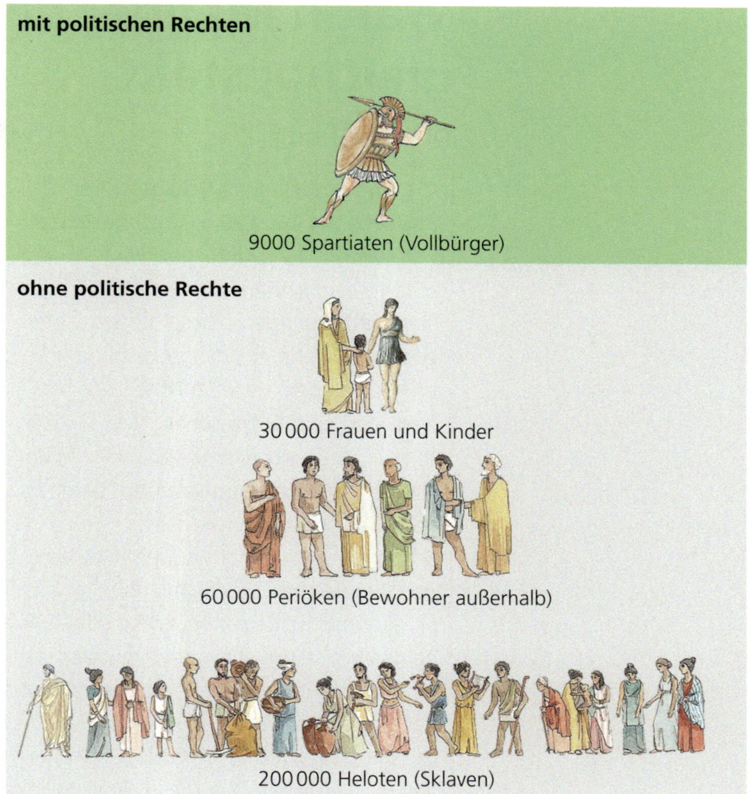

M4 Gliederung der Bevölkerung Spartas um 450 v. Chr. *Schaubild*

1 Beschreibt in Stichwörtern die politische Ordnung Spartas. Benutzt dazu den Text und M4.

2 Erläutert, warum die Spartiaten stets bewaffnet waren (Q 1) und ihren Stadtstaat militärisch organisierten.

3 Untersucht, welche politischen Rechte die einzelnen Bevölkerungsgruppen in Sparta hatten (M4).

4 Vergleicht die Rechte der Vollbürger in Athen und Sparta und notiert euer Ergebnis (Text und S. 33).

5 Entwerft ein kleines Rollenspiel, in dem ein Athener und ein Spartiate einander die Vorzüge ihrer politischen Ordnung erklären (→ **Wir spielen in verschiedenen Rollen: ein Rollenspiel**, S. 100/101).

6 Untersucht Q2 und erläutert die Aussage des Schriftstellers (→ **Wir untersuchen Textquellen und werten sie aus**, S. 259).

7 Lest die Artikel aus dem Grundgesetz, unserer Verfassung, in M3. Beurteilt die Beteiligungsmöglichkeiten bei uns, in Athen und Sparta. Welche Gruppen waren damals benachteiligt?

Waren Männer und Frauen in Sparta gleichgestellt?

Die Erziehung

Q1 Der griechische Schriftsteller Plutarch (46 bis 120 n. Chr.) berichtet:
[...] Wenn ein Kind geboren wurde, musste es der Vater zu den Ältesten der Gemeinde bringen; diese untersuchten das Kind. Wenn es wohlgebaut und kräftig war, gaben sie dem Vater den Auftrag, das Kind aufzuziehen. War es aber schwächlich und missgestaltet, so ließen sie es in einen Abgrund werfen, damit es dem Staat nicht zur Last falle.
Schon die Kleinkinder wurden dazu erzogen, beim Essen nicht wählerisch zu sein, [...] und nicht zu weinen. Sobald die Jungen sieben Jahre alt waren, mussten sie das Elternhaus verlassen. Jetzt übernahm der Staat die Erziehung.
Die Jungen wurden in Gruppen eingeteilt. Sie erhielten alle die gleiche Erziehung, das gleiche Essen und lernten gemeinsam. Lesen und schreiben lernten sie nur so viel, wie sie unbedingt brauchten. Der ganze übrige Unterricht bestand nur darin, pünktlich zu gehorchen, Strapazen zu ertragen und im Kampf zu siegen. [...]

Die Mädchen sollten durch Laufen, Ringen und andere Sportarten ihren Körper abhärten, damit sie gesunde und starke Kinder zur Welt bringen könnten.

Das Leben im Militärstaat

Mit zwanzig Jahren wurden die jungen Spartiaten wenn sie die Erziehung erfolgreich durchlaufen hatten, in andere Gemeinschaften aufgenommen: jeweils 15 Personen bildeten zusammen eine Essensgemeinschaft. Nur wer einer solchen Gemeinschaft angehörte, durfte auch an den politischen Beratungen teilnehmen und darüber abstimmen.

Mit dreißig Jahren durften die Spartiaten wieder in ihren Häusern wohnen. Nur noch die Mahlzeiten mussten sie in der Gruppe einnehmen.
Die Mitglieder dieser Tischgemeinschaften führten zusammen militärische Übungen durch.

Q2 Der Schriftsteller Plutarch schreibt weiter über Sparta:
[...] Es durfte auch nicht jeder, der den Wunsch hatte, das Land verlassen, um zu reisen, sodass er andere Sitten, Gebräuche und Staatsformen hätte kennenlernen können. Ebenso wurden Fremde, die keinen wichtigen Grund für ihr Kommen angeben konnten, wieder des Landes verwiesen. Denn mit fremden Menschen kommen auch fremde Gedanken. Neue Gedanken aber führen zu neuen Werturteilen und stellen das Bestehende in Frage. [...]

Rolle und Einfluss der Frauen

Über das Alltagsleben und das Leben der Frauen gibt es nur wenige Quellen. Diese stammen alle von Autoren aus Athen, das lange und immer wieder Krieg mit Sparta führte. Sie beschreiben und kritisieren die Lebensumstände in Sparta als Gegenbild zu den Gewohnheiten in Athen.
Heutige Historiker* schildern die Lebenssituationen der Frauen in Sparta ganz unterschiedlich. Sie verweisen in ihren Darstellungen auf die fehlenden Quellen und versuchen dann, ein Bild vom Leben in Sparta zu entwerfen.

***Historiker**
Geschichtswissenschaftler

M 1 1998 schreibt der Historiker Ernst Baltrusch:

[...] Die Erziehung hat aus den Mädchen selbstbewusste Frauen gemacht. Dieses Selbstbewusstsein bestimmte auch ihr Leben in Ehe und Familie. [...] Da die Männer mit Training, Gemeinschaftsmahl, Politik und Krieg beschäftigt waren, mussten die Frauen zwangsläufig die wirtschaftliche Versorgung ihrer Familien, d.h. die Führung des Hauses übernehmen. Der Ehemann war also völlig darauf angewiesen, dass seine Frau nicht nur in der Lage war, die Heloten und Sklaven zu beaufsichtigen, sondern auch über ökonomische* Kenntnisse verfügte, um genügend zu erwirtschaften. [...]
Die spartanische Frau war also gesellschaftlich den Männern gleichgestellt. [...]

M 2 Der Historiker Lukas Thommen schreibt 2003:

[...] Die Männer waren nach einer anfänglichen Übergangsphase im Anschluss an die Eheschließung im eigenen Haushalt wohnhaft. Sie mussten ein Interesse an einem geregelten und einträglichen Haushalt haben. Es scheint daher unwahrscheinlich, dass sie ihre Existenz* gänzlich in die Hände ihrer Frauen gelegt haben. Vielmehr dürften sie auch selber für die Verwaltung, den Anbau, die Betreuung der Heloten etc. die Verantwortung übernommen haben. Der wirtschaftliche Einfluss der spartanischen Frauen – sofern man diesen überhaupt pauschal* fassen kann – ging daher kaum über denjenigen der Athenerinnen hinaus.
[...] Die Auffassung von der freien und einflussreichen Stellung der spartanischen Frau gehört dabei in den Bereich des Mythos*. Auch wenn das Erbrecht in Sparta die Frauen offensichtlich in einem höheren Maße berücksichtigte als in Athen, kann daraus nicht wirtschaftliche Macht abgeleitet werden. [...]

M 3 Spartanische Frau, Bronzestatue, Ende 6. Jh. v. Chr. Im Gegensatz zu anderen Griechinnen trugen die spartanischen Frauen kurze Gewänder.

***ökonomisch**
die Wirtschaft betreffend

***Existenz**
Dasein, Leben

***pauschal**
allgemein

***Mythos**
Sage, unwahrscheinliche Erzählung

1 Berichtet über die Erziehung und das Leben in Sparta.

2 Vergleicht eure Kindheit und Jugend mit der eines Kindes oder Jugendlichen in Sparta.

3 Lest M 1 und M 2 und schreibt in eine Tabelle die Aussagen der beiden Historiker zum Leben der Frauen in Sparta (→ **Wir verstehen Sachtexte**, S. 110/111).

4 Nennt mithilfe eurer Tabelle die unterschiedlichen Aussagen der beiden Historiker zum Leben der Frauen.

5 Versucht zu erklären, warum die Historiker zu unterschiedlichen Aussagen kommen.

6 Bildet Gruppen: Die eine Gruppe vergleicht und bewertet als Athener die staatliche Ordnung in Sparta. Die andere Gruppe vergleicht und bewertet als Spartiaten die staatliche Ordnung in Athen. Entwickelt aus dem Vergleich eine Pro-und-Kontra-Diskussion: „Unser Staat ist besser ..."(→ **Wir führen eine Pro-und-Kontra-Diskussion**, S. 294/295).

Das kann ich …

- ✓ Klassengemeinschaft
- ✓ Schülervertretung
- ✓ Mitwirkungsrechte
- ✓ Mitbestimmung
- ✓ Kinderparlament
- ✓ Aufgaben einer Gemeinde
- ✓ griechische Stadtstaaten
- ✓ Demokratie in Athen
- ✓ Kriegerstaat Sparta
- ✓ Rechte von Frauen in Athen und Sparta

M1 Wichtige Begriffe

M3 Eigenschaften einer Klassensprecherin, eines Klassensprechers

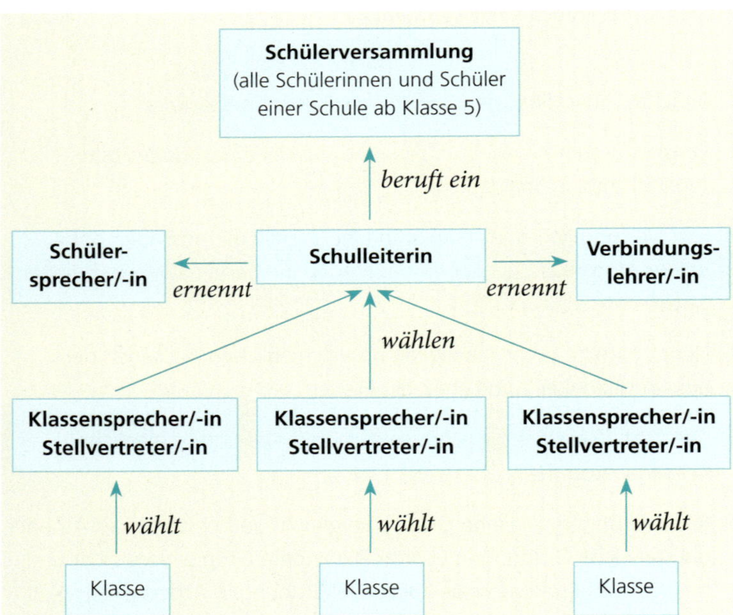

M2 Verkehrte Mitbestimmung?

M4 Familie- ein Ort der Mitbestimmung?

M5 Gliederung der Bevölkerung des Stadtstaates Athen um 430 v. Chr. *Schaubild*

M6 Athenische Volksversammlung. *Rekonstruktionszeichnung*

Was wir noch wissen

1 Erklärt euch gegenseitig die wichtigen Begriffe und schreibt die Bedeutung der Begriffe in eure Arbeitsmappe (M 1).

2 Notiert Möglichkeiten der Mitgestaltung in Schule, Familie und Gemeinde in einer Tabelle.

3 Berichtigt die falschen Angaben in M 2 und tragt danach die Grafik in eure Arbeitsmappe ein.

4 Schreibt eine Zeitungsmeldung über die Rechte und Pflichten von Kindern und Jugendlichen in der Schule und in Familien.

5 Erläutert, warum im antiken Griechenland Stadtstaaten entstanden.

6 Vergleicht die politische Ordnung in Athen und Sparta und notiert dazu Stichwörter (M 5, M 6).

Gewusst, wie ...

7 Nennt Regeln, mit denen ihr einen Streit in der Klasse schlichten könnt (vgl. S. 22).

Wir meinen, dass ...

8 Erläutert mithilfe von M 3, welche Eigenschaften eine gute Klassensprecherin/ein guter Klassensprecher haben sollte.

9 Beurteilt die Mitgestaltungsmöglichkeiten aus eurer Tabelle von Frage 2. Bewertet die unterschiedlichen Interessen von Kindern und Erwachsenen.

10 Stellt euch vor, ihr wäret ein Spartiate: Urteilt aus seiner Sicht über die politische Ordnung und das Leben in Athen (M 5, M 6).

11 Lest noch einmal die Artikel aus dem Grundgesetz, S. 39, M 3 und urteilt als Athener über diese Bestimmungen.

Wir wenden an

12 Entwerft eine Wandzeitung (→ **Wir gestalten eine Wandzeitung**, S. 154/155) zum Thema: Zwei unterschiedliche Gesellschaften: Athen und Sparta. Listet die wichtigsten Merkmale beider Stadtstaaten auf.

2 Orientieren – nah und fern

Unser Planet, die Erde, gehört zu den vielen Milliarden Gestirnen, die es in den unermesslichen Weiten des Weltraums gibt. Nach unserem derzeitigen Wissensstand gibt es aber nur auf der Erde menschliches Leben. In diesem Kapitel erfahrt ihr, wie ihr euch in der Nähe und in der Ferne orientieren könnt.

Ihr lernt,

- wie ein Kompass funktioniert und wozu er dient,
- wie und was ihr aus Karten sowie dem Atlas alles erfahren und feststellen könnt und
- welche Großlandschaften es in Deutschland gibt.

Am Ende des Kapitels könnt ihr erklären, wie ihr euch orientieren könnt und wozu ein Globus dient. Mit Karten und dem Atlas könnt ihr richtig und sicher umgehen.

Wie orientieren wir uns nach Himmelsrichtungen?

M 1 **Windflüchter**

M 2 **Zugvögel finden ihren Weg.**

Zugvögel – über Tausende von Kilometern sind sie unterwegs und finden ihren Weg sogar im Dunkeln. Auch Brieftauben finden stets zurück. Was hilft ihnen, sich zu orientieren? Haben sie einen inneren Kompass?

Magnet Erde

Unsere Erde wirkt wie ein großer Magnet. Um sich herum hat sie ein unsichtbares Feld magnetischer Linien, das von Norden nach Süden ausgerichtet ist und das einige Hunderttausend Kilometer ins All hinausragt. Natürlich ist die Magnetkraft der Erde viel größer als die von jedem kleinen Metallmagneten.
Das wohl bekannteste Beispiel für die Magnetkraft der Erde ist der Kompass. Seit Jahrhunderten ist er eine unersetzbare Hilfe für die Orientierung auf der Erde. Mit ihm können wir überall die Himmelsrichtungen bestimmen: auf dem Land, in der Luft, auf dem Meer und sogar unter Wasser. Das Magnetfeld der Erde erklärt auch, warum Zugvögel und Brieftauben ihren Weg so sicher finden: Sie spüren das Magnetfeld und richten ihren Flug danach.

Wie funktioniert ein Kompass?

Der Kompass besteht aus einer Windrose und einer magnetischen Nadel, die sich frei auf einem Stift dreht. Die frei schwingende Kompassnadel richtet sich in Nord-Süd-Richtung aus. Eine Spitze der Nadel wird von einem Pol der Erde angezogen, die andere Spitze der Nadel wird von dem anderen Pol angezogen.

So stellt ihr die Nordrichtung fest

- Haltet den Kompass waagerecht.
- Dreht euch mit dem Kompass, bis die gefärbte Spitze der Magnetnadel auf N zeigt.
- Lest die Nordrichtung und die anderen Himmelsrichtungen von der Windrose ab.

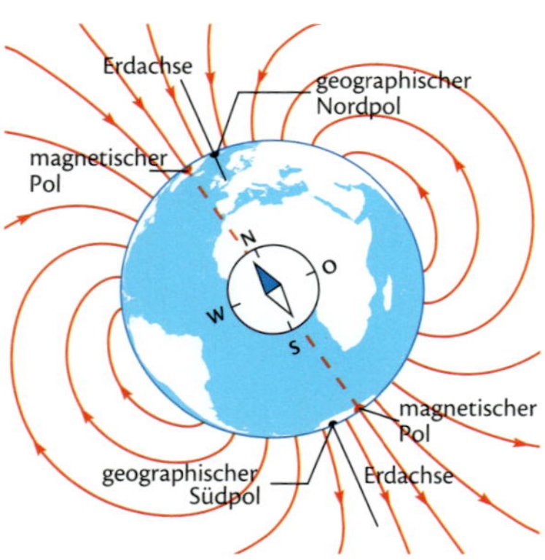

M 3 **Magnetfeld der Erde**

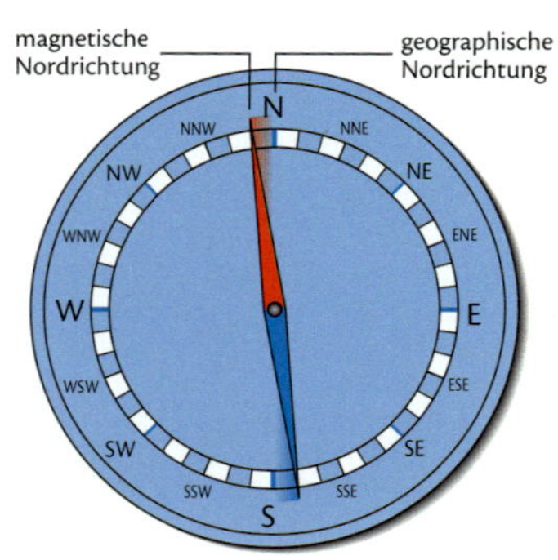

M 4 **Kompass**

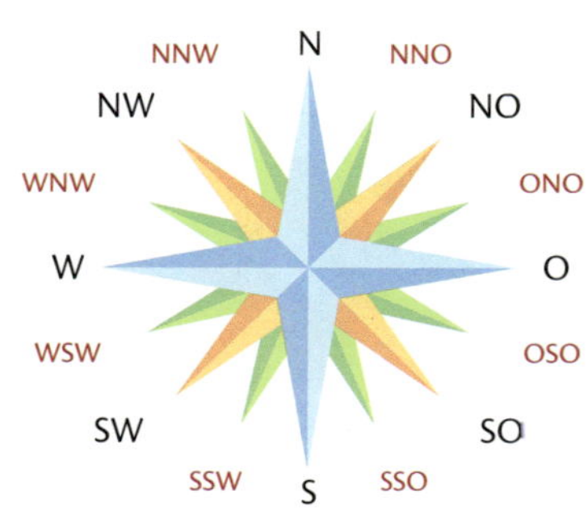

M 5 **Windrose**

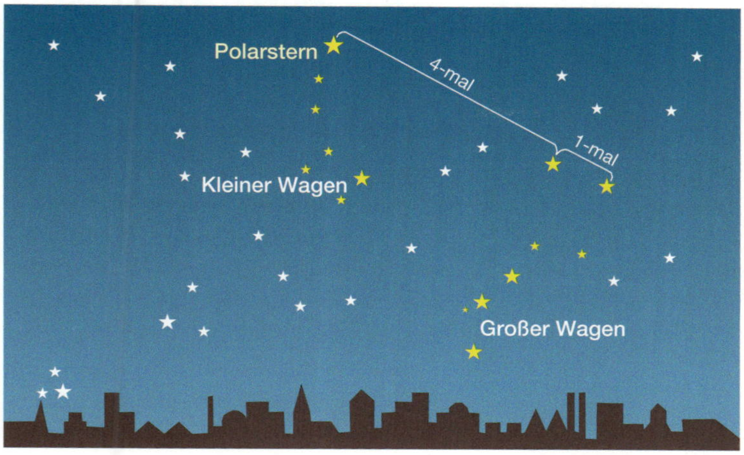

M 6 Bestimmen der Himmelsrichtungen nach dem Polarstern
Sucht am Nachthimmel das auffällige Sternbild des Großen Wagens. Verbindet in Gedanken die beiden hinteren Sterne (hinter der Achse) des Großen Wagens. Verlängert diese gedachte Linie. Dann stoßt ihr auf den hellen Polarstern. Er zeigt euch, wo Norden ist.

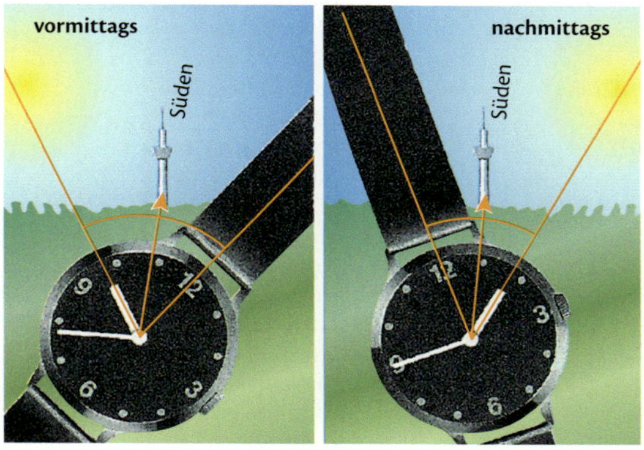

M 7 Bestimmen der Himmelsrichtungen mithilfe von Bäumen

- Die Jahresringe von Baumstümpfen liegen gewöhnlich auf der Nordwestseite am dichtesten.
- Die bemooste und feuchtere Seite von Bäumen zeigt häufig die Westrichtung an, weil von dieser Seite die regenreichen Westwinde kommen.
- Ameisenhaufen liegen meist südlich von Bäumen und Sträuchern. Die Südseite der Ameisenhaufen fällt sanft, die Nordseite steiler ab.
- An frei stehenden Sträuchern und Bäumen reifen die Beeren und Früchte an der Südseite zuerst.
- Frei stehende Bäume haben durch die häufigen Westwinde einen nach Osten weisenden Kronenwuchs (Windflüchter, siehe M 1).

M 8 Bestimmen der Himmelsrichtungen mithilfe einer Uhr
Dreht die Armbanduhr so, dass der Stundenzeiger auf die Sonne zeigt und denkt euch eine Linie dorthin. Die andere Linie verläuft in Verlängerung von 12 Uhr auf dem Ziffernblatt. Süden ist genau in der Mitte zwischen diesen beiden Linien. Um 12 Uhr liegen die Linien aufeinander. Achtung: Bei Sommerzeit muss eine Stunde hinzugerechnet werden (dann also auf 13 Uhr „umstellen").

1 Nennt Begriffe, in denen eine Himmelsrichtung vorkommt, zum Beispiel „Ostsee".

2 Beschreibt verschiedene Möglichkeiten, Himmelsrichtungen ohne einen Kompass zu bestimmen.

3 Geht auf den Schulhof und ermittelt die Nordrichtung zunächst mithilfe einer Armbanduhr mit Zeigern und danach mithilfe des Kompasses.

4 Bestimmt in Gruppen die Lage nach Himmelsrichtung von verschiedenen markanten Punkten auf dem Schulhof. Jede Gruppe sollte eine andere Orientierungsmöglichkeit nutzen (Kompass, Zeigeruhr usw.).

METHODE

Wir orientieren uns mit dem Stadtplan

Adlerstraße	E2	Karlstraße	D/E4
Adolf-von-Vagedes-Platz	D2	Kasernenstraße	C3/4
Alte Stadt	B2	Kavalleriestraße	B5
Am Wehrhahn	D3-E2	Klosterstraße	D/E3
Benrather Straße	B/C4	Kölner Straße	E3
Berliner Allee	C5-D3	Königsallee	C3-5
Breite Straße	C4	Konrad-Adenauer-Platz	E4
Burgplatz	B3	Louis-Pasteur-Platz	E1
Carlsplatz	B4	Luegplatz	A2
Corneliusplatz	C3	Mannesmannufer	B4
Duisburger Straße	D1	Marktplatz	B3
Corneliusstraße	D5	Marktstraße	B3
Elisabethstraße	C5	Martin-Luther-Platz	C/D3
Ernst-Reuter-Platz	C/D5	Maximilian-Weyhe-Allee	C2
Ernst-Schneider-Platz	D3	Maxplatz	B4
Fischerstraße	C1	Mintropplatz	D/E5
Franklinstraße	E1	Mühlenstraße	B3
Friedrich-Ebert-Straße	D/E4	Neubrückstraße	C2/3
Friedrichstraße	C5	Neusser Straße	A5
Graf-Adolf-Platz	C5	Oberkasseler Brücke	A/B2
Graf-Adolf-Straße	C5-E4	Oststraße	D5-E3
Gustaf-Gründgens-Platz	D3	Pempelforter Straße	E2
Harkortstraße	E5	Platz der Deutschen Einheit	D4
Haroldstraße	B5	Platz des Landtags	A5
Heinrich-Heine-Allee	C2/3	Prinz-Georg-Straße	D1
Heinrich-Heine-Platz	C3	Rathausufer	B3/4
Helmholtzstraße	D/E5	Ratinger Straße	B/C2
Herzogstraße	C5	Rheinkniebrücke	A4
Hofgartenrampe	B/C2	Rochusmarkt	E1
Hofgartenstraße	C2/3	Schadowplatz	C3
Hunsrückenstraße	C3	Schadowstraße	C/D3
Hüttenstraße	C/D5	Schinkelstraße	E1
Immermannstraße	D3-E4	Schlossufer	B2/3
Inselstraße	C1	Schwanenmarkt	B4
Jacobistraße	D2	Sternstraße	C/D1
Jägerhofstraße	D2	Stresemannplatz	D5
Jan-Wellem-Platz	C3	Tonhallenstraße	D3
Joseph-Beuys-Ufer	B1	Vagedesstraße	D2
Jürgensplatz	B5	Victoriaplatz	B1
Kaiserstraße	C2	Worringer Platz	E3/4
Karl-Rudolf-Straße	D5	Worringer Straße	E4

M1 Auszug aus dem Straßenverzeichnis des Stadtplans von Düsseldorf

In Düsseldorf unterwegs

„Wo sind wir denn jetzt? Ich glaube, wir haben uns verlaufen", sagt Heiko. Gemeinsam mit Anna will er vom Hauptbahnhof zur Königsallee. Anna schaut nach den Straßenschildern und liest „Friedrich-Ebert-Straße", „Oststraße". „Jetzt kann es eigentlich nicht mehr allzu weit sein", sagt Heiko. „Zum Glück habe ich einen Stadtplan mitgenommen."

Der Stadtplan

- Jeder Stadtplan enthält ein alphabetisch geordnetes Straßenverzeichnis. Die Zahlen und Buchstaben hinter dem Straßennamen findet ihr am Kartenrand wieder. Mit ihrer Hilfe könnt ihr im blau gezeichneten Gitternetz das **Planquadrat** bestimmen, in dem sich die gesuchte Straße befindet.
- Wie jede Karte enthält der Stadtplan eine **Legende**. Diese erklärt die Bedeutung der verschiedenen Kartenzeichen und Flächenfarben.
- Auf manchen Stadtplänen sind bekannte Gebäude durch Zeichnungen hervorgehoben. So kann man sie bei einem Stadtrundgang leicht erkennen und sich an ihnen orientieren.
- Mithilfe der Maßstabsleiste lassen sich Entfernungen abschätzen.

M2 Landtag und Rheinturm

1 Bestimmt auf dem Stadtplanausschnitt von Düsseldorf (M3) den Standort von Heiko und Anna. Findet die Königsallee und beschreibt den Weg dorthin (mit Planquadraten).

2 In der Graf-Adolf-Straße gibt es ein Kino. Notiert, wie man vom Hauptbahnhof dorthin kommt.

3 Ermittelt anhand des Stadtplanausschnitts (M3), in welchem Planquadrat sich die Gebäude im Foto M2 befinden.

4 Beschreibt, wie in M3 die Fußgängerzonen dargestellt sind.

M3 Stadtplan von Düsseldorf *(Ausschnitt)*

METHODE

Wir erkunden unseren Wohnort

Steckbrief unseres Wohnortes
- Lage des Ortes
- Geschichte des Wohnortes
- Bürgermeister, Gemeinderäte
- Einwohnerzahl
- Verkehrsverbindungen (Auto, Bahn, Bus, Flugzeug)
- Einrichtungen am Ort (z. B. Kindergarten, Jugendtreff, Feuerwehr, Sportanlagen, Büchereien, Museen)
- Kirchen und Konfessionen*
- Angaben zum Schulwesen
- Betriebe/Unternehmen/Landwirtschaft
- Einkaufsmöglichkeiten und Gesundheitsvorsorge (Geschäfte, Ärzte, Apotheke, nächstes Krankenhaus)
- Fremdenverkehr (Hotels, Pensionen)
- Freizeitangebote
- Vereine

M 1 Stichwörter für einen Wohnortsteckbrief

M 2 Neuer Wohnort – viele Fragen

Umzug nach Wesel

Murats Vater hat in Wesel einen neuen Arbeitsplatz gefunden. Deshalb wird die Familie umziehen. Von ihrem neuen Wohnort weiß sie bisher noch wenig. Murats Eltern, seiner Schwester Semra und ihm selbst gehen viele Fragen durch den Kopf. Sie schreiben deshalb einen Brief an die Stadt Wesel und bitten um Informationen. Vom Bürgerbüro bekommen sie eine Broschüre zugeschickt, in der sich die Stadt Wesel vorstellt. Semra findet auch die Homepage* ihres neuen Wohnortes im Internet. So erhalten sie Antworten auf beinahe alle ihre Fragen.

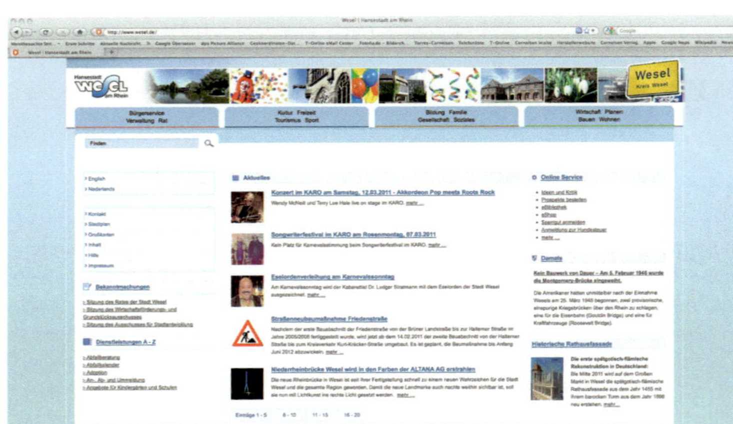

M 3 Homepage der Stadt Wesel im Internet

A Befragt ältere Mitbürgerinnen und Mitbürger: „Wie war es früher …?“ Wendet euch auch an Vereine im Ort.

B Fotografiert alte Häuser, Höfe, Fabriken, Kirchen, Brücken usw.; notiert die Namen.

C Sucht alte Grabsteine auf dem Friedhof. Notiert die Namen und Geburtsdaten. Leben die Nachkommen noch? Woher kam die Familie?

D Sucht in der Bücherei, beim Pfarrer usw. nach alten Karten, Bildern oder Büchern über eure Gemeinde.

E Zeichnet Einzelheiten von alten Gebäuden ab: Inschriften, Türen, Gitter, Maschinen usw. Erkundigt euch nach dem Entstehungsjahr.

F Plant einen Besuch im nächstgelegenen Stadtmuseum. Berichtet von eurer Erkundung.

G Besorgt euch in der Bücherei Pläne von eurem Wohnort. Wie hat er sich verändert?

H Viele Städte und Gemeinden haben ein eigenes Wappen. Es bildet etwas ab, was für diesen Ort wichtig war. Wie sieht das Wappen eurer Gemeinde aus? Welche Bedeutung hat es? Gestaltet dazu ein Plakat.

M4 **Themenvorschläge für eine Erkundung zur Geschichte des Heimatortes**

Eine Erkundung durchführen

Auch der Ort, an dem ihr wohnt, hat seine eigene Geschichte. Oft ist durch Umbauten oder Kriegszerstörungen nicht mehr viel aus alter Zeit übrig geblieben. Trotzdem lassen sich noch viele Spuren der Vergangenheit erkunden.
Eine Erkundung ist eine Methode, Informationen zu ganz bestimmten Fragen zu beschaffen. Dabei solltet ihr folgende Schritte beachten:

M5 Eine Erkundung durchführen

1. Vorbereitung
- Klären, was wo erkundet werden soll.
- Fragen sammeln, ordnen und einen Fragebogen zusammenstellen.
- Arbeitsmittel (Notiz- oder Skizzenblock, Kassettenrekorder, Fotoapparat) zusammenstellen.
- Aufgaben verteilen (Partner-, Gruppenarbeit).

2. Durchführung
- Alle notierten Fragen klären.
- Ergebnisse festhalten, ebenso weitere Beobachtungen.

3. Auswertung und Dokumentation
- Entscheiden, wie die Ergebnisse ausgewertet und dokumentiert (dargestellt) werden sollen. Beispiel: Eine Wandzeitung anfertigen. Notieren, was nicht so gut geklappt hat und was ihr beim nächsten Mal besser machen könnt.

***Konfessionen**
In Deutschland sind die beiden großen christlichen Glaubensrichtungen (Konfessionen) der Kirche: evangelisch und katholisch

***Homepage**
Startseite (erste Bildschirmdarstellung) beim Aufruf einer Internetseite

1 Notiert, welche Informationen über euren Wohnort jemand wohl bekommen möchte, der von weit her zuzieht.

2 Erstellt einen Steckbrief für euren Wohnort.

3 Bestimmt ziehen auch in eure Gemeinde/in euer Wohnviertel immer wieder Familien mit Kindern in eurem Alter. Stellt für diese Kinder eine Informationsbroschüre über euren Wohnort her. Vielleicht könnt ihr im Rathaus eine solche Broschüre bekommen und sie als Grundlage verwenden.

Wie sehen Astronauten und Satelliten die Erde?

M 1 Die Internationale Raumstation ISS* im All

***ISS**
Abkürzung für: *International Space Station* – eine in internationaler (mehrstaatlicher) Zusammenarbeit entstandene Raumstation

M 2 Juri Gagarin

Die Erde im Weltraum

Das moderne Zeitalter der Erderkundung begann 1961. Der russische Kosmonaut (so wurden in Russland die Raumfahrer genannt) **Juri Gagarin** flog als erster Mensch um die Erde. Dafür brauchte er weniger als zwei Stunden. Seine Raumkapsel erreichte eine Geschwindigkeit von 27 400 Kilometern pro Stunde.
1969 folgte eine weitere wissenschaftliche und technische Meisterleistung: Drei amerikanische Astronauten (so wurden in USA die Raumfahrer genannt) flogen zum Mond. **Neil Armstrong** betrat als erster Mensch die Mondoberfläche. Auch von diesem Himmelskörper ist die kugelförmige Gestalt der Erde zu erkennen.

Heute umkreist die Internationale Raumstation ISS die Erde und dient den Astronauten aus verschiedenen Ländern als Ort zur Erforschung der Erde und des Weltalls.

Unser „Blauer Planet"

Wettersatelliten umkreisen die Erde in 36 000 Kilometern Höhe. Auf den zur Erde gefunkten Bilddaten erkennen wir, dass die blaue Farbe von den großen Ozeanen stammt, die die Kontinente umgeben. Fast drei Viertel der Erdoberfläche sind von Wasser bedeckt. Über den Ozeanen bilden sich große weiße Wolkenwirbel. Sie bestimmen das Wetter auch auf den Kontinenten in hohem Maße.

Eine Hülle aus Luft umgibt die Erde (sie heißt „Atmosphäre"). Sie besteht aus Stickstoffgas, Sauerstoff und Wasserdampf. Hinzu kommen winzige Mengen anderer Gase. Nur im untersten Bereich dieser Lufthülle können wir leben. Schon ab etwa 4000 Metern Höhe wird die Luft für uns zu dünn. Wasserdampf und Wolken steigen bis zu 15 000 Metern Höhe auf.

Satelliten umkreisen die Erde

Die Erde unterscheidet sich von anderen Himmelskörpern. Nur auf ihr – soweit wir heute wissen – gibt es Pflanzen, Tiere und Menschen. Alle anderen Himmelskörper sind lebensfeindlich.

Hunderte von Satelliten funken laufend Daten an die Erdstationen. Die Wetterkarte im Fernsehen gibt uns hierfür ein gutes Beispiel. Satelliten erspähen Waldbrände und Überschwemmungen, von Dürre gefährdete Gebiete und Flächen mit guten Ernten.

Beim Vergleichen mit älteren Satellitenbildern erkennen wir Veränderungen auf der Erdoberfläche. Wir sehen, wo Eisflächen in Gebirgen – die Gletscher – abgeschmolzen sind.

M 3 Der „Blaue Planet"

M 4 Deutschland im Satellitenbild

1 Stellt euch vor, ihr wäret Raumfahrer. In diesem Moment befindet sich euer Raumschiff über Deutschland. Berichtet „live", was ihr durch das Fenster eures Raumschiffes seht (M 4).

2 Erläutert den Ausdruck „Blauer Planet" (Text, M 3).

3 Nennt einige Aufgaben, für die Satelliten eingesetzt werden (Text, M 1, M 3).

Die Erde – ein Himmelskörper

M 1 Die Planeten unseres Sonnensystems

Die Erde – ein Planet

Um die Sonne bewegen sich zahlreiche Himmelskörper, die als **Planeten** bezeichnet werden. Sie werden von der Sonne angestrahlt. Die Erde ist ebenfalls ein Planet. Wie sie haben andere Planeten **Monde** als Begleiter. Der Erdmond bewegt sich einmal in vier Wochen um die Erde.

Andere Himmelskörper haben einen festen Platz im Weltraum. Sie werden als **Fixsterne** bezeichnet (Lateinisch *fixus* = fest). Auch unsere Sonne gehört dazu. Sie ist aber nur eine von vielen Sonnen, die scheinbar im Weltraum fest stehen und selbst Licht abstrahlen. Am klaren Nachthimmel – allerdings nur bei absoluter Dunkelheit jenseits größerer Städte – sind von der Erde aus etwa 5000 solcher Sonnen mit bloßem Auge zu erkennen. Das helle Band, das den Himmel durchzieht, kennen wir als **Milchstraße**. Sie ist der für uns sichtbare Teil von vielen Milliarden Sternensystemen in den Weiten des Weltalls.

Die Entfernungen im All

Die Entfernungen im Weltraum (All) sind unvorstellbar groß. Für die Strecke von der Erde zum Mond müsste ein modernes Düsenflugzeug, das 1000 Kilometer in der Stunde zurücklegt, 16 Tage lang ununterbrochen fliegen. Zur Sonne wäre es 17 Jahre unterwegs, zum nächsten Fixstern fünf Millionen Jahre. Für die riesige Größe des Weltraums sind dies jedoch alles sehr geringe Entfernungen.

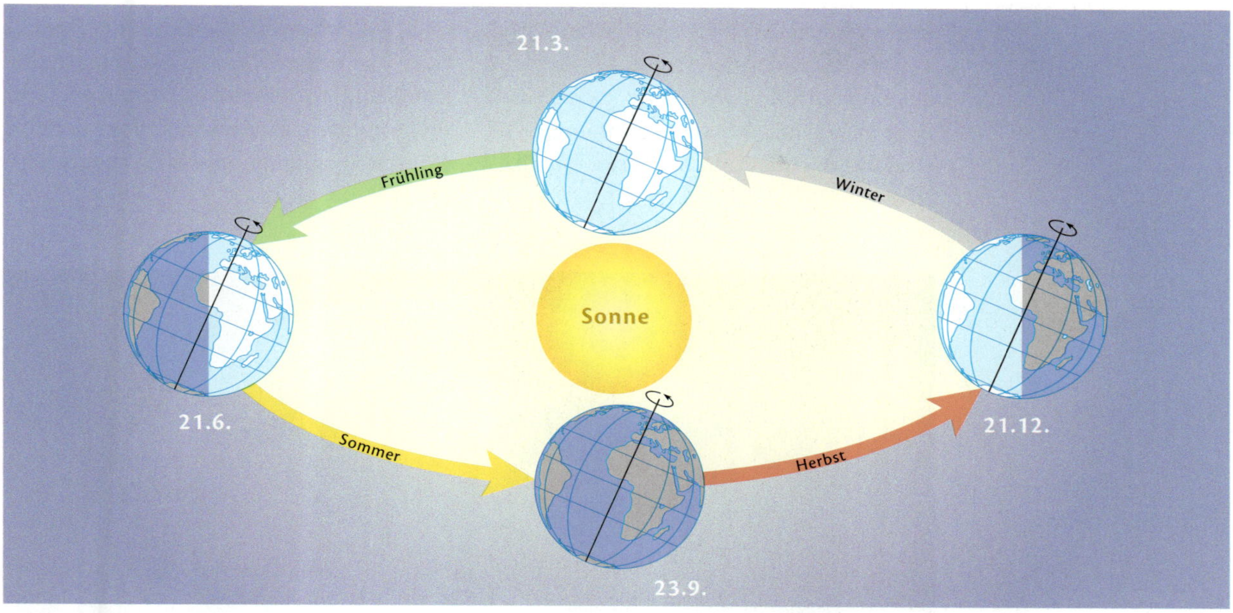

M 2 Die doppelte Bewegung der Erde

Die doppelte Bewegung der Erde

„Im Osten geht die Sonne auf, im Süden ist ihr Mittagslauf, im Westen will sie untergehen, im Norden ist sie nie zu sehen." Früher schlossen die Menschen daraus, dass sich die Sonne um die Erde bewegt. Vor 500 Jahren aber verblüffte der Astronom* **Nikolaus Kopernikus** mit der Erkenntnis: „Die Sonne hat ihren festen Platz im Weltraum. Die Erde dreht sich in 24 Stunden einmal um ihre eigene Achse." „Das ist doch verrückt, da müsste uns doch ständig schwindelig werden", entgegneten viele Menschen damals. Heute wissen wir: Man bemerkt diese Drehung deshalb nicht, weil sich unsere gesamte Umgebung mitdreht.

Die Sonne sendet **Licht- und Wärmestrahlen** aus. Die Sonnenstrahlen treffen immer aus einer Richtung auf die Erde. Deshalb wird immer eine Hälfte beschienen. Auf ihr ist es Tag. Die andere Hälfte liegt im Schatten – auf ihr ist es Nacht. Die Erde dreht sich in 24 Stunden von Westen nach Osten einmal um ihre eigene Achse. Deshalb wandern Tag und Nacht in dieser Zeit einmal um die ganze Erde.

Die Erde bewegt sich auch um die Sonne. Dazu braucht sie genau 365 Tage und 6 Stunden. Das ist das **Sonnenjahr**. Wir rechnen aber im **Kalenderjahr** mit vollen Tagen und nicht mit Stunden. Deshalb werden alle vier Jahre die zusätzlichen Stunden (4×6 Stunden = 1 Tag) im Schaltjahr untergebracht. Ein **Schaltjahr** hat also 366 Tage. Der Schalttag ist der 29. Februar. Alle Jahre, die ihr restlos (glatt) durch 4 teilen könnt, sind Schaltjahre.

***Astronom**
Person, die sich wissenschaftlich mit der Beobachtung der Sterne beschäftigt

1 Ordnet die Planeten in einer Tabelle nach Größe, Entfernung von der Sonne und nach Umlaufzeit um die Sonne (M 1).

2 Unterscheidet Planeten und Fixsterne voneinander (Text).

3 Erläutert die doppelte Bewegung der Erde (M 2).

4 Erklärt den Begriff „Schaltjahr".

Kontinente und Ozeane

Der größte Teil der Erdoberfläche ist von Wasser bedeckt. Die riesige Wasserfläche der Erde wird als „Weltmeer“ bezeichnet. Es setzt sich aus **Ozeanen** zusammen. Die Festlandsfläche nimmt nur etwa ein Drittel ein.

Die großen Landflächen sind die Erdteile oder **Kontinente**. Einige Kontinente sind miteinander verbunden. Man kann aber nicht immer gleich erkennen, wo der eine Kontinent anfängt und der andere aufhört.

M 1 Ein Satellitenbild der Erde

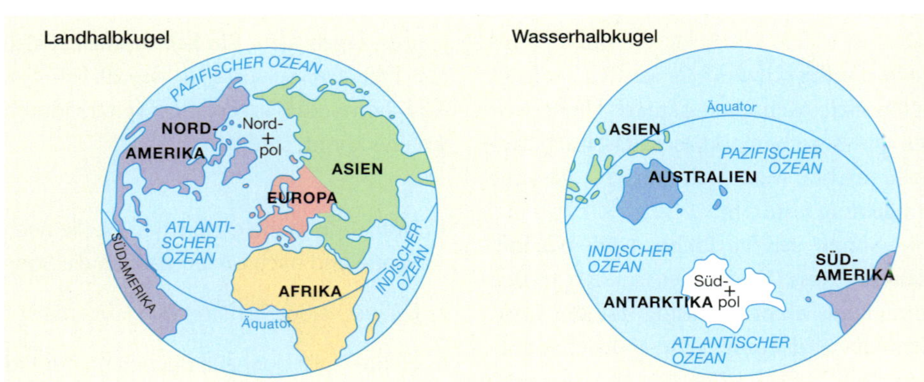

M 2 Land- und Wasserhalbkugel der Erde

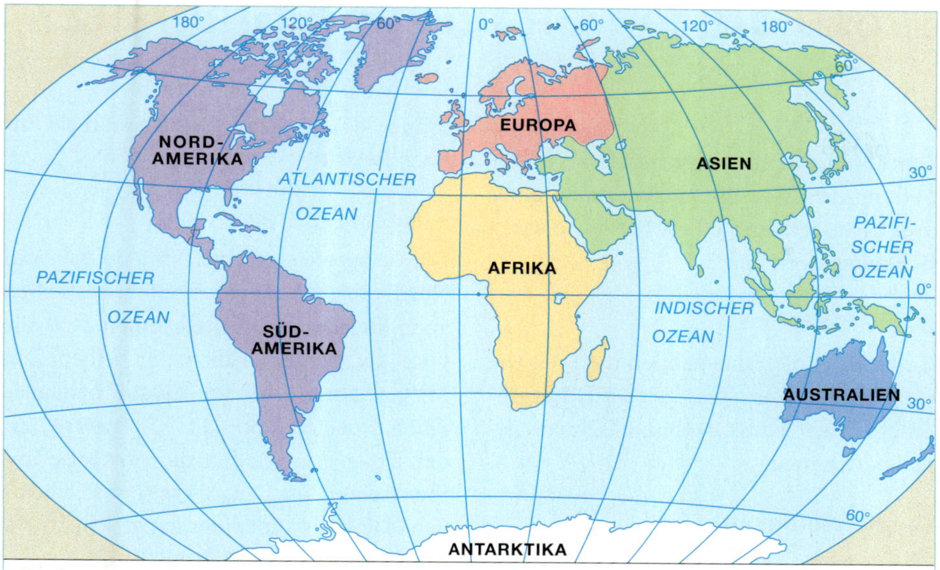

Kontinent	Fläche	Einwohner	Kontinent	Fläche	Einwohner
Europa	9,8 Mio. km²	685 Mio.	Asien	44,7 Mio. km²	3714 Mio.
Afrika	30,3 Mio. km²	794 Mio.	Australien und Ozeanien	8,9 Mio. km²	31 Mio.
Nordamerika	24,2 Mio. km²	314 Mio.	Antarktika	13,2 Mio. km²	-
Südamerika	17,8 Mio. km²	519 Mio.			

Ozean	Atlantischer Ozean (Atlantik)	Pazifischer Ozean (Pazifik, Stiller Ozean)	Indischer Ozean (Indik)
Fläche	106,2 Mio. km²	181,3 Mio. km²	74,1 Mio. km²

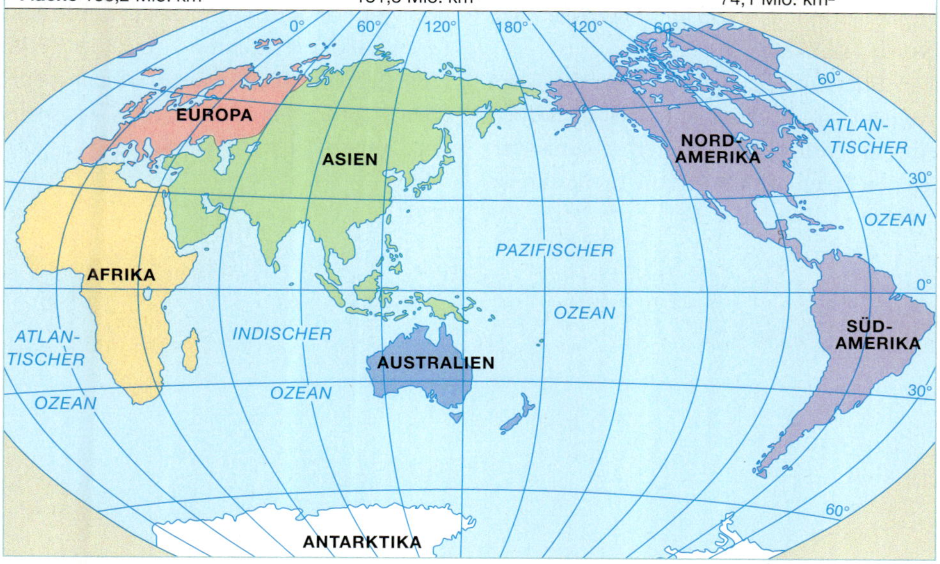

M3 **Die Erde – aus atlantischer (oben) und pazifischer Sicht (unten)**

1 km² (Quadratkilometer) ist eine Fläche mit je 1 km (1000 m) Seitenlänge.

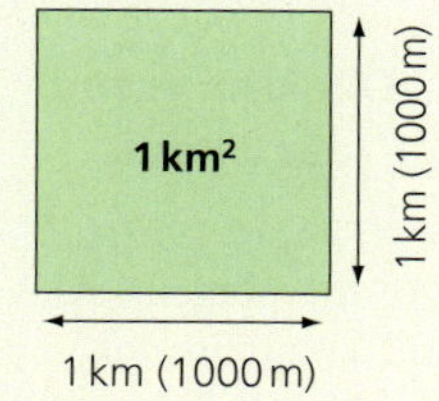

M4 **Ein Quadratkilometer**

In Europa zeigen die Weltkarten meistens Europa und Afrika in der Kartenmitte. Die pazifische Sicht wird in Asien und Australien bevorzugt. In Amerika sieht man Weltkarten mit Nord- und Südamerika in der Kartenmitte.

1 Vergleicht M 1 mit M 3. Welche Kontinente sind in M 1 zu erkennen?

2 Beschreibt die beiden Darstellungen der Erde in M 2 und macht die Unterschiede deutlich.

3 Ordnet die Kontinente und Ozeane nach ihrer Flächengröße (M 3). Legt dazu eine Tabelle in eurer Arbeitsmappe an. Beschreibt auch, wie Land- und Wasserflächen auf beiden Teilen von M 3 verteilt sind.

Wozu dienen Globus und Gradnetz?

Der Untergang der Titanic

Am 15. April 1912, um 2.20 Uhr morgens, versank das größte und prachtvollste Schiff seiner Zeit, die „Titanic“. Sie befand sich im Nordatlantik auf ihrer ersten Fahrt zwischen Großbritannien und den Vereinigten Staaten von Amerika. Das Schiff galt als unsinkbar. Mit äußerster Fahrt voraus (rund 40 Stundenkilometern) war die Titanic in der sternenklaren Nacht unterwegs. Als einer der Posten im Ausguck einen 15 bis 18 Meter hohen Eisberg als Schatten in der Nacht erkannte, war es bereits zu spät. Der Luxusdampfer versank in kurzer Zeit in den eisigen Fluten. Die Unglücksstelle befand sich auf der (geschätzten) Position: 41° 46'N/50° 14'W.

M1 Zeitungsmeldung

M2 Untergang der Titanic

Der Globus

Der **Globus** ist eine stark verkleinerte Abbildung der Erde. Im Gegensatz zu einer Weltkarte stellt er die Erdoberfläche **wirklichkeitsgetreu** dar.

Das Gradnetz

Gedachte Linien umspannen die Erde wie ein Netz. Damit lässt sich die geographische Lage jedes Ortes bzw. Gebietes genau bestimmen.

Die Breitenkreise

Der Äquator („Gleichmacher“) teilt die Erde in eine nördliche und eine südliche Halbkugel. Er ist der größte Breitenkreis, etwas mehr als 40 000 Kilometer lang und trägt die Bezeichnung **0°** (null Grad). Vom Äquator zählt man 90 Breitenkreise nach Norden und 90 nach Süden.

Die Breitenkreise verlaufen parallel zum Äquator und haben überall denselben Abstand von 111 Kilometern zueinander. Zu den Polen hin werden die Breitenkreise immer kleiner. An den Polen sind sie nur noch Punkte.

Die Längenkreise

Die Längenkreise sind Linien, die vom Nordpol zum Südpol verlaufen. Sie heißen auch **Meridiane** (= Mittagslinien, weil alle Orte auf dem Meridian zur selben Zeit Mittag haben). Nur am Äquator haben sie einen Abstand von 111 Kilometern. Zu den Polen hin werden die Abstände immer kleiner. Die Längenkreise sind eigentlich Halbkreise mit einer Länge von 20 000 Kilometern (= halber Erdumfang).

Der Nullmeridian

Der Nullmeridian (0° = null Grad) führt durch Greenwich – das ist ein Vorort östlich von London. Von hier aus zählt man in westlicher Richtung bis 180° W (180 Grad westliche Länge) und in östlicher Richtung bis 180° O (180 Grad östliche Länge).

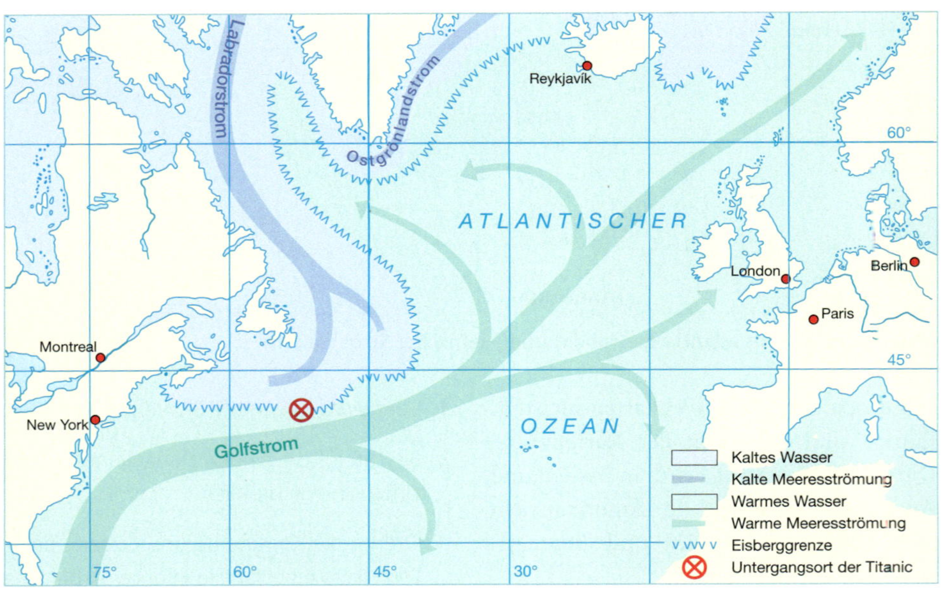

M3 Hier ging die Titanic unter (Position: 41°46' N / 50° 14' W).

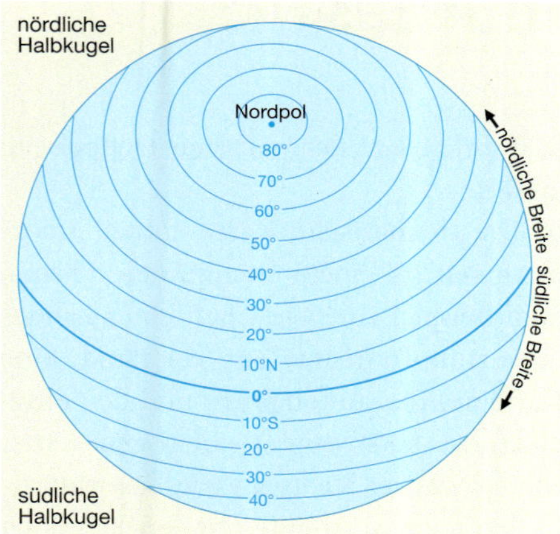

M4 Die Breitenkreise

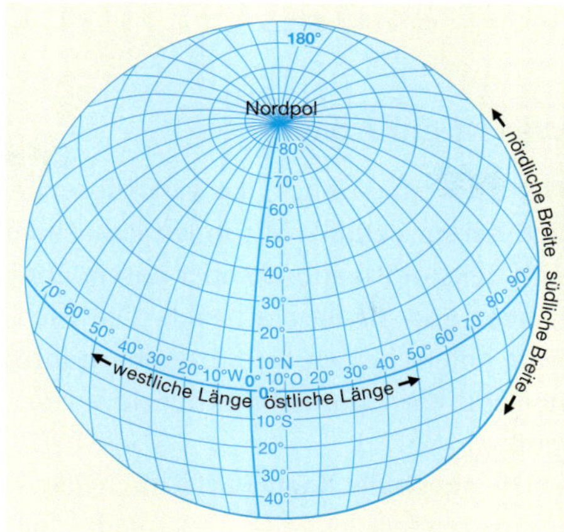

M6 Der Globus mit Gradnetz

M8 Globus

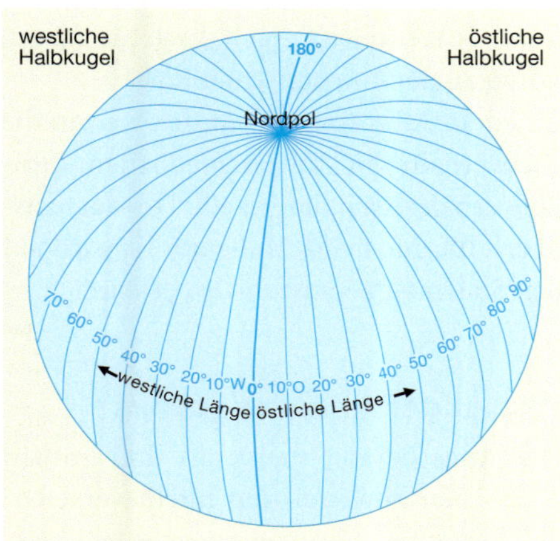

M5 Die Längenkreise

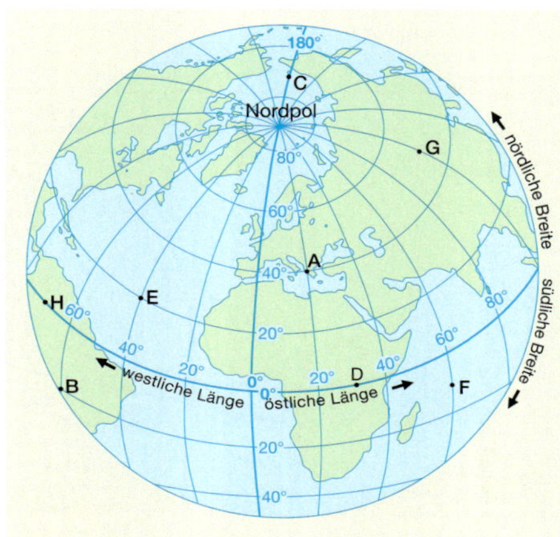

M7 Das Gradnetz der Erde

Die Gradeinteilung

Jeder Grad wird noch in **Minuten** (') unterteilt. Wie bei der Zeitrechnung besteht ein Grad aus 60 (Bogen-)Minuten.
Auf diese Weise lässt sich eine Position auf der Erde (z. B. für Navigationssysteme für Autofahrer / -innen) sehr genau bestimmen – was auch für Rettungseinsätze von großer Bedeutung sein kann.

1 Berichtet mithilfe von M 1 bis M 3 über den Untergang der Titanic.

2 Betrachtet einen Globus (M 8) und eine Weltkarte im Atlas – worin bestehen Unterschiede?

3 Stellt – mithilfe eines Globus oder eines Atlas – fest, auf welchen Halbkugeln folgende Staaten liegen: Deutschland, Neuseeland, Norwegen, Argentinien, Madagaskar.

4 Erklärt die Begriffe: „Breitenkreise" und „Längenkreise" (M 4, M 5 und Text).

5 Erläutert, warum eine Positionsbestimmung auf der Erde punktgenau nützlich sein kann (M 1 bis M 3, Text).

6 Bestimmt die geographischen Positionen der Punkte A bis H in M 7 und gebt dazu jeweils Breiten- und Längengrade an.

7 Gebt in euren Worten wieder, wie die Gradeinteilung in Minuten „funktioniert" (Text).

METHODE

Wir arbeiten mit dem Atlas

Was ist ein Atlas?

Der Atlas ist ein Buch, das verschiedenartige Karten enthält. Mit ihnen kann man sich viele Informationen über unsere Erde, Länder und Städte erarbeiten. Die Fachleute unterscheiden die Karten nach ihrer Art und der Information, die sie vermitteln.

a) **Die physische Karte** (Griechisch: *physis* = äußere Gestalt) zeigt die Gestalt einer Landschaft oder eines Raumes. Sie wird ausführlich auf der nächsten Doppelseite erklärt.

b) Die **thematische Karte** enthält Informationen zu einem bestimmten Thema, zum Beispiel zur Wirtschaft eines Landes oder zum Tourismus im Sauerland. Eine Karte mit den Autobahnen und den Flughäfen ist auch eine thematische Karte, ebenso wie der Stadtplan von Düsseldorf.

In den meisten Atlanten finden sich noch **politische Übersichtskarten** (z.B. Staaten der Erde) und **Geschichtskarten** (z.B. Römisches Weltreich). Auch diese Karten gehören zu den thematischen Karten.

In jedem Atlas werden auf den Karten die Sachverhalte in unterschiedlichen Größenverhältnissen dargestellt. Der Fachausdruck hierfür heißt **Maßstab**. Er wird auf den Seiten 64/65 ausführlich erklärt.

M 1 Auszug aus einem Kartenweiser zu Europa

Wie ist der Atlas aufgebaut?

Der Atlas besteht meist aus drei großen Teilen: Kartenweiser und Inhaltsverzeichnis, Kartenteil, Namensverzeichnis (Register).

Der **Kartenweiser** (die **Kartenübersicht**) zeigt, welche Kartenblätter im Atlas vorhanden sind. Er erleichtert damit die Orientierung über den Inhalt des Atlas. Um eine Atlaskarte im Kartenweiser zu suchen, muss man ungefähr wissen, wo sich das gesuchte Gebiet befindet.

Das **Namensverzeichnis** (**Register**) befindet sich hinter dem Kartenteil im Atlas. Hier sind die Namen aller in die Atlaskarten eingetragenen Orte, Staaten, Gebirge, Flüsse, Seen, Landschaften, Inseln, Halbinseln und Meere in alphabetischer Reihenfolge aufgeführt. Zum gesuchten Namen werden die Kartenseite und die Lage im **Gradnetzfeld** angegeben.

M2 Checkliste zur Arbeit mit dem Atlas

Wie findet ihr die geeignete Atlaskarte?

- Orientiert euch im Kartenweiser und/ oder im Inhaltsverzeichnis über das Angebot an Karten.
- Wählt eine geeignete Atlaskarte aus. Prüft anhand des Kartenthemas, des Kartenausschnittes, des Maßstabes und der Zeichenerklärung (Legende), ob die Karte wirklich geeignet ist.

Wie findet ihr einen Namen im Register?

- Sucht den Namen im alphabetisch geordneten Register.
- Stellt fest, ob es sich um einen Fluss, einen Ort, einen Staat oder einen anderen Sachverhalt handelt.
- Sucht die Angaben zur Kartenseite und zum Gitternetzfeld.
- Schlagt die angegebene Karte auf und sucht das Objekt im Gradnetzfeld.

Was ist ein Gradnetzfeld?

Das Gradnetz teilt eine Karte ein und wird wie die Planquadrate eines Stadtplans genutzt. Die einzelnen Abschnitte bezeichnen die Lage eines Objekts im Gradnetzfeld (zum Beispiel liegt Wuppertal in der Karte M3 im Gradnetzfeld A3).

M3 Deutschlandkarte mit Gradnetzfeld

1 Sucht im Kartenweiser (M1) geeignete Karten zu folgenden Themen: Mittelmeer, Großbritannien, Spanien, Island. Notiert die Seitenzahlen.

2 Nennt die Städte, auf die in der Karte M3 die folgenden Angaben zutreffen: D2, B/C2, A4, D1, B4.

3 Sucht im Register des Atlas einen Namen (z. B. Krasnojarsk). Lasst eine Mitschülerin oder einen Mitschüler diesen Namen im Register mit den dazugehörenden Angaben aufsuchen und anschließend auf der Atlaskarte zeigen. Tauscht danach die Rollen beim Suchen und Finden.

METHODE

Wir lesen eine physische Karte

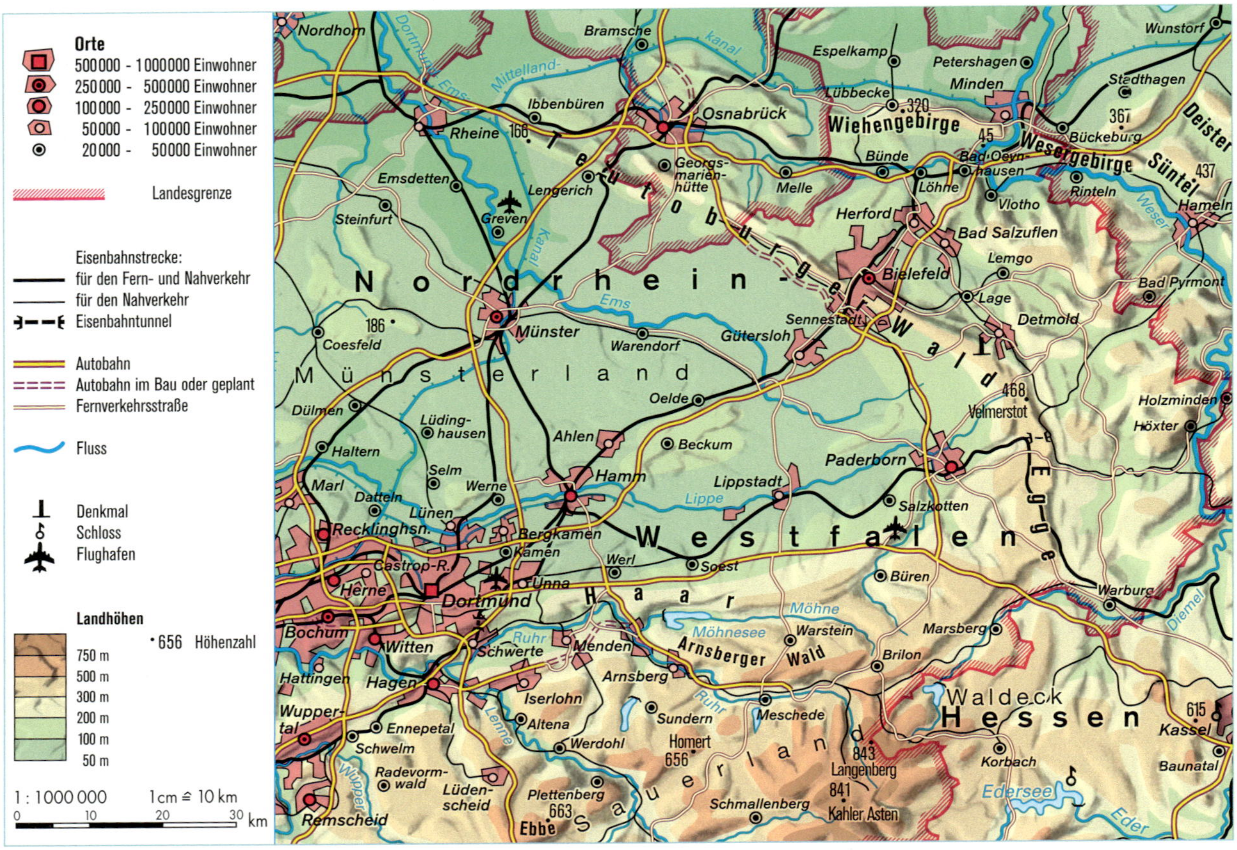

M 1 Physische Karte von Nordrhein-Westfalen *(Ausschnitt)*

Die physische Karte

Die physische Karte zeigt die Oberflächengestalt (Berge und Täler), Gewässer, Siedlungen und Verkehrswege. Oft sind auch noch Einzelzeichen eingetragen – z. B. eine Kirche, ein Flugplatz oder ein Bahnhof. Solche Einzelzeichen werden **Signaturen** genannt. Zu jeder Karte gehört eine Zeichenerklärung. In der Fachsprache heißt sie **Legende**.

Die verschiedenen Höhen sind in den Farben Grün bis Braun dargestellt. Tief gelegene Gebiete haben grüne Farbtöne, hoch gelegene Gebiete werden in brauner Farbe dargestellt.

Einzelne Erhebungen erkennt ihr an einem Punkt und an der Zahl, die die Höhe angibt. Das ist die Höhenzahl.

Achtung: Die Farbe Grün in einer physischen Karte hat nichts mit „fruchtbar“ zu tun.

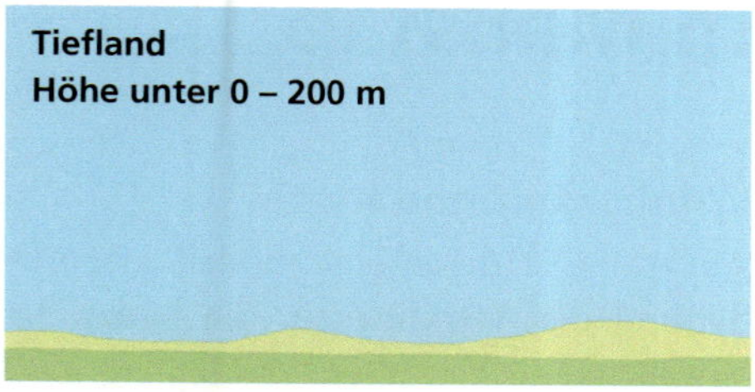

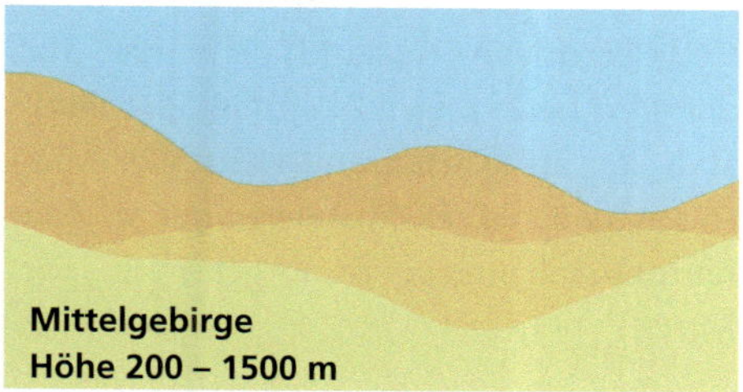

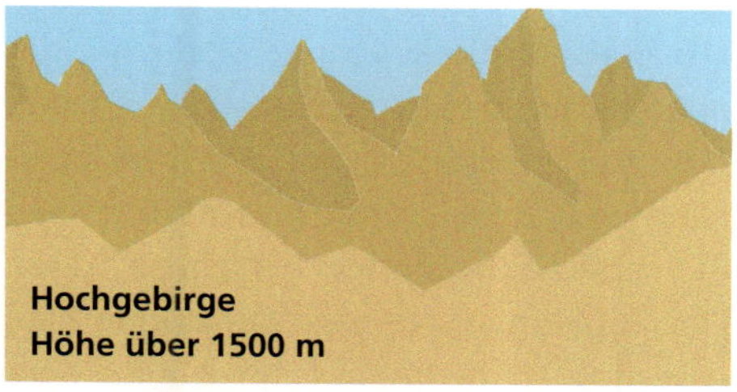

M 2 Oberflächenformen

M 3 Checkliste für das Lesen einer physischen Karte

1. Informiert euch über den Kartentitel.
2. Ordnet die Karte in einen größeren Zusammenhang ein (z.B. Nordrhein-Westfalen in den Raum Deutschland).
3. Beschreibt die Oberflächengestalt des Gebietes nach der Höhenlage (Tiefland, Mittelgebirgsland, Hochgebirge). Benennt einige Berge und gebt deren Höhen an.
4. Zeigt das Gewässernetz (Meere, große Seen, Flüsse, Kanäle). Vermerkt bei den Flüssen die Hauptfließrichtung.
5. Nennt die Namen der größten Orte.
6. Zeigt den Verlauf der Verkehrswege (Eisenbahnlinien, Straßen).

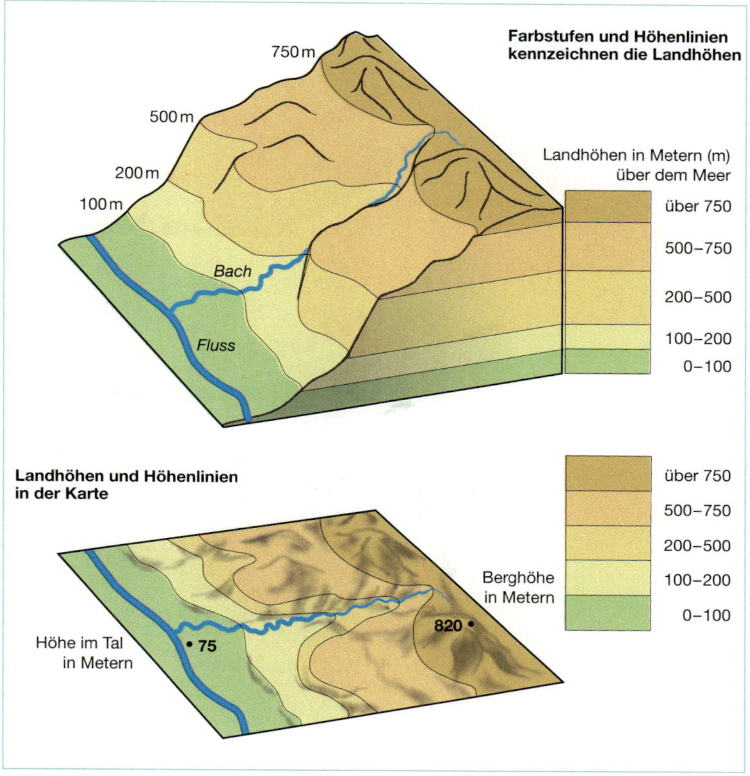

M 4 Räumliche Darstellung in der physischen Karte

1 Erklärt, was man auf einer physischen Karte sehen kann (Text, M 1).

2 Erläutert, wie sich in einer physischen Karte die Farben vom Tiefland zum Gebirge hin verändern (M 1, M 2, M 4, Text).

3 Beschreibt die Karte M 1. Benutzt dazu die Checkliste M 3.

4 Nennt die Kennzeichen der verschiedenen Oberflächenformen (M 2).

METHODE

Wir arbeiten mit dem Maßstab

M 1 Ein ICE – im Original

M 2 Ein ICE – im Modell

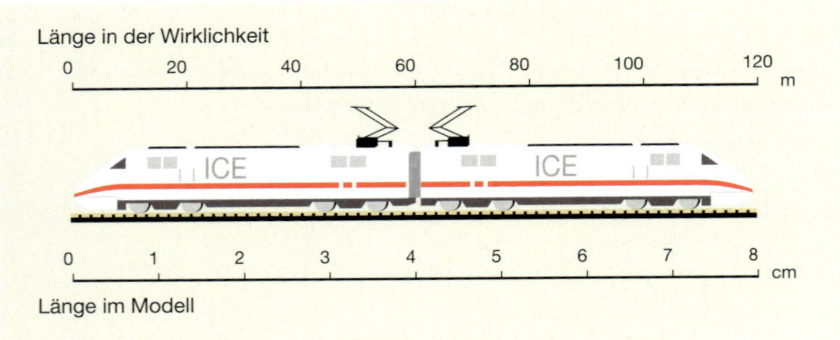

M 3 Länge eines ICE – im Original und im Modell

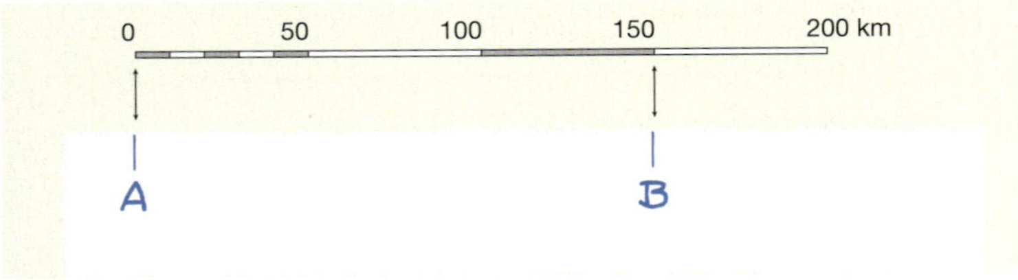

M 4 Entfernungen mit Maßstabsleiste und Papierstreifen

Wirklichkeit und Karte

Auch eine Karte ist eine modellhafte Abbildung der Wirklichkeit. Sie bildet die Wirklichkeit allerdings verkleinert und auf einem Blatt Papier (oder auf einem Bildschirm) ab. Auskunft über das Maß der Verkleinerung gibt immer der **Maßstab**, der am Kartenrand steht. Der Maßstab wird als **Maßstabsleiste** oder als **Zahlenmaßstab** angegeben. Er gehört zu jeder Karte.

Das Verkleinerungsverhältnis

Die Maßstabsleiste ist eine **Skala**, auf der man Entfernungen direkt ablesen kann. Der Zahlenmaßstab gibt das Verkleinerungsverhältnis an, mit dessen Hilfe man die tatsächliche Länge berechnen kann. Der Zahlenmaßstab wird durch eine Zahl ausgedrückt, die hinter einer 1 und einem Doppelpunkt steht.
Beispielsweise könnte ein solches Verkleinerungsverhältnis wie folgt angegeben sein 1 : 5000.
Das liest man: eins zu fünftausend. Es bedeutet, dass ein Zentimeter in der Karte fünftausend Zentimetern in der Wirklichkeit entspricht.

Umrechnen

Da es ungewöhnlich ist, große Zahlen in Zentimetern auszudrücken, wird die Zahl hinter dem Doppelpunkt umgerechnet.
1 : 5000 bedeutet, dass ein Zentimeter auf der Karte (5000 Zentimeter oder) 50 Meter in der Wirklichkeit sind.
Noch problematischer wird es, wenn man zu Zahlenwerten aus dem Millionenbereich kommt. Deshalb rechnet man dann in Kilometer um.

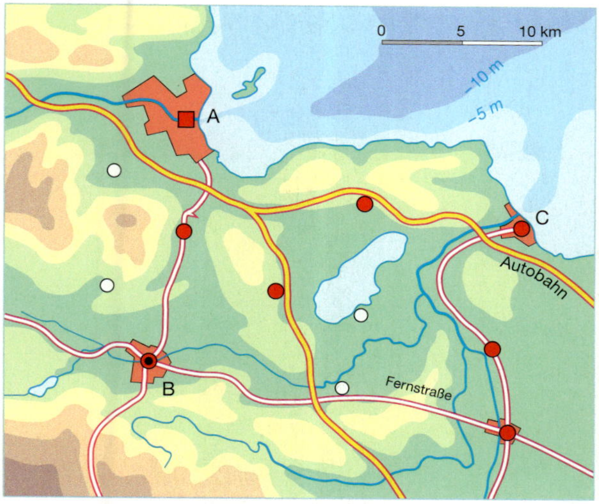

M5 Karte im Maßstab 1 : 500 000

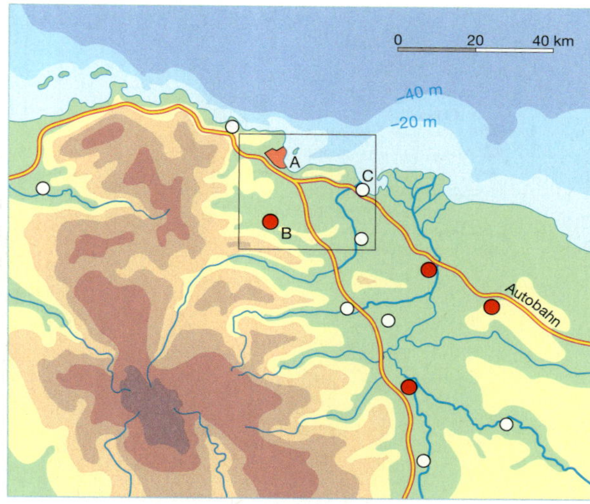

M7 Karte im Maßstab 1 : 2 000 000

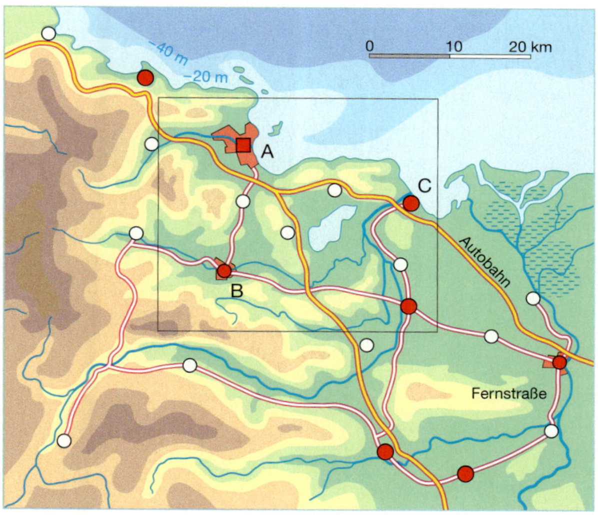

M6 Karte im Maßstab 1 : 1 000 000

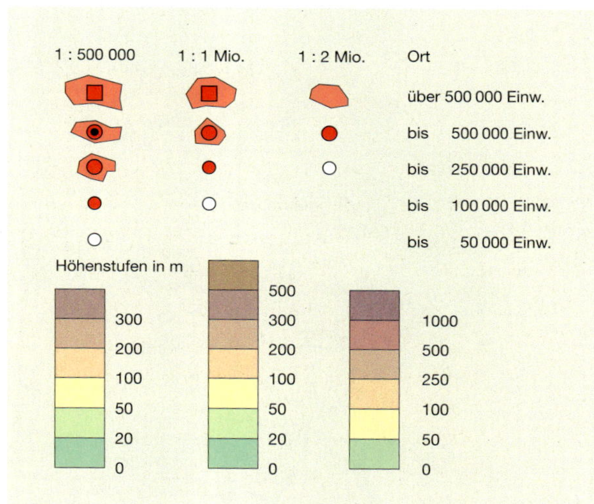

M8 Legenden für M5 bis M7 *(Ausschnitte)*

Mit dem Maßstab einer Karte ändert sich auch deren „Genauigkeit". Ist die Verkleinerung der Wirklichkeit nur gering (also ist die Zahl hinter dem Doppelpunkt verhältnismäßig klein), lassen sich in der Karte viele Einzelheiten erkennen.
Wird der Maßstab hingegen kleiner (wird die Zahl hinter dem Doppelpunkt also größer), so sind in der Karte viele Einzelheiten der Wirklichkeit nicht mehr darstellbar.

1 Beschreibt den Unterschied zwischen M1 und M2. Bezieht in eure Beschreibung auch M3 ein.

2 Führt eine Entfernungsbestimmung in einer Atlaskarte durch, und zwar so, wie sie in M4 skizziert ist. Wie geht ihr vor?

3 Erklärt den Zahlenmaßstab einer Karte an einem Beispiel von: „1 : 20 000".

4 Beschreibt M5 bis M7. Bezieht auch M8 ein. Welche Unterschiede zeigen sich? Wie wirken sich die Veränderungen der Maßstäbe aus?

Welche Großlandschaften gibt es?

M 1 Physische Karte Deutschlands

1 Der mit 2963 Metern höchste Berg Deutschlands liegt im Wettersteingebirge. Auf seinem Gipfel, der durch Bergbahnen erschlossen ist, befindet sich eine Wetterstation.
2 Die hügelige Landschaft mit ihren zahlreichen Seen und Waldstücken liegt im Südwesten Bayerns an der Grenze zu Baden-Württemberg. Das durch Milchwirtschaft und Käseherstellung bekannte Feriengebiet lädt im Sommer zum Wandern, im Winter zum Skifahren ein.
3 Die Insel im äußersten Norden Deutschlands ist durch einen Eisenbahndamm mit dem Festland verbunden. Allerdings wird sie Jahr für Jahr kleiner, weil Sturmfluten an der Küste nagen.
4 Diese landwirtschaftlich bedeutende Landschaft wurde nach der Landeshauptstadt von Sachsen-Anhalt benannt. Auf nährstoffreichen Böden werden vor allem Weizen und Zuckerrüben angebaut.
5 Ausgedehnte Wälder bedecken über die Hälfte der Oberfläche dieser Gebirge. Im Norden erreichen die Berge Höhen um 1000 Meter. Im Süden liegen die höchsten Gipfel des Gebirges: Der Feldberg (1493 m) und Belchen (1414 m) bieten eine herrliche Aussicht.

M2 **Vom Meer zu den Alpen**

1 Bildet Gruppen und beschreibt mithilfe der Karte M 1 (auf S. 66) und anhand der Fotos (M 2) je eine Großlandschaft Deutschlands (Norddeutsches Tiefland, Mittelgebirgsland und Alpenvorland). Nennt Grenzen, Höhenlage, Oberflächenformen, Gewässer, Städte und Landschaften.

2 Stellt eure Ergebnisse eurer Klasse vor (z. B. mit einer Wandzeitung → **Wir gestalten eine Wandzeitung**, S. 154/155).

M3 **Großlandschaften Deutschlands**

Deutschland – ein Land mitten in Europa

Ohne Grenzkontrollen durch Europa

„Wir sollten wieder ins Elsass fahren", sagt Frau Huber beim Frühstück zu ihrem Mann. „Wir haben kaum noch Wein, und die Käseauswahl ist einfach größer." „Da komm ich auch mit", freut sich Opa Huber über die Abwechslung. Die Hubers wohnen in Rastatt, nicht weit von der französischen Grenze entfernt. „Am besten fahren wir heute Nachmittag, wenn ich von der Arbeit komme." Kurz vor fünf sitzt die Familie im Auto. Sohn Frank (12) liest und hört Musik auf dem MP3-Player, Sabine (8) schaut nach vorne und fragt: „Wann sind wir denn endlich da? Ich muss nachher zum Sport." „Du weißt doch, dass wir nie lange brauchen", beruhigt ihre Mutter sie. Kurz darauf schaut Frank hoch und nimmt den Kopfhörer ab. „Sind wir schon über die Grenze?" „Du bist vielleicht witzig. Siehst du nicht, dass dort schon die Stadt ist?", murrt Sabine. Herr Huber lacht und sagt: „Mir ist gerade eingefallen, wie wir mal erwischt wurden. Weißt du noch, Elke, als wir für unsere Hochzeit Sekt holten und der Zöllner uns den Kofferraum öffnen ließ?" „Und ob. Das war das teuerste Getränk meines Lebens. Die Strafe war gesalzen. Wir standen als üble Schmuggler da." „Ihr wart Schmuggler?", wundern sich die Kinder. „Siehst du, Robert, die wissen schon gar nicht mehr, wie das früher an der Grenze war", stellt Frau Huber fest. „Die Grenze zu verschlafen, das wäre mir in eurem Alter nicht passiert", sagt

***EU**
Abkürzung für die „Europäische Union" – Staatenbündnis mit derzeit 27 Mitgliedsstaaten

Land	Fläche (in km²)	Einwohner (in Mio.)
Belgien	32545	10,3
Dänemark	43096	5,3
Frankreich	543965	59,7
Luxemburg	2586	0,4
Niederlande	41526	16,2
Österreich	83871	8,0
Polen	312685	39,1
Schweiz	41285	7,3
Tschechische Republik	78866	10,2
Deutschland	357030	82,5

M 1 Deutschland und seine Nachbarstaaten

M 2 Die Flaggen der Nachbarstaaten

M3 Deutschland – mitten in Europa

Opa. „Da war die Fahrt über die Grenze eine Fahrt ins feindliche Ausland. Gepäck, alles wurde kontrolliert, manchmal sogar die Hosentaschen. Ihr wisst gar nicht, wie gut ihr es habt", seufzt Opa.

Europa ohne Grenzen?

- Heute könnt ihr in die meisten Nachbarländer Deutschlands ohne große Pass- oder Zollformalitäten einreisen.
- Verkehr und Waren passieren Grenzen innerhalb der EU* ohne zeitliche Verzögerungen.
- Wir können in jedem Land der EU studieren, arbeiten und leben.
- In siebzehn Mitgliedsländern gilt der Euro als einheitliche Währung, und wir können EU-weit Geld auf Konten einzahlen

M4 Der Euro – Zahlungsmittel in vielen Staaten

1 Gliedert die Nachbarstaaten Deutschlands (M 3) nach ihrer Lage im Norden, Westen, Süden, Osten. Legt hierzu eine Übersicht an. Welche Flagge gehört zu welchem Land (M 2)?

2 Ordnet die Nachbarstaaten Deutschlands (M 1) einerseits nach ihrer Flächengröße und andererseits nach der Einwohnerzahl.

3 Findet heraus, mit welchem Land Deutschland die längste und mit welchem die kürzeste gemeinsame Grenze hat (M 3).

4 Findet mithilfe einer Atlaskarte heraus, welche Breiten- und Längengrade Deutschland begrenzen (M 3, → **Wir arbeiten mit dem Atlas**, S. 60/61). Durch welche Nachbarländer verlaufen diese Linien weiter?

Wie ist Deutschland politisch gegliedert?

Die Bundesrepublik Deutschland ist ein Bundesstaat, der aus 16 **Ländern** besteht. Drei Länder sind **Stadtstaaten**: Berlin, Hamburg und Bremen.

Land	Fläche (in km²)	Einwohner (in Mio.)
Baden-Württemberg	35751	10,7
Bayern	70549	12,4
Berlin	891	3,3
Brandenburg	29477	2,5
Bremen	404	0,6
Hamburg	755	1,7
Hessen	21114	6,0
Mecklenburg-Vorpommern	23174	1,7
Niedersachsen	47618	8,0
Nordrhein-Westfalen	34089	18,0
Rheinland-Pfalz	19847	4,0
Saarland	2568	1,0
Sachsen	18413	4,2
Sachsen-Anhalt	20445	2,4
Schleswig-Holstein	15763	2,8
Thüringen	16172	2,3
Deutschland	**357030**	**82,5**

M 1 Deutschland in Zahlen

Deutschland war als Folge des Zweiten Weltkrieges (1939–1945) geteilt: Die **Bundesrepublik Deutschland** mit dem Regierungssitz in Bonn gehörte zum „Westen". Die **Deutsche Demokratische Republik** (**DDR**) mit dem Regierungssitz in Berlin (Ost) gehörte zum „**Ostblock**". Das Staatsgebiet der DDR umfasste die heutigen Länder Mecklenburg-Vorpommern, Brandenburg, Sachsen-Anhalt, Thüringen und Sachsen sowie Ost-Berlin. Die beiden Teile Deutschlands wurden durch den so genannten **Eisernen Vorhang** getrennt – eine stark gesicherte Grenze, welche die Länder des „Ostblocks" vom westlichen Teil Europas trennte und keinen freien Reise- sowie Warenverkehr zuließ.

Ende der 1980er-Jahre begann der Zerfall des „Ostblocks"; die Grenzen öffneten sich. Auch die Bevölkerung in der DDR wollte sich nicht länger mit den politischen und wirtschaftlichen Verhältnissen in ihrem Staat abfinden. Die Regierung der DDR wurde gestürzt und am 3. Okto-

M 2 Die Wappen der deutschen Länder

M3 Die deutschen Länder (seit 1990)

M4 Die Flagge der Bundesrepublik Deutschland

M5 Das Wappen der Bundesrepublik Deutschland

ber 1990 trat die DDR der Bundesrepublik Deutschland bei. Deshalb ist der 3. Oktober seither gesetzlicher Feiertag im vereinten Deutschland. Er hat den 17. Juni abgelöst, den früheren Nationalfeiertag der Bundesrepublik.

Die Hauptstadt Deutschlands ist Berlin. Der Sitz von Bundestag und Bundesregierung wurde 1999 von Bonn nach Berlin verlegt. Einige Ministerien sind noch mit Nebenstellen in Bonn vertreten.

1 Ordnet die deutschen Länder (M 1) einerseits nach ihrer Flächengröße und andererseits nach der Einwohnerzahl.

2 Erläutert, welche deutschen Länder als „neue Länder" bezeichnet werden und welcher geschichtliche Zusammenhang dafür besteht.

3 Findet mithilfe einer Karte im Atlas und eines Lexikons heraus, welche Landeshauptstädte nicht zugleich die einwohnerreichsten Städte dieser Länder sind (→ **Wir arbeiten mit dem Atlas**, S. 60/61).

Unterwegs in der Hauptstadt

M 1 Schrägluftbild des Regierungsviertels in Berlin

Der Berliner Fernsehturm ist mit seiner Höhe von 368 Metern das höchste Gebäude in Deutschland. Auf einer Höhe von 207,5 Metern befindet sich ein Restaurant, das sich in einer Stunde zweimal dreht.

M 2 Fernsehturm

Zu Gast im Regierungsviertel

Lisa und Paul wurden von ihren Großeltern eingeladen, sie in den Sommerferien auf einer Reise nach Berlin zu begleiten. Voller Ungeduld haben die beiden sich im Internet über die Hauptstadt informiert. Sie wollen als Dank für die Einladung ein kleines Besuchsprogramm planen.

„Wusstest du eigentlich schon, dass das höchste Gebäude Deutschlands in Berlin steht?", fragt Paul seine ältere Schwester. „Nein, wusste ich nicht", antwortet sie kurz und knapp. „Aber weißt du, wo der neue Berliner Hauptbahnhof ist? Da kommen wir nämlich mit dem ICE an."

Gemeinsam erarbeiten sie mithilfe eines Internet-Stadtplans von Berlin die Umgebung des Hauptbahnhofs – das so genannte „Regierungsviertel".

Bundeshauptstadt

Berlin ist mit dreieinhalb Millionen Einwohnern die größte Stadt Deutschlands. Jedes Jahr kommen mehr als acht Millionen Touristen hierher und übernachten in den zahlreichen Pensionen und Hotels. Touristen aus Großbritannien führen mit fast 300 000 Besuchern die Liste an, gefolgt von Niederländern, Italienern und Gästen aus den USA.

Viele deutsche und international tätige Unternehmen haben in Berlin ihre Büros. Berlin ist auch der Sitz der deutschen Bundesregierung. In der Nähe des Hauptbahnhofs befinden sich das Kanzleramt und der Bundestag. Er gehört auch zu den Touristenattraktionen, denn die Besucher haben von der gläsernen Kuppel auf dem Gebäude eine gute Sicht auf die Stadt.

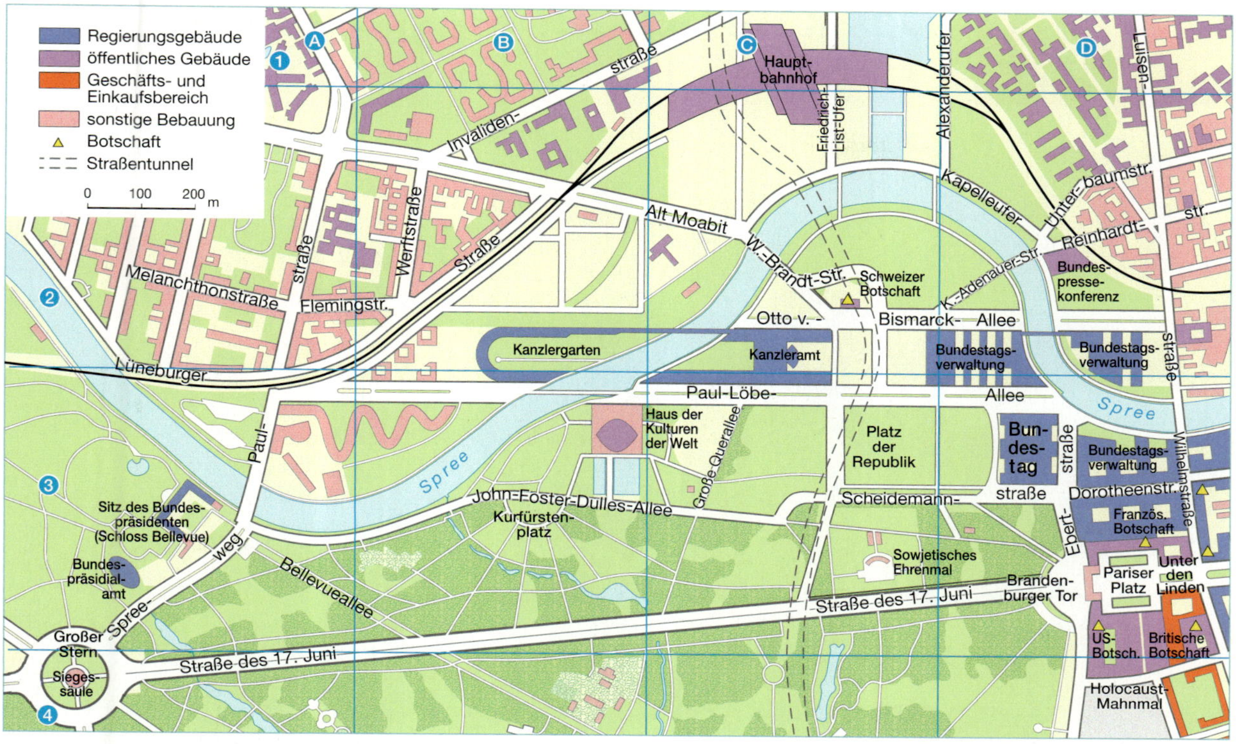

M3 Das Regierungsviertel im Stadtplan

Botschaften und Konsulate

Wie in den Hauptstädten anderer Staaten gibt es auch in Berlin viele Botschaften und Konsulate. Botschafter sind von ihrem Herkunftsland beauftragt worden, zur deutschen Regierung gute Kontakte zu knüpfen und aufrecht zu erhalten. An die Konsulate können sich die Bürgerinnen und Bürger wenden, wenn sie während ihres Auslandsaufenthaltes Probleme haben – z. B. nach Verlust ihres Ausweises. In Berlin gibt es 120 solcher ausländischen Vertretungen.

Unterwegs mit Bus und Bahnen

Wer in Berlin schnell vorwärts kommen will, benutzt am besten die U- oder S-oder Straßenbahnen und die teilweise doppelstöckigen Busse. Die Berliner U-Bahn ist schon älter als hundert Jahre. Sie besteht aus 173 Bahnhöfen, davon sind 139 unterirdisch. Zehn U-Bahnlinien sind täglich auf 146 Streckenkilometern unterwegs.

M4 Das Brandenburger Tor – eines der Berliner Wahrzeichen

1 Vergleicht das Schrägluftbild und den Ausschnitt des Stadtplans von Berlin (M1 und M3). Benennt Einzelheiten (z. B. wichtige Gebäude), die in beiden Materialien zu sehen sind.

2 Plant einen Rundgang durch das Regierungsviertel.

3 Fasst in einem kurzen mündlichen Vortrag zusammen, was ihr über die Bundeshauptstadt Berlin wisst.

Das kann ich …

M1 Karte und Kompass

M2 Wichtige Begriffe

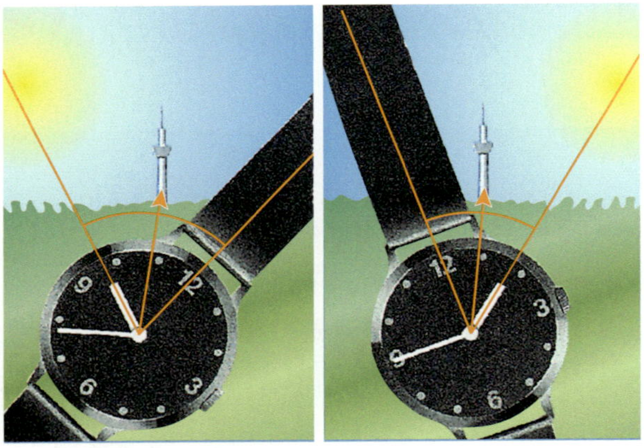

M3 Uhrzeit und Himmelsrichtung

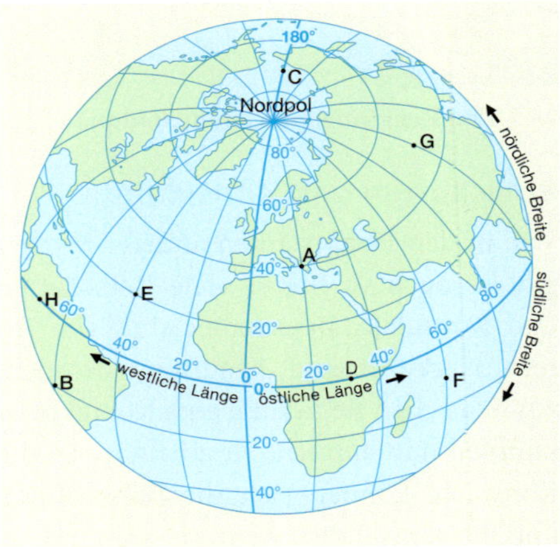

M4 Das Gradnetz der Erde

Experiment

Material: Diaprojektor, Globus (möglichst groß), verdunkeltes Klassenzimmer

Durchführung: Den Globus so aufstellen, dass der Lichtkegel des Projektors die Breite des Durchmessers vom Globus hat. Den angestrahlten Globus langsam in der richtigen Richtung drehen.

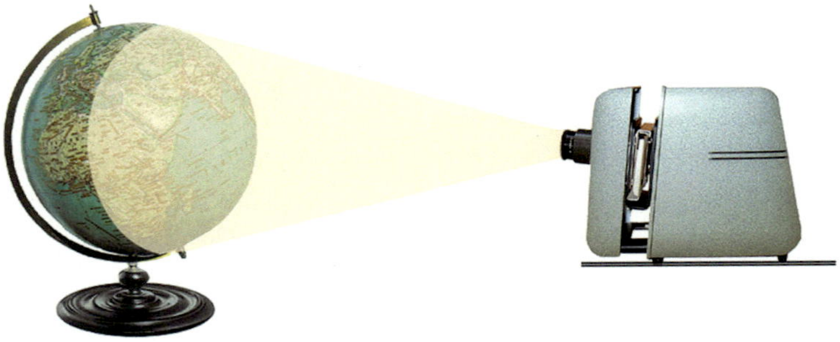

M5 Entstehung von Tag und Nacht

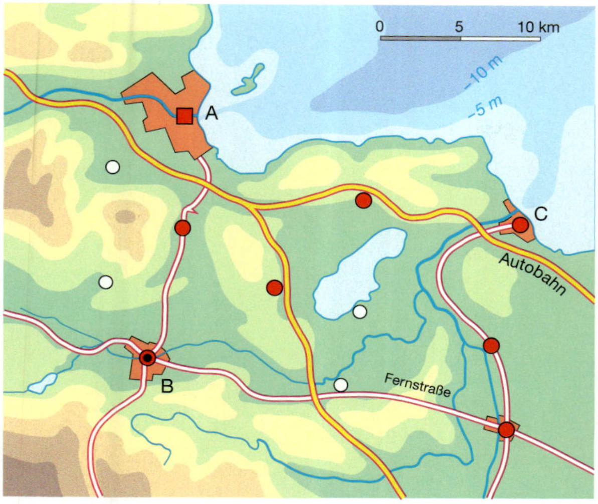

M6 **Karte im Maßstab 1 : 500 000**

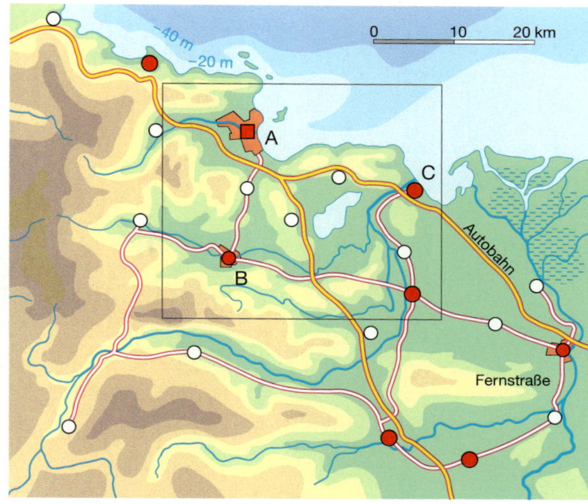

M7 **Karte im Maßstab 1 : 1 000 000**

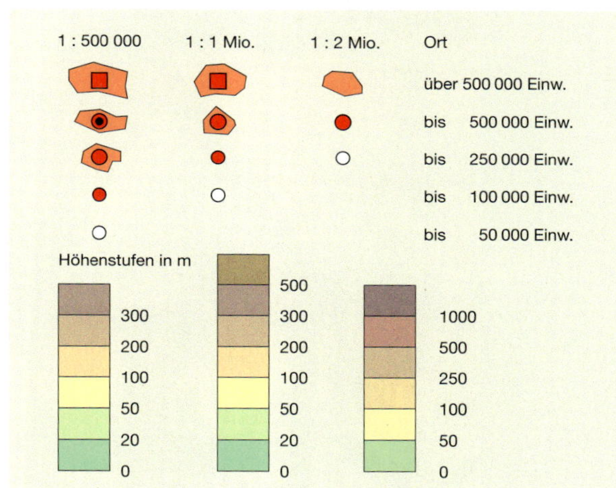

M8 **Legenden für M6 und M7**

Was wir noch wissen

1 Erklärt euch gegenseitig die wichtigen Begriffe und schreibt die Antworten in eure Arbeitsmappe (M2).

2 Nennt Möglichkeiten, wie man sich mit und ohne Kompass orientieren kann (M1, M3).

3 Beschreibt, was man mithilfe des Globus besser sehen kann als auf einer Karte (M4).

4 Erläutert, wozu das Gradnetz der Erde dient (M4).

5 Führt das Experiment mit dem Globus und dem Diaprojektor durch (M5). In welche Richtung muss der Globus gedreht werden? Wann ist es 12 Uhr?

6 Nennt mindestens fünf deutsche Bundesländer und den Namen der Bundeshauptstadt.

Gewusst, wie ...

7 Untersucht die Kartenausschnitte M6 und M7. Erklärt worin der Unterschied in der Darstellung liegt und erläutert die Bedeutung der Farbgebung mithilfe von M8.

8 Beschreibt die wichtigsten Kennzeichen der Großlandschaft „Norddeutsches Tiefland".

Wir meinen, dass ...

9 Paul meint: „Ich brauche nicht zu lernen, wie man eine Karte liest und sich orientiert, wir haben ein Navigationsgerät". Nehmt Stellung zu Pauls Aussage.

Inhaltsfeld: Wirtschaft und Arbeit

3a Leben und Versorgen – früher und heute

Seit es Menschen gibt, gehören die Sorge um die Nahrung und das Wohnen zum Alltag der Menschen. Diese Grunderfahrung hat sich über die Jahrtausende nicht verändert. Geändert haben sich die Methoden und Techniken und vieles ist heute bei uns bedeutend leichter geworden.

In diesem Kapitel könnt ihr herausfinden,

- woher die ersten Menschen kamen und wie sie lebten,
- was dazu führte, dass die Menschen als Bauern sesshaft wurden,
- wie sich das Wirtschaften allmählich entwickelte und Geld als Zahlungsmittel erfunden wurde und
- wie die heutige Landwirtschaft uns versorgt.

Am Ende des Kapitels könnt ihr

- Darstellungen von Fundstücken beschreiben und erklären,
- das Leben der Menschen in verschiedenen Zeitabschnitten der Steinzeit beschreiben und bewerten und
- die Veränderungen in der heutigen Landwirtschaft aus unterschiedlichen Gesichtspunkten beurteilen.

Seit wann gibt es Menschen?

Der christliche Kalender
Unsere Jahreszählung wurde vom Abt Dionysius Exiguus (etwa 470–540 n. Chr.) entwickelt. Er versuchte, das Geburtsjahr Jesu mithilfe von alten Texten zu bestimmen. Seit etwa 1000 Jahren ist in Europa und anderen christlich geprägten Ländern die Zählung „vor" oder „nach Christi Geburt" üblich. Dabei ist zu beachten, dass nach dem Jahr 1 v. Chr. nicht das Jahr „0" folgt, sondern das Jahr 1 n. Chr.

Heute wissen wir, dass sich der Abt Dionysius Exiguus um sieben Jahre verrechnet hat. Der „Stern von Bethlehem", der zur Zeit der Geburt Jesu zu sehen war, erschien bereits 7 v. Chr. am Himmel.

M 1 **Die Lebensuhr der Erde**

Die Lebensuhr

Soviel wir heute wissen, gibt es Menschen seit vier Millionen Jahren. Die Erde gibt es sogar schon seit ungefähr fünf Milliarden Jahren. Eine solch lange Zeit können wir uns besser vorstellen, wenn wir sie ähnlich wie die zwölf Stunden eines Ziffernblattes einer Uhr darstellen:

Um **0 Uhr** entsteht die Erde – vor fünf Milliarden Jahren.

3 Uhr 30: Im Wasser regt sich das erste Leben – eine einzige Zelle, kleiner als ein Stecknadelkopf.

10 Uhr 34: Im Wasser entstehen die ersten Algen.

11 Uhr: Jetzt gibt es Korallen und Tintenfische.

11 Uhr 15: Große Wälder sind herangewachsen. Sie versinken später im Sumpf und werden zu Kohle.

11 Uhr 30: Die ersten Säugetiere treten auf. Es ist vor allem die Zeit der Saurier und des Urvogels.

11 Uhr 53: Die ersten Menschenaffen tauchen auf.

Es war 11 Uhr, 59 Minuten und 50 Sekunden, 10 Sekunden vor 12 Uhr: Da lebten die ersten Menschen. Allein von diesen zehn Sekunden auf der großen Lebensuhr soll in diesem Kapitel berichtet werden.

Unsere Zeitrechnung

Die Zeit kann auch durch eine Gerade veranschaulicht werden. Eine solche Darstellung seht ihr unten. Man nennt sie eine **Zeitleiste** oder einen **Zeitstrahl** (siehe dazu Seite 82). Ihr wisst, dass die Zeit in gleiche Abschnitte eingeteilt wird. Da gibt es kleine Einheiten: Sekunden, Minuten oder Stunden. Es gibt aber auch große: Jahre, Jahrzehnte, Jahrhunderte und Jahrtausende.

In der Zeitleiste dieses Buches lassen sich nur die großen Zeiteinheiten darstellen. Es stehen zwei Zentimeter für 1000 Jahre. Damit können wir aber nur 12 000 Jahre verdeutlichen. Die über vier Millionen Jahre der Menschheitsentwicklung findet ihr durch eine Spirale veranschaulicht. Wir hätten sonst für die Zeitleiste nach unserem Maßstab eine Länge von 1500 Zentimetern = 15 Meter nehmen müssen.

M 2 **Die Zeitleiste**

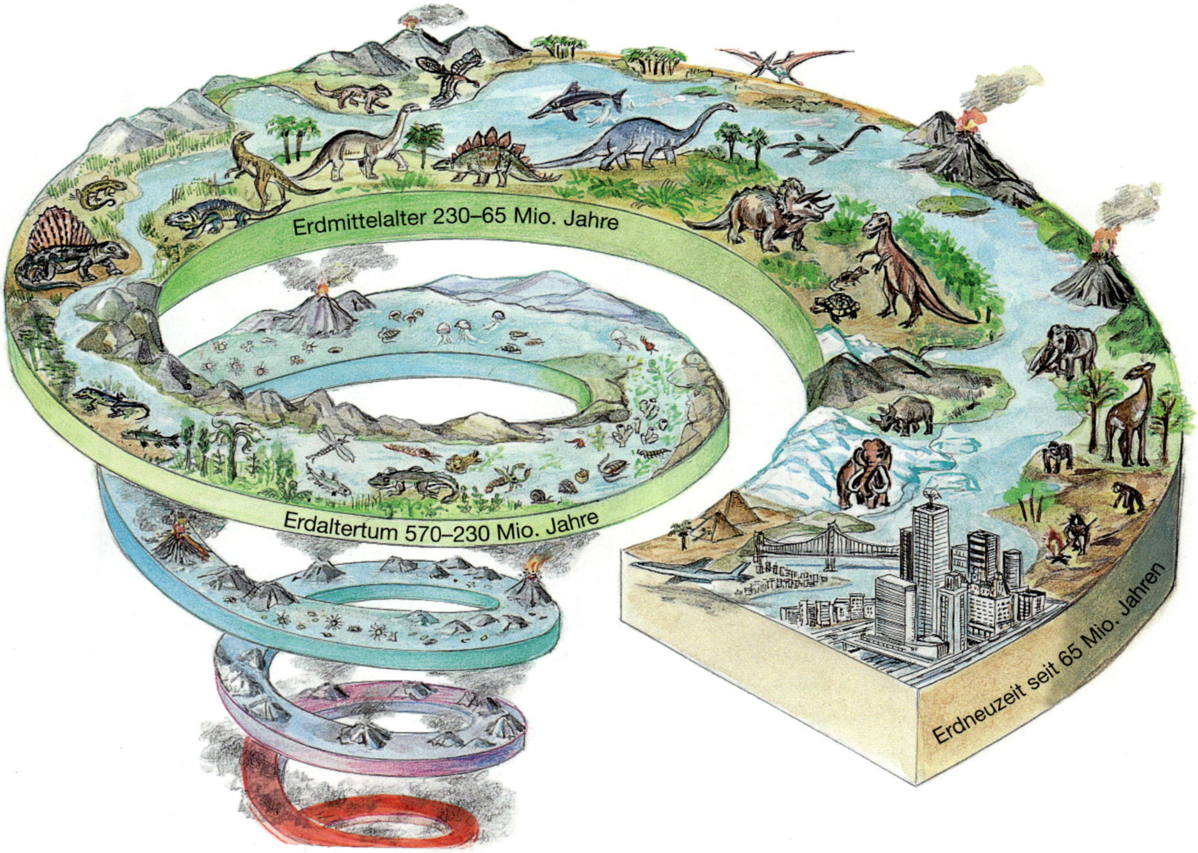

M3 **Die Geschichte der Erde im Überblick**

Wir zählen die Jahre von Christi Geburt an mit der Benennung „n. Chr." = nach Christus.
In diese Leiste könnt ihr jetzt die Zeitpunkte einordnen, die ihr aus der Geschichte kennt.

1 Erläutert den Aufbau der Lebensuhr (M1, Text).

2 Vergleicht M1 und M3 miteinander. Nennt Unterschiede und Übereinstimmungen.

3 Erklärt den wichtigen geschichtlichen Wendepunkt in M2, der für die Zeitbetrachtung aus europäischer Sicht so bedeutungsvoll ist.

4 Versucht zu „entschlüsseln", welche geschichtlichen Abschnitte mit den kleinen Bildern in M2 dargestellt werden.

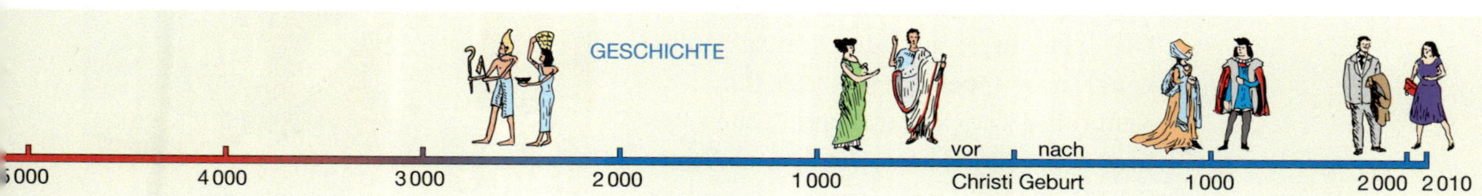

Zeugnisse aus früherer Zeit: Quellen

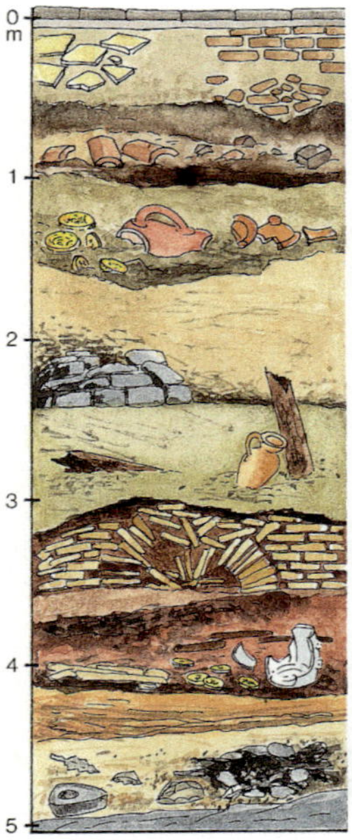

M1 Schichten einer Ausgrabung: ganz oben ein heutiger Kellerfußboden, darunter mittelalterliche Münzen und Tonscherben, römisches Mauerwerk, eisenzeitliche und jungsteinzeitliche Funde.

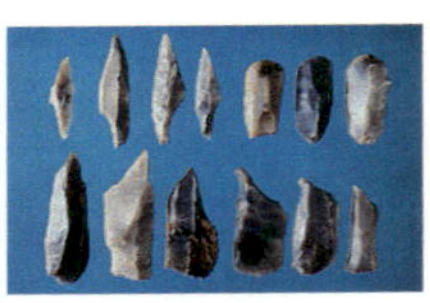

M2 Feuersteingeräte, 13 000–11 800 vor heute. Fundort: Deimern, Landkreis Soltau-Fallingbostel

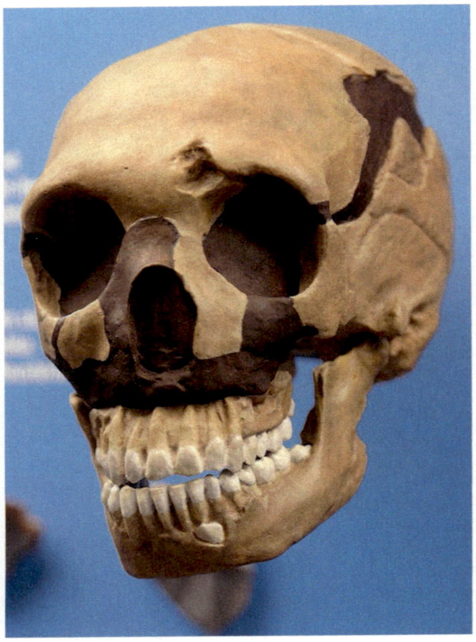

M3 Schädel eines Neandertalers. *Foto 2004*

M4 Denkmal von Till Eulenspiegel in Mölln. *Foto 2011*

Geschichte und Gegenwart

Wenn wir uns mit der Vergangenheit der Menschen beschäftigen, dann lernen wir auch etwas über unsere Zeit. Wir sehen, dass die Menschen auch anders leben können, als wir es gewohnt sind. Vielleicht finden wir Wege, heutige Schwierigkeiten zu überwinden. Oder wir verstehen besser, wie das Zusammenleben in unserer Gemeinde, unserem Land, unserem Staat geregelt wird.

Woher wissen wir, was früher war?

Alles Wissen über die Vergangenheit ist an das Vorhandensein von Zeugnissen und Überresten aus früherer Zeit gebunden. Die Zeugnisse aus der Vergangenheit nennt man **Quellen**, weil aus ihnen die Kenntnisse über die früheren Zeiten fließen. Alle überlieferten Quellen, ob Bilder, Schriften oder Gegenstände, müssen erklärt werden, damit man erkennt, was sie aussagen. Sie müssen immer wieder neu befragt werden. Dies gilt auch für die neue Art von Quellen, die in den letzten Jahrzehnten entstanden sind: Video, Film, Radioberichte usw. Sicher wird manche Quelle in 50 Jahren anders gedeutet werden als heute. Auch der Schulbuchtext gibt nur die Kenntnisse wieder, die die Wissenschaft heute von der Vergangenheit erarbeitet hat: „Irrtum eingeschlossen“.

M5 Frau Meyer berichtet über die Nachkriegszeit nach 1945. *Foto 2006*

M6 **Bauer beim Pflügen.** *Darstellung vom Anfang des 15. Jahrhunderts (Ausschnitt)*

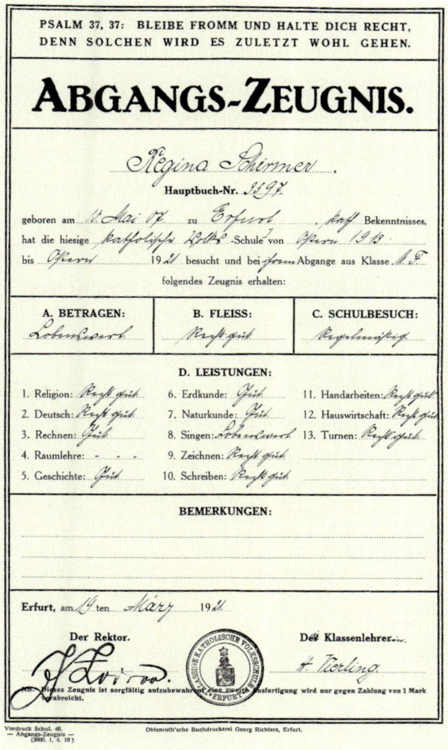

PSALM 37, 37: BLEIBE FROMM UND HALTE DICH RECHT, DENN SOLCHEN WIRD ES ZULETZT WOHL GEHEN.

ABGANGS-ZEUGNIS.

Regina Schirmer,

Hauptbuch-Nr. 3597.

geboren am 11. Mai 07 zu Erfurt, kath. Bekenntnisses, hat die hiesige katholische Volks-Schule von Ostern 1913 bis Ostern 1921 besucht und bei ihrem Abgange aus Klasse 1 F folgendes Zeugnis erhalten:

A. BETRAGEN:	B. FLEISS:	C. SCHULBESUCH:
Lobenswert	Recht gut	Regelmäßig

D. LEISTUNGEN:

1. Religion: Recht gut	6. Erdkunde: Gut	11. Handarbeiten: Recht gut
2. Deutsch: Recht gut	7. Naturkunde: Gut	12. Hauswirtschaft: Recht gut
3. Rechnen: Gut	8. Singen: Lobenswert	13. Turnen: Recht gut
4. Raumlehre: - - -	9. Zeichnen: Recht gut	
5. Geschichte: Gut	10. Schreiben: Recht gut	

BEMERKUNGEN:

Erfurt, am 19ten März 1921

Der Rektor.

Der Klassenlehrer.

NB. Dieses Zeugnis ist sorgfältig aufzubewahren, eine zweite Ausfertigung wird nur gegen Zahlung von 1 Mark verabreicht.

Vordruck Schul. 48.
— Abgangs-Zeugnis —
(3000. 1. 4. 19)

Ohlenroth'sche Buchdruckerei Georg Richters, Erfurt.

M7 **Volksschulzeugnis.** *Foto*

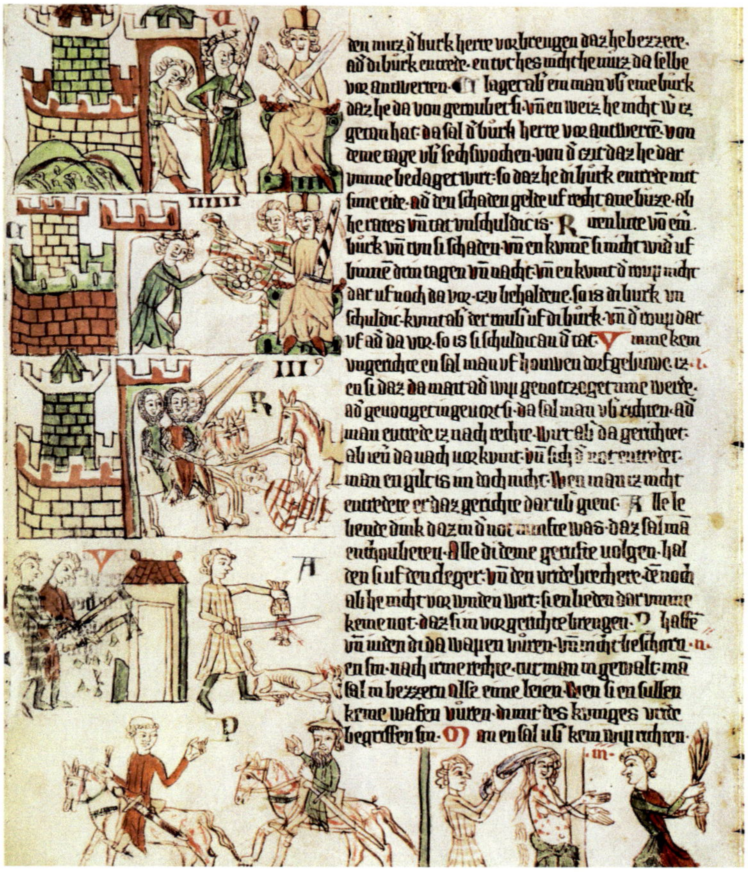

M8 **Mittelalterliche Handschrift.** *Um 1400*

Verschiedene Quellen

Zu den **schriftlichen Quellen** zählen wir: Tagebücher, Inschriften, Verträge, Briefe, Urkunden …

Zu den **Sachquellen** gehören: Gefäße, Werkzeuge, Knochen, Baudenkmäler …

Bildquellen sind: Fotografien, Karten, Zeichnungen, Grafiken …

1 Betrachtet die Quellen (M2 bis M8) und prüft, wovon sie berichten.

2 Seht euch besonders das Schulzeugnis an (M7). Es ist wie die anderen Abbildungen eine Quelle. Stellt fest, wie alt das Zeugnis ist.

3 Prüft, was auf dem Zeugnis anders ist als auf euren Zeugnissen.

4 Schaut auf dem Zeugnis nach, wann die Schülerin zur Schule gegangen ist.

5 Ordnet die Abbildungen M2 bis M8 folgenden Quellenarten zu: Schriftquelle – Bildquelle – Sachquelle.

METHODE

Wir stellen eine Zeitleiste her

M 1 Zeitleiste zur Familiengeschichte

Die Zeitleiste

Ihr habt sicher schon einmal den Satz gehört: „Das war früher, das war vor 15 Jahren, als eure Eltern geheiratet haben …“. Mithilfe einer Zeitleiste könnt ihr euch verdeutlichen, wann das „vor 15 Jahren“ war.

Wie man vorgeht, hängt von der Situation ab, die man zeigen und verdeutlichen will. Man sammelt entsprechende Bilder und prüft, welchen Zeitraum man zugrunde legt. Für eine Familiengeschichte (M 1) reichen 100 Jahre. Für die Geschichte einer Schule nimmt man den Zeitraum von der Gründung der Schule bis in die Gegenwart. Für die Geschichte der Menschheit muss man etwa zwei Millionen Jahre berücksichtigen.

***Archiv**
ein Raum oder eine Organisation, wo wichtiges Informationsmaterial aufbewahrt wird

M 2 Checkliste für die Herstellung einer Zeitleiste

1. Schritt: Bilder sammeln
- Sucht zu Hause, in der Schule, im Archiv* oder aus Büchern Bilder heraus, die für euer Thema interessant sind.

2. Schritt: Material ordnen
- Sortiert ähnliche Bilder aus und macht Fotokopien von den ausgewählten Bildern.
- Schreibt zu jedem Bild auf, aus welchem Jahr es stammt.
- Berechnet, wie viele Jahre seitdem vergangen sind.

3. Schritt: Zeitleiste anlegen
- Nehmt eine Tapetenbahn und zeichnet darauf die Zeitleiste.
- Unterteilt die Zeitleiste auf der Tapetenbahn in mindestens zehn gleiche Abschnitte.
- Schreibt von rechts nach links unter die Markierungen die Jahreszahlen (z. B. 2010, 2000, 1990, 1980 …).
- Markiert dann die Jahreszahl des jetzigen Jahres.

4. Schritt: Zeitleiste gestalten
- Legt euer Bildmaterial auf und probiert verschiedene Gestaltungsmöglichkeiten aus.
- Klebt die Bilder auf. Beschriftet sie

Wir beschreiben Bilder

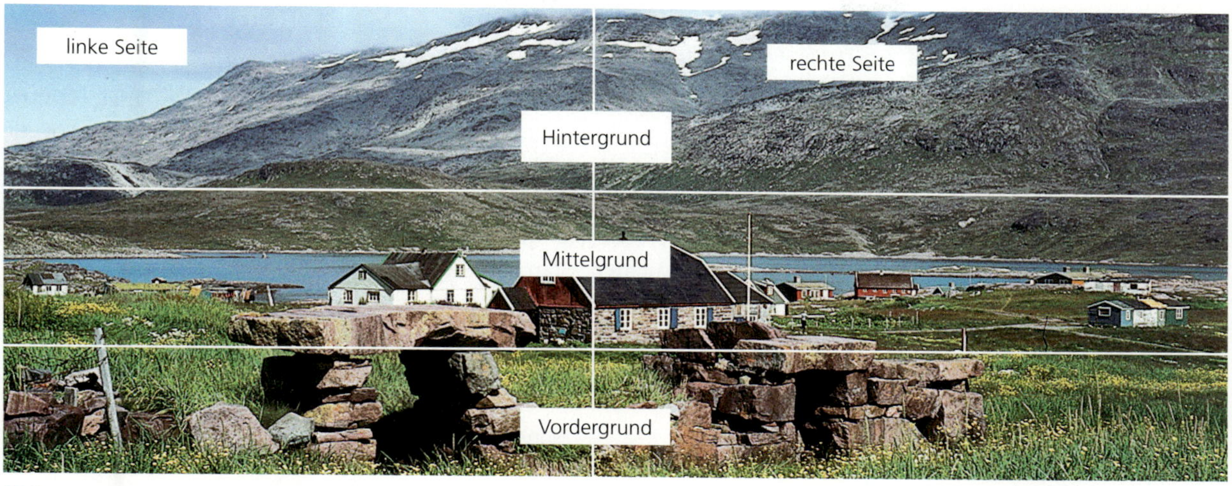

M 1 Küstenlandschaft in Südgrönland im Sommer

Informationen aus Bildern gewinnen

Viele Sachverhalte werden in Bildern dargestellt. Sie vermitteln eine anschauliche Vorstellung von der Wirklichkeit. Oft sind sie eindrucksvoller als Karten oder Texte.

Die Wirklichkeit wird von vielen Erscheinungen und Vorgängen geprägt, die eng miteinander verknüpft sind. Will man den Inhalt eines Bildes erschließen, muss man wissen, wie man beim Beschreiben eines Bildes vorgehen sollte. Nur so kann man all die Informationen gewinnen, die in ihm verborgen sind.

Wie bei jeder Materialauswertung folgt man am besten der Schrittfolge:

- Man ordnet das Bildthema in seinen Zusammenhang ein.
- Man gibt an, in welcher Art und Weise das Thema dargestellt wird.
- Man beschreibt den abgebildeten Sachverhalt.

Geographische Sachverhalte können vom Erdboden oder aus der Luft aufgenommen werden. Danach unterscheidet man Bodenbilder und Luftbilder. Bodenbilder sind Fotos, die vom Erdboden aus aufgenommen werden. Sie sind besonders geeignet zum deutlichen Festhalten einzelner Sachverhalte wie Gesteinsstücke, Pflanzenarten oder einzeln stehende Gebäude. Luftbilder sind gut für größere Ausschnitte eines Landschaftsraumes geeignet. Auf ihnen kann man die Hauptbestandteile von Landschaften abbilden.

M 2 Checkliste für eine Bildbeschreibung

- Nennt das Thema des Bildes.
- Gliedert das Bild in Vordergrund, Mittelgrund und Hintergrund, in linke und rechte Bildseite.
- Legt Gesichtspunkte fest, nach denen ihr den Bildinhalt beschreiben wollt (Oberflächenformen, Gewässer, Pflanzen- und Tierwelt, Siedlungen, Verkehr, Landwirtschaft, Bergbau, Industrie, Dienstleistungen, Menschen).
- Beschreibt die Bildausschnitte.
- Erklärt, was euch aufgefallen ist.

1 Lest die Checkliste für das Beschreiben von Bildern durch. Wendet die Arbeitsschritte auf das Bild oben an.

Wie entwickelten sich die ersten Menschen?

Affen oder Menschen?

***Archäologen**
Wissenschaftler, die mithilfe von Ausgrabungen und Bodenfunden alte Kulturen erforschen; vieles wird zufällig entdeckt, z. B. beim Straßenbau, und sorgsam ausgegraben.

Seit vielen Jahren suchen **Archäologen*** nach Skelettresten der Frühmenschen. Bei Laetoli im afrikanischen Staat Tansania entdeckten sie 1976 eine versteinerte Schicht aus Vulkanasche. Als sie diese Schicht genauer untersuchten, fanden sie Fußabdrücke. Diese konnten nur von Lebewesen stammen, die aufrecht auf zwei Beinen gingen. Von der Größe der Fußabdrücke und der Schrittlänge schloss man auf die Körpergröße. Aus den Knochenfunden versuchte man, die Lebewesen zu rekonstruieren (Abbildungen in der Randspalte S. 85). Ob sie wirklich so ausgesehen haben, ist ungewiss. Für die Wissenschaftler sind die Lebewesen von Laetoli noch keine Menschen.

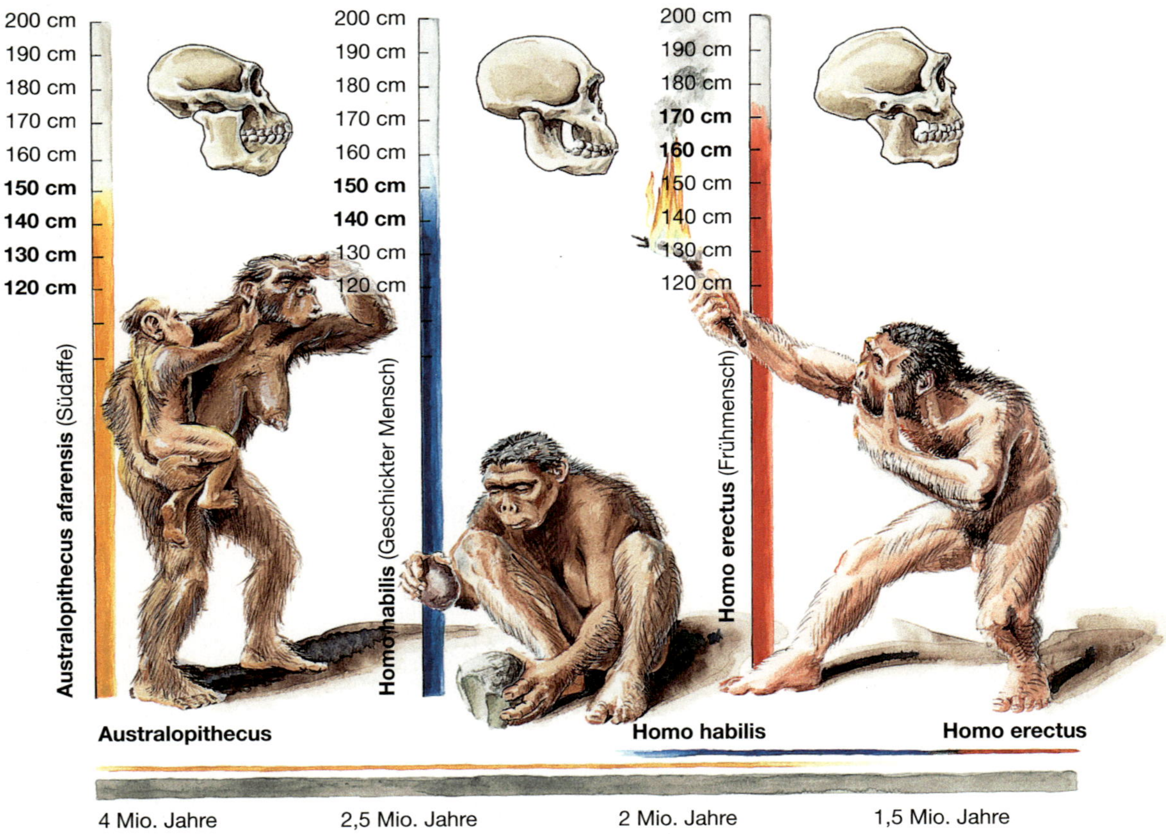

Vormensch – Australopithecus (Südaffe),
1,10 – 1,50 m, keine Werkzeugherstellung, Afrika.

Geschickter Mensch – Homo habilis,
1,45 m,
einfache Werkzeuge, Ostafrika.

Frühmensch – Homo erectus (der aufrecht gehende Mensch),
1,65 m, Faustkeilkultur, siedelte erstmals in Europa und Asien.

Von einem Affen unterscheidet sich der Mensch dadurch, dass er nachdenken, überlegen und planmäßig vorgehen kann. Dies lässt sich nicht an Skelettresten feststellen, sondern nur an Spuren, die ein überlegtes Handeln erkennen lassen. Es gibt diese Spuren, z. B. Faustkeile; sie sind etwa eine Million Jahre alt. Hergestellt wurden die Gegenstände von „aufrecht gehenden Menschen“. Ihr aufrechter Gang ermöglichte einen vielseitigen Gebrauch der Hände. Das Gehirn hatte sich wesentlich vergrößert und in seiner Form verändert. Die frühen Menschen lernten, das Feuer zu beherrschen, konnten Werkzeuge aus Stein herstellen und lebten in kleinen Gruppen. Im Laufe der Zeit wanderten sie von Afrika nach Europa und Asien. Eine der ältesten Spuren dieser Menschen ist ein Unterkiefer, der in Heidelberg gefunden wurde und etwa 600 000 Jahre alt ist.

Da die Werkzeuge, die diese frühen Menschen herstellten, aus Stein sind, nennen die Archäologen diese Zeit **Altsteinzeit**.

1 Beschreibt die Entwicklung vom Vormenschen bis zum Neandertaler, wie sie unten dargestellt ist.

2 Notiert Unterschiede zum heutigen Menschen.

Nach Knochenfunden ist es heute möglich, die Köpfe unserer Vorfahren zu rekonstruieren:

Homo habilis

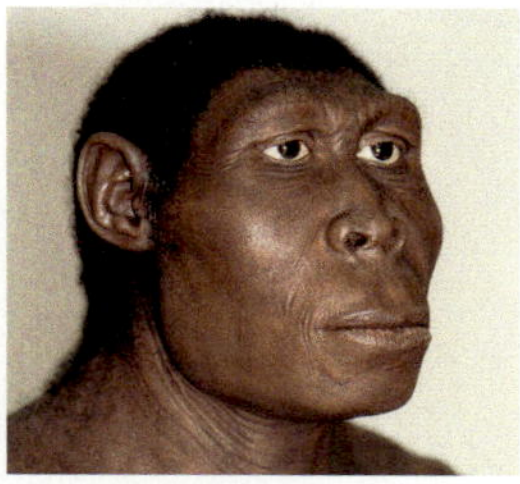

Homo erectus

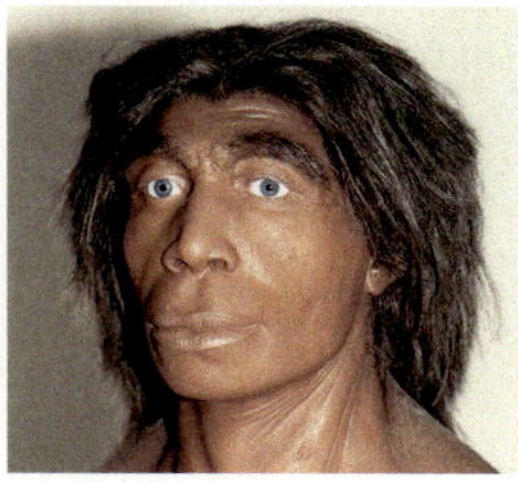

Homo sapiens neanderthalensis

Wissenschaftliche Rekonstruktionen: W. Schnaubelt / N. Kieser (Wildlife Art) für Hessisches Landesmuseum Darmstadt

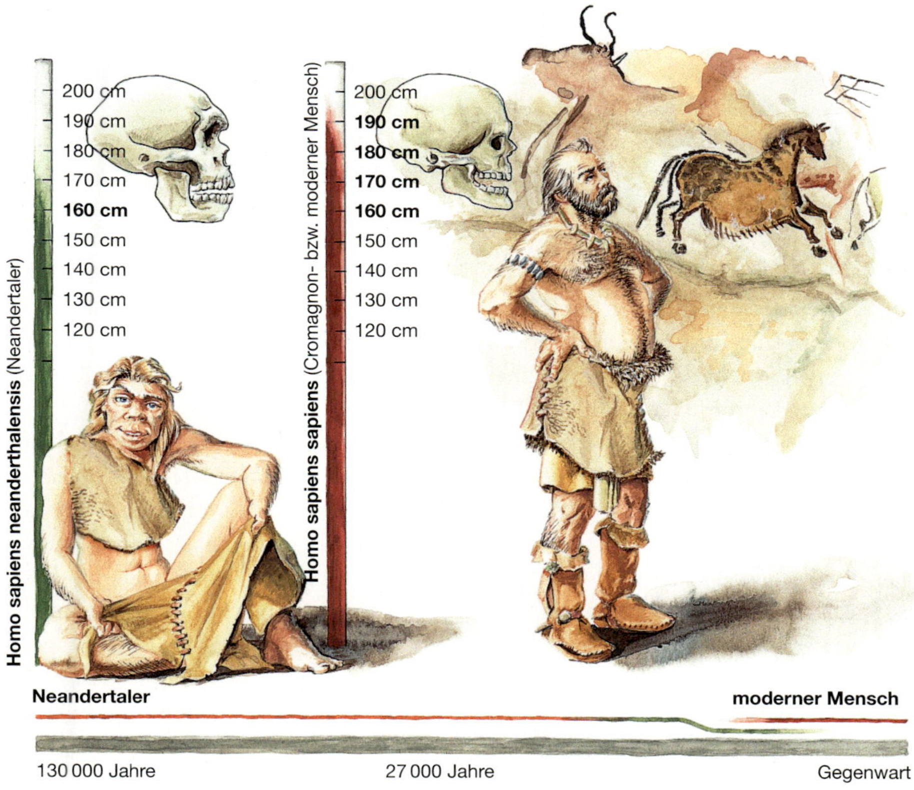

Neandertaler – Homo neanderthalensis, bis 1,80 m, vielfältige Werkzeuge, 130 000 – 27 000 v. Chr., hatte religiöse Überzeugungen.

Jetztzeitmensch – Cromagnon-Mensch*, seit etwa 40 000 v. Chr., 1,60 – 1,85 m, Schöpfer von Kunstwerken.

***Cromagnon-Mensch**
1898 fanden Forscher in einer Höhle die Skelette von fünf Menschen. Ihr Alter wird auf 25 000 Jahre geschätzt. Die Höhle hieß Cro-Magnon und liegt im Süden Frankreichs.

Ist der Neandertaler ein Vorfahre?

M 1 Neandertaler in ihrem Lebensraum (Rheinisches Landesmuseum Bonn). *Foto*

M 2 Archäologen bei einer Ausgrabung in der Eifel. *Foto, 1989*

Fund im Neandertal

Um 1850 entdeckten Arbeiter im Neandertal in der Nähe von Düsseldorf bei Abbrucharbeiten Knochen und Reste eines Schädels. Der Lehrer Johann Carl Fuhlrott erkannte, dass die Knochen zu einem neuen Menschentyp gehörten. Nach seinem Fundort bezeichnete man ihn als den **Neandertaler**. Nach langem wissenschaftlichen Streit folgten auch die damaligen Wissenschaftler der Einsicht Fuhlrotts.

Neandertaler – das zeigten spätere Funde – lebten in Europa, im Vorderen Orient* und in Kasachstan*. In ihrer Lebensweise hatten sie sich dem eiszeitlichen Klima gut angepasst.

Sie lebten unter dem Schutz von Felsdächern und hatten Feuerstellen im Freien. Sie waren Jäger und Sammler sowie hervorragende Werkzeughersteller. Sie gingen auf Großwildjagd und jagten im Team mit Wurfspeeren aus Holz. Sie bestatteten ihre Toten. In einem 28 000 Jahre alten Grab in der Nähe Moskaus fand man Armreifen, Ketten und mit Perlen besetzte Kleidung.

In ihrem Aussehen ähnelten sie den heutigen Menschen. Die Neandertaler gab es vor etwa 130 000 bis vor etwa 27 000 Jahren. Danach verlieren sich ihre Spuren. Wie es dazu kam, weiß man bis heute nicht. Heutige Forscher gehen davon aus, dass der Jetztzeitmensch (Homo sapiens sapiens) und der Neandertaler lange Zeit im Wettstreit nebeneinander lebten.

***Vorderer Orient**
Großraum des östlichen Mittelmeeres und der Arabischen Halbinsel

***Kasachstan**
Staat im Grenzraum zwischen Asien und Osteuropa

Archäologische Forschung

Funde aus der Ur- und Frühgeschichte sind das Forschungsgebiet der Archäologen. Sie bearbeiten oberirdisch noch sichtbare und im Boden verborgene Kulturdenkmäler.

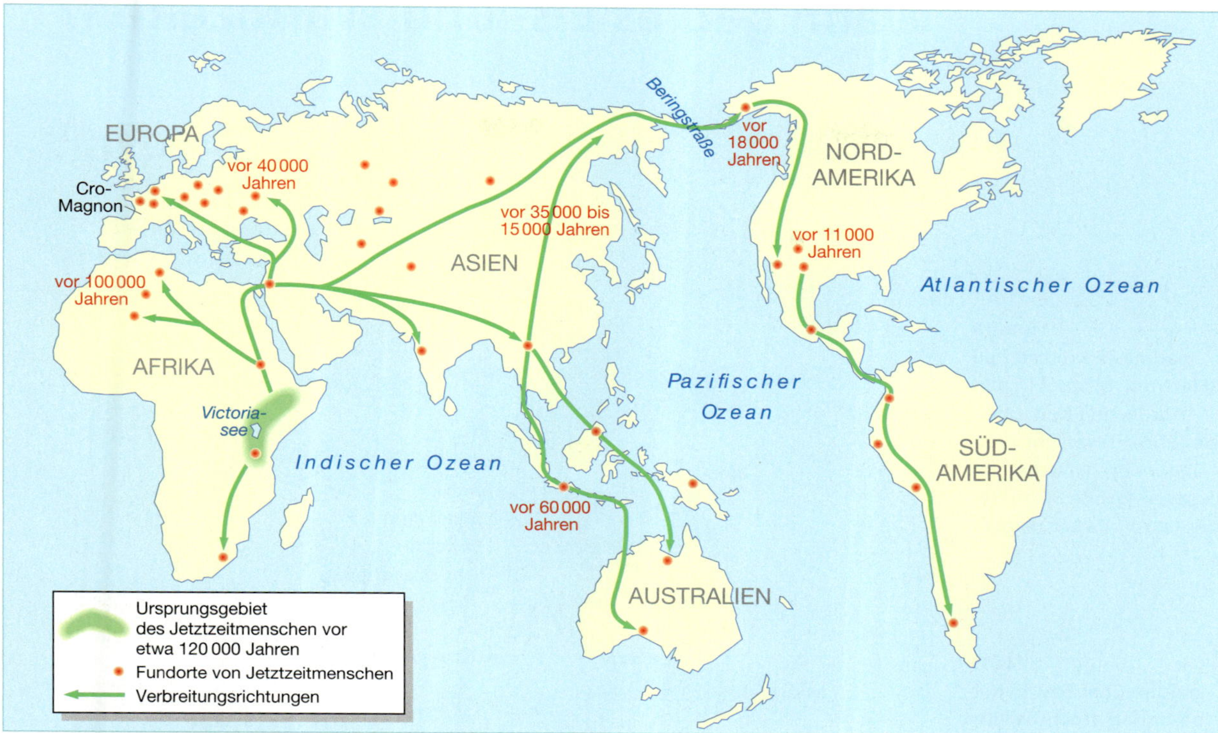

M3 **Bedeutende Fundstätten und Ausbreitung des Jetztzeitmenschen**

- Sie schützen Bodendenkmäler (z. B. eine Ausgrabungsstätte) vor der Zerstörung.
- Sie suchen und sammeln Funde, auch durch gezielte Grabungen und sichern Spuren aus der Vergangenheit.
- Sie vergleichen mit anderen Funden.
- Sie legen für ihre Funde eine zeitliche Ordnung fest und versuchen, das Alter der Funde mit verschiedenen wissenschaftlichen Methoden zu bestimmen.
- Sie ziehen Schlussfolgerungen und ordnen die Funde in größere geschichtliche Zusammenhänge ein.
- Sie versuchen, aus gefundenen Teilen, zum Beispiel einen Kopf, wiederherzustellen, zu rekonstruieren.
- Sie schreiben aufgrund ihrer Funde Berichte über die Frühgeschichte des Menschen.

1 Berichtet mithilfe des Textes und M 1 über das Leben der Neandertaler.

2 Erläutert, was es bedeutet, wenn man in einem Neandertalergrab Armreifen und mit Perlen besetzte Kleidung findet.

3 Untersucht die Karte M3 und findet heraus, wo die Jetztzeitmenschen ihren Ursprung haben (→ **Wir lesen Geschichtskarten**, S. 249).

4 Schreibt in eine Tabelle, wie sich der Jetztzeitmensch über die Erde ausbreitete und beachtet dabei die zeitliche Reihenfolge.

vor 100 000 Jahren	vor 60 000 Jahren

Wann gab es Eis- und Warmzeiten?

***Tundra**
baumlose Kältesteppe (Flechten, Moose) in den nördlichen Kaltzonen der Erde. In versumpften Gegenden herrschen im Sommer große Stechfliegen- und Mückenplagen.

***Löss**
gelbbrauner Staub, der besonders fruchtbar ist; Löss wurde während der Eiszeiten aus den Gebieten ohne pflanzlichen Bewuchs ausgeblasen und an anderer Stelle zusammengeweht.

M1 Europa in der letzten Eiszeit

M2 Abfolge von Eiszeiten und Warmzeiten

Lebensbedingungen in der Eiszeit

Das Leben der Menschen in der Altsteinzeit verlief nicht immer gleich. Das lag daran, dass sich das Klima mehrmals stark veränderte. Drei lang andauernde Eiszeiten sind bisher in Norddeutschland nachgewiesen worden. Man benannte sie nach den Flüssen, an denen sich die eiszeitlichen Spuren noch heute besonders gut ablesen lassen: Elster-, Saale- und Weichsel-Eiszeit. Über Jahrtausende lag die Durchschnittstemperatur im Juli bei +5 Grad Celsius (°C); im Winter sank sie auf bis zu – 40 Grad Celsius. Diese Zeitabschnitte nennen wir **Eiszeiten**.

Während einer Eiszeit schneite es auch im Sommer. Der Schnee schmolz nicht ab, sondern wuchs allmählich zu einem mächtigen Eispanzer an, der über 2000 Meter dick sein konnte. Vor den **Gletschern** taute auch in den Sommermonaten nur die oberste Bodenschicht auf.

In dieser Zeit lebten bei uns das Mammut*, das wollhaarige Nashorn, Ren und Schneehase. Die Landschaft ähnelte der **Tundra**, wie man sie heute in Nordsibirien findet.

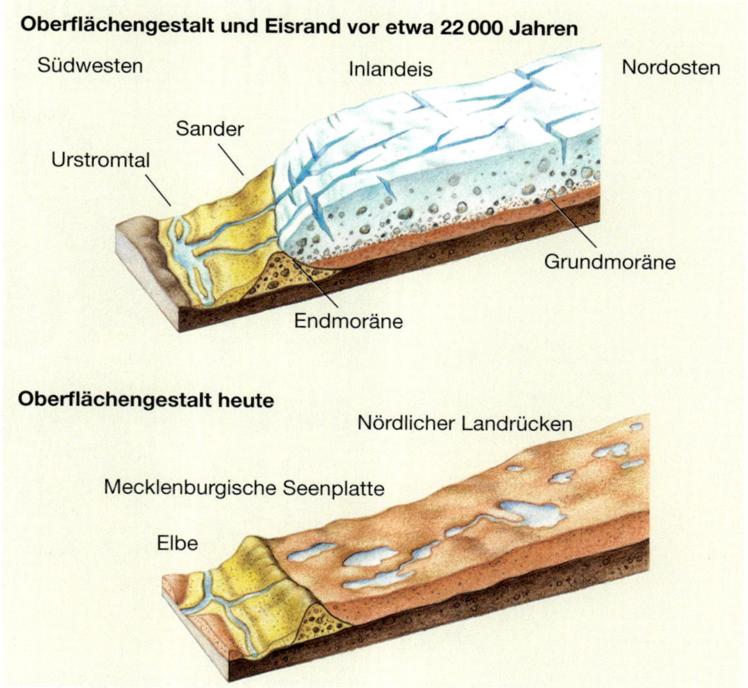

M 3 **Vor 22 000 Jahren und heute**

1 Schaut euch die Karte M 1 genau an und stellt fest, ob euer Heimatort während der letzten Eiszeit von Gletschern bedeckt war.

2 Beschreibt mithilfe von M 2 die Wechsel von Kalt- und Warmzeiten.

3 Wie sah die Landschaft in der Eiszeit aus und wie sieht sie heute aus (M 3)?

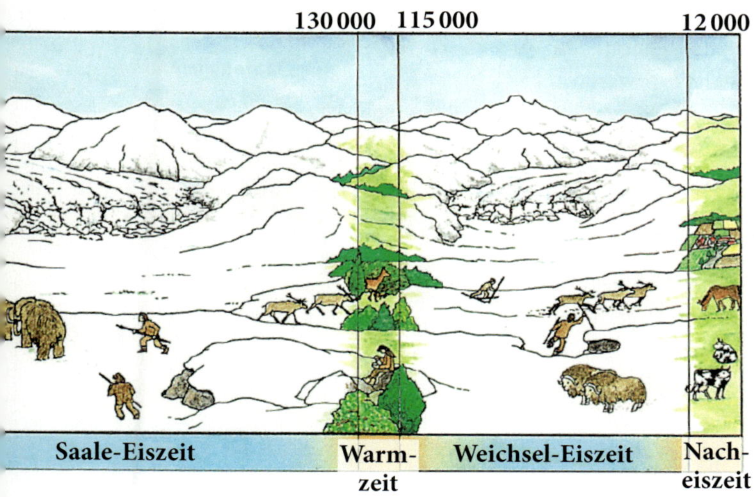

***Mammut**
ausgestorbene Tiergattung (nahe Verwandte der Elefanten)

Wie lebten die Menschen in der Altsteinzeit?

M 1 **Mammutjagd.** *Rekonstruktionszeichnung*

Die Nahrungsbeschaffung

Überleben konnten die frühen Menschen nur in kleineren Gruppen. Der Großteil der Nahrung wurde gesammelt. Früchte, Beeren, Nüsse und Pilze essen wir auch heute noch. Doch die Frühmenschen verschmähten auch Wurzeln, Insekten und Kleingetier nicht. Die Nahrung konnte noch nicht für längere Zeit konserviert* werden. Fleisch gab es nur nach erfolgreichen Jagden, solange die gebratenen Stücke ausreichten und genießbar waren. Mit einfachen Waffen aus Stein, Holz oder Geweih war die Jagd sehr schwierig und sicherlich auch äußerst gefährlich.

***konservieren**
etwas haltbar machen

Wohnen

Für die weit umherziehenden **Jägerhorden*** war der Treffpunkt am Lagerfeuer wichtig. Hier konnten die Menschen miteinander reden, sich über ihre Erlebnisse austauschen und Erfahrungen weitergeben. Der Feuerplatz musste geschützt liegen und Raum bieten.

***Horde**
Gruppe umherziehender Menschen

Die Vorstellung, dass damals alle Menschen in Höhlen gewohnt haben, ist falsch. Meist lebten sie unter freiem Himmel. Schutz boten Windschirme aus Zweigen und Schilf, Erdgruben mit einem Dach aus Reisig und Fellen, Rundhütten oder Zelte, deren Bahnen aus Leder und Fell

M 2 **Die Nutzung eines Rentiers**

M 3 **Lagerplatz einer Gruppe von Menschen während der Eiszeit.** *Rekonstruktionszeichnung*

zusammengenäht waren. Höhlen waren nur dann gute Wohnorte, wenn sie leicht zugänglich waren und in Flussnähe lagen. So hatten die Jäger einen freien Blick über die Umgebung.

Die **Jäger und Sammlerinnen** mussten dem wandernden Wild nachziehen und Gebiete aufsuchen, in denen es genügend Nahrung gab. Daher hatten sie keine festen Wohnunterkünfte und lebten als **Nomaden***.

Aufgabenteilung

Im Laufe der Altsteinzeit hat sich das Leben in Kleingruppen als die zweckmäßigste Form des Zusammenlebens herausgestellt. In diesen Gruppen entwickelte sich nach und nach eine bestimmte Aufgabenteilung.

Die Arbeiten der Frau waren vielfältig. Sie war für die Erziehung der Kinder zuständig und hütete neben den Kindern auch das Feuer. Die Nahrungsbeschaffung nahm sehr viel Zeit in Anspruch. Alles, was die Frauen sammelten, bildete stets die Grundlage für das Überleben der Horde. Die Zubereitung der Nahrung gehörte wohl ebenso zu den Aufgaben der Frau wie die Herstellung der Kleidung. Die dafür nötigen Geräte wie Nähnadeln oder Bohrer wurden vermutlich von ihr selbst hergestellt.

Nahrung zu beschaffen, war zwar eine gemeinschaftliche Sache. Doch waren es meist die Männer, die auf Jagd gingen, Rohmaterial für die Geräte beschafften und das Lager mit Brennholz versorgten. Sie stellten die Jagdgeräte und größeren Werkzeuge her.

***Nomaden**
(übersetzt: Hirten- oder Wandervölker) Die Jäger und Sammler der Altsteinzeit mussten dem wandernden Wild nachziehen und Gebiete aufsuchen, in denen es ausreichend pflanzliche Nahrung gab. Deshalb hatten sie keinen festen Wohnsitz und lebten als Nomaden.

1 Beschreibt und erklärt, wie und von wem eine Mammutjagd durchgeführt wurde (Text, M 1).

2 Berichtet darüber, wie die Menschen in der Altsteinzeit wohnten (Text, M 3)

3 Beschreibt die Aufgabenverteilung zwischen Frauen und Männern in einer Horde (Text).

4 Gibt es auch heute eine derartige Aufgabenverteilung? Nennt Beispiele dafür.

5 Erklärt, wie und wofür die Menschen in der Altsteinzeit ein Rentier verwenden konnten (M 2).

Was konnten Werkzeugmacher und Künstler?

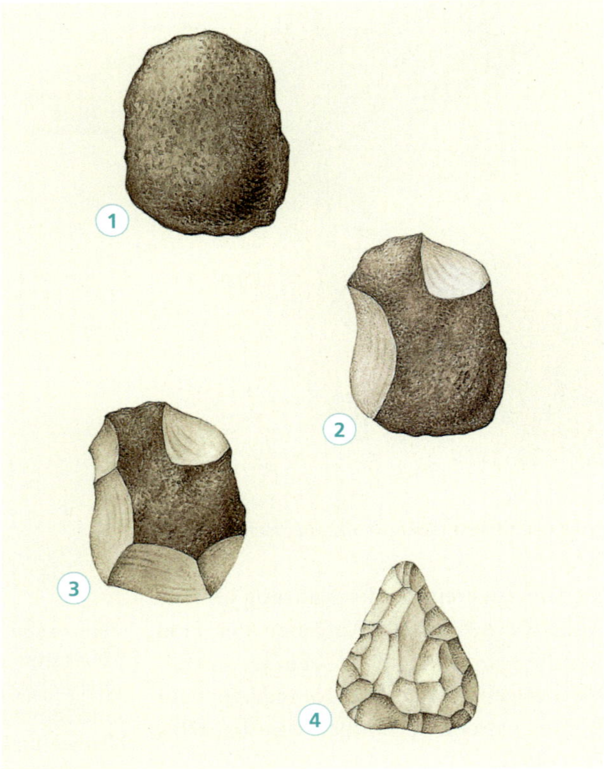

M 1 **Phasen der Bearbeitung eines Faustkeils.**
Rekonstruktionszeichnung

M 3 Die Werkzeugherstellung.
Der Archäologe F. Behn schrieb über die Entwicklung der Werkzeuge:

[…] Die Reichweite des Armes konnte durch einen abgerissenen Ast, der Schlag der Faust durch einen aufgehobenen Stein verstärkt werden. Der nächste Schritt […] bestand darin, dem Rohstoff eine Form zu geben, die ihn für bestimmte Handlungen geeigneter machen konnte […]. Das wichtigste Gerät der ersten Zeit hat eine Mandelform, man hat es „Faustkeil" genannt. Es konnte für […] alle Zwecke verwendet werden. Wir können seine Entwicklung an Tausenden von Exemplaren* […] verfolgen. […] Der schwere Faustkeil wird ständig kleiner und endet als zierliche Handspitze. An die Stelle des allein verwendeten Werkzeuges tritt nun eine lange Reihe von Spezialformen: Schaber, Messer, Bohrer, Kratzer […] usw. Außer Holz und Stein stand den Menschen […] noch ein weiterer Rohstoff zur Verfügung: der Knochen. […]

M 2 **Faustkeil, der im August 2002 in Norddeutschland gefunden wurde.** *Foto 2004*

M 4 **Ein Faustkeil wird hergestellt.**
Rekonstruktionszeichnung

M 5 Felsmalerei in der Höhle von Lascaux, Frankreich, um 15 000 v. Chr. Die Künstler benutzten Holzkohle und Tonerde* in braunen, gelben und rötlichen Farben, die sie pulverförmig gegen den Fels bliesen oder mit Öl anrührten.

***Exemplar**
einzelnes Stück (Muster)

***Tonerde**
aluminiumhaltiges Gestein (Schokolade ist oft in Aluminiumfolie verpackt)

Felsmaler und Bildhauer

1940 entdeckten Jungen in einer Höhle in Südfrankreich viele Hunderte von Tierbildern: Mammut, Nashorn, Wildpferd, Bär und Rentier. Dieser und andere Funde zeigen, dass die Menschen am Ende der Altsteinzeit über bemerkenswerte Techniken verfügten. Aber wozu dienten die Malereien und Figuren? Waren die Höhlen „Heiligtümer" zur Verehrung von Göttern?

M 7 Statuette eines Löwenmenschen. *Aus dem Hohlenstein-Stadel im Lonetal bei Asselfingen, Baden-Württemberg. Elfenbein, ca. 30 000 Jahre alt*

M 6 Eine aus Mammutelfenbein geschnitzte Frauenstatuette. Sie wurde 2008 in einer Höhle in Baden-Württemberg entdeckt. Die Figur ist mit einem Alter von ca. 40 000 Jahren möglicherweise die älteste figürliche Darstellung eines Menschen weltweit.

1 Beschreibt mithilfe von M 1 und M 4 die Herstellung eines Werkzeuges.

2 Informiert euch im Internet darüber, wo heute noch Menschengruppen wie in der Steinzeit leben (Suchwort: Steinzeitmenschen) (→ **Wir führen eine Internetrecherche durch**, S. 232/233).

3 Betrachtet M 5 und notiert, was das Bild für einen Eindruck beim Betrachten hervorruft.

4 Versucht, von M 5 eine Skizze in eure Arbeitsmappe zu malen.

5 Sucht im Internet nach ersten Antworten über die Felsmalereien von Lascaux (Suchwörter: Höhlenbilder, Lascaux).

SCHAUPLATZ

Jagdglück vor 15000 Jahren

1 Beschreibt die Bilder.

2 Versetzt euch in eine der Personen auf dieser Seite und notiert, was ihr gerade durch den Kopf gegangen sein könnte.

3 Entwerft ein Gespräch zwischen den beiden Männern mit den Speeren.

Wie lebten die Menschen in der Jungsteinzeit?

M 2 **Lebensbild von Steinzeitbauern in der Jungsteinzeit.** *Rekonstruktionszeichnung*

M 1 **Getreide (Emmer): Wildform (oben) und Kulturform (rechts)**

Die Menschen werden sesshaft

Vor etwa 12 000 Jahren endete die letzte Eiszeit. Im Vorderen Orient kam es in dieser Zeit zu ergiebigen Regenfällen. Gerste und Weizen, die hier schon lange wild wuchsen, breiteten sich dadurch weiter rasch aus. Bald gab es sogar mehr Wildgetreide, als die Menschen während der kurzen Reifezeit verbrauchen konnten.
So begannen sie, die Getreidekörner in Erdgruben aufzubewahren. Mit diesen Vorräten konnten sie ihre Ernährung für mehrere Wochen oder Monate sichern. Sie mussten nicht mehr als Nomaden umherziehen, um für ihre Ernährung zu sorgen.

Feldbauern und Tierhalter

Bei der Aufbewahrung der Getreidekörner in den Erdgruben machten die Menschen vermutlich die Beobachtung, dass das Korn auskeimt und sich daraus neue Pflanzen entwickeln konnten. Von dieser Beobachtung bis zur planmäßigen Aussaat war es nur noch ein kleiner Schritt.
Bald entdeckten sie, dass sie mehr ernteten, wenn sie den Boden auflockerten und den Samen von den größeren Ähren nahmen. So gewannen sie aus den Wildformen ertragreichere Getreidesorten.
Da sie nun längere Zeit an einem Ort lebten, lohnte sich für sie auch der Hausbau. Sie wurden sesshaft.
Dies geschah im Gebiet des heutigen Iran und Irak um 9000 v. Chr.
Etwa in der gleichen Zeit lernten die Menschen dort auch, Schafe und Ziegen – später Schweine und Rinder – zu zähmen. So waren sie nicht mehr auf das Jagdglück angewiesen.
Feldbau und Tierhaltung machten die Ernährung sicherer. Die Bevölkerungszahl wuchs. Bald reichte das fruchtbare Land nicht mehr aus. So machten sich ganze Gruppen auf die Suche nach neuem Land. Beliebte Zugwege waren die Flusstäler. Um 5500 v. Chr. ließen sich die ersten Feldbauern und Tierhalter in Mitteleuropa nieder.

Die Sesshaftigkeit verändert das Leben

Als Bauern und Tierhalter blieben die Menschen nun an einem Ort und wurden sesshaft. Der Übergang vom Nomaden-

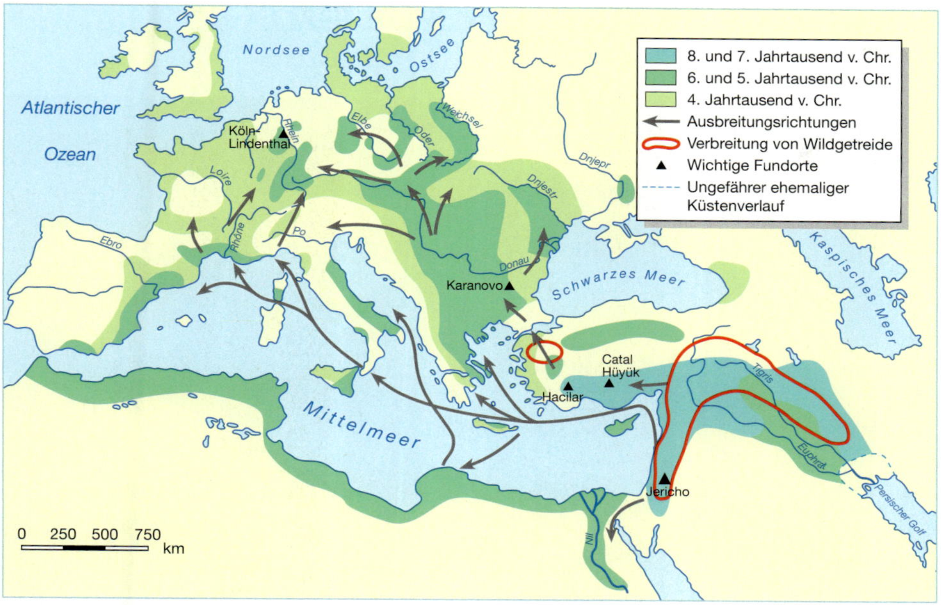

M 3 **Ausbreitung des Ackerbaus nach Europa**

Jungsteinzeit
Die Jungsteinzeit begann etwa um 9000 v. Chr. im Gebiet des heutigen Iran und Irak (Vorderer Orient), um 5500 v. Chr. in Mitteleuropa und dauerte bis etwa 3000 v. Chr. In dieser Zeit gingen die Menschen zum Ackerbau und zur Viehzucht über. Sie wurden sesshaft und lebten in Siedlungen.

tum der Altsteinzeit zur Sesshaftigkeit der Jungsteinzeit ereignete sich nicht plötzlich, sondern allmählich, hatte aber für die Menschen erhebliche Folgen:

- Es wurden Wälder gerodet,
- Äcker neu angelegt,
- feste Häuser gebaut,
- Speicher und Ställe errichtet,
- Wege und Brunnen angelegt.

Die neue Lebensform brachte entscheidende Veränderungen mit sich:

- Feldbau,
- Tierhaltung,
- Vorratshaltung
- und vor allem mehr Sicherheit.

Weil sich das Leben in dieser Zeit stark veränderte, sprechen die Forscher heute von einer Revolution, der „Neolithischen*" Revolution". Der Vorgang dauerte „nur" wenige Jahrtausende, im Gegensatz zur Dauer der Altsteinzeit, die sich über zwei Millionen Jahre erstreckte.

M 4 **So viele Menschen konnten in der Altsteinzeit (Schaubild oben) und der Jungsteinzeit (Schaubild unten) von fünf Quadratkilometern Boden ernährt werden.**
Schaubilder

*** Neolithisch**
Wortbildung aus *neos* (Griech.: „neu") und *lithos* (Griech.: „Stein") zum Begriff „Jungsteinzeit"

1 Beschreibt die einzelnen Tätigkeiten auf M 2.

2 Fasst mithilfe des Textes und anhand von M 3 zusammen, wie die bäuerliche Lebensweise entstand und wie sie sich ausbreitete.

3 Beurteilt mithilfe von M 4 die Bedeutung der Neolithischen Revolution für die Entwicklung des Menschen und die Veränderung seiner Lebensweise.

4 Erläutert die Aussage: „Viehherden sind lebende Vorräte."

Neue Techniken und Berufe

M 1 Ein Dorf entsteht in der Jungsteinzeit. *Rekonstruktionszeichnung*

Bandkeramiker
Die ersten Bauern bei uns bevorzugten fruchtbare und leicht zu bearbeitende Böden, z. B. Lössgebiete. In anderen Räumen beschafften sich die Menschen noch bis etwa 5000 v. Chr. ihre Nahrung als Jäger und Sammler. Die ersten Bauern in Mitteleuropa werden aufgrund ihrer Bandmuster (Verzierung mit runden und eckigen Linien auf Keramikgefäßen) „Bandkeramiker" genannt.

Leben in einem jungsteinzeitlichen Dorf

Aussaat und Ernte zwangen die Menschen, sich in der Nähe ihrer Äcker aufzuhalten. So wurden sie sesshaft und lebten in Großfamilien und Sippen in meist kleinen Dörfern zusammen. Diese lagen fast immer an einem Bach oder an einem Teich. Sie waren von einem Erdwall, Zaun oder Graben umgeben, denn die Bewohner mussten sich gegen umherziehende Jägerhorden verteidigen.
Jede Familie bestellte ihre Äcker. Sie fertigte fast alle Geräte, die Werkzeuge und die Kleidung selbst. Die Frauen arbeiteten auf dem Feld mit, töpferten, spannen und webten, nähten die Kleidung. Sie rieben auf einem Mahlstein das Getreide zu Schrot und bereiteten das Essen zu. Die Männer machten Boden nutzbar, bearbeiteten den Acker und bauten Häuser. Sie stellten Werkzeuge her, hüteten das Großvieh und gingen auf die Jagd.
In den Dörfern lebten mehrere Familien jeweils in einem Haus zusammen. Wenn neue Äcker angelegt wurden, ein neues Haus gebaut oder der Schutzwall um das Dorf erweitert oder erneuert werden musste, dann mussten alle mithelfen. Die Funde aus der Jungsteinzeit zeigen Spuren unterschiedlicher Haustypen; es gab Einraumhäuser und Langhäuser, in denen sich Räume für das Vieh, für die Vorräte und Wohnräume befanden.

M 2 Herstellung von Tongefäßen. *Rekonstruktionszeichnung*

Töpfern, Weben, Bohren

In allen ausgegrabenen Siedlungen der Jungsteinzeit fanden die Archäologen Tonwaren, vor allem Töpfe und Krüge für

M 3 **Steinbohrapparat.**
Rekonstruktionszeichnung

M 4 **Webstuhl.**
Rekonstruktionszeichnung

die Aufbewahrung des Korns, zum Kochen und Trinken. Die gebräuchlichste Technik der Herstellung war, dass von einem Stück gekneteter feuchter Tonerde ein flacher Boden hergestellt wurde. Aus kleinen Klumpen formte man Rollen, die ringförmig übereinander auf den Bodenrand gedrückt wurden. So entstand die Wand des Gefäßes. Nachdem die Wände glatt gestrichen waren, mussten die Gefäße an der Luft trocknen. Anschließend wurden sie im Feuer gebrannt. Dadurch wurden sie hart.
Die Funde von Spindeln beweisen, dass die Menschen schon Garn gesponnen und Stoffe gewebt haben. Dazu benutzten sie primitive Webstühle; als Rohstoffe verwendeten sie **Flachs*** und Schafwolle.
Zur Herstellung von Werkzeugen eignete sich am besten Feuerstein. Um an ihn zu gelangen, legten die Menschen schon in der Jungsteinzeit die ersten Bergwerke an.

Arbeitsteilung

Bereits in der Altsteinzeit hatte es eine Aufgabenteilung gegeben. Während ein Teil der Horde jagte, sammelte ein anderer Pflanzen und Kleintiere. Nun fand eine weitere Spezialisierung statt, die dem Überleben aller diente. Wer als Handwerker Steinbeile mit Bohrlöchern herstellte, hatte nicht viel Zeit, als Bauer Getreide zu säen und zu ernten. Da ein Ackerbauer jedoch meist mehr produzierte, als er selbst und seine Familie brauchten, konnte er mit dem Überschuss an Getreide oder Früchten z. B. ein Steinbeil eintauschen und den Handwerker dadurch mit Getreide versorgen.

M 5 **Steinbeile aus Süddeutschland.** *Foto*

***Flachs**
eine der ältesten Kulturpflanzen; schon im 5. und 4. Jahrtausend v. Chr. gewann der Mensch aus den Samen ein fettes Öl und aus den Stängeln Fasern zur Herstellung von Leinen, dem ältesten bekannten Gewebe.

1 Seht euch noch einmal auf der Seite 91 an, wie die Menschen der Altsteinzeit gewohnt haben. Vergleicht ihre Wohnmöglichkeiten mit den Häusern aus der Jungsteinzeit (M 1).

2 Stellt zusammen, über welche Fähigkeiten die Menschen verfügen mussten, um solche Häuser zu bauen.

3 Erkundigt euch, ob es an eurem Schul- oder Wohnort ein Museum mit Fundstücken aus der Jungsteinzeit gibt.

4 Erläutert die Funktionsweise des Steinbohrapparats (M 3) und des Webstuhls (M 4).

METHODE

Wir spielen in verschiedenen Rollen: ein Rollenspiel

Ziel eines Rollenspiels

Jeder spielt in seinem Leben viele verschiedene Rollen, oft ohne es zu merken: die Rolle als Schüler, Schülerin, Tochter, Bruder, Kumpel, … Hinter allen diesen Rollen steht eine Person, die auf ihre Umgebung unterschiedlich reagiert.
Das Rollenspiel bietet die Möglichkeit, sich in Situationen „hineinzuversetzen", in Rollen „hineinzuschlüpfen", um dabei zu verdeutlichen, wie Menschen in bestimmten Augenblicken denken, fühlen und handeln.

Zur Vorbereitung, Durchführung und Auswertung eines Rollenspiels solltet ihr folgendermaßen vorgehen:

M 1 Checkliste für ein Rollenspiel

1. Schritt: Vorbereitung
- Um welches Problem geht es?
- Was soll mit dem Rollenspiel geklärt werden?
- Welche Rollen gibt es?
- Wo findet die Handlung eigentlich statt?

Auf einer Situationskarte wird die Ausgangslage beschrieben.

2. Schritt: Verteilung der Rollen
Auf Rollenkarten wird die jeweilige Rolle näher bestimmt. Sie werden als „Drehbuch" an die einzelnen Spieler verteilt. Hier wird festgelegt:
- Welche Einstellungen werden vertreten?
- Welche Ziele will der Einzelne erreichen?
- Wie soll er auftreten?

Die Rollen werden verteilt.

3. Schritt: Auswertung
Für jeden Spieler sind mehrere Beobachter zuständig. Sie beobachten und untersuchen folgende Punkte:
- Hat sich der Spieler an seine Rolle gehalten und diese verständlich dargestellt?
- Haben seine Argumente überzeugt?
- Hat der Spieler laut und deutlich gesprochen?
- Sind das Problem und eine mögliche Lösung deutlich geworden?

M 2 Lebensbild der jungsteinzeitlichen Siedlung Erkelenz-Kückhoven um 5000 v. Chr.
Rekonstruktionszeichnung

Rollenspiel zur Sesshaftigkeit – warum?

Wie Menschen in der Geschichte in bestimmten Situationen gefühlt, gedacht und gehandelt haben, wissen wir nicht genau. Das gilt besonders dann, wenn Überlieferungen nur sehr dürftig sind oder ganz fehlen.
In einem Rollenspiel können auch Situationen aus früheren Zeiten nachgespielt werden, um über Lösungen eines Problems nachzudenken und nachzufühlen. Es kann Ergebnisse der Forschung nicht ersetzen, bietet aber die Möglichkeit, sich in die Lage der Menschen aus der Vergangenheit zu versetzen.
Das hier angelegte Rollenspiel greift die Situation von Menschen auf, die sich zwischen zwei völlig unterschiedlichen Lebensweisen entscheiden sollten: zwischen einem Leben als Jäger und Sammler und einem Leben als Bauern und Viehzüchter. Mit dem Rollenspiel könnt ihr ihren Konflikten nachspüren.

Situationskarte

Stellt euch vor, ihr wäret Siedler. Um eure Siedlung zu vergrößern, rodet ihr gerade einen Wald, der bisher von Jägern und Sammlerinnen genutzt wurde. Die Jäger und Sammlerinnen sind empört. Ihnen droht der Verlust ihrer Nahrungsgrundlage. Um die Situation zu besprechen, kommen Siedlerinnen und Siedler mit den Jägern und Sammlerinnen zusammen.

Rollenkarte 1

Der Dorfälteste
Er ist 40 Jahre alt und ein Bauer mit großem Besitz. Er möchte die Siedlung vergrößern. Die jungen Leute in seinem Dorf drängen darauf, mehr Land zu bekommen, damit sie ihre Familien ernähren können.

Rollenkarte 2

Der Anführer der Horde der Jäger und Sammlerinnen
Er ist 25 Jahre alt, schnell und kräftig. Er sieht überhaupt nicht ein, dass er und seine Horde die Gegend verlassen sollen. Schließlich waren sie schon lange vor den Bauern in der Gegend. Je nach Jahreszeit und Tierbestand verlegten sie ihren Rastplatz in diese Umgebung.

Rollenkarte 3

Ein Töpferhandwerker
Er wohnt in der Siedlung und sieht in den Jägern und Sammlern neue Käufer für seine Töpferwaren.

Rollenkarte 4

Ein Mädchen von 10 Jahren
Sie hört der Unterhaltung der Erwachsenen eine Zeitlang zu. Danach bittet sie ihren Vater, doch auch Bauer zu werden. Sie müsste dann nicht mehr mit der Horde weite Strecken zurücklegen, könnte mit den gezähmten Tieren spielen und hätte in einer größeren Siedlung viel mehr Freundinnen als bisher.

Rollenkarte 5

Eine Frau, die sammelt
Sie ist 20 Jahre alt und Mutter von zwei Kindern. Ihr gefällt das Leben der Bäuerinnen besser, weil sich diese mehr um ihre Kinder kümmern können. Sie möchte lieber in festen Häusern wohnen, Getreide anbauen, Vorräte anlegen, um nicht mehr so stark vom Wetter abhängig zu sein.

Rollenkarte 6

Ein Junge
Er findet das Leben eines Jägers einfach schön. Die Jagd ist aufregend. Als Jäger ist man mit seiner Horde immer wieder unterwegs, trifft auf andere Horden, ist nicht an einen bestimmten Ort gebunden, man fühlt sich als freier Mensch. – Das Leben eines Bauern erscheint ihm im Vergleich hierzu langweilig.

1 Führt das hier angelegte Rollenspiel mit unterschiedlichen Besetzungen durch. Beobachtet, notiert und diskutiert über die Durchführung und den „Ausgang".

Metall – ein gewaltiger Fortschritt

M 1 Kupfergewinnung. *Rekonstruktionszeichnung*

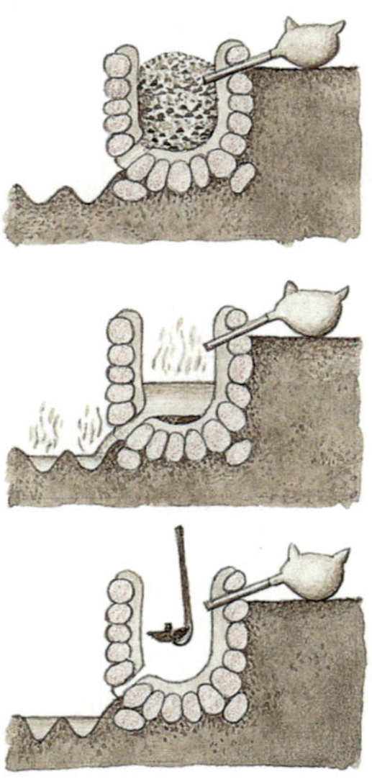

M 2 Kupferschmelzofen. *Rekonstruktionszeichnung*

Metallzeit: Bronze und Eisen

Die ältesten Metallgeräte stammen aus dem Raum des östlichen Mittelmeeres und sind aus Kupfer. Doch Kupfer ist sehr weich und war deshalb den Steinwerkzeugen nicht überlegen. Erst mit der Erfindung der härteren Bronze (neun Teilen Kupfer wurde ein Teil Zinn zugesetzt) trat das Metall seinen Siegeszug an. Wir sprechen deshalb auch von der **Bronzezeit**, die in Mitteleuropa um 2200 v. Chr. begann und etwa tausend Jahre dauerte. Dann setzte sich ein noch besser zu bearbeitendes und verwendbares Metall durch: das Eisen.

Bergwerke der Bronzezeit

Viele bronzezeitliche Bergwerke sind ausgegraben worden. Man fand z. B. in Spanien in einer Kupfergrube 20 tote Bergleute aus der Bronzezeit, die während einer Arbeitspause von niederstürzendem Gestein erschlagen worden waren. Kleidung, Geräte, Werkzeuge und Lampen sind von diesem Schacht, aber auch von anderen Schächten bekannt. Daher wissen wir, dass die Bergleute damals hauptsächlich im Tagebau arbeiteten.

„Über Tage", d. h. nicht unterirdisch wie etwa bei der Gewinnung von Steinkohlen aus dem Ruhrgebiet, oder in Stollen (waagerechte Gänge in einem Berg) wurde das Kupfererz gebrochen. Erze sind metallhaltiges Gesteine – z. B. Eisenerz oder Bleierz. Danach wurde das Gestein zerkleinert und ausgespült, sodass sich das erzhaltige Gestein vom „tauben" (wertlosen) Gestein trennen konnte.

Beim anschließenden Rösten der zerkleinerten Brocken in einem Feuer wurde das Kupfererz vom Schwefel getrennt.

Erschmelzen von Kupfer

In „Schmelzöfen" wurde das Kupfer aus dem Erz erschmolzen. Hierzu schichtete man abwechselnd Erz, Holz und Holzkoh-

M 3 Erstellung von Bronzegüssen. *Rekonstruktionszeichnung*

le auf. Durch ein Loch im Mantel des Ofens wurde mit einem Blasebalg (vermutlich aus Leder) mehrere Stunden Sauerstoff zugeführt, um die Temperatur im Ofen zu erhöhen. So konnte eine Temperatur von rund tausend Grad Celsius erreicht werden.

Sobald diese Schmelztemperatur erreicht wurde, trennte sich das Kupfer von den anderen Bestandteilen. Das erschmolzene Metall ließ man unten aus dem Ofen in vorbereitete Formen aus Lehm abfließen („Ofenanstich") und erkalteten. Somit waren zunächst die so genannten „Barren" fertig.

Bronzegüsse

Um jedoch Geräte oder Waffen herzustellen, wurden anschließend Kupferbarren und Zinn zusammen erschmolzen, dadurch erhielt man die Bronze. Sie wurde schließlich in unterschiedliche Formen gegossen – je nachdem, was am Ende aus Bronze hergestellt werden sollte.

M 4 Fund (bei München) aus der Bronzezeit. *Foto (4. 06. 2009)*

1 Beschreibt die Arbeitsgänge der Kupfergewinnung und Kupferschmelze (M 1, M 2, Text).

2 Erläutert, wie man auf der Grundlage von Kupfer Bronze herstellen konnte (Text).

3 Erklärt, warum man von „Bronzeguss" spricht (M 3, Text). Welchen Vorteil bringt die Technik des Gießens mit sich (M 4)?

Wer war der Mann aus dem Eis?

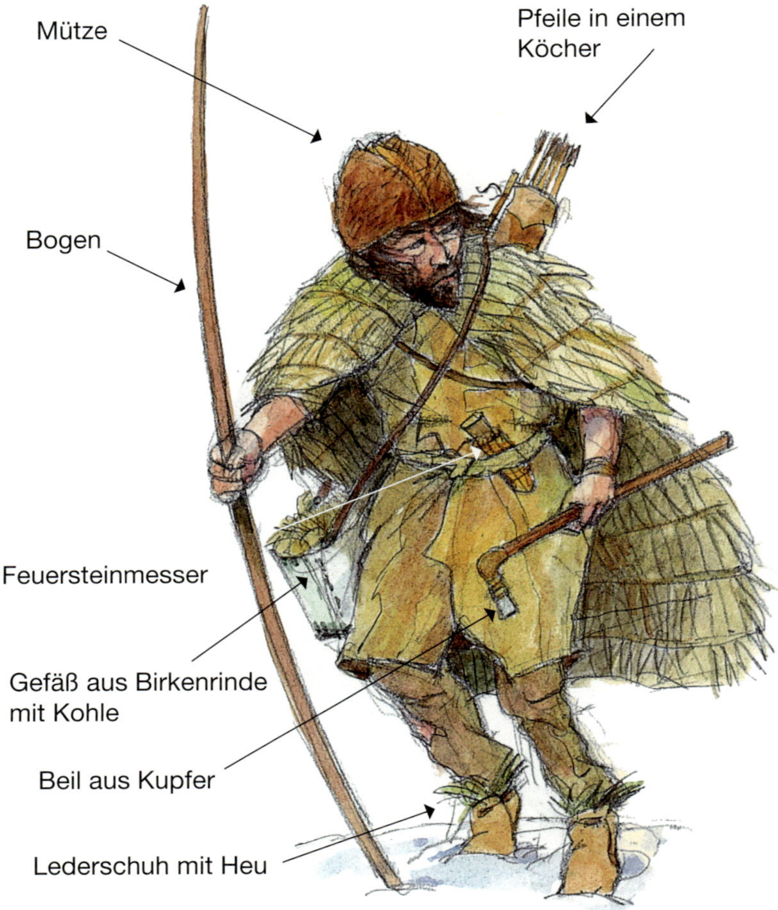

M 1 „Ötzi“. *Rekonstruktionszeichnung*

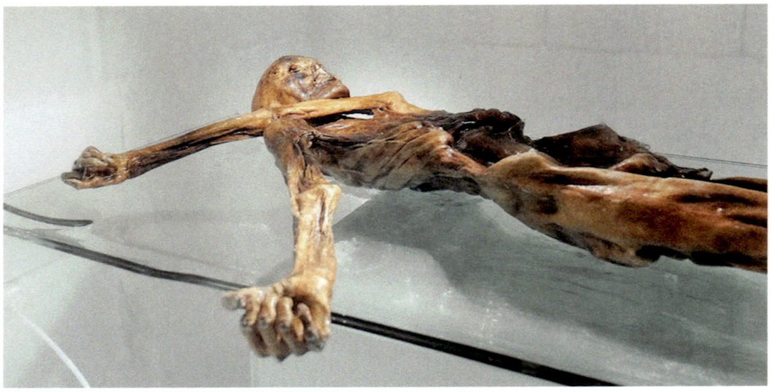

M 2 **„Ötzi“ – Originalfund im Ötzi-Museum (The Iceman) in Bozen, Italien.** *Foto 3. 03. 2011*

M 3 **„Ötzi“ – Rekonstruktion.** *Foto 3. 03. 2011*

Leichenfund im September 1991

Am 19. September 1991 stießen zwei deutsche Urlauber auf 3210 Metern Höhe in den Ötztaler Alpen auf den zuvor im Eis tiefgefrorenen Leichnam eines Mannes. Der Tote erhielt später entsprechend seinem Fundort den Namen „Ötzi“.

Erkenntnisse im Juli 2010

Bei der Auswertung von Röntgenbildern im Juli 2010 bemerkten zwei Wissenschaftler einen Fremdkörper im linken Schulterbereich des Leichnams. Genauere Untersuchungen ergaben, dass es sich hierbei um eine Pfeilspitze aus Feuerstein handelte. Vermutlich verstarb „Ötzi“ an den Folgen dieser Verletzung.
Einige tiefe Verletzungen an der rechten Hand der Gletschermumie sowie zahlreiche Abschürfungen und Prellungen geben Hinweise darauf, dass „Ötzi“ in einem Nahkampf getötet wurde. Weitere Merkmale lassen auf einen Sturz oder Angriff schließen.

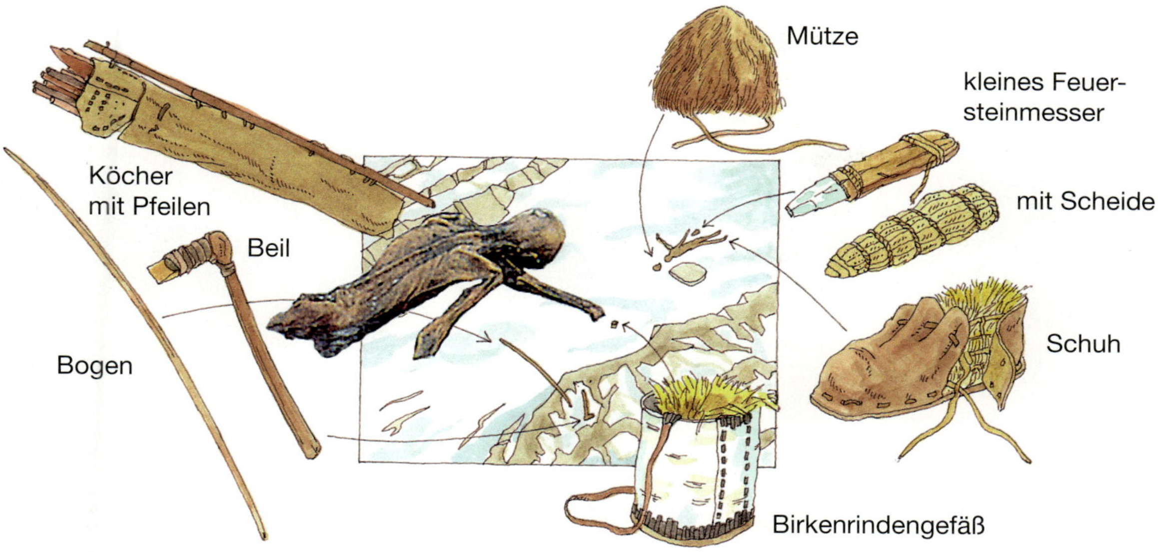

M4 Fundstelle und Funde. *Rekonstruktionszeichnung*

„Ötzi" und die Wissenschaft

Seit der Auffindung seiner Leiche stand „Ötzi" im Mittelpunkt archäologischer Forschungen. Neben der Frage zu seinen Todesumständen beschäftigte die Wissenschaftler die Klärung weiterer Einzelheiten. So ergab sich Schritt für Schritt auf dem Wege „kriminalistischer Feinarbeit" ein immer deutlicheres Bild vom Leben des „Ötzi".

Wie sah „Ötzi" aus, wie lebte er?

Aufgrund neuester Forschungsergebnisse lässt sich mit einiger Sicherheit sagen, dass „Ötzi" 1,60 Meter groß war, rund 50 Kilogramm wog und nach heutigen Gegebenheiten die Schuhgröße 38 hätte (M3). Zum Zeitpunkt seines Todes war er etwa 45 Jahre alt.

Mit großer Wahrscheinlichkeit trug er einen Bart und sogar die Farbe seiner Augen ließ sich aufgrund von wissenschaftlichen Untersuchungen bestimmen: Sie war blau. Zwischen den oberen Schneidezähnen ist eine Zahnlücke sichtbar. Die Zähne waren relativ stark abgenutzt. Wissenschaftler vermuten, dass „Ötzi" zu seinen Lebzeiten Getreideerzeugnisse zu sich genommen haben muss, die vielleicht durch das Mahlen auf Steinmühlen mit Sand verunreinigt waren. Außerdem lässt sich aus dem Zustand einiger Zähne im Oberkiefer schließen, dass „Ötzi" sein Gebiss für die „Verarbeitung" von Holz, Knochen, Sehnen und Ähnlichem benutzte.

Wann lebte „Ötzi"?

„Ötzi", der „Mann aus dem Eis" – so lässt es sich heute mithilfe von wissenschaftlichen Verfahren nachweisen – lebte ungefähr zwischen 3350 und 3100 v. Chr. Gewebeproben seines Körpers sowie der Funde, die man neben seinem Leichnam barg, wurden in verschiedenen wissenschaftlichen Einrichtungen mit demselben Ergebnis untersucht.

M5 Beil des „Ötzi" im Museum. *Foto 3. 03. 2011*

1 Findet heraus, warum „Ötzi" Jahrtausende im Gletschereis verborgen blieb und erst 1991 entdeckt werden konnte.

2 Informiert euch mithilfe des Internets darüber, welche neuen Erkenntnisse die Forscher in den letzten Jahren über das Leben und den Tod „Ötzis" gewonnen haben (Text, M2, M3, M5, → **Wir führen eine Internetrecherche durch**, S. 232/233).

3 Erklärt die Lage der Fundstücke und erfindet eine spannende Geschichte, wie „Ötzi" gestorben sein könnte.

SCHAUPLATZ

Der geschmiedete Himmel

M 1 Die Himmelsscheibe von Nebra. Die wahrscheinlich um 2000 v. Chr. entstandene Scheibe wurde um 1600 v. Chr. einem Grab beigelegt.

M2 **Mögliche Verwendung der Himmelsscheibe als Instrument in der Sternkunde. Sie könnte zur Bestimmung der Winter- und Sommersonnenwende* im Gebiet des heutigen Sachsen-Anhalt gedient haben.** *Rekonstruktionszeichnung*

Die Himmelsscheibe von Nebra

Die 1999 in Sachsen-Anhalt gefundene Himmelsscheibe ist einer der bedeutendsten archäologischen Funde der Bronzezeit. Sie ist die älteste uns bekannte Himmelsdarstellung. Bei den sieben eng beieinander liegenden Goldpunkten handelt es sich um das Sternbild der Plejaden. Daneben sind der Vollmond und ein Sichelmond zu sehen. Der untere gebogene Goldstreifen wird als Schiff gedeutet, ein wichtiges religiöses Symbol der Bronzezeit.

Ursprünglich war die Himmelsscheibe dunkelbraun, das heutige Grün entstand durch chemische Reaktion (Korrosion – vergleichbar mit Rostbildung). Es ist unklar, wie die Scheibe im Zeitraum zwischen 2000 v. Chr. und 1600 v. Chr. von den Menschen genutzt wurde. Sicher ist, dass mit ihr die Wintersonnenwende und die Sommersonnenwende bestimmt werden konnten. Mit hoher Wahrscheinlichkeit diente die Scheibe auch zu religiösen Zwecken.

***Sonnenwende**
Sonnenwenden finden zweimal im Jahr statt; auf der Nordhalbkugel am 21. Juni und am 21. (22.) Dezember

1 Schaut euch die Himmelsscheibe genau an und notiert, was ihr erkennen könnt.

2 Erarbeitet euch mithilfe des Internets noch weitere Informationen über die Himmmelscheibe von Nebra und erstellt eine Wandzeitung (→ **Wir führen eine Internetrecherche durch**, S. 232/233).

Wie viele Arten von Gütern gibt es?

M 1 Comic

Güterarten

Alle Dinge, die wir täglich benutzen oder die von Menschen hergestellt werden, werden als „Güter“ bezeichnet. Die Tasse, die wir zum Frühstück benutzen, ist ein Gut, ebenso die Schultasche. Zu den **freien Gütern** zählen Wind, Sonnenlicht oder Meerwasser. Weil sie scheinbar unbegrenzt vorhanden sind, kosten sie kein Geld.

Güter, die hergesellt werden, werden im Gegensatz zu den freien Gütern als **wirtschaftliche Güter** bezeichnet. Bei den wirtschaftlichen Gütern wird noch einmal zwischen **Sachgütern** und **Dienstleistungen** unterschieden.

Dienstleistungen sind eine besondere Art von Gütern, bei denen eine Leistung erbracht wird: Im Haarsalon schneidet uns eine Frisörin oder ein Frisör die Haare, im Geschäft oder in einer Bank werden wir bedient und beraten, beim Arzt erhalten wir medizinische Behandlung, der Pflegedienst versorgt die altersschwache Großmutter, Reinigungskräfte putzen die Schule. Alle diese Arbeitskräfte erbringen Dienstleistungen.

M 2 Warenangebot

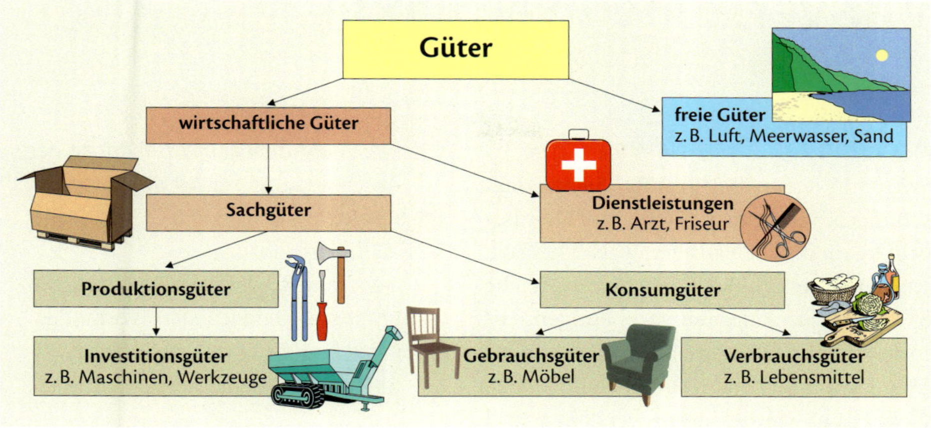

M3 Güter und Güterarten

M4 Ein Gut?

M5 Saubere Luft – ein … Gut?

Sachgüter

Bei den **Sachgütern** wird nochmals unterschieden: Sie können in **Konsumgüter** und **Produktionsgüter** unterteilt werden. Konsumgüter sind Güter, die zum unmittelbaren Verbrauch bestimmt sind, z. B. Milch und Fleisch. Produktionsgüter sind Güter mit denen neue Dinge hergestellt werden können. So ist z. B. Gummi, aus dem Reifen hergestellt werden ein Produktionsgut.

1 Schreibt in euer Arbeitsmappe eine Liste mit den verschiedenen Güterarten. Schreibt zu jeder Güterart eigene Beispiele als Erklärung (Text, M3).

2 Untersucht M1, M2 und M5 und erklärt, um welche Art von Gütern es sich in den Abbildungen und der Karikatur handelt.

3 Findet zwei Beispiele dazu, dass ein und dasselbe Gut sowohl ein Konsumgut als auch ein Produktionsgut sein kann.
Beispiel: Eine Schere ist ein …, wenn sie vom Frisör verwendet wird. Verwende ich sie hingegen für meine privaten Zwecke, dann handelt es sich um ein … .

4 Fertigt eine Tabelle mit den beiden Oberbegriffen „Produktionsgüter" und „Konsumgüter" an und ordnet ihnen die jeweils passenden Beispiele zu: Schere, Papiertaschentücher, Stofftaschentücher, Schmieröl, Schweißroboter, Messer, Teebeutel, Mehl, Fernseher, Brot, Werkzeuge, Treibstoff, Nähmaschine.

5 Nennt Güter (Dinge), die man nicht kaufen kann (M4).

METHODE

Wir verstehen Sachtexte

Arbeiten mit Sachtexten

Texte, die einen bestimmten Sachverhalt schildern, nennt man **Sachtexte**. Den Begriff kennt ihr auch aus dem Fach Deutsch. Auch in diesem Buch gibt es zahlreiche Sachtexte. Sie stammen von heutigen Autorinnen und Autoren.

Die **Fünf-Schritte-Methode** hilft dabei, diese Sachtexte besser zu verstehen und deren Inhalte mit eigenen Worten wiederzugeben.

Wenn ihr Texte aus dem Schulbuch nach dieser Methode bearbeitet, solltet ihr den Text nur auf einer Kopie bearbeiten.

M 1 Checkliste für die Auswertung von Sachtexten mit der Fünf-Schritte-Methode

1. Schritt:

Überfliegen und Thema erfassen

Lest den Text einmal ganz durch.

- Um welches Thema geht es?
- Was wisst ihr schon darüber?
- Was möchtet ihr noch wissen?

2. Schritt:

Fragen stellen

Um welche Sorte von Text handelt es sich?

W-Fragen:

Wer? – Was? – Wann? – Wo? – Wie? – Warum?

3. Schritt:

Ein zweites Mal lesen und Schlüsselwörter unterstreichen

- Markiert die wichtigsten Wörter im Text.
- Markiert sparsam und verwendet verschiedenfarbige Stifte.
- Markiert in einer eigenen Farbe schwierige/unklare Textstellen.

4. Schritt:

Zwischenüberschriften finden

- Notiert Überschriften für die einzelnen Abschnitte, die ihren Inhalt knapp zusammenfassen.
- Passt eure Überschrift zum Inhalt des Abschnitts und zur Art des Textes?

5. Schritt:

Inhalt wiedergeben

- Gebt mithilfe der Zwischenüberschriften und unterstrichenen Wörter den Inhalt des Textes wieder, in Stichwörtern oder wenigen, kurzen Sätzen.

M 2 Eine Zeitung berichtete 2011:
Jugendschutz ist Glückssache

Marktforscher haben zwei Jahre lang Minderjährige in ganz Bayern zum Test-Zocken geschickt – trotz Verbots wurden sie fast immer bedient. […]*

Glücksspiel ist für Minderjährige verboten – und trotzdem ist das Taschengeld von Jugendlichen offenbar in vielen staatlichen Lottoannahmestellen willkommen. Marktforscher aus Gräfelfing haben zwei Jahre lang Minderjährige in München und anderen bayerischen Städten zum Test-Zocken geschickt. Das Ergebnis ist erschreckend: In vielen Filialen wurden die Jugendlichen wie Erwachsene bedient. […]

Beim ersten Test 2008 konnten 85 von hundert der jugendlichen Tester ohne Vorlage eines Ausweises eine Sportwette platzieren. 72 von hundert sind dabei gar nicht erst nach einem Ausweis gefragt worden. Und bei mehr als der Hälfte genügte die Ausrede vom vergessenen Ausweis.

Auch bei Erwachsenen fiel der Test schlecht aus: 97 von hundert von ihnen wurden beim Oddset-Zocken nicht pflichtgemäß nach ihren Ausweisen gefragt. Ein zweiter Testlauf 2009 sah nicht besser aus. […]

*[…]
Diese Markierung (eckige Klammern mit drei Punkten) wird immer dann verwendet, wenn aus dem Sachtext etwas ausgelassen wird (in M 2 geht der Zeitungstext an diesen Stellen anders weiter).

M3 Über den Weggang des Torwartes Manuel Neuer von FC Schalke 04 zum FC Bayern München schrieb eine große Tageszeitung 2011:

[…] Neuer hat von der F-Jugend an alle Mannschaften des Klubs durchlaufen. Als Kind und Jugendlicher hat er im Fanblock gestanden und seinen Helden zugejubelt; er gehörte zum Fanklub „Buerschenschaft". Seit 2006 ist er Stammtorwart der Bundesliga-Mannschaft. Neuer musste am Mittwoch nicht weinen, als er erzählt hat, wie er Heldt und Trainer Ralf Rangnick mitteilte, dass er seinen Vertrag nicht verlängert; aber er verlor seine Stimme jedes Mal, wenn es um die Schalker Fans ging.

„Als ich mit zehn Jahren im Fanblock gestanden habe, hätte ich das auch nicht verstanden", sagt er. Neuer weiß genau, wie das Publikum denkt und fühlt und er erinnert sich, dass er einst auch ein Fan war, der seinen Helden absolute Treue zum FC Schalke 04 abverlangte. „Doch jetzt bin ich Profi", sagte er, „und deshalb sehe ich es jetzt anders." Jetzt denkt Neuer an die Karriere, an die Champions League, an die Nationalmannschaft und wohl auch ans Geld. Für den Torwart Neuer macht der Wechsel nach München Sinn. Für den in Gelsenkirchen-Buer geborenen und aufgewachsenen Schalker Jungen ist es ein wehmütiger Abschied.

Als Neuer sich vergangene Woche vor dem Champions-League-Spiel gegen Inter Mailand in der Schalker Arena aufgewärmte, hat die Stadionregie das Lied „Bayern" von den Toten Hosen aus Düsseldorf über die Lautsprecher geschickt. Manuel Neuers Wechsel nach München war da längst irgendwie Allgemeinwissen, und die Schalker Fans auf der Tribüne hinter seinem Tor sangen aus vollem Hals mit, als es im Refrain des Liedes jedes Mal hieß: „Ich würde nie zum FC Bayern München gehen." […]

M4 Mögliche Lösung zu M2 nach der Fünf-Schritte-Methode:

1. Schritt:
Der Text beschreibt, dass Jugendliche in Bayern an verbotenen Glücksspielen teilnehmen dürfen.

2. Schritt:
Wer? Ein Zeitung berichtet 2011.
Was? Es geht um unerlaubtes Glücksspiel von Jugendlichen.
Wann? 2011
Wo? In Bayern.
Wie? Jugendliche können, ohne sich auszuweisen, verbotene Sportwetten abschließen.
Warum? Die Betreiber der Lottoannahmestellen kontrollieren nicht.

3. Schritt:
Schlüsselwörter sind:
- Minderjährige zum Test-Zocken geschickt
- wie Erwachsene bedient
- 85 von Hundert konnten ohne Ausweis Sportwette tätigen
- 97 von Hundert Erwachsenen wurden nicht nach einem Ausweis gefragt

4. Schritt:
- Minderjährige testen Lottostellen.
- Minderjährige können ohne Kontrolle verbotene Wetten abschließen.
- Auch Erwachsene werden nicht kontrolliert.

5. Schritt:
Bei einem zweijährigen Test durch Minderjährige ergibt sich, dass sie in bayerischen Lottostellen ohne Kontrollen verbotene Wetten abschließen können.

1 Untersucht M2 mithilfe der Fünf-Schritte-Methode.

2 Vergleicht eure Lösung mit der Musterlösung M4 und notiert die Unterschiede.

3 Bearbeitet nun auch M3 nach der Fünf-Schritte-Methode.

4 Besprecht mit eurer Nachbarin oder eurem Nachbarn, ob die Fünf-Schritte-Methode euch geholfen hat, Sachtexte zu verstehen.

Was ist und kann Geld?

M 1 Auf dem Wochenmarkt

Der Tauschhandel

Seit die Menschen sesshaft wurden (vgl. S. 96–107) begannen sie die Produkte ihrer Arbeit zu tauschen. Die Nomaden tauschten Felle gegen Weizen, die Handwerker Werkzeug gegen Lebensmittel, die Holzfäller Baumstämme gegen Werkzeug. Durch den Schiffs- und Straßenbau erweiterten sich die Handelswege. Seit etwa 3500 v. Chr. gab es einen Fernhandel von Ägypten aus. Auch Kreta, phönizische und griechische Städte entwickelten einen Fernhandel. Die Handelswege reichen bis nach China und Indien. Gehandelt wurden Seide, Gewürze, Edelsteine, Bernstein, Weihrauch, Wein, Öl und Keramik, also haltbare Güter. Die Grenzen zwischen Handel, Raub und Tribut* waren oft fließend. Es war schwierig, beim Tausch einzuschätzen, was die Güter wirklich wert waren.

***Tribut**
erzwungene Abgabe von Gütern, Geld oder Dienstleistungen an den Eroberer

***Zentralbank**
vom Staat unabhängige Bank mit der Aufgabe Geld zu drucken, anderen Banken Geld zu leihen und sie zu kontrollieren

***Wechselkurs**
Austauschverhältnis verschiedener Währungen z. B: 1 Euro = 1,33 US-Dollar

Die Erfindung des Geldes

Durch Geld wurden die Waren leichter vergleichbar. Die ältesten Münzen aus dem Irak sind ungefähr 5000 Jahre alt. Vor allem die Fernhändler brauchten Geld. Wenn ein ägyptischer Schiffsbauer im Libanon Holz kaufen wollte, musste er mit Geld bezahlen. Woher aber wusste der Holzverkäufer, ob das ägyptische Geld soviel wert war wie sein Holz? Die Münzen waren aus Gold (später aus Silber oder einer Mischung aus beidem). Man wog die Münzen und ging davon aus, dass ein bestimmtes Goldgewicht dem Wert des Holzes entsprach. Der Wert des Geldes hing von seinem Metallgewicht ab.

Diese Abhängigkeit des **Geldwerts** vom **Metallgewicht** brachte viele Probleme. Man konnte die Münzen fälschen, indem man das Gold z. B. mit Kupfer mischte. Es gab bis ins 19. Jahrhundert keine einheitlichen Maße und jeder Staat machte seine eigenen Münzen. Das Wiegen und die Umrechnung in das Goldgewicht waren sehr schwierig. Die Kaufleute waren Spezialisten der Umrechnung und im Erkennen von Fälschungen.

Papiergeld

Ende des 17. Jahrhunderts gaben die Banken **Geldscheine** aus, die bis 1944 in Gold umtauschbar waren. Der **Wert des Geldscheins** aus Papier entsprach einer bestimmten **Menge Gold**, das bei den Banken lagerte.

Die Pflicht der Banken und der Staaten, Papiergeld gegen Gold einzutauschen, wurde 1972 aufgehoben. Seither muss jede Zentralbank* eines Landes darauf achten, dass der Wert der Geldscheine stabil bleibt. Der Wert eines Geldscheins, z. B.: eines 10-Euro-Scheins, entspricht heute dem Wert der Waren, die man mit ihm kaufen kann.

Insbesondere der Wechselkurs* zum Geld (Währungen) anderer Länder soll nicht allzu sehr schwanken. Wer zum Beispiel von den USA Öl kaufen oder dorthin eine Reise machen will, muss vorher US-Dollar erwerben. Geld wird gehandelt, wie alle anderen Waren, sein Preis wird täglich neu festgelegt.

M2 Die Aufgaben des Geldes

Mit Geld kann man alles kaufen, Lebensmittel, Autos, Reisen, Schulbücher und Dienstleistungen. Jeder muss Geld zum Tausch gegen eine Ware oder Dienstleistung annehmen. Dazu verpflichtet jeder Staat seine Bürgerinnen und Bürger. Die erste Aufgabe des Geldes ist es, allgemein gültiges **Tauschmittel** zu sein.

Geld kann man auch sparen, zum Beispiel, um später ein Möbelstück oder ein Auto zu kaufen, oder um es armen Menschen zu spenden. Die Banken bewahren das Geld auf einem Konto auf und zahlen dafür eine kleine Prämie (Zinsen), zum Beispiel 15 € jährlich für 1000 € aufbewahrtes Geld. Sie verpflichten sich, das Geld jederzeit zurück zu zahlen. Die zweite Aufgabe des Geldes ist es, **Wertaufbewahrungsmittel** zu sein.

Geld vermehrt sich

Geld kann man auch leihen – entweder von Bekannten oder von der Bank. Für das Leihen muss man Gebühren (Zinsen) bezahlen zum Beispiel 50 € jährlich für 1000 € geliehenes Geld. Wenn man der Bank Geld zum Aufbewahren überlässt, zum Beispiel 1000 € für ein Jahr, erhält man aber nur 15 € Zinsen.

Der Unterschied zwischen den Zinsen von aufbewahrtem und verliehenen Geld, in unserem Beispiel 35 € jährlich für 1000 €, gehört der Bank. So vermehrt sich das Geld der Bank, weil, wer Geld leiht, diese 35 € bezahlen muss.

M3 Florentiner Bankhaus. *Holzschnitt 1490*

M4 Pfennig des Kölner Erzbischofs, 2. Hälfte 12. Jahrhundert

M5 Euroscheine und Euromünzen

1 Tauscht mit eurer Mitschülerin oder eurem Mitschüler einen Kugelschreiber gegen Gummibärchen. Wann willigt ihr in den Tausch ein?

2 Erklärt, warum Geld erfunden wurde.

3 Notiert in eurer Arbeitsmappe die Aufgaben des Geldes (M2).

4 Erklärt, was passiert, wenn eine der beiden Aufgaben des Geldes nicht mehr funktioniert.

5 Erläutert, woran ihr erkennen könnt, dass unser Geld weniger oder mehr wert geworden ist.

6 Beschreibt mit euren Worten, warum sich das Geld einer Bank vermehrt. Warum kann ein Geldleiher die Zinsen bezahlen?

Wie wird der Boden heute genutzt?

***Forstwirtschaft**
wirtschaftliche Nutzung von Wäldern (Forst = großflächige Anpflanzung von Bäumen)

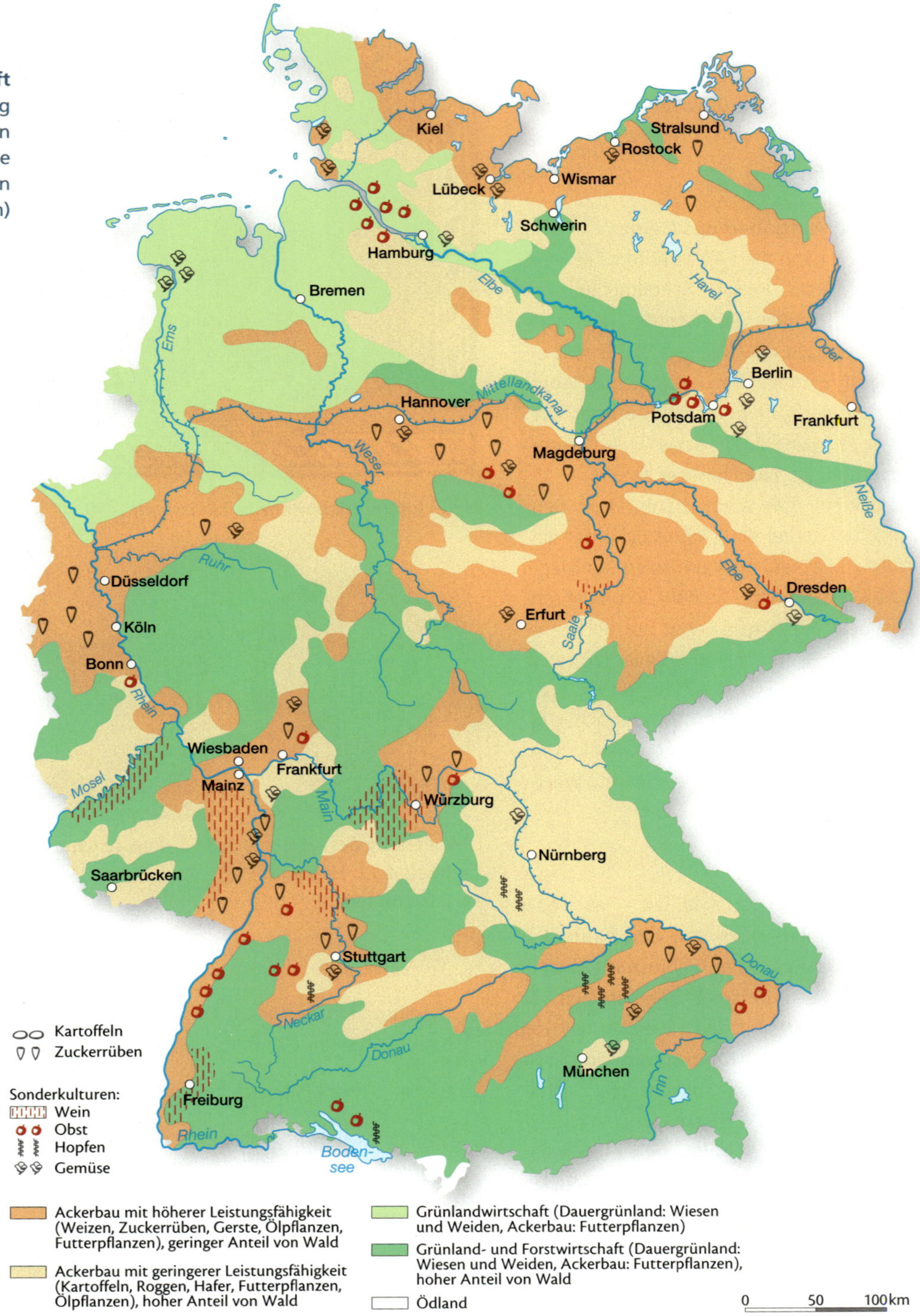

M 1 **Bodennutzung in Deutschland**

M 2 **Formen landwirtschaftlicher Bodennutzung**

Intensive Nutzung

In Deutschland wird etwa die Hälfte der Landesfläche von der Landwirtschaft und fast ein Drittel von der Forstwirtschaft genutzt. Der Anteil des Waldes an der Gesamtfläche hat in den letzten 400 Jahren nur wenig abgenommen.

Die landwirtschaftliche Nutzung des Bodens erfolgt durch den Ackerbau und die Grünlandwirtschaft. Diese Nutzung wird als „intensiv*“ bezeichnet. Im Gegensatz dazu ist die Nutzung eines Waldes, der sich selbst überlassen bleibt, nicht intensiv. Eine besondere Form der Bodennutzung ist der Anbau von **Sonderkulturen**. Dazu gehören beispielsweise Obst und Gemüse, Wein, Hopfen* und Tabak. Diese Pflanzen werden als „Sonderkulturen“ bezeichnet, weil sie zum Wachstum besondere Ansprüche an die natürliche Umgebung (vor allem Boden und Klima), aber auch an ihre Pflege stellen.

***Hopfen**
Pflanze, die man zum Bierbrauen benötigt

***intensiv**
besonders stark

1 Informiert euch über die unterschiedliche landwirtschaftliche Bodennutzung in Deutschland (M 1, M 2, Atlas). Nennt je ein Gebiet,
a) in dem Ackerbau mit höherer Leistungsfähigkeit, b) Ackerbau mit geringerer Leistungsfähigkeit, c) Grünlandwirtschaft, d) Grünland- und Forstwirtschaft vorherrschen. Beschreibt die geographische Lage dieser Gebiete in Deutschland. Seht euch dafür auch noch einmal Seite 66 an.

2 Stellt die Gebiete mit Anbau von Sonderkulturen (M 1) in einer Liste zusammen.

3 Nennt Gründe, warum sich die Gebiete mit Sonderkulturen in bestimmten Gebieten Deutschlands häufen.

Wie hat sich die Agrarlandschaft* verändert?

M 1 Landwirtschaft prägt die Landschaft

Landwirtschaftliche Nutzung

***Agrarlandschaft**
Raum, der landwirtschaftlich (in vielfältiger Weise) genutzt wird

Wenn ihr einen Ausflug in die Umgebung eures Wohn- oder Schulortes macht, seht ihr überall Beispiele landwirtschaftlicher Nutzung.
Schon vor Jahrhunderten haben Bauern begonnen, Waldstücke zu roden, um Äcker anzulegen. Dabei mussten sie die landwirtschaftliche Nutzung dem Klima, dem Boden und der Oberflächengestalt (z. B. Hügel, Berge, Täler) anpassen. So wachsen auf fruchtbaren Lehmböden andere Pflanzen als auf leichten Sandböden. Hohe Temperaturen und ausreichende Niederschläge begünstigen in einem Raum das Wachstum der Pflanzen, während fehlende Niederschläge oder niedrige Temperaturen das Wachstum in einem anderen Raum behindern.
Landwirtschaftliche Nutzflächen in Ebenen und breiten Tälern lassen sich wesentlich leichter bewirtschaften als steile Hänge in den Mittelgebirgen und am Rand der Alpen. Die Landwirte berücksichtigen diese natürlichen Voraussetzungen, sodass es viele unterschiedlich genutzte Agrarlandschaften in Deutschland gibt.

M 2 Bergbauer bei der Heuernte

Veränderungen

In den letzten Jahren haben sich die Agrarlandschaften in Deutschland verändert. Es werden immer größere und leistungsfähigere Maschinen und Traktoren eingesetzt. Damit das möglich ist, mussten kleinere Felder zu großen zusammengelegt werden, auf denen nur eine Pflanzenart angebaut wird. Zwischen den Feldern entstanden breite Wege oder Straßen. Kleinere Betriebe wurden aufgegeben, da

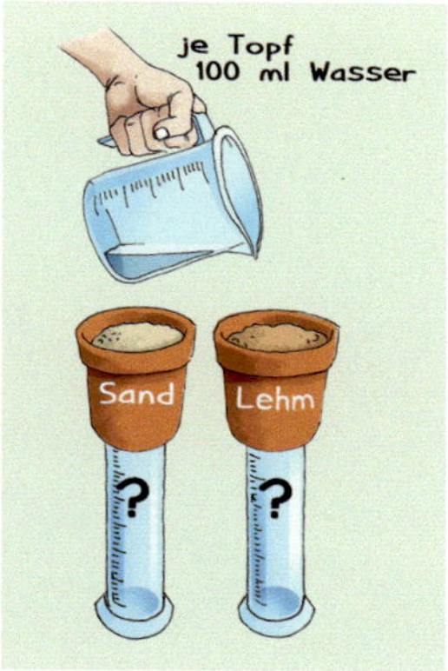

M4 Experiment

M3 Ferien auf dem Bauernhof

M5 Getreideernte

sie sich wirtschaftlich nicht mehr lohnten. Viele Landwirte arbeiten neben der Landwirtschaft noch in einem anderen Beruf oder bieten „Ferien auf dem Bauernhof“ an. Denn eine Landschaft, in der sich Felder, Wälder und Wiesen abwechseln, ist bei Urlaubern sehr beliebt. Heute kommt dem Landwirt auch eine wichtige Aufgabe als Landschaftsschützer zu.

1 Fragt eure Eltern oder Großeltern, wie die Agrarlandschaft eurer Heimat früher ausgesehen hat. Berichtet darüber der Klasse.

2 Haltet einen kurzen mündlichen Vortrag darüber, wie euer Heimatraum heute landwirtschaftlich genutzt wird.

3 Beschreibt die verschiedenen landwirtschaftlichen Nutzungen, die in M1 zu erkennen sind.

4 Vergleicht M2, M3 und M5 miteinander und erläutert, welche Formen der Landwirtschaft dargestellt sind.

5 Führt das Experiment M4 durch. Was lässt sich feststellen und was bedeutet es für die Landwirtschaft?

Wie arbeiten die Bauern in den Börden?

M 1 Bördelandschaft

M 2 Anbaukalender eines Bördebauern

Zuckerrüben – Anbau und Ernte

Ende September setzt die „Rübenkampagne" ein. So nennt man die Rübenverarbeitung, die mit der Ernte beginnt und um die Weihnachtszeit endet.

Während der Rübenernte sind ständig große Maschinen im Einsatz. Sie führen die Rübenernte in einem Arbeitsgang durch: Zunächst werden die Rüben geköpft und die Blätter abgelegt. Die geköpften Rüben werden aus dem Boden gehoben (gerodet) und in einen Gitterbehälter befördert.

Nach jeder Runde um das Feld wird der gefüllte Behälter geleert. Hierfür stehen viele Transportfahrzeuge bereit. Sie bringen die Zuckerrüben in die Zuckerfabrik.

In der Zuckerfabrik wird während der Kampagne rund um die Uhr gearbeitet. Die Rüben müssen schnell verarbeitet werden, weil sie bei längerer Lagerung ihren Zuckergehalt verlieren.

Jeden Tag rollen mehrere Hundert Trecker mit Anhängern in den Fabrikhof. Jedes Gespann liefert etwa 9000 Kilogramm (9 t) Rüben ab.

Die angelieferten Zuckerrüben werden gründlich gewaschen und in Schnitzel zerteilt. Anschließend werden die Rübenschnitzel gekocht und ausgepresst. Aus dem eingekochten braunen, sirupartigen Rübensaft entsteht schließlich nach mehreren Arbeitsgängen der weiße Haushaltszucker.

Die meisten Bauern erhalten die ausgekochten Rübenschnitzel von der Zuckerfabrik zurück. Sie verwenden sie ebenso wie die Rübenblätter als Viehfutter.

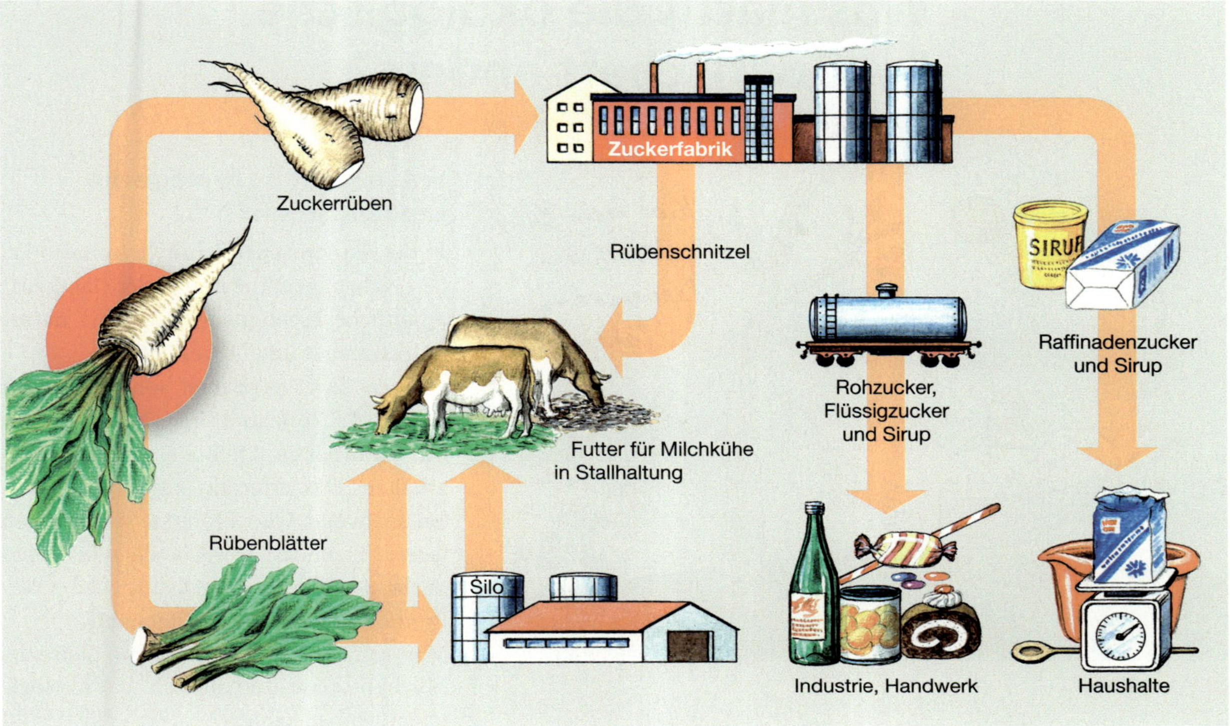

M 3 Die Verwertung der Zuckerrübe

Börden

Börden sind landwirtschaftliche Gebiete mit besten Böden. Hier werden überwiegend Zuckerrüben, Gerste und Weizen angebaut. Diese drei Feldfrüchte stellen besondere Ansprüche an Klima und Boden. Wenn der Landwirt auf einem Feld Jahr für Jahr die gleiche Frucht anbaut, gehen die Erträge allmählich zurück. Der Landwirt kann den Ertrag durch eine ausreichende Düngung und durch eine geeignete Fruchtfolge (siehe auch M 2) sichern.

Löss

Der Boden der Börden besteht überwiegend aus Löss. Er setzt sich aus äußerst feinem Gesteinsstaub und Kalk zusammen und ist nährstoffreich. Der Lössboden ist sehr wasser- und luftdurchlässig. In niederschlagsreichen Zeiten kann das Wasser tief in den Boden eindringen, wird dort gespeichert und steigt bei Trockenheit wieder zu den Pflanzenwurzeln empor.

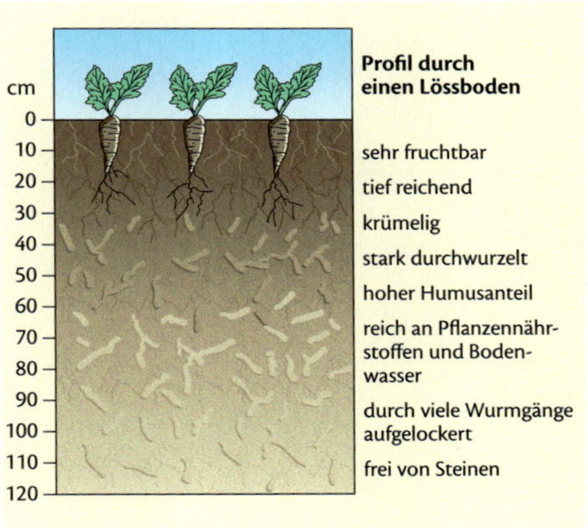

M 4 Lössboden

1 Beschreibt den Anbau, die Ernte und die Verwertung von Zuckerrüben (M 2, M 3, Text).

2 Erläutert die Begriffe „Börde“ und „Löss“ (Text, M 1, M 4).

3 Findet heraus, in welchen Produkten Zucker enthalten ist (z. B. Tomatenketchup!) und berichtet darüber vor der Klasse.

4 Versetzt euch in die Lage eines Bördebauern. Was ergibt sich für ihn aus M 2?

Was macht die ökologische Landwirtschaft anders?

M 1 Karikatur

	herkömmliche Landwirtschaft		ökologische Landwirtschaft
Aufwendungen (Euro je ha)	163	Düngemittel	15
	95	Pflanzenschutz	2
	72	Personal	151
Erträge	7096	Milch (Liter je Kuh)	5585
	78	Weizen (100 kg je ha)	34
Preise	9,74	Kartoffeln (Euro je 100 kg)	34,25

M 2 Vergleich von herkömmlicher und ökologischer Landwirtschaft

Was bedeutet „ökologische Landwirtschaft"?

In der **ökologischen Landwirtschaft** werden Nahrungsmittel und andere landwirtschaftliche Erzeugnisse möglichst **naturnah** angebaut und hergestellt.

Der Landwirt verzichtet weitgehend auf chemische Stoffe und versucht, den Boden mit naturnahen Methoden fruchtbar zu erhalten. Das erfordert einen hohen Arbeitsaufwand. Öko-Produkte sind deshalb teurer. Dennoch werden sie von vielen Verbrauchern gerne gekauft, weil Öko-Produkte eine hohe Qualität haben.

Man kann Wein, Gemüse, Obst, Getreide, Milchprodukte und Fleisch aus ökologischem Anbau kaufen.

Ökologische Viehwirtschaft

In der ökologischen Viehwirtschaft werden alle Tiere **artgerecht** gehalten. „Artgerechte Tierhaltung“ bedeutet, dass zum Beispiel Schweine die Möglichkeit haben, sich zu suhlen, und Hühner Auslauf bekommen müssen. Alle Tiere haben die Möglichkeit, sich ausreichend zu bewegen. Sie werden hauptsächlich mit dem gefüttert, was im Betrieb angebaut wird. Wenn ein Tier krank wird, versucht man, es mit Naturheilverfahren zu behandeln ohne Medikamente.

Bei der Auswahl der Tiere wird darauf geachtet, dass nur solche Tierrassen gehalten werden, die auch tatsächlich in der Gegend beheimatet sind. Es werden also keine argentinischen Rinder auf eine Weide im Münster- oder Sauerland gestellt.

Da in der Regel nicht alle Tiere auf dem Hof selbst gezüchtet werden können, müssen auch in Öko-Betrieben Tiere zugekauft werden.

M 3 Hofladen

M 4 Öko-Bauern im Kommen?

Ökologischer Ackerbau

Im ökologischen Anbau wird auf chemische Pflanzenschutzmittel verzichtet. Eine dem Boden und dem Klima angepasste Fruchtfolge erhält die Bodenfruchtbarkeit. Gedüngt wird mit organischem Dünger (Mist) oder durch Gründüngung, wobei man nach der Ernte z. B. Klee aussät, der später untergepflügt wird.

Vermarktung

Die Produkte werden häufig direkt auf dem Bauernhof in Hofläden oder auf örtlichen Märkten verkauft. Da der Zwischenhandel entfällt, ist der Erlös für den Landwirt höher. Zudem gibt es keine langen Transportwege. Andere Vermarktungsmöglichkeiten sind Bio-Großhändler, Marktwagen oder der direkte Verkauf an Großküchen.

Damit mehr Verbraucher ökologisch erzeugte Produkte kaufen, bieten nicht nur spezielle Bioläden, sondern auch immer mehr große Supermarktketten Öko-Produkte an. Der Verbraucher erkennt ökologisch erzeugte Lebensmittel an den Bio-Siegeln.

M 5 Alles öko? – ausgewählte Biosiegel

1 Beantwortet die Frage der ersten Abschnittsüberschrift mit euren eigenen Worten.

2 Nennt Merkmale der ökologischen Viehwirtschaft.

3 Vergleicht herkömmliche und ökologische Landwirtschaftsbetriebe und verdeutlicht die Unterschiede (M 2).

4 Erkundet, welche Bio-Produkte in einem Hofladen oder in einem Supermarkt angeboten werden. Erstellt eine Tabelle mit der Art des Produkts, dem Hersteller und dem Bio-Siegel (M 3, M 5).

5 Findet heraus, in welcher Weise sich der ökologische Landbau in Deutschland entwickelt (M 4). Warum ist das eurer Meinung nach so?

6 Wertet die Karikatur M 1 aus (→ **Wir werten Karikaturen aus**, S. 302/303).

Wie hat sich die Arbeit in der Landwirtschaft verändert?

Sense

Sichel

Dreschflegel

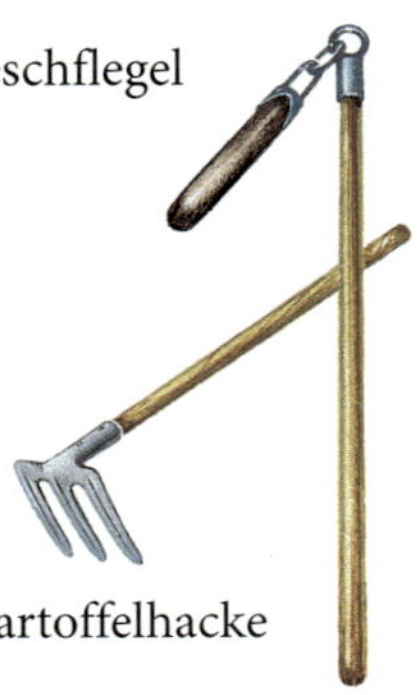

Kartoffelhacke

Pflug

M 1 Arbeitsgeräte

Mähen des Getreide mit der Sense

Aufstellen von Getreidehocken

Transport des Getreides zum Hof

M 2 Feldarbeiten früher

Früher war vieles anders

Ulf kramte auf dem Dachboden des alten Bauernhauses seiner Großeltern. Da fand er einen Holzknüppel, an dem vorn ein zweiter Knüppel befestigt war. Seine Großmutter erklärte, dass das ein Dreschflegel sei, mit dem ihr Großvater bei der Getreideernte die Körner aus den Ähren schlug. Ulf staunte: „Mit einem Stock wurden die Körner aus den Ähren gedroschen! Konnte sich denn dein Großvater keinen Mähdrescher leisten?“

„Früher war vieles anders“, berichtet Ulfs Urgroßmutter. „Mähdrescher gab es noch nicht. Auf dem Bauernhof wurden alle Nahrungsmittel für die Familie erzeugt. Fiel die Ernte schlecht aus, fehlte uns das Essen.“

Alle mussten mitarbeiten

„Sobald wir Kinder groß genug waren, mussten wir auf dem Hof mitarbeiten.

Meine Mutter besorgte den Haushalt. Sie brachte fünf Kinder zur Welt und zog sie groß. Sie versorgte die ganze Familie und war auch für das Füttern der Tiere zuständig. Außerdem kümmerte sie sich um den Gemüsegarten und um das Melken der Kühe.

Von der Frühjahrsbestellung bis zum Ende der Getreideernte begann der Arbeitstag mit Sonnenaufgang und endete erst mit Sonnenuntergang. Wenn mein Vater einen Hektar Acker gepflügt hatte, war er mit seinem Pferd 40 Kilometer gelaufen. Eggen, Ausbreiten des Stalldungs, Säen mit der Hand und Ernten bedeuteten wieder viele Kilometer Fußmarsch über die Felder.

Alle Lasten wurden ohne Maschinen bewegt: Auf- und Abladen der Getreidegarben, des Grünfutters, der Kartoffelsäcke und der Rüben bis zum Pumpen des Wassers aus dem Brunnen.“

Ulfs Vater beschreibt seinen Hof

„Mein Hof ist auf Getreideanbau spezialisiert. Für die Arbeiten auf dem Feld habe ich Maschinen, dadurch kann ich einen großen Teil der Arbeiten allein ausführen. Auf fremde Arbeitskräfte bin ich sehr selten angewiesen. Wenn doch, beschäftige ich Arbeitskräfte nur für ein paar Stunden in der Haupterntezeit.

Das gesamte Getreide wird nach der Ernte verkauft. Von den Einnahmen kann meine Familie ganz gut leben.

Mein Betrieb verursacht aber auch hohe Ausgaben. Allein der Traktor, ohne den ich als Landwirt gar nicht arbeiten könnte, hat 100 000 Euro gekostet. Nicht zu vergessen ist das Saatgut, das ich jedes Jahr einkaufen muss. Und wie viel Getreide zu welchem Preis ich selbst verkaufen kann, ist immer wieder ungewiss.

Ich habe einen Abschluss als Meister in der Landwirtschaftsschule erworben. Meine Frau führt die Buchhaltung.

Unser Sohn Ulf besucht eine Gesamtschule in der Kreisstadt. Unsere Tochter studiert an der Ruhruniversität in Bochum. Beide Kinder wollen den Betrieb später nicht übernehmen. An der Arbeit eines Landwirts haben sie kein Interesse.“

Arbeitsstunden je Hektar Getreidefeld beim Einbringen der Ernte	
um 1900	heute
Handarbeit mit der Sense 12 Stunden	Arbeit mit dem Mähdrescher 1,8 Stunden

M3 Arbeiten bei der Getreideernte

1850 versorgte ein Bauer sich selbst und „ein Viertel“ einer weiteren Person mit Nahrungsmitteln.

1900	4	Personen
1920	10	Personen
1980	48	Personen
2000	112	Personen

M4 Vom Selbstversorger zum Erzeuger

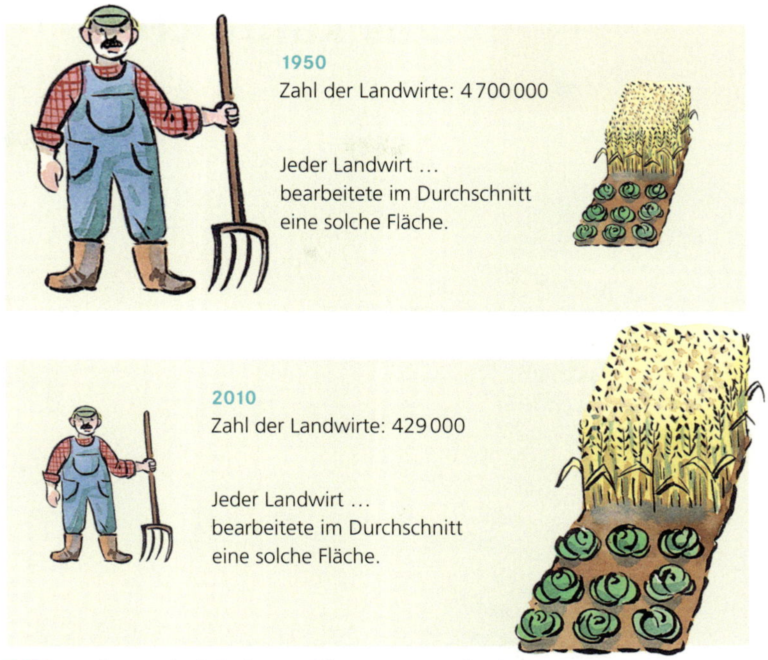

M5 Landwirtschaft früher und heute im Vergleich

M6 Anschaffungspreis: 100 000 Euro

1. Vergleicht die Arbeiten in der Landwirtschaft früher und heute (Text, M2 bis M3): Was hat sich verändert – zwischen Urgroßmutters Zeit und der Gegenwart?
2. Erläutert, wie viele Menschen ein Landwirt früher „ernähren“ konnte und wie viele es heute sind (M3 und M4).
3. Ulfs Vater sagt: „Von den Einnahmen kann meine Familie ganz gut leben.“ Er hat aber nicht nur Einnahmen. Wie sieht es mit seinen Kosten aus?
4. Ulf und seine Schwester möchten den Hof nicht übernehmen. Hättet ihr selbst Interesse an der Nachfolge? Antwortet mit Begründung.

Das kann ich …

- ✓ Frühmensch
- ✓ Neandertaler
- ✓ Altsteinzeit
- ✓ Jäger und Sammlerinnen
- ✓ Höhlenbilder
- ✓ Werkzeuge
- ✓ Nomaden
- ✓ Jungsteinzeit
- ✓ Neolithische Revolution
- ✓ Bronzezeit
- ✓ Arbeitsteilung
- ✓ Eiszeit
- ✓ Warmzeit
- ✓ Tauschwirtschaft
- ✓ Geldwirtschaft
- ✓ Standortfaktoren
- ✓ Wandel der Landwirtschaft
- ✓ ökologische Landwirtschaft

M1 Wichtige Begriffe

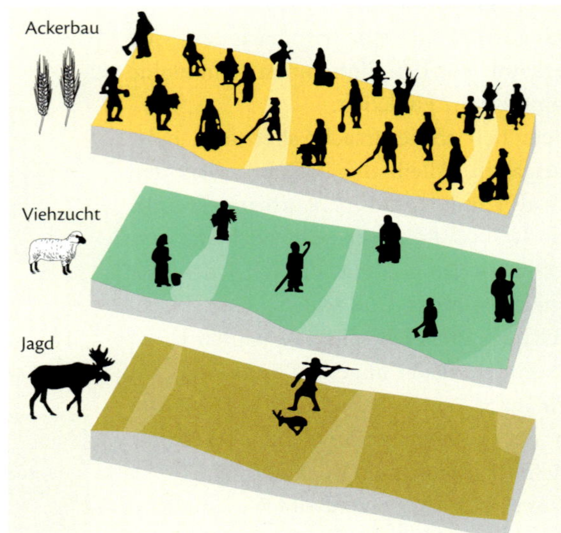

M3 So viele Menschen konnten in der Altstein- und Jungsteinzeit etwa auf einem Quadratkilometer ernährt werden.

M2 Steinzeitjäger

M4 Neue Techniken und Geräte

1850 versorgte ein Bauer sich selbst und „ein Viertel" einer weiteren Person mit Nahrungsmitteln.

1900	4	Personen
1920	10	Personen
1980	48	Personen
2000	112	Personen

M5 **Steigerung der Produktion**

M6 **Die Entwicklung der ökologischen Landwirtschaft**

M7 **Vom Tausch zum Geldhandel zum Computer**

Was wir noch wissen

1 Erklärt euch gegenseitig die wichtigen Begriffe und schreibt die Bedeutung der Begriffe in eure Arbeitsmappe (M 1).

2 Betrachtet M 2 und M 4 und beschreibt die Lebensweise der Menschen in der Altsteinzeit und in der Jungsteinzeit.

3 Zeigt mithilfe von M 3 die Auswirkungen der „Neolithischen Revolution".

4 „Versorgung früher und heute". Erstellt mithilfe von M 3, M 5 und M 6 ein Lernplakat (→ **Wir erstellen ein Lernplakat**, S. 321).

5 Schildert die Entwicklung vom Tauschhandel zum Geldhandel (M 7).

Gewusst, wie ...

6 Beschreibt, was man mit der Methode „Rollenspiel" herausfinden kann.

Wir meinen, dass ...

7 ... die Neolithische Revolution für die Entwicklung des Menschen und seiner Lebensweise ... war (M 3).

8 „Die konventionelle und die ökologische Landwirtschaft haben Vor- und Nachteile". Begründet.

Wir wenden an

9 Entwerft ein Streitgespräch zwischen einem Jäger und einem Bauern in der Wendezeit zwischen Alt- und Jungsteinzeit über die bessere Art zu leben.

Inhaltsfeld: Wirtschaft und Arbeit

3b Leben und Versorgen – im Mittelalter

500 800 950 1000 1200

Im Kapitel 3a habt ihr alt- und jungsteinzeitliche Lebensformen, die Neolithische Revolution und die Versorgung der Menschen in Agrarräumen früher und heute untersucht. In diesem Kapitel geht es darum, wie sich die Menschen im Mittelalter auf dem Land und in der Stadt versorgten.
Die meisten Menschen lebten damals auf dem Land. Allerdings gab es damals sehr viel weniger Menschen als heute. Schätzungen gehen davon aus, dass die Bevölkerungszahl in Mitteleuropa von zehn Millionen im Jahre 1000 n. Chr. auf etwa 15 Millionen um 1350 n. Chr. anstieg.

Während sich das Leben auf dem Land nur ganz langsam veränderte, fanden wichtige und zum Teil bis heute wirksame Veränderungen in den neu entstehenden Städten statt. Daher liegt der Schwerpunkt dieses Kapitels beim Thema Stadt.

Ihr könnt erarbeiten,
- wie die mittelalterliche Gesellschaft gegliedert war,
- wie die Menschen auf dem Land lebten,
- warum Städte entstanden und wie die Menschen in den Städten lebten und wie neue Wirtschafts- und Handelsformen das Leben tiefgreifend veränderten.

1250 1500

Wie herrschten Könige und Adelige im Mittelalter?

M1 Europa im 9. Jahrhundert

***Völkerwanderung**
Wanderungsbewegungen von Völkern und Stämmen in der Zeit vom 3. bis zum 6. Jahrhundert nach Christus; sie führten nicht zuletzt zum Ende des Römischen Reiches im Jahre 476.

***Abt**
Vorsteher eines Klosters

***Lehen**
(= Geliehenes)
Im Mittelalter das Nutzungsrecht an einer Sache (Grundbesitz, Rechte, Ämter); es wird vom Eigentümer (Lehnsherr) an einen Lehnsmann übertragen.

König Karl wird Kaiser

Um 795 war Karl, der König der Franken, der mächtigste Herrscher in Europa. Sein Reich umfasste weite Teile des ehemaligen Weströmischen Reiches. Dem Kaiser des Oströmischen Reiches fühlte er sich gleichrangig.
Im Jahr 800 n. Chr. wurde König Karl von Papst Leo III. in Rom zum Kaiser gekrönt. Im fränkischen Reich verstand man die Kaiserkrönung so, dass Karl jetzt für alle sichtbar die Nachfolge der römischen Kaiser angetreten hätte.
Karl war es gelungen, nach den Unruhen der **Völkerwanderung*** ein Reich zu schaffen, in dem unterschiedliche Völker und Stämme lebten. Alle Untertanen teilten den christlichen Glauben, der ihr tägliches Leben bestimmen sollte.

Das Frankenreich wurde zur Grundlage für die weitere Geschichte ganz West- und Mitteleuropas. Karl, der schon zu Lebzeiten den Beinamen „der Große" trug, starb 814.

Das Reich der Deutschen

Während der Regierungszeit von Heinrich I. (919–936 n.Chr.) wurde das ostfränkische Reich zum ersten Mal als „Reich der Deutschen" bezeichnet.
Das Wort „deutsch" kommt vom Althochdeutschen „diutisc", was so viel bedeutet wie „volksmäßig, dem Volk gehörig".
Als „diutisc" bezeichnete man auch die germanische Sprache, die im ostfränkischen Reich gesprochen wurde. Allmählich wurde daraus der Name für die Menschen, die diese Sprache sprachen, die „Deutschen".

Persönliche Bindungen sichern Macht

Die Könige benötigten für ihre zahlreichen Kriegszüge eine große Zahl von gut ausgestatteten Rittern, da sie über kein eigenes Heer verfügten. Die Kosten für die Ritterrüstung waren allerdings sehr hoch. Ein Reitpferd z. B. hatte den Wert von acht Ochsen, eine Panzerrüstung kostete so viel wie ein mittelgroßer Bauernhof.
Da die Ritter ihre Ausrüstung selbst stellen mussten, konnten sich dies nur reiche Grundbesitzer wie Fürsten und Äbte* leisten. Sie hatten vom König Land geliehen bekommen, aus dem sie Einkünfte für die Ausrüstung erwirtschaften konnten. Diese Vergabe von Land nannte man „Lehen"*.
Wer sein Lehen vom König erhielt, war sein Kronvasall*. Durch die feierliche Vergabe eines Lehens wurde ein persönliches und gegenseitiges Treueverhältnis begründet: Der Vasall versprach seinem Herrn

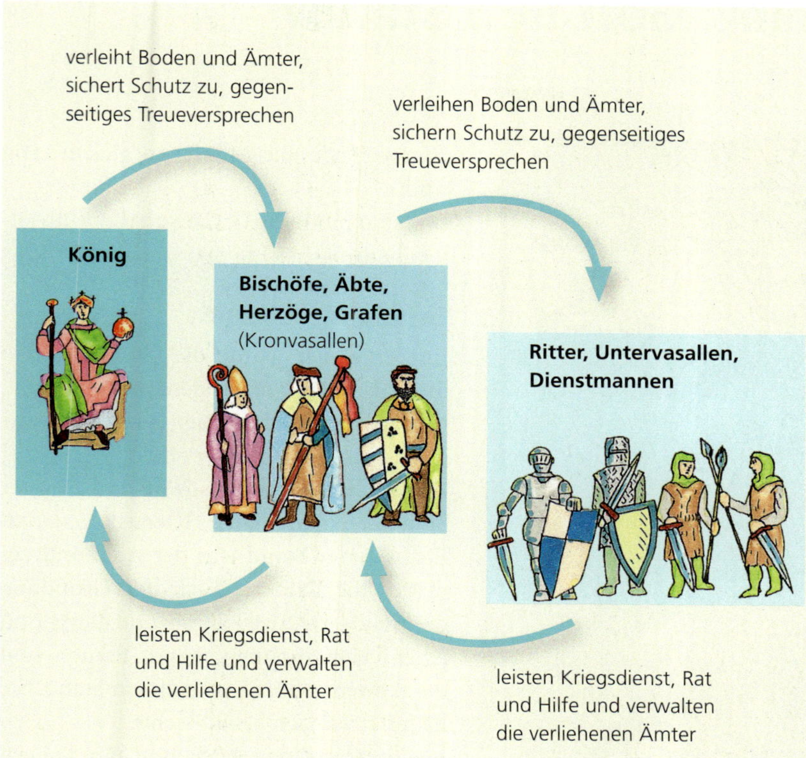

M 2 Schema des mittelalterlichen Lehnswesens. Durch gegenseitige Treueversprechen waren König, Herzöge und Bischöfe und Ritter bei der Herrschaftsausübung miteinander verbunden. Die große Mehrheit der Bevölkerung, die Unfreien, war nicht lehensfähig.

M 3 Die mittelalterliche Gesellschaftsordnung beruhte auf persönlichen Beziehungen und gegenseitigen Treueversprechen. Eine staatliche Ordnung, wie sie heute besteht, gab es nicht.

Rat und Hilfe, der König versprach dem Vasallen Treue und Schutz. Die Kronvasallen konnten ihrerseits einen Teil der Güter weiter verleihen, z.B. an die Ritter. Die Ritter leisteten dafür Kriegsdienst im Heer des Königs.

Lehen sichert Herrschaft

Ein Lehen konnte mehr sein als Landgüter. Als Lehen wurden vom König auch Kirchenämter (Bischof, Abt, Äbtissin) und hohe Verwaltungsämter vergeben, wie etwa das Grafenamt. Starb ein Vasall, so sollte das Lehen an den Lehnsherrn zurückfallen. Der Lehnsherr konnte dann frei entscheiden, ob und an wen er das Lehen wieder ausgeben wollte. Der Vasall wollte das Lehen jedoch oft wie sein Eigentum an seine Kinder vererben. Nach und nach setzten viele Adlige durch, dass sie die vom König erhaltenen Lehen in ihren Familien weitervererben konnten.

***Vasall**
(Keltisch: *gwas* = Knecht) Bezeichnung für einen Lehnsmann, der von einem Lehnsherrn abhängig ist; es wird noch unterschieden zwischen Kron- und Untervasallen.

1 Berichtet über Karl den Großen und das Frankenreich (Text).

2 Untersucht M 2 und erklärt anhand des Schaubildes das mittelalterliche Lehnswesen. Der König vergab …

3 Versucht herauszufinden, was die abgestuften Farben im Schaubild M 2 bedeuten.

4 Beschreibt mithilfe von M 3 die mittelalterliche Gesellschaftsordnung. Versucht dabei zu erklären, warum der König nicht oben im Schaubild eingezeichnet ist.

Bestimmt Gott den Stand?

M 1 Christus (über dem Regenbogen) spricht zu dem Stand rechts von ihm: Du bete demütig! Zum Stand links: Du schütze! Und zum Stand unter ihm: Und du arbeite! *Holzschnitt von Johanne Lichtenberger, 1488*

***Klerus**
Bezeichnung für Bischöfe, Äbte, Priester und Mönche der katholischen Kirche

Gleichberechtigt und unterschiedlich – heute

Heute sind in unserer Gesellschaft alle erwachsenen Menschen gleichberechtigt. Alle Bürgerinnen und Bürger haben zum Beispiel das gleiche Wahlrecht und die gleichen politischen Rechte. Trotzdem gibt es Unterschiede: Manche Menschen sind reich, andere arm. Viele haben Arbeit, andere sind arbeitslos; manche sind behindert oder alt, gesund oder krank. Es ist unsere Überzeugung, dass trotz aller Unterschiede alle Menschen gleichwertig sind.
Das sind moderne Gedanken. Im Mittelalter allerdings dachte man anders.

Einteilung in Stände

Im Mittelalter wurde die Gesellschaft in drei Gruppen, **Stände** genannt, eingeteilt. Nach der mittelalterlichen Auffassung war diese Einteilung gottgewollt.
Es gab drei Stände: Bischöfe und Priester bildeten einen Stand, **Klerus*** genannt. Ein weiterer Stand war der Adel und ein dritter die Bauern. Nach der Gründung der Städte zählten Bauern und Bürger zu einem gemeinsamen Stand. Frauen und die Armen gehörten zu keinem Stand. Sie hatten deswegen keine Rechte.
In den Stand des Adels und der Bauern wurde man geboren, in den Stand des Klerus konnte man durch die kirchliche Weihen sowohl aus dem Adelsstand als aus dem Bauernstand gelangen. Aus der Zugehörigkeit zu einem Stand ergaben sich Rechte, Pflichten und Lebensbedingungen eines Menschen.
Noch am Ende des Mittelalters wurde die mittelalterliche Ständegesellschaft in einem Holzschnitt (M 1) so dargestellt, wie sie über Jahrhunderte das Leben der Menschen bestimmte.

Gottes Wille?

Q1 Der Mönch Berthold von Regensburg predigte um 1260:
[…] Unser Herr hat alles klug geordnet, deshalb hat er auch dem Menschen sein Leben so zugeteilt, wie er es will und nicht, wie wir es wollen. Denn mancher wäre gern ein Graf und muss doch ein Schuster sein; […] und du wärst gerne Ritter und musst doch Bauer sein und

M 2 **Adelige auf der Hirschjagd.** *Zeichnung um 1480*

musst uns Getreide und Wein anbauen. Wer sollte für uns den Acker bestellen, wenn ihr alle Herren wärt? Oder wer sollte uns Schuhe machen, wenn du wärst, was du wolltest? Du musst das sein, was Gott will. […] Wenn du einen niedrigen Beruf hast, sollst du weder in Gedanken noch in Worten dagegen aufbegehren: „Ach Herr Gott, warum hast du mir so ein mühevolles Leben gegeben und vielen so großes Ansehen und Besitz?" Das sollst du nicht tun. […] Denn, wenn er dir eine höhere Stellung hätte geben wollen, er hätte es getan. Da er dir nun eine niedere gegeben hat, so sollst du dich auch erniedrigen und demütig sein mit deinem Beruf, er wird dir wohl oben im Himmel eine hohe Stellung geben. […]

1 Stellt mithilfe von M 1 und anhand von Q 1 fest, warum die Menschen angeblich unterschiedlichen Ständen angehören. (→ **Wir lesen Bilder**, S. 194/195; → **Wir untersuchen Textquellen und werten sie aus**, S. 259).

2 Sagt mit euren Worten, welche wirtschaftliche Aufgaben in M 1 und Q 1 den drei Ständen zugewiesen werden.

3 Beschreibt, was alles in M 2 vom mittelalterlichen Leben dargestellt wird. Findet heraus, welche Stände in M 2 gezeigt werden. Welcher Stand fehlt?

4 In der Predigt heißt es: „Oder wer sollte uns Schuhe machen, wenn du wärst, was du wolltest? Du musst das sein, was Gott will. …". Beurteilt den Satz aus damaliger und heutiger Sicht.

5 Stellt euch vor, ihr wärt als Schuster nach dem Gottesdienst dem Mönch (Q 1) begegnet. Was hättet ihr ihm gesagt, wenn ihr wütend über seine Predigt gewesen wäret?

Warum wurden die Bauern unfrei?

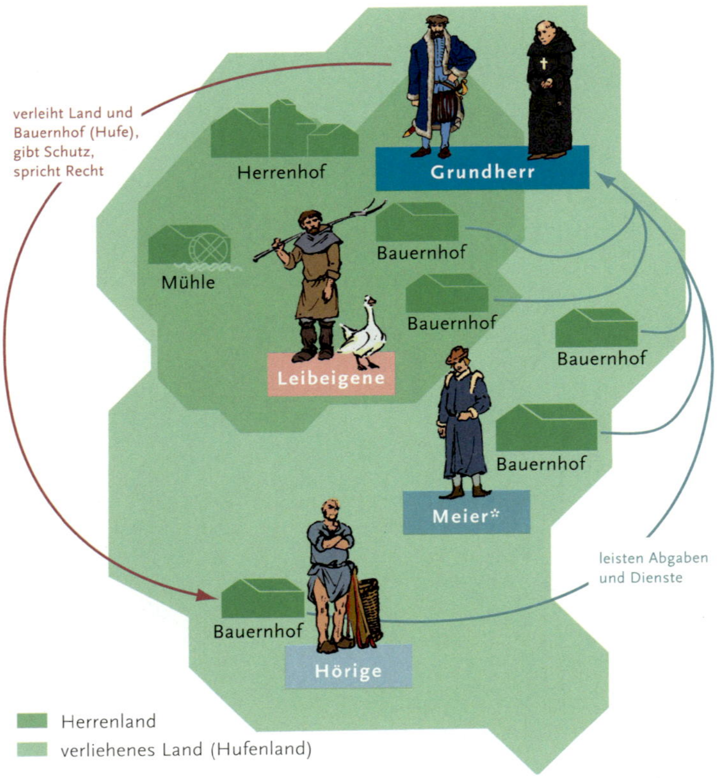

M 1 **Abhängigkeitsverhältnis zwischen Bauer und Grundherr.** *Schaubild*

***Hörige**
Bezeichnung für Bauern, die an das vom Grundherrn verliehene Land gebunden waren und bestimmte Abgaben und Dienste leisten mussten

***Meier**
Verwalter mehrerer Bauernhöfe im Auftrag des Grundherrn

Die Bauern verlieren ihre Freiheit

Im Mittelalter lebten die meisten Menschen von der Landwirtschaft: am Anfang fast alle, am Ende des Mittelalters – um 1500 – immer noch mehr als 80 von 100. So groß ist der Anteil der Landbevölkerung heute beispielsweise in Pakistan oder in einigen Gebieten der Türkei.

Zur Zeit Karls des Großen besaßen in großen Teilen des Frankenreiches noch viele Bauern eigenes Land. Sie konnten es bearbeiten und von den Erträgen leben. Unter seiner Herrschaft hatte jeder freie Bauer die Pflicht, zusammen mit seinem König in den Krieg zu ziehen (Heeresfolge).

Karl der Große führte viele Kriege. So waren die freien Bauern manchmal mehrere Jahre nicht zu Hause, wenn es eigentlich Zeit gewesen wäre für Aussaat oder Ernte. Zahlreiche Höfe verfielen, Hunger und Not kehrten ein.

Um dem Kriegsdienst zu entgehen, übergaben freie Bauern ihren Grund und Boden einem Herrn, der dadurch ihr Grundherr wurde.

Für diese Herren mussten die Bauern jetzt arbeiten. Sie durften nicht einmal mehr ihren Hof verlassen, um z. B. in ein anderes Dorf zu ziehen. Denn wie das Land, so gehörten auch sie selbst ihrem Herrn. Aus einstmals freien Bauern waren Unfreie geworden.

Grundherren und Hörige*

Grundherren konnten z. B. sein: Adelige, Grafen, aber auch Bischöfe oder Klöster. Der Grundherr übernahm für seine Bauern die Heeresfolge. Er schützte und unterstützte sie in Notzeiten. Diese Bauern brauchten also nicht mehr mit dem König in den Krieg zu ziehen. Sie konnten das ganze Jahr über den notwendigen Arbeiten im Hof und auf dem Feld nachgehen.

Als Gegenleistung mussten sie sich dazu verpflichten, jedes Jahr

- einen bestimmten Anteil an der Ernte, an Milch, Käse, Eiern und Vieh an den Grundherrn abzuliefern. Bei der Ernte handelte es sich ungefähr um den zehnten Teil. Diese Abgabe wird daher der **Zehnt** genannt.
- bestimmte Arbeiten für den Grundherrn zu verrichten, wie etwa Mithilfe auf den Wiesen oder Feldern, Zäune zu errichten, Wege anzulegen oder Brücken zu bauen. Diese Arbeiten werden **Frondienste** (fron = Herr) genannt.

A	Feld 1	Feld 2
1. Jahr	Getreide	Brache
2. Jahr	Brache	Getreide
3. Jahr	Getreide	Brache

B	Feld 1	Feld 2	Feld 3
1. Jahr	Winter-getreide	Sommer-getreide	Brache
2. Jahr	Sommer-getreide	Brache	Winter-getreide
3. Jahr	Brache	Winter-getreide	Sommer-getreide

M2 **Die Zwei- und Dreifelderwirtschaft**

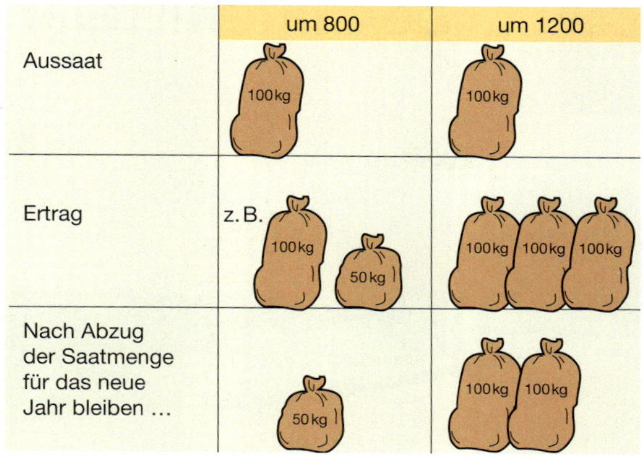

M3 **Das Verhältnis zwischen Aussaat und Ernteertrag bei der Getreideernte um 800 und um 1200**

Die Dreifelderwirtschaft

Jahrhundertelang bearbeiteten die Bauern ihre Äcker immer auf die gleiche Art: Sie teilten ihr Land in zwei gleich große Teile. Die eine Hälfte wurde von ihnen beackert, die andere ließen sie brachliegen (ungebrochen). So konnte sich der Boden auf der brachliegenden Hälfte erholen. Dieses Verfahren nennen wir heute „Zweifelderwirtschaft“ (M 3). Die Ernteerträge waren häufig sehr gering. Sie reichten kaum aus zur Ernährung der Bevölkerung und Hungersnöte waren die Folge.

Seit dem 8./9. Jahrhundert setzte sich in ganz Europa eine neue Art der Bodennutzung durch. Die Bauern teilten ihre Ackerfläche jetzt in drei gleich große Teile. Ein Feld bestellte man mit Wintergetreide (Weizen, Roggen oder Gerste), das zweite mit Sommergetreide (Hafer, Gerste) und das dritte blieb brachliegen. Es diente als Viehweide.

Diese **Dreifelderwirtschaft** brachte den Bauern große Vorteile:

- Die Getreideerträge fielen wesentlich höher aus.
- Die Arbeiten des Pflügens, Säens und Erntens konnten gleichmäßiger über das ganze Jahr verteilt werden.
- Zwei verschiedene Saaten boten größere Sicherheit gegenüber Unwettern.
- Die Felder, die brachlagen, konnten sich gut erholen. Da sie als Viehweide dienten, wurden sie gleichzeitig gedüngt.

Neue Arbeitsgeräte und Techniken

Seit dem frühen Mittelalter löste der **Räderpflug** mit eiserner Pflugschar allmählich den Hakenpflug ab, der den Boden nur aufreißen konnte. Mit dem neuen Pflug konnte der Boden stärker aufgelockert werden. Die im Boden befindlichen Nährstoffe gelangten leichter nach oben.

Für die Pferde wurde im 8. Jahrhundert eine ganz neue Art des Anschirrens entdeckt. Das Kummet, ein gepolsterter, versteifter Halsring, übertrug die Zuglast auf die Schulterblätter der Pferde und erhöhte so die Zugkraft auf das Vier- bis Fünffache.

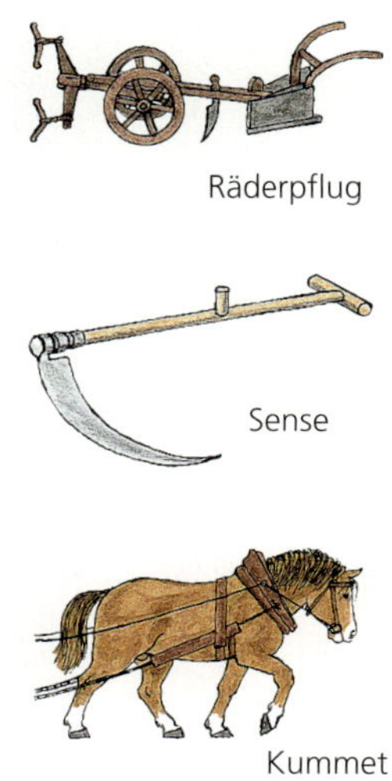

M4 **Neue Arbeitsgeräte**

1 Beschreibt das Leben der Bauern im Mittelalter und erklärt warum sie unfrei wurden (M 1, Text).

2 Stellt die Vor- und Nachteile der Grundherrschaft für einen Bauern in einer Tabelle zusammen.

3 Berichtet, wie sich der technische Fortschritt in der Landwirtschaft ausgewirkt hat.

Leben im mittelalterlichen Dorf

1 Wandert mit den Augen durch das Bild eines mittelalterlichen Dorfes.

2 Erzählt mithilfe des Bildes vom Leben der Menschen im mittelalterlichen Dorf.

Wie entwickelten sich Städte?

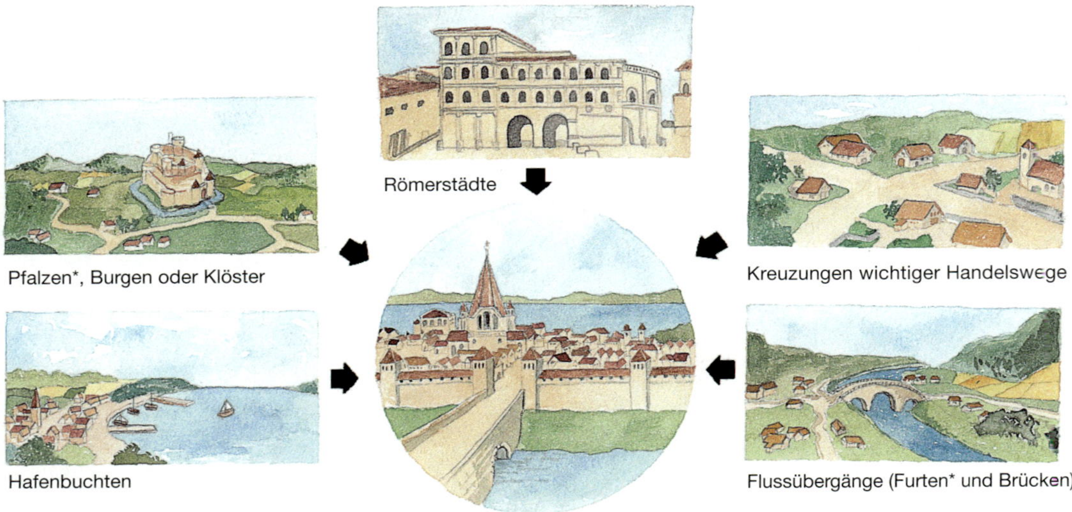

M 1 Voraussetzungen für Stadtentwicklungen. *Rekonstruktionszeichnungen*

***Pfalz**
burgähnliche Palastanlage, auf der im Mittelalter Kaiser oder Könige Hof hielten

***Furt**
seichte Stelle in einem Bach oder Fluss

Paris	300 000
London	100 000
Florenz	100 000
Venedig	100 000
Brügge	50 000
Rom	40 000
Köln	30 000
Lübeck	25 000
Straßburg	20 000
Danzig	20 000
Rostock	20 000
Hamburg	18 000
Frankfurt/M.	10 000
Mainz	6000

M 2 Einwohnerzahlen europäischer Städte um 1300

Städte entwickeln sich

Die ältesten Städte auf deutschem Boden sind römischen Ursprungs. Dort, wo die Römer an Rhein und Donau ihre Kastelle* und Niederlassungen angelegt hatten, wuchsen auch die ältesten stadtartigen Siedlungen.
Schon während der Römerzeit waren große Städte wie Mainz, Köln und Trier zugleich Bischofssitze. Die Kirche überlebte die Wirren des Untergangs des Römischen Reiches. Im Gebiet alter **Römerstädte** entwickelten sich schon um 900 erste Kaufmannssiedlungen. Sie bevorzugten außerdem auch Niederlassungen an Flussübergängen und Hafenbuchten. Städte wurden aber auch in der Nähe von Burgen gegründet.

M 3 Über die Entstehung der Stadt Brügge (im heutigen Belgien) schreibt der Sachbuchautor Pleticha:
[…] Vor dem Burgtor, an der Brücke, sammelten sich allmählich Gewerbetreibende, um für die zu arbeiten, die in der Burg wohnten. Außer Kaufleuten, die alles Mögliche feilboten, gab es Schank- und Gastwirte. Sie machten es sich zur Aufgabe, diejenigen, die beim Grafen zu tun hatten, zu beköstigen und zu beherbergen. Mit der Zeit begannen die Zuzügler, Häuser zu bauen und sich wohnlich einzurichten; dort fanden alle Aufnahme, die nicht in der Burg selbst wohnen konnten. Die Siedlung wuchs, sodass in kurzer Zeit ein großer Ort entstand. […]

Städte werden planmäßig gegründet

Jede Stadt hatte einen **Grundherrn**. Das war meistens ein Graf, Herzog oder Bischof, auf dessen Grund und Boden die Stadt stand. Als **Stadtherr** sorgte er für einen geordneten Handel in der Stadt und auf dem Markt, indem er Maße und Gewichte festsetzen und die Einhaltung aller Vorschriften überwachen ließ. Von den Kaufleuten und Händlern zog er dafür Zölle und Marktgebühren ein. Viele Stadtherrn gingen dazu über, planmäßig neue Städte zu gründen. Mit jeder neuen Stadt

M4 Grundriss der mittelalterlichen Stadt Köln. Die Kaufleute siedelten bevorzugt vor der alten römischen Stadtmauer.

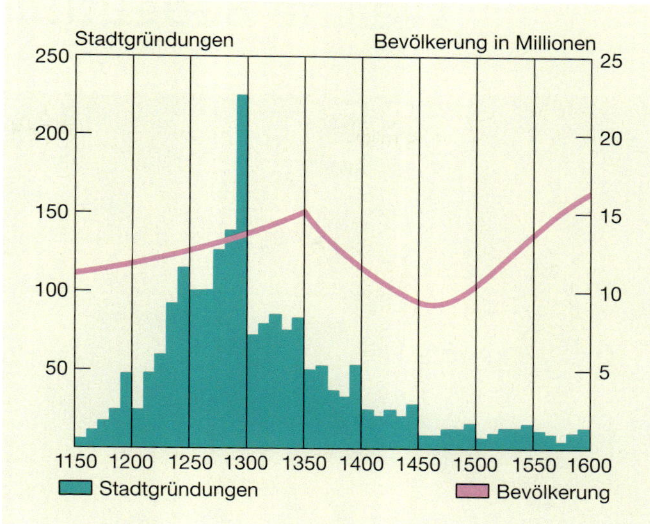

M5 Stadtgründungen und Bevölkerungsentwicklung in Mitteleuropa von 1150 bis 1600

festigte der Landesherr seine Herrschaft. Gleichzeitig war die Stadt auch eine wichtige Einnahmequelle für ihn.

Q1 Die Gründungsurkunde für Freiburg (um 1120) enthielt z. B. folgende Bestimmungen:

[…] Es sei den lebenden und zukünftigen Geschlechtern* bekannt, dass ich, Konrad (Herzog von Zähringen), auf meinem eigenen Besitz Freiburg einen Markt eingerichtet habe im Jahre des Herrn 1120. […] Jedem Kaufmann habe ich ein Grundstück zum Bau eines eigenen Hauses gegeben. […] Nun sei allen kundgetan, welche Rechte ich aufgrund der Wünsche und Bitten dieser Kaufleute festgelegt habe:

1. Ich verspreche allen, die zu meinem Markt kommen, Frieden und Schutz.
2. Wenn einer meiner Bürger stirbt, soll seine Frau mit den Kindern alles besitzen, was er hinterlassen hat.
3. Allen Kaufleuten der Stadt erlasse ich den Zoll. […]
5. Wenn ein Streit unter den Bürgern entsteht, soll nicht von mir oder meinem Richter darüber entschieden werden, sondern nach Gewohnheit und Recht aller Kaufleute, wie sie besonders in Köln geübt werden. […]
11. Jeder, der in diese Stadt kommt, darf sich hier frei niederlassen, wenn er nicht der Leibeigene* irgendeines Herrn ist. […] Wer aber über Jahr und Tag in der Stadt gewohnt hat, ohne dass ein Herr ihn als seinen Leibeigenen gefordert hat, der genießt von da an sicher die Freiheit. […]

***Kastell**
eine Burg (oder ein befestigter Ort)

***Geschlecht**
eine über lange Zeit bestehende Gruppe enger Verwandter

***Leibeigener**
Bauer, der viele Dienste und Abgaben leisten musste und wie ein Eigentum des Grundherrn behandelt wurde

1 Erklärt mithilfe von M1 die Voraussetzungen für die Entstehung von Städten.

2 Beschreibt mithilfe des Grundrisses von Köln (M4), wie aus der antiken Stadt eine mittelalterliche Stadt entstand.

3 Untersucht Q1: Wer ist der Stadtgründer und damit Stadtherr? Welche Bürger interessieren den Stadtherrn? Wie versucht er, sie für die Ansiedlung in der Stadt zu gewinnen?

4 Lest noch einmal Ziffer 11 und erklärt den Ausspruch „Stadtluft macht frei“. Für wen gilt er und wovon wird man in der Stadt frei?

Welche Bedeutung hatte der Markt?

M 1 Markt in einer mittelalterlichen Stadt. *Rekonstruktionszeichnung nach schriftlichen und archäologischen Quellen von Jörg Müller, Biel, 1994*

M 2 Scheffel der Stadt Lübeck. Ein Scheffel entsprach etwa 50 Litern. *Foto*

Die Marktfahne wird aufgezogen

An festgelegten Tagen – häufig an drei Tagen – der Woche war **Markt**. An diesen Tagen strömten die Menschen aus der ganzen Umgebung in die Stadt, kamen Bauern mit ihren Wagen oder zu Fuß, brachten Händler ihre Waren aus fernen Ländern herbei. Am Stadttor herrschte großes Gedränge; alle Wagen wurden von den Torhütern erst gründlich kontrolliert, bevor sie in die Stadt durften.

Pünktlich um sieben Uhr in der Früh wurde die Marktfahne aufgezogen. Metzger, Bäcker, Bauern, Händler und Handwerker boten ihre Waren feil. Doch die Märkte dienten nicht nur dem Kaufen und Verkaufen. Sie waren ein Treffpunkt, wo

M 3 Stand eines Baders auf dem Markt. *Rekonstruktionszeichnung nach schriftlichen und archäologischen Quellen von Jörg Müller, Biel, 1994*

Nachrichten ausgetauscht wurden. Die fahrenden Kaufleute brachten Nachrichten aus der großen, weiten Welt, fahrendes Volk, Gaukler und Musikanten traten auf und sorgten für Vergnügen. An den Markttagen hatten auch die Bader ihren Stand aufgestellt (M 3). Sie behandelten kleinere Beschwerden, und zogen Zähne. Auch Schreiber fanden sich auf dem Markt.

M 4 Die Schriftstellerin Anita Siegfried schrieb 1995:

[…] Weil nur Wenige lesen und schreiben konnten, war der Schreiber am Markttag ein viel besuchter Mann. Bei ihm ließen sich die Leute Briefe oder Verträge, Listen und Abrechnungen schreiben. Als Werkzeuge dienten ihm das Tintenhorn, Federn und Messerchen zum Radieren. Man schrieb auf Pergamentblätter, die aus Kalbs- oder Schafhäuten hergestellt waren. […]

Kauf und Verkauf wurden durch die Marktordnung geregelt. Wer sie nicht befolgte, konnte hart bestraft werden.

Q 1 In einer Marktordnung aus dem Jahre 1256 heißt es:

[…] 10) Wir verordnen, dass kein Kauf außerhalb des öffentlichen Marktes stattfindet. Dies gilt für Leute, die Waren in die Stadt bringen. […] Wer sich nicht an die Vorschrift hält, muss der Stadt 6 Schilling und dem Richter 60 Pfennig bezahlen. Wenn einer kein Geld besitzt, wird ihm die Hand abgeschlagen werden.

11) Wir verordnen, dass zwei gute Würste, die die vorgeschriebene Größe besitzen, für einen Pfennig verkauft werden, sie dürfen aber nur aus reinem Schweinefleisch gemacht sein. Zuwiderhandelnde müssen 1 Pfund (= 240 Pfennig) zahlen und werden ein Jahr lang von ihrem Handwerk ausgeschlossen. […]

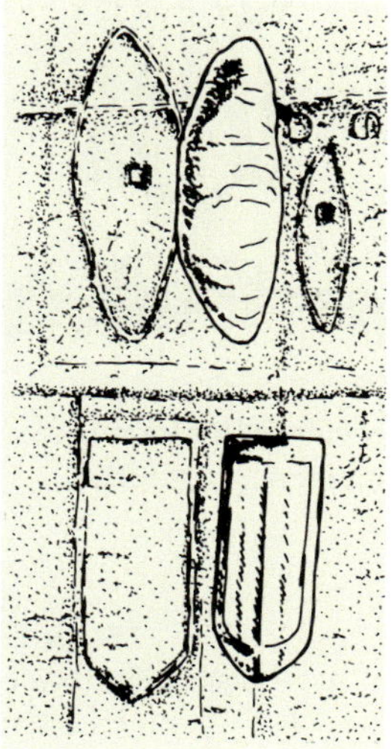

M 5 Maß für Brot und Dachziegel am Freiburger Münster. *Zeichnung*

1 Beschreibt den Markttag auf den Abbildungen M 1 und M 3.

2 Vergleicht anhand des Textes und der Abbildungen einen Markt im Mittelalter mit einem heutigen Wochenmarkt.

3 Erklärt den Sinn der Verordnungen (Q 1). Erläutert, welche Strafen eurer Meinung nach für die genannten Vergehen sinnvoll wären.

4 Erklärt, warum die Städte für das umliegende Land wichtig waren.

Wer lebte in der Stadt?

M 1 Patrizier* in der Kleidung des 16. Jahrhunderts. *Kupferstich*

M 2 Vor dem Stadtherrn, einem Bischof und seinen Beratern erscheinen ein Bürger, ein Bauer und ein Patrizier. *Buchmalerei, um 1500*

M 3 Ein Patrizier mit seiner Familie. *Gemälde von Jean Bourdichon (etwa 1457–1521)*

Kampf der Städte gegen ihre Stadtherrn

Wie die Bauern auf dem Land einem Grundherrn unterstanden, so unterstanden anfangs auch die Stadtbewohner ihrem Stadtherrn. Im Laufe der Jahrhunderte wurden die Städte immer größer. Mit der Größe einer Stadt wuchs auch das Selbstbewusstsein ihrer Bürger. Vor allem die Kaufleute, die es zu beachtlichem Wohlstand gebracht hatten, wollten sich nicht länger von ihrem Stadtherrn bevormunden lassen. Voller Stolz nannten sie sich in vielen Städten selbst **Patrizier**, ebenbürtig den Adeligen. Zu den Freiheiten, welche die Patrizier anstrebten, gehörten neben einer eigenen Gerichtsbarkeit und Verwaltung vor allem Privilegien* wie Zollfreiheit, Messeprivilegien oder das Münz- und Stapelrecht*. In einigen Städten widersetzten sie sich immer häufiger den Anordnungen des Stadtherrn. Es kam zu langjährigen bewaffneten Auseinandersetzungen. In anderen Städten kauften die Bürger Rechte vom Stadtherrn.

M 4 Der Heimatforscher Manfred Thiedemann stellte sich 1995 das Verhältnis von Stadtherr und Kaufleuten so vor:

[…] Stadtherr war Graf Bernhard. Von den reichen Kaufleuten seiner Stadt brauchte er immer wieder Geld: Er wollte für seine Tochter eine teure Aussteuer* kaufen. Er nahm an einem prunkvollen Turnier teil. Er schuldete einem Mailänder Händler eine größere Summe. Er begleitete den König zur Kaiserkrönung nach Rom. – Die Kaufleute gaben ihm das Geld. Sie verlangten aber jedes Mal, dass der Graf ihnen bestimmte Rechte überließ.

Eines Tages hatten sie ihr Ziel erreicht. Im großen Rathaussaal legten die versammelten Bürger dem Grafen eine Urkunde vor. Darin stand: „Ich schwöre, den Bürgern der Stadt für immer und ewig alle Freiheiten zu lassen." Der Graf schwor und unterschrieb. […]

***Patrizier**
ursprünglich eine Bezeichnung für die Oberschicht im antiken Rom; im Mittelalter wurde der Begriff entsprechend verwandt.

***Aussteuer**
Güter (Haushaltsgegenstände), die eine Braut in die Ehe mitbringt

***Privilegien**
Sonderrechte, Vorrechte

M5 Handwerkerfamilie. *Gemälde von Jean Bourdichon*

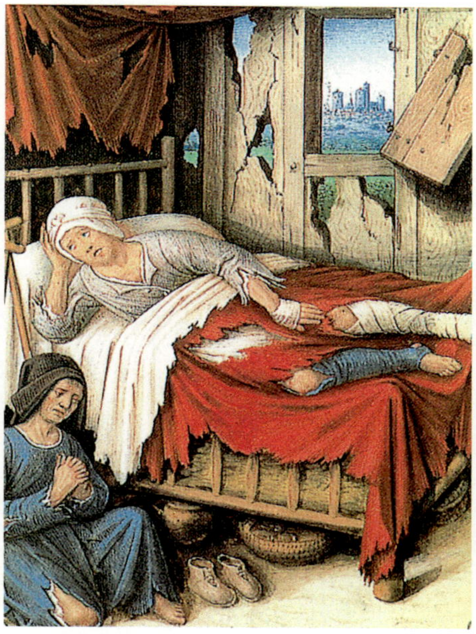

M6 Tagelöhner*. *Gemälde von Jean Bourdichon*

M7 Bettlerfamilie auf dem Weg zur Stadt. *Holzschnitt, 1510*

Die Bevölkerung in den Städten ist nicht gleich

Am Ende des 12. Jahrhunderts hatten fast alle Stadtherren ihre Rechte an die Bürger abgetreten. Jetzt wurden die Städte von den mächtigen und angesehenen Kaufleuten, den Patriziern, regiert. Sie hatten es durch Fernhandel zu großem Wohlstand gebracht. Die Patrizier wählten aus ihren Reihen die Ratsherren und stellten auch den Bürgermeister.

Die Patrizier lebten in der Stadt in ähnlichem Stil wie der Adel auf dem Land. Der Sohn einer Patrizierfamilie heiratete normalerweise nur die Tochter einer anderen Patrizierfamilie. Ihre prächtigen Häuser standen um den Marktplatz im Zentrum der Stadt.

In den sich anschließenden Straßenzügen wohnten **Handwerker** und **Krämer***, die Mitglieder eines Gewerbes häufig zusammen in derselben Straße. Sie bildeten die Mittelschicht. Unter ihnen gab es Wohlhabende, wie die Goldschmiede, und auch Ärmere, wie die Leinweber.

Nicht zu den Bürgern zählten die **Juden** sowie die Angehörigen der **Unterschicht**. Dazu gehörten Mägde, Gesellen, Lehrlinge, Bettler, Krüppel, Arme, aber auch die „unehrlichen" Berufe wie Henker und Totengräber.

Während die Gesellen, Lehrlinge und Mägde im Haushalt ihres Handwerksmeisters wohnten, lebten die übrigen Angehörigen der Unterschicht meist in abseits gelegenen schäbigen Hütten.

***Stapelrecht**
Recht einer Stadt, einen durchreisenden Kaufmann, der Waren mit sich führt, zu zwingen, diese dort drei Tage lang anzubieten

***Tagelöhner**
Arbeitskraft, die in keinem dauerhaften Beschäftigungsverhältnis steht

***Krämer**
Kleinhändler

1 Spielt folgende Szene: Der Graf bittet die Bürger, ihm Geld zu leihen. Die Kaufleute beraten, was sie ihrem Stadtherren antworten sollen (→ **Wir spielen in verschiedenen Rollen: ein Rollenspiel**, S. 100/101).

2 Beschreibt mithilfe der Abbildungen dieser Doppelseite die Lebensbedingungen von Patriziern, Handwerkern und Tagelöhnern.

Wie war der Alltag in der Stadt?

M 1 Eine Geburt. *Darstellung auf einer Altartafel, 1481*

M 2 Eine Kaufmannsfamilie. *Holzschnitt, 16. Jahrhundert*

***Pest**
Eine hochgradig ansteckende Infektionskrankheit, die meist durch Flöhe von Nagetieren (z. B. Ratten) auf den Menschen übertragen wird. Die schlimmste, aus Zentralasien eingeschleppte Pestepidemie traf Europa 1347–1352; damals starben etwa 25 Millionen Menschen (etwa ein Drittel der Bevölkerung) am „schwarzen Tod".

***Cholera**
schwere ansteckende Krankheit (Gallenbrechdurchfall), die zum Tode führen kann.

Frauen in Handwerk und Handel

Neben den Handwerksmeistern gab es selbstständige Meisterinnen wie Bäckerinnen, Fleischerinnen, Fassbinderinnen oder Gerberinnen. Fast immer handelte es sich dabei um Witwen, die nach dem Tod ihres Mannes die Werkstatt leiteten. Von den Zünften erhielten diese Frauen meist den Auftrag, einen erfahrenen Gesellen einzustellen, der der Zunft angehörte. Eine wichtige Rolle spielten Frauen im Handel.

M 3 Die Geschichtsforscherin Ingeborg Seltmann schrieb 1994:

[…] In erstaunlichem Umfang waren Frauen am Groß- und Fernhandel beteiligt. Möglich war dies nur, weil die Frau seit dem 13. Jahrhundert als voll geschäftsfähig galt. Sie konnte eigenständig Geschäfte tätigen, Prozesse führen, über ihr Eigentum testamentarisch verfügen und haftete bei Schulden oder Konkurs. Frauen führten die Bücher, vertraten den Mann in Zeiten der Abwesenheit oder wenn dieser durch städtische Ämter belastet war. Sie besuchten Märkte und Messen, unternahmen Handelsreisen. Sie handelten mit Wein genauso wie mit Tuchen und Metallwaren. […]

Frühe Heirat

Die meisten Frauen heirateten im Alter zwischen 18 und 22 Jahren; manche waren auch jünger. Die Hausfrau hatte selbstständig für den manchmal recht großen Haushalt zu sorgen; neben Eltern, Großeltern und Kindern konnten dazu auch die unverheirateten Verwandten sowie Knechte und Mägde zählen.
Überarbeitet und von den vielen Schwangerschaften erschöpft, überlebten viele Frauen die Geburt eines Kindes nicht. So kam es vor, dass viele Männer dreimal und mehr heirateten und die Kinder nacheinander bei verschiedenen „Stiefmüttern" aufwuchsen.

Frau und Familie

Kinder wurden zu Hause geboren. Zehn, aber auch vierzehn oder sechzehn Kinder im Verlauf einer Ehe waren keine Seltenheit. Mangelnde Hygiene* und für uns heute harmlose Kinderkrankheiten führten dazu, dass in der Regel die Hälfte oder mehr aller Kinder starben, bevor sie das 14. Lebensjahr erreicht hatten. Bis zum Alter von sechs Jahren trugen Jungen und Mädchen die gleiche Kleidung, spielten zusammen und wuchsen zusammen auf. Erst dann entschied es sich, ob Jungen und Mädchen auch eine Schule besuchten und eine Ausbildung erhielten.

Mangelnde Sauberkeit in der Stadt

Q 1 Viele Städte erließen Vorschriften wie diese:
[...] Niemand soll Mist oder Kot vor sein Haus legen, wenn er ihn nicht gleich wegfahren will, außer auf den hierzu bestimmten Plätzen, nämlich neben dem Fleischmarkt, ferner neben dem Brunnen auf dem Pferdemarkt. [...]

Die Unsauberkeit in den Städten und die mangelhafte Hygiene der Menschen begünstigten die Entstehung und Ausbreitung von Krankheiten. In manchen Jahren rafften Seuchen wie die Pest* oder die Cholera* bis zu einem Drittel der Bewohner hinweg. Zur Behandlung der Kranken gab es Ärzte, Apotheken und Spitäler. Die Krankenzimmer waren teilweise äußerst klein, und häufig mussten sich zwei Kranke ein Bett teilen. Daher war die Ansteckungsgefahr sehr groß. Menschen mit schweren ansteckenden Krankheiten wie der Lepra* mussten außerhalb der Stadt wohnen. Ihnen war das Betreten der Städte bei Strafe untersagt. Mit Klappern warnten sie jeden, der sich ihnen näherte.

M 4 Eine Kauffrau in ihrer Schreibkammer. *Holzschnitt, 16. Jahrhundert*

Brände – große Katastrophen

In den mittelalterlichen Städten brannte es oft. Blitzschnell griff das Feuer von einem Haus auf andere über, ganze Straßenzüge und Stadtviertel wurden in Schutt und Asche gelegt.

Q 2 Über Göttingen hieß es:
[...] Anno 1435, da war in Göttingen ein großer Brand [...] und verursachte großen Schaden an Speck und Korn; da brannten über 40 Wohnhäuser. [...]

Mit zahlreichen Vorschriften versuchten die Städte Brände zu verhüten, oft ohne Erfolg.

***Hygiene**
Vorsorge vor ansteckenden Krankheiten durch Reinigung; erst im 19. Jahrhundert erkannte man die Ursachen und die Art der Übertragung von ansteckenden Krankheiten.

***Lepra**
ansteckende Krankheit (auch als „Aussatz" bezeichnet); Nerven sterben ab, sehr gefährlich

1 Beschreibt das Leben der Frauen in der mittelalterlichen Stadt. Notiert Stichwörter für einen kleinen Vortrag.

2 Erklärt, warum so viele Ehefrauen so früh starben.

3 Lest Q 1 und beschreibt, was die Städte vorschreiben. Haben sie das Problem erkannt?

4 Erläutert, warum die Vorschriften aus heutiger Sicht nicht sehr sinnvoll waren.

5 Erkundigt euch, wie oft es in eurem Ort im Jahr brennt und welche Feuerschutzmaßnahmen in eurer Schule gelten.

Welche Aufgaben hatten Zünfte und Gilden?

M 1 **Bäuerliches Ehepaar beim Schuster.** *Holzschnitt, 16. Jahrhundert*

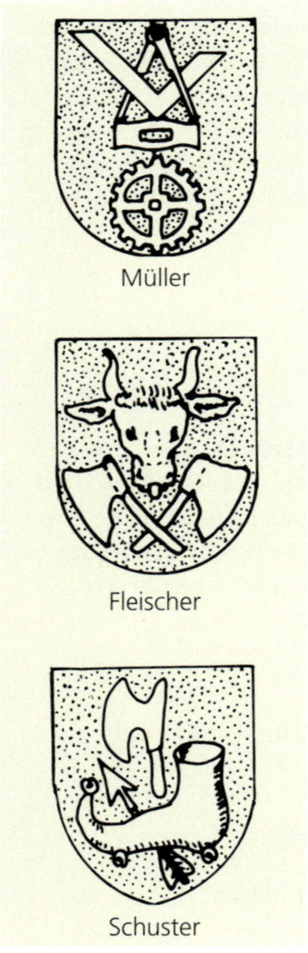

M 2 **Zunftwappen**

Handwerker

Handwerker stellten in den Städten den größten Teil der Bevölkerung. In kleinen Städten gab es oft nur wenige Berufsgruppen für den Bedarf der näheren Umgebung. In großen Städten wie etwa Frankfurt arbeiteten über hundert verschiedene Berufsgruppen, oft für den Fernhandel. Doch auch kleine Städte konnten mit bestimmten Produkten Fernhandel treiben, wenn es in der Umgebung besondere Rohstoffe gab oder wenn die Handwerker spezielle Techniken beherrschten.

Die Frauen der Handwerker waren nicht nur für den Haushalt und die Kindererziehung zuständig, sondern sie sorgten auch für den Verkauf der hergestellten Waren im Geschäft oder auf dem Markt.

Aufgaben der Zünfte

Zur Durchsetzung gemeinsamer Interessen schlossen sich die Handwerker seit dem 12. Jahrhundert zu so genannten **Zünften** zusammen. Jedes Handwerk hatte seine eigene Zunft.

Jede Zunft

- erließ Regeln zur Ausbildung,
- setzte die Zahl der Lehrlinge und Gesellen für jeden Betrieb fest,
- überwachte die Qualität der Produkte und die Einhaltung der vorgeschriebenen Preise,
- schrieb den Mitgliedern vor, wie viel Ware sie produzieren durften,
- schlichtete Streitigkeiten der Zunftmitglieder untereinander.

Die Vorschriften waren für alle verbindlich. „Schaumeister" überwachten die Zunftgenossen. Pfuschern, d. h. Handwerkern, die nicht Mitglied waren, „legten sie das Handwerk". Minderwertige Erzeugnisse wurden eingezogen und die Hersteller bestraft.

Die enge Verbundenheit der Zunftmitglieder zeigte sich auch im alltäglichen Leben. An den Stadt- und Kirchenfesten nahm man gemeinsam teil. Kranke und arme Mitglieder wurden unterstützt, und gemeinsam sorgte man für Witwen sowie Waisen verstorbener Zunftgenossen. Auch an der Verteidigung der Stadt waren die Zünfte beteiligt. Jede Zunft hatte ein bestimmtes Stück der Stadtmauer zu verteidigen.

Kaufleute

In jeder Stadt gab es zahlreiche Kleinhändler, so genannte „Krämer", welche die Waren des täglichen Bedarfs anboten. Auch die umliegenden Dörfer wurden von ihnen versorgt.

Hoch angesehen waren jene Kaufleute, die im Fernhandel tätig waren. Oft waren sie wochen- oder monatelang unterwegs, um ihre Waren in Frankreich oder Italien anzubieten. Wenn sie von dort nach Hause zurückkehrten, brachten sie kostbare Tuche mit, aber auch orientalische Gewürze, Weine vom Mittelmeer, Parfüm oder Südfrüchte.

Fremde Kaufleute kamen ebenfalls in die Städte, um ihre Waren anzubieten. Auf der städtischen Ratswaage mussten sie ihre

M3 Beim Schneider. *Buchmalerei, 14. Jahrhundert*

M4 Der Steuereinnehmer und seine Frau. *Gemälde, 1538*

Waren wiegen und kontrollieren lassen, Zölle* und Schutzgelder entrichten. Außerdem waren sie gezwungen, einen Teil ihrer Ware in der Stadt zu verkaufen.
Alle Kaufleute wollten für ihre Waren selbstverständlich „gutes Geld". Fast jede Stadt hatte ihre eigene **Währung**. Deswegen wurde der Wert des Geldes nach der Menge an Silber oder Gold, das in jeder Münze enthalten war, berechnet.

Gefährliche Transporte

Die Warentransporte über weite Strecken bereiteten den Kaufleuten große Sorgen. Die „Fernverkehrsstraßen" waren meist in schlechtem Zustand; es handelte sich um holprige, unbefestigte Wege, die bei Regen oder im Winter kaum befahren werden konnten.
Die von mehreren Pferden gezogenen Lastkarren blieben nicht selten mit Achsenbruch liegen oder stürzten um.
Gefährlicher für die Kaufleute als diese Hindernisse waren Wegelagerer und Raubritter.

Gilden

Um sich besser schützen zu können, schlossen sich die Kaufleute zu einer **Gilde** zusammen. Sie versprachen sich gegenseitige Hilfe und Unterstützung beim Warentransport und bei Unglücksfällen.
Es gab in jeder Stadt nur eine Gilde. Kaufleuten, die ihr nicht angehörten, wurde in vielen Städten jeglicher Handel verboten. Die Gilden vertraten auch die Interessen ihrer Mitglieder vor dem Rat der Stadt.

***Zoll**
Abgabe (Geld), die beim Überqueren einer (Zoll-) Grenze zu zahlen ist

1 Berichtet über das Leben und die wirtschaftlichen Aufgaben der Handwerker in der Stadt.

2 Erklärt, was eine Zunft ist und welche Aufgaben sie hat.

3 Sucht auf einem Stadtplan eurer Stadt oder der nächsten Stadt Straßennamen, die an ein mittelalterliches Handwerk erinnern. Wo liegen diese Straßen?

4 Schreibt über die Kaufleute in der Stadt einen kurzen „Zeitungsartikel".

Warum verloren die Grundherren ihren Einfluss?

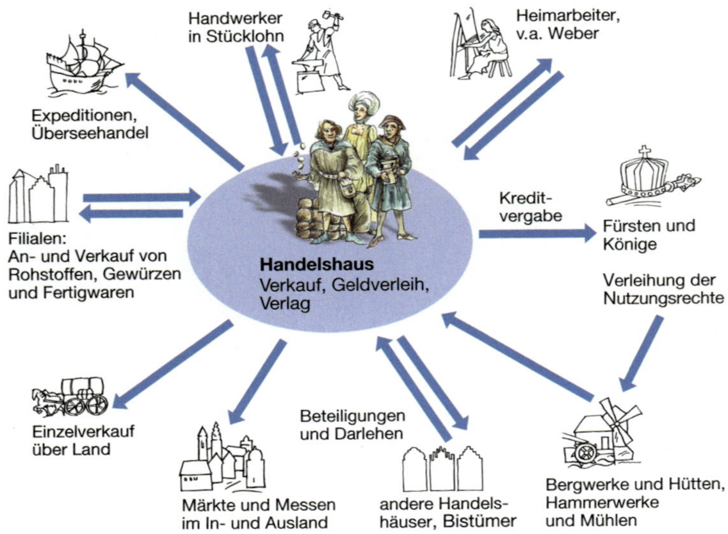

M 1 Handelsbeziehungen eines Handelshauses im Spätmittelalter

M 2 Jakob Fugger mit seinem Buchhalter. Im Hintergrund sind Ablagen für die Niederlassungen der Fugger zu sehen. „Ofen" und „Antdorff" sind die heutigen Städte Budapest und Antwerpen. *Buchmalerei, 1520*

Städte werden Handelszentren

Ab der Mitte des 13. Jahrhunderts entwickelten sich Städte wie Florenz, Pisa, Paris, London, Nürnberg, Augsburg, Ulm oder Lübeck zu **Handelszentren**, in denen Waren aus ganz Europa gehandelt wurden.

In den Städten wuchs der Einfluss der Kaufleute. Auf vielfältige Weise erweiterten sie ihren Handel und ersannen neue Möglichkeiten, ihren Reichtum zu vermehren. Auf überregionalen **Messen***, z. B. in Nürnberg oder Leipzig, boten sie ihre Waren an und kauften dort von anderen Fernhändlern.

***Messen**
überregionale Märkte, die oft mit einem kirchlichen Fest verbunden waren und mit einem Gottesdienst (einer „Messe") eröffnet wurden

Q 1 In Briefen der Ravensburger Handelsgesellschaft hieß es um 1477:

a) […] nehmet die Dinge keck in die Hand und seid emsig und willig mit Kaufen und Verkaufen. […]

b) […] Kehret allen Fleiß daran, dass ihr das Geld nicht schlafen lässt. Denn, wenn man auch wenig verdient, so ist dies immer noch besser, als gar nichts zu verdienen. […]

Verlagssystem

Durch die Erfindung des **Verlagssystems** brachten die Kaufleute Handwerker in ihre Abhängigkeit. Bei diesem System kaufte der Kaufmann zunächst den Rohstoff, beispielsweise Baumwolle. Er beauftragte nun ärmere Weber, aus der Wolle Tuche für einen geringen Lohn für ihn zu weben. Diese Tuche verkaufte er dann mit großen Gewinn in ganz Europa, ohne die Weber an dem Gewinn zu beteiligen. Mit der Zeit wurden die Weber von seinen Aufträgen abhängig.

M 3 Handelswege und Handelswaren im Spätmittelalter

Banken und Buchführung

In den oberitalienischen Städten entwickelten sich Vorläufer der heutigen Banken. Sie ermöglichten es den Fernkaufleuten, ohne Barzahlung in fremden Städten zu handeln. Eine weitere wichtige Erfindung war die **doppelte Buchführung**. Mit ihr konnte der Kaufmann am Ende eines Tages auf einen Blick sehen, ob er Gewinn oder Verlust gemacht hatte. Man notierte einfach Ausgaben und Einnahmen auf gegenüberliegenden Seiten eines Geschäftsbuches und verglich am Abend die Summen beider Seiten. Jede Geschäftstätigkeit wurde notiert und damit überprüfbar.

Kaufleute beeinflussen die Politik

Gegenüber den reichen Kaufleuten verloren die Adeligen, Ritter und die geistlichen wie weltlichen Grundherren ihren bestimmenden Einfluss in der mittelalterlichen Gesellschaft des 14. Jahrhunderts. Einer der reichen Kaufleute war zum Beispiel der Augsburger Kaufmann Jakob Fugger. Er gewann durch das Verleihen von Geld an Kaiser, Könige und Päpste großen politischen Einfluss. Als Sicherheiten für sein Geld erhielt er das Recht, Silber und Kupferminen* auszubeuten. Jakob Fugger finanzierte mit seinem Reichtum Kriege und nahm selbst auf die Wahl des Kaisers bestimmenden Einfluss.

***Mine**
bergbaulicher Betrieb (z. B. eine Zeche), in dem ein Rohstoff (unterirdisch) abgebaut wird

1 Zeigt mithilfe von M 1 und dem Text die Möglichkeiten der Kaufleute, in den mittelalterlichen Städten zu Reichtum zu kommen.

2 Beschreibt anhand von M 3 Handelswege und Handelswaren.

3 Nennt die Einnahmequellen eines Grundherren (S. 132) und vergleicht mit denen eines Kaufmanns.

4 Erklärt, wie das Verlagssystem funktionierte.

5 Beschreibt, welchen Einfluss Jakob Fugger auf Kaiser und Könige ausüben konnte.

6 Ein Graf und ein Abt beklagen sich über den wachsenden Einfluss der Kaufleute. Entwerft dazu zwei Rollenkarten (→ **Wir spielen in verschiedenen Rollen: ein Rollenspiel**, S. 100/101).

Das kann ich …

- ✓ Grundherrschaft
- ✓ Ständegesellschaft
- ✓ Lehnswesen
- ✓ mittelalterliche Gesellschaftsordnung
- ✓ mittelalterliche Stadt
- ✓ Markt
- ✓ Zünfte
- ✓ Kaufleute
- ✓ Fernhandel
- ✓ Verlagssystem

M1 Wichtige Begriffe

M3 **Bauern bei der Arbeit für einen Grundherren.** *Buchmalerei, 15. Jahrhundert*

M2 **Markt in einer flämischen Stadt.** *Ölgemälde Mitte 16. Jahrhundert*

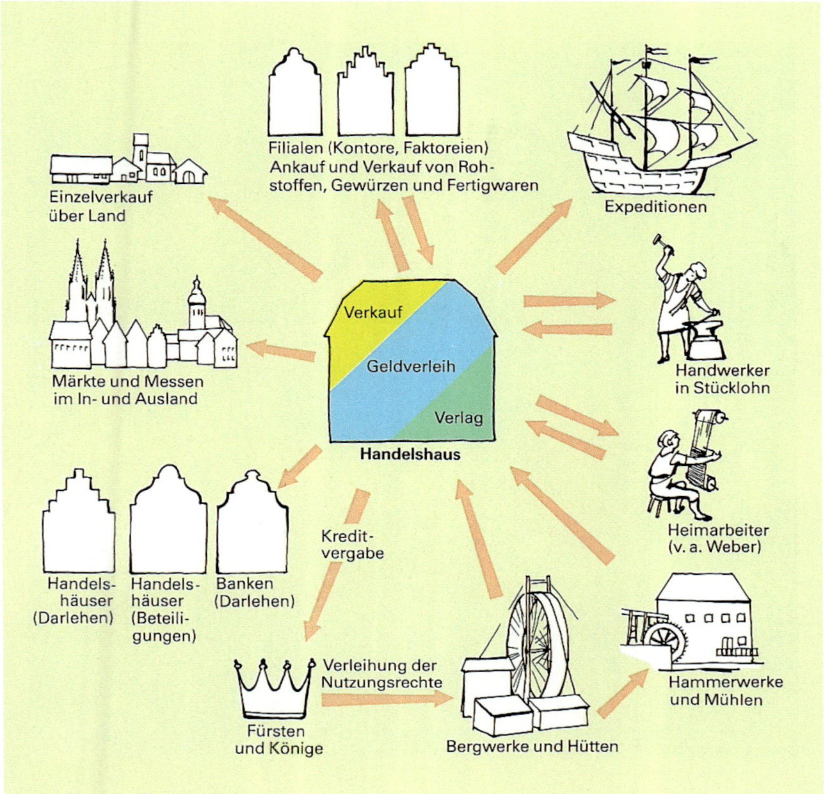

M4 **Geschäftsmöglichkeiten eines Handelshauses im Spätmittelalter**

Was wir noch wissen

1 Erklärt euch gegenseitig die wichtigen Begriffe (M1) und schreibt die Bedeutung der Begriffe in eure Arbeitsmappe.

2 Vergleicht mithilfe von M2 und dem Bild auf S. 134 das Leben in der Stadt und auf dem Land.

3 Erklärt die wirtschaftlichen Funktionen der mittelalterlichen Städte (M2).

4 Zeigt mithilfe von M4 die neuen Geschäftsmöglichkeiten der Kaufleute auf.

5 Nennt Gründe, warum die weltlichen und geistlichen Grundherren im Spätmittelalter an Einfluss in der Gesellschaft verloren.

Wir meinen, dass …

6 …für viele Menschen das Leben in einer Stadt attraktiv war, weil im Unterschied zum Leben auf dem Land in der Stadt …

7 … die von den Kaufleuten entwickelten neuen Handelsmöglichkeiten das Leben tiefgreifend veränderten und noch bis heute angewendet werden. Begründet diese Aussage mit Beispielen.

Wir wenden an

8 Besucht einen Markt in eurer Gemeinde oder Stadt und vergleicht diesen Markt mit einem mittelalterlichen Markt. Berichtet davon in eurer Klasse.

4 Kinder der Welt

Auf der Welt gibt es zurzeit sieben Milliarden Menschen. Schon als Kinder haben die Menschen ganz verschiedene Chancen. Viele haben kaum das Nötigste zum Leben. Doch manche kommen auch mit Wenigem gut aus. Auch auch bei uns geht es nicht allen Kindern gleich gut.

Das unterschiedliche Leben von Kindern in der Welt und bei uns könnt ihr auf den folgenden Doppelseiten erarbeiten. Aus sechs Themenbereichen könnt ihr euch ein Thema zur vertieften Bearbeitung auswählen.

Am Ende des Kapitels geht es um die Arbeit der Hilfsorganisationen für Kinder. Können sie den Kindern in Not helfen?

METHODE

Wir lernen in Gruppen

Mit der Methode „Wir lernen in Gruppen“ könnt ihr ein Thema aus vielen Blickwinkeln arbeitsteilig bearbeiten. Am Ende der Arbeit tragt ihre eure unterschiedlichen Ergebnisse in einem abschließenden Klassengespräch zusammen. Die Materialien der folgenden Doppelseiten helfen euch, eure Arbeit zu beginnen. Mithilfe von Büchern und dem Internet müsst ihr euch zusätzliche Informationen beschaffen.

M1 Checkliste für die Methode „Wir lernen in Gruppen“

Beim „Lernen in Gruppen“ gibt es zwei Arbeitsphasen. In der ersten Phase erarbeitet ihr euch ein Thema und erstellt eine Wandzeitung. In der zweiten Arbeitsphase, der Präsentationsphase, betrachtet ihr in neu zusammengesetzten Gruppen die Wandzeitungen eurer Mitschülerinnen und Mitschüler und erarbeitet deren Thema.

Arbeitsphase

1. Bildet kleine Gruppen an einem Gruppentisch in der Klasse. Klärt, welches Thema ihr aus dem Kapitel „Kinder der Welt“ erarbeiten wollt. Dafür könnt ihr die Doppelseiten 156 bis 167 durchblättern.
2. Ziel eurer Arbeit ist es, das gewählte Thema auf einer Wandzeitung hinter eurem Arbeitspatz oder an einer Wand im Klassenzimmer so zu präsentieren, dass andere Schülerinnen und Schüler das Thema erarbeiten können.
3. Ihr müsst nun die einzelnen Arbeitsschritte planen und einen Zeitplan aufstellen:

- Wer besorgt zusätzliche Informationen aus dem Internet?
- Wer sucht in der Bibliothek (Schul- oder Stadtbibliothek) nach Material?
- Was ist für die Erstellung der Wandzeitung nötig (Stifte, Papier, Kopien von Bildern etc.)?
- Wer schreibt erste Textentwürfe?
- Wer malt Schaubilder, Karten?
- Wann müsst ihr mit der Wandzeitung fertig sein?

Präsentationsphase

Wenn alle Gruppen ihre Arbeiten fertiggestellt haben, beginnt die zweite Arbeitsphase: die Präsentationsphase.

1. Aus jeder Arbeitsgruppe wechseln nun Mitschülerinnen oder Mitschüler so in die anderen Gruppen, dass in jeder der neu gebildeten Gruppen ein Schüler ist, der die Wandzeitung seiner Gruppe aus der Arbeitsphase seinen neuen Gruppenmitgliedern erläutern kann.
2. Alle Schülerinnen und Schüler der neuen Gruppen begeben sich nun mit Arbeitsmappe und Stift zu einer Wandzeitung. Dort erarbeiten sie das Thema, stellen Fragen und notieren sich wichtige Ergebnisse. Die Schülerin oder der Schüler, die/der diese Wandzeitung miterarbeitet hat, gibt Auskunft. Wenn die Arbeitsgruppe das Thema der Wandzeitung erarbeitet hat, wechselt sie zu einer anderen Wandzeitung.
3. In einem abschließendem Klassengespräch werden alle Lernergebnisse des Themas „Kinder der Welt“ besprochen und ausgewertet.
4. In einer Rückmeldung zur eurer Arbeit klärt ihr schließlich folgende Fragen:

- Was war an dieser Lernmethode gut?
- Was ist noch nicht so gut gegangen?
- Was können wir verbessern?

M2 **In Gruppen lernen**

Tipps
Am Anfang der Arbeit kann es sehr chaotisch zugehen. Ihr müsst immer wieder in eurer Arbeitsgruppe fragen: Gehört dieser Vorschlag oder dieser Hinweis einer Mitschülerin oder eines Mitschülers zu unserem Thema oder nicht? Es ist sehr nützlich, ein Arbeitsprotokoll zu führen, in dem ihr festhaltet, wer welche Aufgaben übernommen hat.
Wie ihr eine Wandzeitung erstellt, könnt ihr auf den Seiten 154/155 nachlesen..

1 Wählt aus den Doppelseiten 156 bis 167 ein Thema aus, das ihr bearbeiten möchtet. Beginnt dann mit der Arbeit. Lest euch dazu noch einmal die Checkliste M 1 und die Seiten 154/155 durch.

METHODE

Wir gestalten eine Wandzeitung

M 1 Gestaltung einer Wandzeitung zum Thema: „Kinder in Afrika“

Die Wandzeitung

Auf einer Wandzeitung, die im Klassenraum oder auf dem Flur der Schule aufgehängt wird, könnt ihr die Ergebnisse eurer Arbeit zu einem Thema darstellen (präsentieren). Mit ihr könnt ihr anderen Schülerinnen und Schülern die Ergebnisse eurer Arbeit erklären.

Wandzeitungen können sehr einfach gestaltet sein, wenn ihr nur innerhalb der Klasse ein Arbeitsergebnis präsentieren wollt. Dann benutzt ihr zum Beispiel Tapetenreste als Grundlage. Wenn ihr eine Ausstellung für die Schule oder die Eltern vorbereitet, präsentiert ihr eure Arbeitsergebnisse auf farbigem Karton.

Das Erstellen einer Wandzeitung ist nicht einfach und muss gut organisiert sein. Innerhalb eurer Arbeitsgruppe müsst ihr genaue Absprachen treffen.

M 2 Checkliste für das Herstellen einer Wandzeitung

1. Materialsammlung

a) Zunächst müsst ihr das genaue Thema eurer Wandzeitung festlegen.

b) Danach müsst ihr in einer vorläufigen Liste sammeln, was ihr für diese Wandzeitung benötigt:

- Tapete, Papier von einer Zeitungsrolle oder Karton,
- Stifte, Farben, Kleber, Schere,
- Bilder,
- Karten,

Texte zu …

Aufgabe	Name	Zeit	Unterschrift
vorhandenes Material sichten			
zusätzliche Informationen aus dem Internet besorgen			
Materialien aus der Schul-/Stadtbibliothek besorgen			
Textentwürfe schreiben			
Schaubilder/Karten zeichnen			

M3 Arbeitsplan

2. Verbindliche Verabredungen
Übertragt den Arbeitsplan (M3) in eure Arbeitsmappe und besprecht, wofür zuständig ist. Wichtig ist, dass ihr auch festlegt, bis wann die einzelnen Aufgaben erledigt sein müssen.

3. Gestaltung
Die Wandzeitung sollte auch aus einiger Entfernung gut lesbar sein. Deswegen müssen die Überschriften groß und deutlich gestaltet werden. Auch Bilder und Grafiken, Karten und Tabellen sollten nicht zu klein sein. Eure handschriftlichen Texte müssen gut lesbar sein.
Das Thema der Wandzeitung sollte am Kopf der Wandzeitung in großer Schrift hervorgehoben werden, entweder als Aussage („Schule ist schön“) oder als neugierig machende Frage („Ist Schule wirklich schön?“).
Die Texte und die Bilder sollten so angeordnetet sein, dass die Betrachter schnell das Wichtigste erfassen. Mit Pfeilen könnt ihr dies verdeutlichen.
Wenn ihr in einer Frage bei der Materialsammlung oder bei der Gestaltung nicht weiterkommt, solltet ihr eure Lehrerin oder euren Lehrer am besten schon frühzeitig um Hilfe bitten.

1 Gestaltet mithilfe von M2 eine Wandzeitung.

Thema 1: Kinder in Deutschland

M 1 Familie in Deutschland

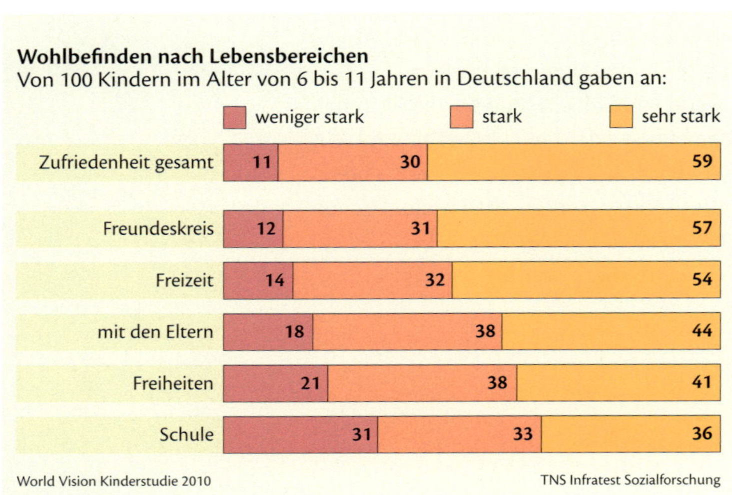

M 2 So fühlen Kinder 2010

Was die Statistik sagt

In vierzig Jahren ist die Zahl der Geburten in Deutschland um 378000 Kinder gesunken. Im Jahre 2010 wurden 678 000 Kinder geboren – das waren 13 000 mehr als 2009. Ein in Deutschland geborenes Mädchen wiegt bei seiner Geburt durchschnittlich 3,2 Kilogramm, ein Junge 3,3 Kilogramm. Der „durchschnittliche Junge“ ist bei seiner Geburt fast fünfzig Zentimeter, das Mädchen etwa 49 Zentimeter groß.

Jeder Junge, der im Jahr 2010 in Deutschland geboren wurde, hat(te) eine Lebenserwartung von 77 Jahren und vier Monaten. Neugeborene Mädchen des Jahrganges 2010 werden sich – statistisch gesehen – sogar auf 82 Jahre und sechs Monate einstellen können.

Rund 25 Euro Taschengeld bekommen Sechs- bis 13-Jährige monatlich in Deutschland. Aber auch jedes vierte Kind in Deutschland lebt in einer Familie mit großen finanziellen Schwierigkeiten.

Es gibt in diesem Land zahlreiche junge Menschen, denen scheint es an nichts zu fehlen. Allerdings wissen wir auch, dass viele Kinder in Deutschland nicht einmal regelmäßig täglich eine warme Mahlzeit bekommen.

Kinder aus armen Familien leben in zu kleinen Wohnungen, sie tragen alte Kleidung und kommen nicht selten ohne Frühstück in den Kindergarten oder in die Schule. Oft können sie infolge von Geldmangel nicht an den Klassenausflügen teilnehmen. Freizeitaktivitäten, die etwas kosten, können sie sich nicht leisten.

M3 Kinder – ein Störfaktor?

Bei ZEIT ONLINE war im März 2011 in einem Artikel „Kinder als Glücksfall oder Störfaktor" zu lesen:

[...] Zwei ältere Passagiere eines Linienbusses in Elmshorn fühlten sich durch das Geschrei eines Babys gestört und beschwerten sich beim Busfahrer. Daraufhin veranlasste er, dass die junge Mutter auf offener Strecke aussteigen musste. Die Frau war auf diese Grenzüberschreitung nicht vorbereitet, aber auch nicht vollkommen überrascht. Gerade ältere Menschen, so berichtete sie, fühlten sich von kleinen Kindern oft gestört und hätten bereits öfters von ihr verlangt, ihr drei Monate altes Baby endlich ruhig zu stellen.

Diese [...] Verständnislosigkeit gegenüber Eltern und ihren Kindern ist überall im Land zu spüren. [...]

In dem Zeitungsartikel wurde noch weiter berichtet:

M4 Kinderfreie Zonen?

[...] Im Nordend, einem wohlhabenden und kinderreichen Stadtteil (Frankfurts), hat der Betreiber eines Cafés per Aushang Kinder zu unerwünschten Gästen erklärt. Möbel seien als Hüpfburg missbraucht und, Scheiben beschmiert worden, in aller Öffentlichkeit seien Babys gewickelt worden. Weder die Kinder noch die Eltern hätten das Café als Raum respektiert, in dem sich Erwachsene erholen wollten. Seither tobt die Debatte. Mütter, die sich und ihre Kinder aus der Gesellschaft ausgegrenzt fühlen gegen Caféhausgäste und Nachbarn. [...]

Auch in Berlin, Hamburg oder München finden sich mittlerweile Cafés und Lokale, die Kinder oder Kinderwagen kurzerhand aussperren. Der Wunsch nach mehr kinderfreien Zonen in den Städten beschränkt sich längst nicht auf diese Orte.

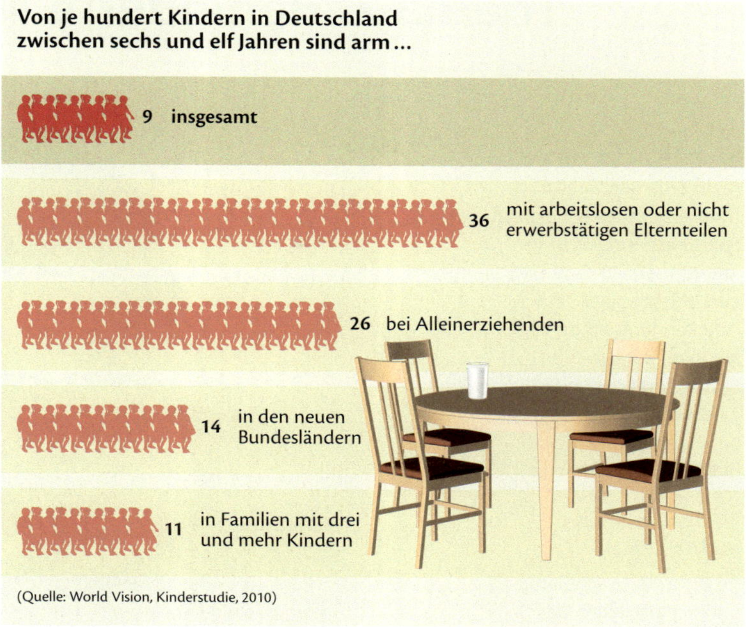

M5 Kinderarmut in Deutschland

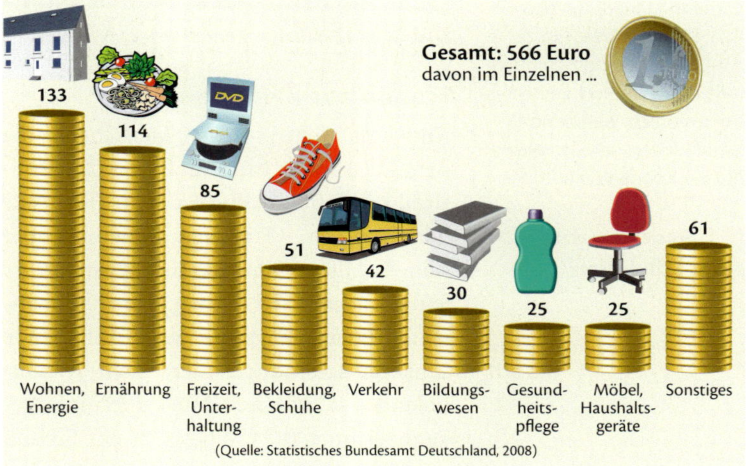

M6 Was Kinder heute monatlich kosten

1 Untersucht die Materialien dieser Doppelseite und beschreibt die unterschiedlichen Lebenssituationen von Kindern in Deutschland (→ **Wir werten ein Balkendiagramm aus**, S. 318).

2 Erstellt eine Wandzeitung über die unterschiedlichen Lebenssituationen von Kindern in Deutschland und ergänzt die Materialien mit euren eigenen Erfahrungen (→ **Wir erstellen eine Wandzeitung**, S. 154/155).

Thema 2: Behinderte Menschen unter uns

§ 1 Auftrag der Schule

(2) In Erfüllung ihres Auftrags erzieht die Schule zur Selbstbestimmung in Verantwortung vor Gott und den Mitmenschen, zur Anerkennung ethischer* Normen, zur Gleichberechtigung von Frau und Mann, zur Gleichstellung von behinderten und nicht behinderten Menschen […].

§ 3 Schülerinnen und Schüler

(5) Behinderte Schülerinnen und Schüler sollen das schulische Bildungs- und Erziehungsangebot grundsätzlich selbstständig, barrierefrei im Sinne des § 2 Abs. 3 des Landesgesetzes zur Gleichstellung behinderter Menschen und gemeinsam mit nicht behinderten Schülerinnen und Schülern nutzen können […].

M 1 Aus einem deutschen Schulgesetz

***ethisch**
sittlich

M 2 Der 12-jährige Benedikt ist Spastiker.

Fragen zur Behinderung

Mit uns leben viele Menschen, die behindert sind. In dem Buch „Im Rollstuhl zur Schule“ von Christian Hoenecke berichtet der 12-jährige Benedikt über seinen Alltag. Benedikt ist Spastiker. Er leidet an einer Krankheit, die durch unwillkürliche, langsame und anhaltende Muskelanspannung oder sich wiederholende, schüttelnde Muskelkrämpfe gekennzeichnet ist. Clemens ist ein Freund von Benedikt. Er hat Fragen an Benedikt mitgebracht, die Kinder aus einer anderen Klasse aufgeschrieben haben, als sie über behinderte Menschen sprachen. Fast alle Kinder, die Benedikt kennenlernen, stellen nach seiner Meinung ähnliche Fragen (siehe M 3).

M 3 Fragen an Benedikt

„Warum kannst du nicht laufen?“
Weil ich Spastiker bin. Das ist der medizinische Ausdruck für meine Behinderung.
„Wie ist das passiert? Hattest du einen Unfall?“
Nein, das ist bei der Geburt passiert. Da habe ich nicht genug Luft bekommen.
„Bist du krank?“
Nein. Das bringen Erwachsene und Kinder immer durcheinander. Sie reden oft von behinderten Kindern und gesunden Kindern. So, als ob gesund das Gegenteil von behindert sei. Das Gegenteil von gesund ist aber krank. Natürlich hab ich auch mal die Grippe. Dann bin ich krank. Sonst bin ich gesund.

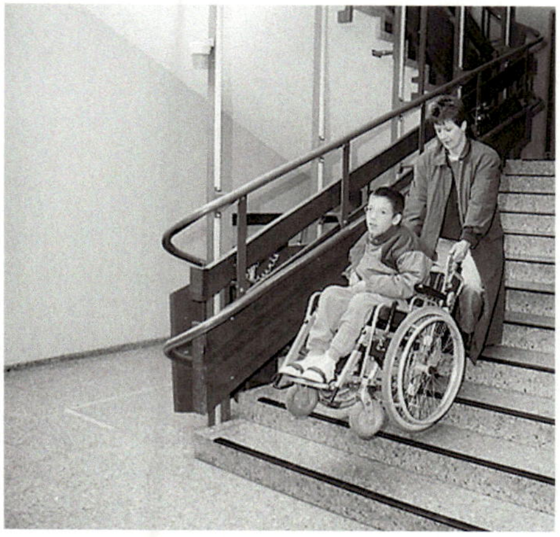

M4 **Benedikt wird „runtergehoppelt".**

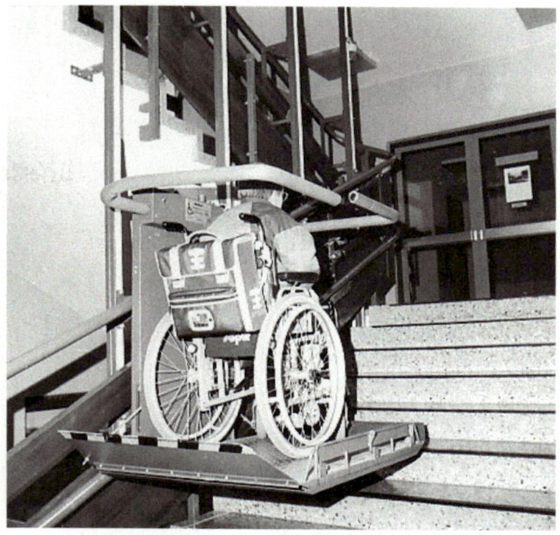

M5 **Benedikt auf dem Treppenaufzug**

„Kann man dir helfen, dass du wieder laufen kannst?" Nein, zurzeit zumindest nicht. Vielleicht später.
„Würdest du gerne mal laufen können?" Ja, aber da ich das doch nicht kann, hab ich mich daran gewöhnt. Trotzdem würde ich manchmal lieber laufen können.
„Wie bist du in der Schule?"
Ganz gut, ich komm gut zurecht.
„Wie kommst du an die Tafel?"
Da roll ich ganz einfach hin.
„Wie kommst du in den Hof?"
Da werde ich von einem Erwachsenen runtergehoppelt. So nenne ich das, wenn sie mit mir die Treppen fahren. Das heißt, man kippt mich mit dem Rollstuhl nach hinten und hoppelt Stufe für Stufe runter.
„Kannst du Fangen spielen?"
Ja, ja wirklich! Natürlich müssen da andere Spielregeln gelten. Und die müssen eingehalten werden. Wir haben sie uns in der Klasse ausgedacht.
„Bist du das einzige Kind mit Rollstuhl in deiner Schule?"
Rollstuhlkinder gibt es in meiner Schule mich und in anderen Klassen noch drei andere.

M6 **Vom Umgang mit Behinderten.** *Karikatur*

1 Untersucht die Materialen dieser Doppelseite und beschreibt die Folgen von Behinderungen.

2 Erstellt eine Wandzeitung über die Auswirkungen der Behinderung. Schreibt in Sprechblasen mögliche Wünsche und Bedürfnisse von Benedikt auf eure Wandzeitung (→ **Wir erstellen eine Wandzeitung**, S. 154/155).

3 Prüft, ob ihr folgende Fragen zur Karikatur (M6) auf eurer Wandzeitung beantworten könnt:
- Warum sitzt der Rollstuhlfahrer hinter Mauern?
- Was drückt die Karikatur über unseren Umgang mit behinderten Menschen aus?

Thema 3: Kinder im Senegal

M1 Senegalesische Flagge

M3 Afrika – physische Karte (Ausschnitt)

M2 Geographische Lage von Senegal in Afrika

M4 Aufgabe der Mädchen auf dem Lande

Senegal

Senegal ist ein Staat in Westafrika, der etwa halb so groß wie Deutschland ist. Dort leben rund zwölf Millionen Menschen – weit mehr als die Hälfte (nämlich 58 von 100) davon sind unter 20 Jahre alt (in Deutschland sind es nur etwa 20 von 100). Senegal ist der weltweit größte Erzeuger von Erdnüssen. Fast 80 von 100 Menschen in Senegal sind in der Landwirtschaft beschäftigt.

Schule im Senegal

Während in Deutschland eine allgemeine Schulpflicht* besteht, ist in vielen Ländern der Erde – vor allem in ärmeren – ein Schulbesuch nicht regelmäßig oder gar nicht möglich. Im Senegal besuchen von hundert 12- bis 14-Jährigen immerhin 59 Mädchen und sogar 79 Jungen eine Schule – das ist im Vergleich mit anderen afrikanischen Ländern ein sehr guter Wert.

***Schulpflicht**
gesetzliche Regelung, wonach Kinder in einem bestimmten Alter die Schule besuchen müssen (in NRW bis zum Alter von 18 Jahren)

M5 **In einer Schule in der Stadt**

M6 **Jungen bei der Arbeit auf dem Felde**

In den senegalesischen Städten gibt es viele und zum Teil auch recht gut ausgestattete Schulen. Ein großer Teil der Mädchen und Jungen besucht dort regelmäßig die Schulen.
Auf dem Lande hingegen sind die Schulen nur vergleichsweise schlecht ausgestattet. Manchmal findet der Unterricht gezwungenermaßen „unter freiem Himmel" statt. Dabei kostet der Bau einer Dorf-Schule für ungefähr hundert Schülerinnen und Schüler nur etwa so viel Geld, wie ein neuer Kleinwagen in Deutschland.

Aufgaben der Kinder

Besonders auf dem Lande haben die Kinder Aufgaben zu erledigen, die sie mitunter von einem Schulbesuch abhalten. Mädchen müssen täglich viele Kilometer laufen, um Wasser zu holen oder Brennholz für die Familie zu sammeln. Sie transportieren das Material üblicherweise auf dem Kopf.
Jungen hüten Ziegen oder müssen bei der beschwerlichen Arbeit auf den Feldern helfen. Nicht selten leben ihre Väter in den senegalesischen Städten oder sogar im Ausland, um mit ihren dortigen Einkünften die Familien zu Hause versorgen zu können.

M7 **Junge in der senegalesischen Stadt Kaolack**

1 Untersucht die Materialien dieser Doppelseite und beschreibt die Lebenssituationen von Kindern im Senegal (→ **Wir lesen eine physische Karte,** S. 62/63).

2 Erstellt eine Wandzeitung über das Leben von Kindern im Senegal (→ **Wir gestalten eine Wandzeitung**, S. 154/155).

3 Vergleicht euer Leben in Deutschland mit dem Leben der Kinder im Senegal. Tragt eure Ergebnisse in einer Tabelle auf der Wandzeitung ein.

Thema 4: Kinderarbeit – in Indien und anderen Teilen der Welt

M 1 Kinderarbeit in Afghanistan

M 2 Kinderarbeit in Pakistan

Kinderarbeit in Indien

Während in Deutschland eine Beschäftigung von Kindern verboten ist, müssen weltweit schätzungsweise mehr als 250 Millionen Kinder unter 14 Jahren arbeiten.
Mindestens ein Viertel von ihnen muss gefährliche Arbeiten im Bergbau und in Armeen verrichten, andere sind in Industrie und Landwirtschaft beschäftigt. Auch in der Bauwirtschaft und im Drogenhandel werden Kinder eingesetzt.

In Indien arbeitet jedes vierte Kind. Beispielsweise putzen Kinder Schuhe, sammeln und verkaufen Müll, arbeiten als Hausdiener/-innen oder in der Teppichindustrie.
Sie tun es, obwohl auch in Indien Kinderarbeit verboten ist. Aber den Familien bleibt nichts anderes übrig. Ohne den finanziellen Beitrag ihrer Kinder wäre so manche Familie am Ende.

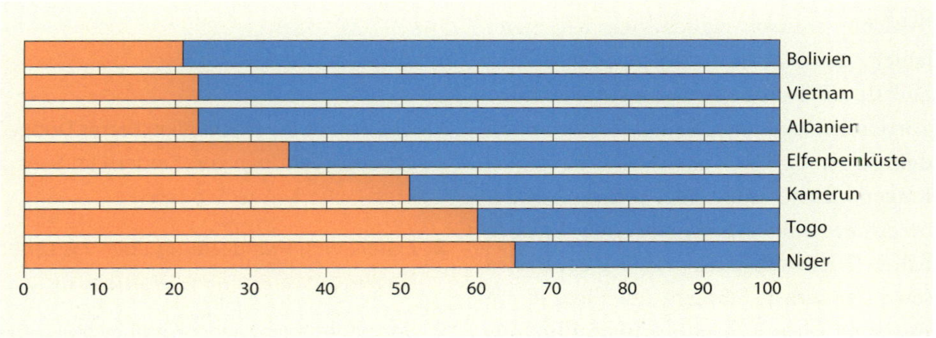

M 3 Anteil der arbeitenden Kinder im Alter zwischen 5 und 14 Jahren (rot) an der Gesamtzahl der Kinder (= 100)

M4 **Durch die Explosion von Feuerwerkskörpern zerstörte Grundschule in China.** *Fernsehbild*

M5 **Schutzsiegel gegen Kinderarbeit (Dieses Siegel wurde in Deutschland bis 2009 vergeben.)**

RUGMARK – Teppiche ohne Kinderarbeit

RUGMARK ist eine internationale Organisation, die 1995 gegründet wurde. Indische, deutsche und andere Hilfswerke schlossen sich zusammen, um etwas gegen die Kinderarbeit in der Teppichindustrie zu unternehmen.

RUGMARK kennzeichnet Teppiche, an deren Herstellung keine Kinder beteiligt waren. So können Kunden in fernen Ländern (z. B. in Deutschland, Belgien, Großbritannien, Kanada und in den USA) ruhigen Gewissens ein Produkt kaufen, das nicht deswegen so billig ist, weil billige Arbeitskräfte schonungslos ausgenutzt wurden.

In Nepal, Indien und Pakistan arbeiten Teppichhersteller mit RUGMARK zusammen. In Indien werden schon ein Viertel aller Betriebe, in Nepal werden sogar schon zwei Drittel beaufsichtigt.

RUGMARK kümmert sich um ehemalige Kinderarbeiter und deren Familien.

Die Kinder z. B. werden gesundheitlich stabilisiert und können in aller Ruhe eine Schule besuchen.

M6 **Aus einer großen deutschen Zeitung:**

Bei einer Explosion in ihrer Grundschule sind 41 chinesische Kinder ums Leben gekommen. Sie starben, weil sie in der Schule Feuerwerkskörper herstellen mussten. Ein Großteil der Feuerwerkskörper wird von Kindern, manche gerade zehn Jahre alt, gemacht. „Die kleinen Hände sind geschickter", erklärt der Fabrikleiter. „Arbeit ist Kindern unter 16 Jahren verboten. Doch daran hält sich niemand. Die Familien wollen Geld verdienen", erklärt er.

Die Schule selbst hatte die Kinder zu der gefährlichen Arbeit mit den Feuerwerkskörpern gezwungen. Weil die Schule von der Gemeinde zu wenig Geld bekam und die Lehrer monatelang kein Gehalt gesehen haben, verlangten sie von den Kindern den Arbeitseinsatz als „Schulgeld".

Über 13 Millionen Jungen und Mädchen im Alter von zehn bis 14 Jahren arbeiten nach Schätzungen in China wieder für ihren Lebensunterhalt. Auf dem Land können sich viele Bauern das Schulgeld nicht leisten und schicken ihre Kinder deshalb zur Arbeit auf die Felder. In Fabriken kleben 13-Jährige Sportschuhe zusammen. Kinderarbeit ist verboten. Aber niemand überprüft die Einhaltung des Verbots.

1 Untersucht die Materialien dieser Doppelseite und beschreibt die Auswirkungen von Kinderarbeit.

2 Erstellt eine Wandzeitung über die Auswirkungen von Kinderarbeit. Erklärt auf eurer Wandzeitung, warum es immer noch Kinderarbeit gibt (→ **Wir gestalten eine Wandzeitung**, S. 154/155).

Thema 5: Straßenkinder – z. B. in Südamerika

M 1 Kinder übernachten auf der Straße.

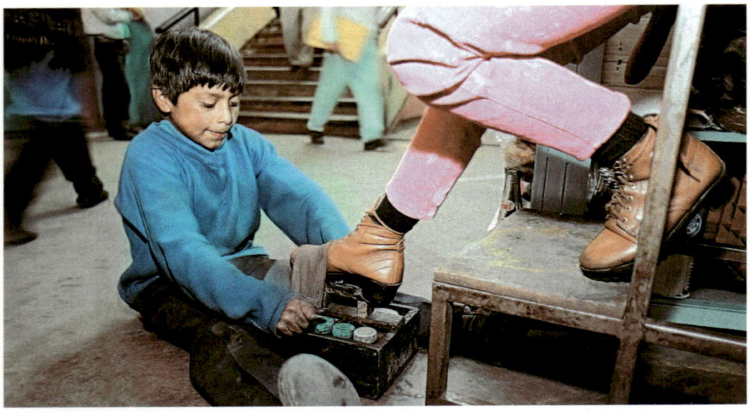

M 2 Ein Kind arbeitet als Schuhputzer.

Armut zerstört das Zuhause

Es gibt zahlreiche Gründe, warum Kinder auf der Straße leben. Eine wichtige Ursache ist die Armut, denn sie verändert die Familien.

Die beengten Wohnverhältnisse und der tägliche Kampf ums Überleben in den Elendsvierteln der Städte führen zu Streit, Gewalt und dem Auseinanderbrechen der Familien. Für viele Kinder erscheint deshalb zunächst das Leben unter Freunden auf der Straße verlockend.

Andere sind gezwungen, ihren Lebensunterhalt oder auch den ihrer Familien auf den Straßen zu verdienen. Aber auch Waisen und Kinder, die von ihren Eltern verlassen wurden, leben auf der Straße.

Manche Straßenkinder arbeiten zwar auf der Straße, sie haben aber noch Kontakt zu ihren Familien, wo sie zumindest gelegentlich auch wohnen. Andere müssen immer auf der Straße leben und arbeiten, da sie keinen Kontakt mehr zu ihren Familien haben. Sie schlafen auf Treppen, in Hauseingängen oder unter geparkten Autos.

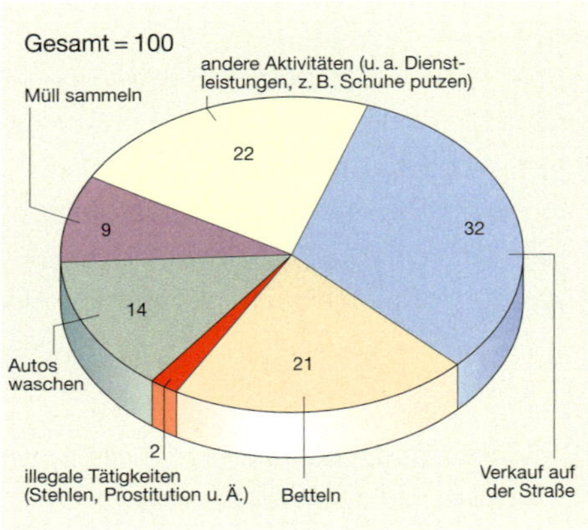

M 3 Hauptbeschäftigungen der Straßenkinder in Südamerika. Was Straßenkinder machen, um Geld für das Überleben zu erhalten.

M 4 Kind beim Straßenverkauf

M 5 Straßenkinder mit ihren Halbseligkeiten

Straßenkinder leben gefährlich

Alle diese Kinder müssen schwer arbeiten, um zu überleben, teilweise bis zu 14 Stunden am Tag. Sie suchen nach Verwertbarem im Müll, putzen Schuhe oder tragen Lasten.

Den Straßenkindern droht ständig Gefahr. Geschäfts- und Privatleute fühlen sich bedroht und engagieren private Sicherheitsleute, die Jagd auf die Straßenkinder machen.

Aber auch verschiedene Straßenkinderbanden bedrohen oder töten sich gegenseitig. In vielen Ländern Lateinamerikas* sind Verletzungen durch Waffen die häufigste Todesursache bei Kindern.

Nach Informationen der Menschenrechtsorganisation amnesty international (ai) werden im brasilianischen Rio de Janeiro täglich drei Kinder von Sicherheitskräften getötet.

Straßenkinder auch bei uns

Immer häufiger leben auch in Deutschland Kinder und Jugendliche auf der Straße. Schätzungen gehen davon aus, dass in Deutschland etwa 9000 Kinder mindestens zeitweise auf der Straße leben, davon etwa 3000 in Berlin.

Die steigende Armut, aber auch die Zerrüttung von Familien, treibt diese Kinder auf die Straße.

Frage: Wieso lebt ihr auf der Straße?

Jimmy: Ich muss hier auf der Straße leben, wegen der Armut. Mein Vater ist schon lange tot, und meine Mutter ist gestorben, als ich zehn Jahre alt war.

Joseph: Ich bin hier auf der Straße aufgewachsen. Meine Mutter ist schon früh gestorben, und mein Vater und meine Verwandten leben irgendwo außerhalb.

Frage: Was gefällt euch am Leben auf der Straße und was sind die größten Probleme?

Jimmy: Was mir wirklich gefällt, ist, dass meine Freunde und ich durch dick und dünn gehen, wir halten zusammen und würden uns nie verraten. Das einzige Problem ist, wie brutal wir hier behandelt werden. Polizisten und Sicherheitsleute kommen ganz plötzlich, sie nehmen einfach alle Straßenkids mit und misshandeln sie dann.

Joseph: Wir werden grün und blau geschlagen. Sie behandeln uns wie Tiere. Und alle Polizisten machen mit, niemand nimmt uns in Schutz.

M 6 Interview mit Jimmy, 16, und Joseph, 21. Sie leben seit mehreren Jahren in Brasilien auf der Straße.

M 7 Straßenkinder bei der Essensausgabe einer Hilfsorganisation

***Lateinamerika**
die spanisch- und portugiesisch-sprachigen Länder Amerikas südlich der USA

***Favela**
Armenviertel am Rande der großen Städte in Brasilien (Südamerika)

1 Untersucht die Materialien dieser Doppelseite und beschreibt die Lage der Straßenkinder.

2 Erstellt eine Wandzeitung über die Lage der Straßenkinder (→ **Wir gestalten eine Wandzeitung**, S. 154/155).

3 Sucht im Internet und anderen Medien aktuelle Informationen über das Leben von Straßenkindern (Suchwörter: Straßenkinder, Slums, Favelas*).

Thema 6: Kinderarbeit in Deutschland – damals

M 1 Kinderarbeit in einem Bergwerk (um 1840)

M 2 Junge als Kuhführer beim Pflügen (um 1900)

Kinderarbeit vor 150 Jahren

In den neu entstehenden Bergwerken und Fabriken in Deutschland wurden im 19. Jahrhundert Kinder zu schwerster Arbeit eingesetzt.

In vielen Familien herrschte wirtschaftliche Not. Die neuen Arbeitsplätze waren sehr begehrt. Die Unternehmer konnten es sich erlauben, Männer und Frauen für geringste Löhne arbeiten zu lassen. Trotz langer Arbeitszeiten reichte das Familieneinkommen nicht für den Lebensunterhalt aus. Viele Kinder waren zum Mitverdienen gezwungen. Da Kinder die billigsten Arbeitskräfte waren, wurden sie in vielen Bereichen bevorzugt eingestellt. Manchmal war es für sie leichter als für die Eltern, Arbeit zu finden. Die unmenschlichen Arbeitsbedingungen ruinierten die Gesundheit der Kinder: Unfälle am Arbeitsplatz und Krankheiten als Folge der Arbeitsbedingungen waren an der Tagesordnung. Viele Kinder starben an den Folgen der Kinderarbeit und den unzureichenden Lebensbedingungen.

Bis 1839 gab es keine gesetzliche Beschränkung der Kinderarbeit in Deutschland. Um 1825 betrug die Arbeitszeit in Berlin für Kinder 7 bis 12 Stunden täglich.

Mühsame Fortschritte

1839 wurden in **Preußen*** durch staatliche Verordnung die Kinderarbeit unter neun Jahren verboten sowie die Höchstarbeitszeit auf zehn Stunden täglich begrenzt. Das Verbot betraf jedoch nur die allerschlimmsten Auswüchse, denn Kinderarbeit war weiterhin in großem Umfang erlaubt und weit verbreitet.

Erst 1853 wurden das Verbot der Kinderarbeit auf das Alter unter zwölf Jahren ausgedehnt und die Höchstarbeitszeit auf sechs Stunden täglich begrenzt. Das galt für die Fabriken. Für Heimarbeit und Arbeit in der Landwirtschaft gab es noch lange keine Beschränkungen. Heute ist Kinderarbeit (bis 14 Jahre) durch das Jugendarbeitsschutzgesetz verboten.

***Preußen**
bis 1945 der größte Teilstaat des Deutschen Reiches; er umfasste große Gebiete in West- und Norddeutschland und ferner große Teile des heutigen Polen.

M3 Im Jugendarbeitsschutzgesetz in der Fassung von Oktober 2008 heißt es:

§ 5

(1) Die Beschäftigung von Kindern [...] ist verboten. [...]

(3) Das Verbot des Absatzes 1 gilt ferner nicht für die Beschäftigung von Kindern über 13 Jahren mit Einwilligung des Personensorgeberechtigten, soweit die Beschäftigung leicht und für Kinder geeignet ist. [...]

Die Kinder dürfen nicht mehr als zwei Stunden täglich, in landwirtschaftlichen Familienbetrieben nicht mehr als drei Stunden täglich, nicht zwischen 18.00 und 8.00 Uhr, nicht vor dem Schulunterricht und nicht während des Schulunterrichts beschäftigt werden. [...]

M4 Ein Junge, der auf einem Bauernhof aufwuchs, berichtete über seinen Alltag im Jahre 1929:

Ich besinne mich, dass ich als vierjähriger Kerl dem Vater das Mittagessen [...] bringen musste. [...]

Als ich etwas über sieben Jahre alt geworden war, musste ich nun schon auf dem Felde mithelfen, Gänse und Kühe hüten, Kartoffeln hinter der Maschine auflesen oder Rüben ausziehen und hacken. [...]

Ich habe während der acht Schuljahre nur wenige Male meine Schularbeiten machen können; wir Kinder mussten die Schule meistens schwänzen, um durch Arbeit bei den Bauern für unsere Familie verdienen zu helfen.

M5 Heimarbeit von Kindern (um 1890)

M6 Raphael, 11 Jahre alt. *Karikatur*

1 Untersucht die Materialien dieser Doppelseite und berichtet über die Kinderarbeit in Deutschland damals.

2 Erstellt eine Wandzeitung über die Kinderarbeit in Deutschland vor 150 Jahren (→ **Wir gestalten eine Wandzeitung**, S. 154/155).

3 Stellt dar, welche Bedeutung Kinderarbeit damals für das Überleben einer Familie hatte und vergleicht mit heute.

Was ist der Weltkindertag?

M2 Demonstration am Weltkindertag 2007 vor dem Berliner Reichstag

M1 Symbol der UNICEF

UNICEF

Die Organisation **UNICEF** (United Nations Children's Fund) wurde 1946 gegründet. Sie wird auch als „Kinderhilfswerk der Vereinten Nationen" bezeichnet.
Die **Vereinten Nationen** (United Nations Organization, abgekürzt: **UN**) sind ein Zusammenschluss fast aller Staaten der Erde. Gegenwärtig gehören 192 Staaten den Vereinten Nationen an.
Am 20. November 1989 wurde die **UN-Kinderrechtskonvention*** beschlossen. Sie ist eine internationale Vereinbarung über die Rechte eines Kindes.
Die UNICEF tritt weltweit für die Rechte der Kinder und für ihren Schutz ein. In vielen Staaten der Erde machen Politiker und bekannte Persönlichkeiten auf das Schicksal von Kindern aufmerksam. Die UNICEF-Botschafter/-innen, die wir zumeist aus dem Kino oder dem Fernsehen kennen, nutzen ihre Bekanntheit, um Geldspenden für UNICEF zu sammeln. Von diesem Geld werden beispielsweise Schulen in Afrika und Asien gebaut, Lehrerinnen und Lehrer bezahlt oder eine ärztliche Versorgung finanziert.

***Konvention**
Vertrag, der zwischen mehr als zwei Staaten geschlossen wird

Junior-Botschafter/-in für UNICEF

Neben prominenten Erwachsenen ernennt UNICEF alljährlich Junior-Botschafter/-innen. Das sind Kinder und Jugendliche, die sich für die Rechte ihrer Altersgenossen in der Welt stark machen. Hierfür nehmen sie allein, in kleinen Gruppen oder als gesamte Klasse an einem entsprechenden Wettbewerb teil.

Weltkindertag

Einmal im Jahr stehen seit 1954 die Kinder der Welt im Mittelpunkt der Aufmerksamkeit. Vor mehr als fünfzig Jahren wurde der erste Weltkindertag ins Leben gerufen.
In Deutschland ist der 20. September Weltkindertag. In den 144 anderen Staa-

M 3 **Junior-Botschafterin der UNICEF 2010**

M 5 **Der Fußballstar David Beckham für UNICEF in Sierra Leone**

ten der Erde, die sich beteiligen, wird der Weltkindertag an einem anderen Tag begangen.

In Japan ist der 5. Mai sogar ein gesetzlicher Feiertag. Im westafrikanischen Land Guinea ist der ganze Juni zum „Weltkindertag" erklärt worden.

M 4 Weltkindertag-Fest 19. 9. 2010 in Köln:

Unter dem Motto „Respekt für Kinder" feierten Familien aus Köln und Umgebung heute das Weltkindertag-Fest in der Domstadt. Zum 19. Mal standen die Wünsche und Forderungen von Kindern im Mittelpunkt.

In der Kölner Altstadt drehte sich beim heutigen Weltkindertag-Fest alles um den Nachwuchs: Mehr als 100 000 Kinder und ihre Eltern besuchten das größte Weltkindertag-Fest in Nordrhein-Westfalen. […]

Bei der Eröffnung des Weltkindertag-Festes forderte die Bürgermeisterin […], Kinder ernst zu nehmen und ihre Wünsche und Bedürfnisse zu berücksichtigen: „Wir dürfen nicht über die Köpfe der Kinder und Jugendlichen hinweg entscheiden. […]"

Neben Spiel und Spaß bot das Fest den kleinen und großen Besuchern auch eine Plattform zum Austausch: „Für mich ist wichtig, dass Erwachsene zuhören, wenn wir über unsere Probleme sprechen", erklärte die elfjährige Veronica aus Kalk.

1 Berichtet über die Arbeit und Aktionen von UNICEF.

2 Erklärt, mit welchem Ziel einmal im Jahr der Weltkindertag begangen wird (Text, M 4).

3 „Weltkindertag" – eine sinnvolle Sache? Nehmt Stellung zu dieser Frage und begründet eure Meinung.

4 Informiert euch über den aktuellen Wettbewerb der UNICEF zum Thema „Junior-Botschafter/-in" und berichtet der Klasse.

Wem nützt die Kinderrechtserklärung?

M 1 Plakat des Kinderhilfswerks der Vereinten Nationen (UNICEF) zur Kinderrechtserklärung

M 2 UNICEF berichtet „Gleichbehandlung“:

Jedes Jahr sterben allein in Südasien eine Million Kinder, nur weil sie Mädchen sind. Sie werden schlechter ernährt und medizinisch versorgt als ihre Brüder.
Von den 101 Millionen Kindern weltweit, die nicht zur Schule gehen, sind über die Hälfte Mädchen. Statt lesen und schreiben zu lernen, müssen sie im Haus mithelfen und auf die jüngeren Geschwister aufpassen.
Die Benachteiligung der Mädchen beruht nicht nur auf traditionellen* Vorstellungen. Der wichtigere Grund ist die Armut vieler Familien. Wo das Einkommen der Familien nicht ausreicht, bevorzugen Eltern oft ihre Söhne, wenn Geld für ärztliche Betreuung, eine bessere Ernährung oder für die Ausbildung ausgegeben werden muss.

M 3 UNICEF berichtet: „Schutz vor Ausbeutung“

Weltweit müssen rund 158 Millionen Kinder arbeiten – das ist jedes siebente Kind. Sie schuften auf Plantagen* und Baustellen, in Bergwerken und Fabriken – bis zu zwölf Stunden und länger, oft unter menschenunwürdigen Bedingungen.
Viele Kinder werden […] ausgebeutet. […] Die harte Arbeit führt zu bleibenden Gesundheitsschäden und oft zu frühem Tod. Zeit und Kraft für den Schulbesuch bleiben diesen Kindern nicht.

***traditionell**
althergebracht (schon lange in dieser Weise bestehend)

***Plantage**
großes landwirtschaftliches Gut (z. B. Kakaoplantage, Bananenplantage)

M4 UNICEF berichtet: „Schutz im Krieg“

Die Hälfte der Opfer gegenwärtiger Kriege sind Kinder. Durch Kriege und bewaffnete Konflikte haben weltweit rund 40 Millionen Menschen ihre Heimat verlassen müssen. Jeder zweite dieser Flüchtlinge und Inlandsvertriebenen ist ein Kind.

Viele von ihnen mussten den Tod von Eltern oder Geschwistern mitansehen, sie wurden Zeugen von Mord und Folter. UNICEF versorgt Kinder in Kriegsgebieten und Flüchtlingslagern mit Decken, Zelten, Nahrungsmitteln und Medikamenten. In vielen Gebieten hilft man beim Aufbau von Notschulen und bei der Betreuung von Kindern, die den Krieg erlebten.

M6 Kinder in Bad Dürkheim zeigen auf Plakaten „Kinderrechte“ im Rahmen von Aktionstagen 2007.

M5 Aktionstag zu Kinderrechten in Bad Dürkheim

Ein besonderer Stand von UNICEF ergänzte im Jahr 2007 das bereits etablierte* Angebot der Kinderspielstadt Dürkcity. „Gerade in dem Jahr, in dem wir als Stadt Bad Dürkheim die Soziale Stadt thematisieren, ist das eine tolle Ergänzung des üblichen Spielstadtlebens“, bedankte sich der Erste Beigeordnete […] bei UNICEF-Vertretern.

Hierzu wurden jeden Tag zwei Kinderrechte diskutiert, spielerisch erarbeitet und anschließend auf Postern dargestellt. Dabei wurde auch detailliert* auf die unterschiedliche Lebenssituation von Kindern in verschiedenen Ländern der Erde eingegangen. Zum Thema „Kinder brauchen Spiel und Freizeit“ lernten die Kinder beispielsweise Spiele aus anderen Ländern kennen.

Und weil die freie Meinungsäußerung auch zu den Rechten von Kindern gehört, wurde gleich ein Brief mit Wünschen formuliert, die widerspiegeln, was aus Sicht der Kinder in Bad Dürkheim verbessert werden könnte. […]

***etabliert**
vom Verb „etablieren“ = etwas einrichten/gründen

***detailliert**
genau, ausführlich (Einzelheiten darstellend)

1 Lest die Punkte in M1 und gebt für jeden der zehn Punkte ein Beispiel.

2 Erarbeitet in Partnerarbeit M2 bis M4. Setzt das Ergebnis jeweils mit den entsprechenden Punkten der Kinderrechtserklärung (M1) in Beziehung. Was stellt ihr fest?

3 Berichtet mithilfe von M5 und M6 über die Aktion zu Kinderrechten in Bad Dürkheim.

4 Prüft, ob ihr eine ähnliche Aktion in eurer Schule oder Gemeinde durchführen könnt.

Wie helfen Hilfsorganisationen?

M 1 Plakataktion im Jahr 2011

M 2 Logo des Deutschen Kinderschutzbundes (DKSB)

Die Kindernothilfe

Die in M 1 formulierte Frage hat die **Kindernothilfe** auf tausenden Plakaten gestellt, die zu Beginn des Jahres 2011 in ganz Deutschland zu sehen waren.
Die Kindernothilfe wurde 1959 in Duisburg von Christinnen und Christen gegründet und wuchs im Laufe der Jahre zu einem der größten Kinderhilfswerke in Europa. Heute fördert und erreicht die Kindernothilfe rund 590 000 Mädchen und Jungen in 985 Projekten in 28 Ländern in Afrika, Asien, Lateinamerika und Osteuropa.

Action!Kidz sind Schülerinnen und Schüler im Alter zwischen sechs und 14 Jahren, die sich für die Kindernothilfe einsetzen. Sie putzen Wohnungen, fegen Blätter zusammen oder waschen Autos für die Kindernothilfe. In jedem Jahr lassen sie sich etwas Neues einfallen, um Geld für Hilfsprojekte zu sammeln.

Der Deutsche Kinderschutzbund

Der **Deutsche Kinderschutzbund (DKSB)** wurde 1953 in Hamburg gegründet. Inzwischen ist er mit seinen 50 000 Mitgliedern die größte deutsche Kinderschutzorganisation.
Die Schwerpunkte der Arbeit des Deutschen Kinderschutzbundes liegen u. a. bei der Bekämpfung von Kinderarmut in Deutschland, der Stärkung von Kinderrechten und dem Schutz von Kindern vor Gewalt.
Die „Nummer gegen Kummer“, das kostenlose Sorgentelefon für Kinder und Jugendliche, gehört ebenfalls zum Deutschen Kinderschutzbund (siehe S. 23).

Das Deutsche Kinderhilfswerk

Das **Deutsche Kinderhilfswerk** wurde 1972 von Unternehmern und Kaufleuten in München gegründet.
Nachdem zunächst nur die Spielplatzsituation in München – später auch in anderen Städten – verbessert werden sollte, hat sich mittlerweile das Aufgabengebiet des Deutschen Kinderhilfswerkes wesentlich erweitert.
Die UN-Kinderrechtskonvention rückte stärker in den Blickpunkt und es wurde 1999 mit „kindersache.de“ ein speziell für Kinder entwickeltes Internet-Angebot im Netz präsentiert. Das Deutsche Kinderhilfswerk will für Kinder und Familien eine kinderfreundliche Lebenswelt schaffen.

terre des hommes

1967 wurde **terre des homme (tdh)*** gegründet, um in Kriegen schwer verletzten Kindern zu helfen. Inzwischen hat terre des hommes seine Aktivitäten ausgedehnt. Die Organisation hilft z. B. Straßenkindern, verlassenen und arbeitenden Kindern, kümmert sich um die Opfer von

***terre des hommes** aus der französischen Sprache [gesprochen: *ter-dee-somm*] – bedeutet: „Erde der Menschlichkeit“

M3 **In einem SOS-Kinderdorf**

M4 **Action!Kidz**

Krieg und Gewalt und sorgt für die Ausbildung von Kindern.

SOS*-Kinderdorf

1949 gründete der Österreicher Hermann Gmeiner das erste so genannte **SOS-Kinderdorf**. Die ursprüngliche Grundidee war folgende: Eine SOS-Kinderdorfmutter lebt gemeinsam mit fünf bis sieben Kindern in einer SOS-Kinderdorffamilie. In dieser familiären Umgebung erfahren die Kinder Vertrauen, Halt und Geborgenheit, bis sie irgendwann auf eigenen Beinen stehen und ein selbstbestimmtes Leben führen können. 1956 wurde die Idee der SOS-Kinderdörfer auch in Deutschland umgesetzt. Ein erstes SOS-Kinderdorf entstand am bayrischen Ammersee.

Anfangs waren es Waisenkinder, die in solchen Einrichtungen lebten. Inzwischen wohnen in deutschen SOS-Kinderdörfern überwiegend Kinder und Jugendliche aus Familien, die von Problemen stark belastet sind.

Heute gibt es weltweit mehr als 490 SOS-Kinderdörfer.

Hermann Gmeiner wurde nicht müde, immer wieder auf die Not vieler Kinder hinzuweisen und eigene kleine Sorgen hintenanzustellen mit der Aussage: „Nimm dich selbst nicht so wichtig.“

Auf die Kinder kommt es an.
Deutsches Kinderhilfswerk

M5 **Logo des Deutschen Kinderhilfswerkes**

terre des hommes
Hilfe für Kinder in Not

M6 **Logo von terre des hommes**

***SOS**
internationaler Funkzeichen-Notruf, wenn Menschen (z. B. nach einem Schiffsunglück) in Not sind

1 Nennt (übereinstimmende) Ziele der unterschiedlichen Hilfsorganisationen für Kinder, die auf dieser Doppelseite vorgestellt werden (Text, M 1 bis M 6, Webcode).

2 Beschreibt das Plakat M 1: Welche Ausdrucksmittel werden eingesetzt? Wie wirkt das Plakat auf euch?

3 Könntet ihr euch vorstellen, euch für eine Hilfsorganisation für Kinder einzusetzen? Wenn ja, wie? Begründet eure Antworten.

4 Der Gründer der SOS-Kinderdörfer sagte: „Nimm dich selbst nicht so wichtig“. Was könnte er eurer Meinung nach damit zum Ausdruck gebracht haben?

Das kann ich …

- ✓ Kinder in Deutschland
- ✓ Kinderrechte
- ✓ Kinderarbeit
- ✓ Recht auf Schulbildung
- ✓ Kinderarmut
- ✓ Straßenkinder
- ✓ behinderte Kinder
- ✓ Kinderhilfsorganisationen

M1 Wichtige Begriffe

M3 Kinder beharren auf ihren Rechten. *Zeichnung*

M2 Plakat des Kinderhilfswerks der Vereinten Nationen (UNICEF) zur Kinderrechtserklärung

M4 Selbst gebauter Roller

M5 Eine Schule in Afrika

M6 Kinder in Westafrika tragen Brennholz.

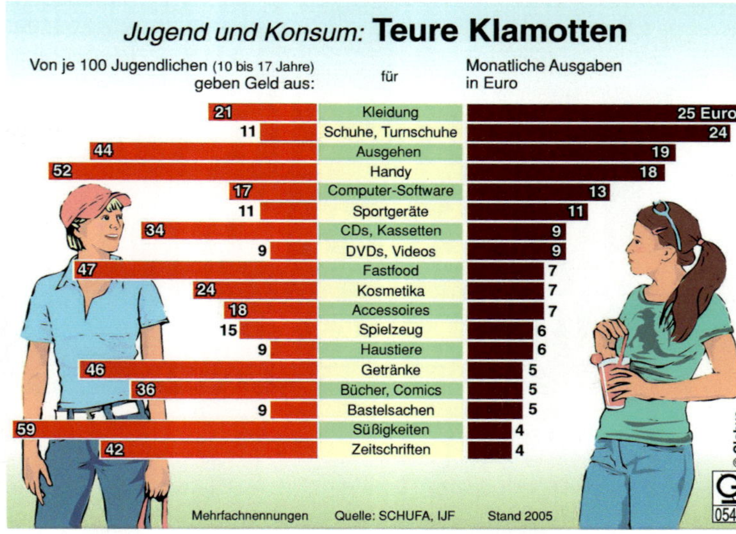

M7 Monatliche Ausgaben deutscher Kinder und Jugendlicher

Was wir noch wissen

1 Erklärt euch gegenseitig die wichtigen Begriffe (M 1) und schreibt die Bedeutung der Begriffe in eure Arbeitsmappe.

2 Beschreibt Lebensbedingungen von Kindern und Jugendlichen in Deutschland (M 7).

3 Vergleicht diese Lebensbedingungen in Deutschland mit den Lebensbedingungen von Kindern in Afrika und verwendet dazu M 4 bis M 6.

4 Nennt einige Kinderrechte aus der Erklärung der UN (M 2).

5 Schildert die Arbeit von Hilfsorganisationen für Kinder an einem Beispiel.

Wir meinen, dass …

7 Wichtige Punkte der Kinderrechtserklärung wie: … sind in Afrika noch nicht verwirklicht. Das liegt an: … Begründet eure Meinung.

8 „Die Arbeit der Hilfsorganisationen für Kinder ist nützlich, aber doch nur wie ein Tropfen auf einem heißen Stein“. Nehmt Stellung zu dieser Aussage.

Wir wenden an

9 Erkundigt euch nach einer Aktion einer Kinderhilfsorganisation im Internet und prüft, ob ihr euch als Klasse daran beteiligen möchtet.

Gewusst, wie …

6 Nennt Vor- und Nachteile des Lernens in Gruppen.

Inhaltsfeld: Ökologie, Ökonomie und Gesellschaft

5 Menschen nutzen Naturräume und Wasser

Naturräume prägen das Leben der Menschen. Die Menschen nutzen sie zu ihren Zwecken und verändern sie.

Ihr könnt erarbeiten

- wie der Nil das Leben und die Gesellschaftsordnung der alten Ägypter prägte,
- wie wir mit den Wasserreserven der Erde umgehen,
- warum es zu Überschwemmungen kommt und
- wie der Tourismus die Alpen und die Nordseeinseln verändert und welche Interessenkonflikte dabei entstehen.

Am Ende des Kapitels könnt ihr fachgerecht Bilder lesen und beschreiben.

Wie bestimmte der Nil das Leben?

***Savanne**
weites Grasland mit einzelnen Baum- und Buschgruppen

Der Nil ist der längste Fluss der Erde; von seinen Quellen im Inneren Afrikas bis zur Mündung ins Mittelmeer misst er 6650 Kilometer. Das lange Flusstal ist sehr schmal; nirgendwo ist es mehr als 20 Kilometer breit. Manchmal reichen die Wüstenberge bis direkt an den Fluss heran. Nur im Norden, wo sich der Fluss schließlich mit mehreren Mündungsarmen auffächert (= Delta), gibt es ein bis zu 200 Kilometer breites fruchtbares Land.

M1 Der Nil

M2 Nilhochwasser in der Nähe von Assuan.
Foto, um 1900

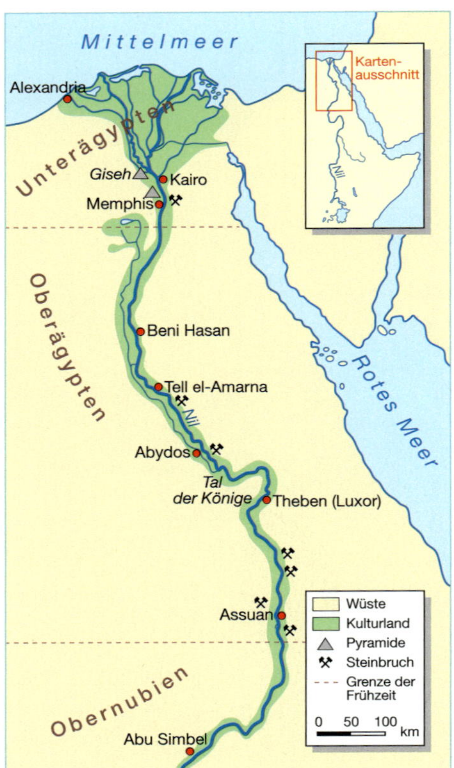

M3 Altägypten

Kein Leben ohne Wasser

Der heutige Staat Ägypten besteht wie ganz Nordafrika zum größten Teil aus Sand-, Geröll- und Gebirgswüsten. Einst erstreckten sich dort **Savannen***, Wälder und Seen sowie weite Sumpfgebiete am Nil. Bis vor etwa 7000 Jahren lebten die Menschen in den Savannen als Jäger und Sammler. Sie ernährten sich von Jagd, Fischfang, Pflanzen und Früchten.

Durch klimatische Veränderungen begann eine Austrocknung ihres Lebensraumes. Diese Austrocknung zwang die Menschen, dem lebensnotwendigen Wasser zu folgen. So gelangten sie auf Dauer ins **Niltal** und siedelten sich am Fluss an. Dort entwickelten sie Ackerbau und Viehzucht als neue Lebensgrundlage.

Lebensspender und Lebensbedrohung

Die sommerlichen Regenfälle in Äthiopien sorgten jedes Jahr dafür, dass der Nil ab Juli/August Hochwasser führte, welches das Niltal überflutete.

Nur die Dämme und die auf Erdhügeln errichteten Dörfer schauten aus den Fluten. Fruchtbarer, dunkler Schlamm verteilte sich über die Felder und düngte sie.

Von der Höhe der Überschwemmung war das Wohlergehen der Menschen und des Staates abhängig: War die Flut zu hoch, riss sie Dämme, Schleusen und ganze Dörfer, Menschen sowie Vieh mit sich fort. War sie zu niedrig, konnten nicht alle Felder bewässert werden. Die Ernte fiel dann geringer aus, und es kam zu Hungersnöten.

Gemeinsame Arbeit

Schon sehr früh begannen die Menschen, sich die Vorteile des Nils zunutze zu machen und seine Gefahren zu bekämpfen. Einzelne Familien schafften dies jedoch

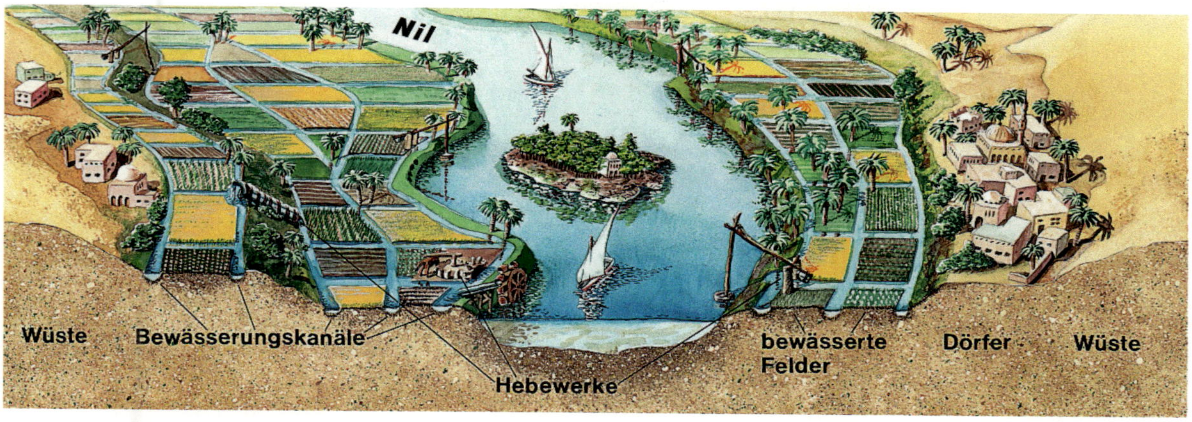

M4 Querschnitt durch das Niltal. *Schaubild*

nicht. Nur eine eng zusammenarbeitende größere Gemeinschaft, ein Dorf oder mehrere Siedlungen, konnten dies. Sie bauten Dämme und Kanäle zum Speichern und Verteilen des Wassers. Gemeinsam bestellten sie die Felder und brachten die Ernte ein.

Wenn die Flut ausreichend hoch war, wurden die Schleusen geöffnet. Das Wasser ergoss sich in die tiefer gelegenen Felder und wurde von dort mithilfe kleiner Kanäle weiterverteilt, um möglichst viel Ackerland zu gewinnen. Mit einfachen Krügen, an einem **Joch*** über der Schulter getragen, transportierte man Wasser bis an den Wüstenrand und in die Gärten der Siedlung.

Q1 In einem Loblied auf den Nil aus dem 2. Jahrtausend v. Chr. heißt es:

Sei gegrüßt, Nil, hervorgegangen aus der Erde, gekommen, um Ägypten am Leben zu erhalten! Herr der Fische, der die Zugvögel stromauf ziehen lässt, der Gerste schafft und Bohnen entstehen lässt.

Wenn er faul ist, dann werden die Nasen verstopft und jedermann verarmt. Wenn er habgierig ist, ist das ganze Land krank, Große und Kleine schreien […] Fließe, Nil! Man opfert dir. Komm nach Ägypten! […]

Q2 Im 5. Jahrhundert v. Chr. schrieb der griechische Geschichtsschreiber Herodot, nachdem er Ägypten besucht hatte:

Heute freilich gibt es kein Volk auf der Erde […], wo die Früchte des Bodens so mühelos gewonnen werden wie hier. Sie haben es nicht nötig, mit dem Pfluge Furchen in den Boden zu ziehen, ihn umzugraben und die anderen Feldarbeiten zu machen, mit denen die übrigen Menschen sich abmühen. Sie warten einfach ab, bis der Fluss kommt, die Äcker bewässert und wieder abfließt. Dann besät jeder sein Feld und treibt die Schweine darauf, um die Saat einzustampfen, wartet ruhig die Erntezeit ab, drischt das Korn mithilfe der Schweine und speichert es […] Ägypten ist ein Geschenk des Nils. […]

***Joch**
eigentlich Teil des Zuggeschirrs von Tieren; hier als Schultertrage für Wasserbehältnisse gemeint

1 Beschreibt, was der Nil alles für die Menschen leistete (Text, Q 1).

2 Erklärt mithilfe von M 4 das Bewässerungssystem am Nil.

3 Erläutert, warum der Nil sowohl einen Lebensspender als auch eine Lebensgefahr darstellte.

4 Untersucht Q 1 und gebt mit euren Worten wieder, wie Herodot die Arbeit der damaligen Bauern sieht. Was hätte ein damaliger Bauer ihm wohl gesagt?

5 Bildet Gruppen und schreibt auf Wandzeitungen in zwei Spalten alles, was ihr über die Bedeutung von Wasser damals in Ägypten und heute in eurem eigenen Alltag wisst. Denkt dabei nicht nur an Ernährung und Landwirtschaft, sondern auch an Waschen und Schutz vor Krankheiten (→ **Wir gestalten eine Wandzeitung**, S. 154/155).

SCHAUPLATZ

Leben in der Niloase

1 Betrachtet das Bild. Erzählt, wie der Nil das Leben der Menschen bestimmte.

Wie entstand der ägyptische Staat?

M 1 Bauern bei der Bewirtschaftung des Niltales. *Malerei aus dem Grab des Nacht, um 1425 v. Chr.*

Gemeinsames Handeln nützt allen

Der Nil zwang die Menschen ihr Überleben in der Gemeinschaft zu organisieren. Dies erforderte großes Organisationstalent und großes handwerkliches Geschick. Allmählich entstand eine staatliche Ordnung.

- Die komplizierten Bewässerungsanlagen waren nicht das Werk einzelner Menschen, sondern das Ergebnis gemeinsamen menschlichen Handelns.
- Durch genaue Beobachtungen der Nilhochwasser und der Sterne gelang es den Menschen, einen Kalender zu entwickeln. War der Stern Sirius am 19. Juli erstmals am Horizont zu erkennen, begann ein neues Jahr, weil die Flutwelle unmittelbar bevor stand. Das Jahr hatte wie in unserer Zeit 365 Tage.
- Durch die jährlichen Überschwemmungen waren die festgelegten Grenzen der Felder nicht mehr erkennbar. Aus der Notwendigkeit, die Felder nach jeder Überschwemmung neu zu verteilen, entwickelten die Menschen als Grundlage der Geometrie die Landvermessung.
- Große Überschwemmungen und das Ausbleiben des Hochwassers hatten Hungersnöte zur Folge. Aus diesem Grund begannen die Menschen, in guten Erntejahren Überschüsse zu sammeln und Vorräte anzulegen.
- Die Versorgung in Notzeiten erforderte eine langfristige Planung: Getreidespeicher mussten gebaut werden, die Bauern hatten zu festgesetzten Zeiten eine ausreichende Menge an Lebensmitteln abzuliefern. Außerdem mussten der Transport der Nahrungsmittel und die Bewachung der Speicher organisiert werden.
- Die Vorratswirtschaft trug auch zur Erfindung der Schrift bei. Mit ihrer Hilfe konnten die Menschen sich einen Überblick über Ernteerträge, Vorräte, den Tierbestand und die Anzahl der zu versorgenden Menschen verschaffen.
- Eine weitere Folge der Vorratswirtschaft war die verstärkte Arbeitsteilung. Nicht mehr alle Menschen mussten als Bauern arbeiten, da sie aus den Vorräten versorgt werden konnten. Es ent-

M 2 **Arbeiter in einem Kornspeicher.** *Modell aus der Zeit um 2200 v. Chr.*

M 3 **Vermessung der Getreidefelder. Die Seile waren durch Knoten in regelmäßige Abstände unterteilt.** *Wandmalerei um 1400 v.Chr.*

standen neue Berufe wie Schreiber, Handwerker, Kaufleute, Priester, Wissenschaftler oder Künstler. Beispielsweise benötigte man für die Verwaltung der Vorräte schriftkundige Personen: die Schreiber.

Am Nil entsteht ein Staat

In Unterägypten, im Norden, ist das Fruchtland des Deltas bis zu 200 Kilometer breit. Hier entstanden neben bäuerlichen Gemeinschaften schon ab etwa 3500 v.Chr. erste Städte, die Handel bis nach Syrien und Palästina trieben.
In Oberägypten, im Süden, ist das Niltal nur wenige Kilometer breit. Hier herrschten Dörfer vor, deren Bewohner aus den Erfahrungen mit der Bewältigung der Nilflut lernten, dass man in Gemeinschaft stärker ist. Dörfer schlossen sich unter ehrgeizigen Führern zu größeren Machtbereichen zusammen, die ihren Einfluss langsam nach Norden ausdehnten.

Um 3200 v.Chr. übernahmen die Oberägypter die Macht über ganz Ägypten. Wie genau das geschah, wissen wir nicht. Es gibt dazu keine Berichte. Die Ägypter selbst haben später überliefert, ein König Menes habe Ober- und Unterägypten vereinigt und die erste Hauptstadt, Memphis, an der Grenze zwischen den beiden Landesteilen gegründet. Damit war der altägyptische Staat um 3200 v.Chr. geboren.

1 Beschreibt in einem kleinen Bericht, wie die Menschen ihre gesellschaftliche Ordnung nach den Erfordernissen des Wasserstandes des Nil organisierten.

2 Schreibt die neu entstehenden Berufe in eine Liste und erläutert ihre Aufgaben (M 1 bis M 3).

3 Die Entstehung der Arbeitsteilung habt ihr schon im Kapitel 3a „Leben und Versorgen früher und heute" S. 99 kennengelernt. Erläutert mit dem Text und den Informationen im Kapitel 3a, unter welchen Bedingungen es zu einer Arbeitsteilung kommen kann.

Welche Aufgaben hatte der König?

M 1 Kopf und Oberkörper von einem Miniatursarg des Tut-anch-amun: Er trägt das Königskopftuch und die Herrschaftszeichen Krummstab und Wedel. *Aus dem Grab des Tutanchamun mit dem einzigen fast vollständig erhaltenen Grabschatz eines Pharaos, um 1335 v. Chr.*

M 2 Ramses II. bringt dem Gott Ptah eine Figur der Maat dar. Der König trägt die Blaue Krone, über seinem Kopf sind seine Namen in Kartuschen (Königsringen) eingeschrieben. *Stele aus Kalkstein, um 1250 v. Chr.*

Der ideale König

Heute sprechen wir vom „Pharao"*, wenn wir über die ägyptischen Könige und ihre Geschichte reden. Die ägyptischen Könige haben sich aber nie so bezeichnet. Ihre wichtigsten Titel lauteten „König von Ober- und Unterägypten" und „Herr der beiden Länder".

***Pharao**
Das ägyptische Wort „Per-aa" bedeutet „Großes Haus" und bezeichnet den Palast des Königs; seit der Zeit Thutmosis' III. (regierte 1479–1425 v. Chr.) wurde dies Wort auch auf den König selbst übertragen. Heute nennt man die ägyptischen Herrscher aller Epochen „Pharaonen".

Q 1 Vor 4000 Jahren entstand ein Text mit Ratschlägen, wie der vollkommene König beschaffen sein sollte:

[...] Tue die Maat, damit du auf Erden dauerst! Beruhige den Weinenden, bedränge nicht die Witwe. Verdränge nicht den Sohn vom Eigentum seines Vaters. Schädige nicht die Beamten an ihrer Stellung. Hüte dich vor ungerechter Bestrafung. [...] Diesem Land wird es dadurch wohl ergehen! [...]

Die göttliche Weltordnung Maat

Für die Zeit von der Entstehung des ägyptischen Staates (etwa 3200 v. Chr.) bis zur Eroberung des Landes durch Alexander den Großen (332 v. Chr.) sind fast 300 Könige mit ihrem Namen überliefert. Bis auf drei Frauen waren es immer Männer, die in diesen 3000 Jahren die Geschicke des Landes lenkten.

Das Amt war erblich und wurde vom Vater auf den Sohn übertragen. Der König war alleiniger Herr des Landes mit allem, was dazugehörte: die Menschen, die Tiere, die Erzeugnisse von Landwirtschaft und Viehzucht, die Bergwerke, die Steinbrüche, Gold- und Edelsteinvorkommen.

Nach der Meinung der alten Ägypter war der König aber nicht aus eigener Machtvollkommenheit Herr des Landes,

sondern weil ihn die Götter dazu eingesetzt hatten.
Die Götter schufen das Amt des Königs, damit dieser die göttliche Ordnung (in der ägyptischen Sprache: „Maat") der Welt auf der Erde umsetzte. Das Wort „Maat" bedeutet Ordnung, Richtigkeit, Wahrheit und Gerechtigkeit.
Hielt der König sich an die Regeln der Maat, so ging es Ägypten gut.

Macht und Verantwortung

Die Weltordnung Maat stellte dem König viele Aufgaben, die er mithilfe seiner Beamten erfüllte.
Er musste:
- Tempel für die Götter errichten,
- die Grenzen gegen Feinde verteidigen,
- das Land nach jeder Überschwemmung neu vermessen,
- für die Be- und Entwässerung sowie den Dammbau am Nil sorgen,
- die Steuern einziehen und die Überschüsse verteilen.
- Er war den Göttern für Frieden und das Wohlergehen der Menschen verantwortlich.

Verstieß er jedoch gegen die Regeln, so war dies ein Unglück für das Land und seine Menschen: Sie wurden von Dürre, Überschwemmung, Hungersnot, Krankheiten oder Feinden bedroht.
Die Götter verliehen ihm dafür große Macht, die Regeln der Maat verboten ihm aber auch, diese zu missbrauchen.

Göttliches Königtum

Zwischen den allmächtigen Göttern und den machtlosen Menschen stand der König und erfüllte die Wünsche der Götter zum Wohle des Landes. Der König ist daher in den Tempeln als einziger „Gottesdiener" dargestellt.

M 3 Sitzfigur des Königs Amenophis III.
5,8 cm hoch, Ebenholz, um 1350 v. Chr.

Der König stand somit zwischen den Göttern und den Menschen, blieb dabei aber immer ein sterblicher Mensch. Erst durch den Tod wurde er ein Gott, der zu den Göttern und Sternen am Himmel aufstieg. Die Könige wurden „Sohn des Sonnengottes Re" genannt und galten als irdische Erscheinung des Himmels- und Königsgottes Horus.

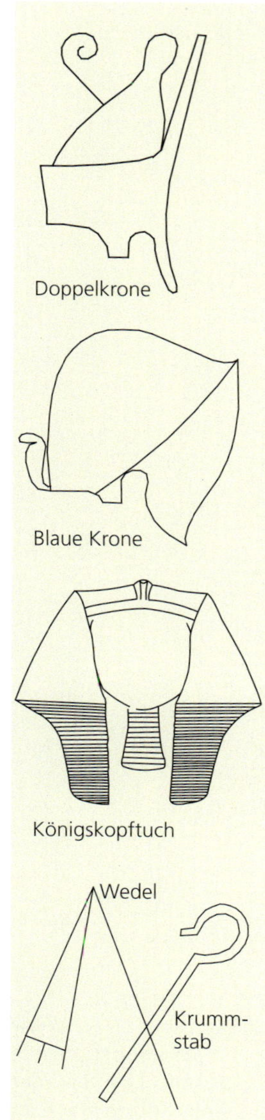

M 4 Altägyptische Herrschaftszeichen

1 Lest Q 1 und beschreibt, was der „gute" König tun soll.

2 Schreibt aus dem Text heraus, welche Macht der König in Ägypten hatte und worauf seine Macht nach Ansicht der Ägypter beruhte.

3 Ergänzt euren Text aus Aufgabe 2 um die Aufgaben des Königs.

4 Erklärt die Aussage: „Der König stand zwischen den Göttern und den Menschen".

Wie wurde das Reich verwaltet?

M 1 Der Beamte Heti, ein typisches Mitglied der ägyptischen Verwaltung. Seine Grabstatue stellt ihn als Schreiber dar; so erhielt er sich seine Macht und sein Ansehen auch im ewigen Leben. *Kalkstein, um 2300 v. Chr.*

M 2 Darstellung des Wesirs Ramose in seiner Amtstracht. Er trägt einen langen Schurz und eine Halskette, an der (unter dem Gewand verborgen) ein Figürchen der Göttin Maat hängt. Der lange Stab wird von jedem Beamten geführt. *Relief aus dem Grab des Ramose, um 1360 v. Chr.*

Der König herrscht durch seine Beamten

Ägypten war ein zentralistisch regierter Staat, das heißt: Alle Macht lag in den Händen des Königs, alle Verwaltungsbüros befanden sich bei ihm in der Hauptstadt. Dort arbeiteten die Beamten, sie konnten aber auch im Auftrag des Königs in die Provinzen (Gaue) des Landes reisen, um vor Ort tätig zu werden.

Sie nahmen Steuern ein, beaufsichtigten die Neuvermessung der Felder nach der Überschwemmung oder überprüften den Stand der Arbeiten an einem Tempel. Sie übten eine strenge Kontrolle über den Großteil der Bevölkerung aus. Ihnen und dem König entging nichts im Land.

***Wesir**
Er war der oberste Beamte Ägyptens, der mächtigste Mann im Staat nach dem König. Er beaufsichtigte die gesamte Verwaltung, erstattete dem König täglich Bericht und sprach in seinem Namen Recht.

Der Wesir und die Ministerien

An der Spitze der Verwaltung stand als oberster Beamter der **Wesir***, der mächtigste Mann nach dem König. Ihm unterstanden die Leiter der großen Verwaltungsbüros, die man mit unseren Ministern vergleichen könnte.

Das Schatzhaus und dessen Vorsteher waren für die Finanzen und die Wirtschaft zuständig. Das Schatzhaus organisierte die Steuereintreibung im ganzen Land. Es lagerte kostbare Materialien wie Gold, Silber, Edelsteine, Öle, Salben und Papyrus ein und verteilte diese bei Bedarf. Das Schatzhaus war auch verantwortlich für die Grabausstattung des Königs, für die sehr viel Gold benötigt wurde.

Einlagerung von Getreide

Die Produkte der Landwirtschaft wurden durch die Scheune verwaltet, also das „Landwirtschaftsministerium". Besonders die sorgfältige und kluge Bevorratung von Getreide fand hier statt. Neben der Zentralscheune in der Hauptstadt gab es kleinere Scheunen überall im Land. Die Vorräte wurden nach schlechten Ernten an die Bevölkerung verteilt, dienten zur Bezahlung der Beamten und wurden für den Handel mit fremden Ländern genutzt.

Justiz- und Bauverwaltung

Es gab auch eine Verwaltung, die für Fragen des Rechts und Prozesse zuständig war, also eine Art „Justizministerium". Die dort tätigen Beamten hatten eine besondere Ausbildung, sodass sie als Richter alle strittigen Angelegenheiten im Land untersuchen und entscheiden konnten. Bei wichtigen Fällen wurde der Wesir hinzugezogen, denn er war auch oberster Richter. Entscheidungen über Leben und Tod durfte nur der König treffen.

Im „Bauministerium" schließlich arbeiteten Beamte, die Sachverständige für das Expeditionswesen waren. Sie rüsteten Expeditionen in die Steinbrüche aus, wo Kalk- und Sandstein, Granit und andere Hartgesteine für Tempel, Paläste, Pyramiden und Statuen abgebaut wurden.

Wachsende Verwaltungsaufgaben

Der Wesir erstattete täglich im Palast Bericht über alles, was in den Verwaltungsbüros und im Land passierte. Als Ägypten ab etwa 1550 v. Chr. immer mächtiger wurde und weite Landstriche im Süden und im Nordosten eroberte, veränderte sich diese Verwaltungsstruktur. Der König verteilte die gestiegene Arbeitslast. Er setzte zwei Wesire ein, die getrennt für Ober- und Unterägypten zuständig waren. Die Besitzungen im Süden unterstellte er einem eigenen Verwalter, der den Titel „Königssohn von Kusch" erhielt. Die Aufsicht über Syrien und Palästina übte der „Vorsteher der nördlichen Fremdländer" aus. Beide Beamte waren dem König direkt unterstellt und nicht den Wesiren.

M 3 Die Vertreter von Kusch bringen ihre Abgaben, darunter Gold und eine Giraffe, vor den ägyptischen Verwalter ihres Landes. Dieser inspiziert die Abgaben mithilfe seiner Schreiber (Bildfeld unten). *Wandmalerei aus einem Grab in Theben-West, um 1330 v. Chr.*

Gebildete Beamte

Ein so großes Reich zu verwalten war nur mithilfe einer gut ausgebildeten und zahlreichen Beamtenschaft möglich. Wie viele es waren, können wir nur schätzen. Angaben über Bevölkerungszahlen fehlen; man geht von etwa einer Million Menschen in Ägypten um 2500 v. Chr., von höchstens zwei Millionen um 1400 v. Chr. aus. 10 000 bis 20 000 Beamte hat es wohl jeweils gegeben. Sie bildeten die mit Vorrechten ausgestattete kleine Oberschicht der Bevölkerung.

1 Beschreibt die Aufgaben der „Ministerien".

2 In Ägypten gab es viele Ministerien, die es noch heute gibt. Vergleicht: Welche heutigen Ministerien fehlten bei den Ägyptern?

3 „Die Beamten waren die eigentlichen Herren im Land." Erklärt diesen Satz.

Welche Berufe gab es?

M 1 Wandmalerei mit verschiedenen Arbeiten in der Landwirtschaft, vom Grabherrn beobachtet. *Aus dem Grab des Nacht in Theben-West, um 1450 v. Chr.*

M 2 Zwei Figuren von Müllerinnen. *Kalkstein, um 2300 v. Chr.*

Der Staat sorgt vor

Wirtschaft und Versorgung der Bevölkerung waren in Ägypten nicht Privatsache, sondern Aufgabe des Staates. Da der König als alleiniger Besitzer des ganzen Landes galt, gehörten ihm das Ackerland, die Bergwerke, Steinbrüche und alles, was die Menschen produzierten. Er beauftragte auch seine Beamten, den Fernhandel mit Zedernholz aus dem Libanon und Waren aus Afrika zu treiben. Im Schatzhaus und in der Scheune wurden Getreide, Baumaterial, Kupfer, Gold, Edelsteine, Leinwand, Öl und alle Feldfrüchte gesammelt. Die Beamten verteilten aus diesen Vorräten, was die Bevölkerung benötigte, auch das Saatgut.

Bauern: Staatsangestellte

Die Menschen, die die Felder bestellten und die Viehherden hüteten, kann man also eigentlich nicht „Bauern“ nennen. Denn sie arbeiteten als Staatsangestellte, nicht als freie Besitzer der Felder und des Viehs. Sie lebten an dem Ort, der ihnen zugewiesen war, sie durften von dort nicht fortziehen. Sie besaßen auch keine freie Berufswahl: Die Söhne der Landarbeiter wurden wieder Landarbeiter. Außerdem waren alle gesunden Männer einmal im Jahr zu weiteren Arbeiten für den Staat verpflichtet. Sie wurden bei den großen Bauarbeiten und auf Expeditionen in die Steinbrüche eingesetzt. Die Löhne bestanden aus Getreide, Öl und Leinwand.

Überschüsse ermöglichen Arbeitsteilung

Die Landwirtschaft war Grundlage der ägyptischen Wirtschaft. Vorräte an Getreide sicherten das Wohlergehen der Bevölkerung. Die Gemeinschaftsarbeiten in der Landwirtschaft waren gut organisiert. So gelang es den Menschen meistens, Überschüsse zu erwirtschaften. Die Überschüsse in der Landwirtschaft ermöglichten es, dass nicht mehr alle Menschen ständig für den täglichen Nahrungserwerb arbeiten mussten. Man gewann dadurch Zeit, für andere Aufgaben und konnte sich spezialisieren. Arbeitsteilung wurde möglich. Es entstanden die ersten Handwerksberufe wie Töpfer, Tischler, Metall- und Steinhandwerker.

Schreiber – der begehrteste Beruf

Die Beamten sorgten dafür, dass ihre Söhne ihnen beruflich folgten und ließen sie zu Schreibern ausbilden. Ohne die Kenntnis des Lesens und Schreibens war es in Ägypten zu keiner Zeit möglich, als Beamter in der Verwaltung des Staates tätig zu werden.

Die Ausbildung zum Schreiber stand nur den Söhnen der Beamten offen. Mädchen waren – vielleicht mit Ausnahme der Königstöchter – vom Lesen- und Schreibenlernen ausgeschlossen. Sie konnten daher auch keine Aufgaben im Staat übernehmen. Nicht jeder Beamtensohn aber hatte Lust zum Lernen. Darum entstanden im Laufe der Zeit viele Texte, die die Vorteile des Schreiberberufs hervorhoben. Sie sollten den zukünftigen Beamten zeigen, wie erstrebenswert ihr Beruf war.

Q 1 In einem Text um 1200 v. Chr. heißt es:

Werde Schreiber, dann bist du von Abgaben befreit. Dieser Beruf schützt dich vor körperlicher Arbeit, er hält dich fern von Hacke und Joch, und du brauchst keinen Korb zu tragen. [...] Er befreit dich von schwerer Arbeit, sodass du nicht vielen Herren unterstellt wirst und zahlreichen Aufsehern. Von allen, die ihr Gewerbe ausüben, gilt, dass der Schreiber ihr Vorgesetzter ist!

Es ist der Schreiber, der Ober- und Unterägypten besteuert, er ist es, der die Abgaben in Empfang nimmt. [...] Er ist es, der das ganze Land anweist, und was geschieht, unterliegt seiner Kontrolle. [...]

Die Ausbildung zum Schreiber

Auch in Ägypten galt „Ohne Fleiß kein Preis". Die Ausbildung zum Schreiber dauerte viele Jahre, doch so etwas wie unsere heutigen Schulen und Lehrer hat es in Ägypten nicht gegeben. Am Anfang hat wohl jeder Beamte sein Wissen selbst an seine Söhne weitergegeben. Die Jungen begleiteten ihren Vater ins Büro und bei allen seinen Tätigkeiten. Als der Staat ab etwa 2700 v. Chr. immer mehr Schreiber benötigte, wurde die Ausbildung erfahrenen Beamten übertragen, die nur noch diese Aufgabe hatten.

Als Erstes erlernte man nicht etwa die **Hieroglyphen*** (vgl. S. 190), sondern die davon abgeleitete Schreibschrift. Die jungen Schreiber übten nicht auf **Papyrus***, sondern auf Kalkstein- oder Tonsteinscherben. Erst danach lernten sie Hieroglyphen und beschäftigten sich mit Literatur, den Grundlagen der Mathematik und Astronomie.

M3 Schreiberstatue eines Beamten. Er hockt mit gekreuzten Beinen am Boden und hält die Papyrusrolle* zum Beschreiben auf dem Schoß. *Bemalter Kalkstein, um 2450 v. Chr.*

M4 Schreibgerät*. Es besteht aus einer Palette mit zwei Vertiefungen für rote und schwarze Farbe, einem Beutel für die Farbpigmente und einem Behälter für die Pinsel. *Rekonstruktion*

***Hieroglyphen**
So nannten die griechischen Reisenden und Geschichtsschreiber in der Antike die ägyptische Schrift: „heilige, (in Stein) eingemeißelte (Zeichen)", denn sie sahen sie vor allem auf den steinernen Wänden.

***Papyrus**
Aus der Papyruspflanze wurden das Schreibmaterial, aber auch Boote, Matten und Sandalen gefertigt.

1 Berichtet über die Aufgaben der Beamten in Ägypten.

2 Erklärt, warum Überschüsse in der Landwirtschaft die Arbeitsteilung und das Entstehen verschiedener Berufe möglich machte.

3 Gebt die Aussagen von Q 1 mit eigenen Worten wieder (→ **Wir untersuchen Textquellen und werten sie aus**, S. 259).

4 Nennt die Vorteile des Schreiberberufs gegenüber anderen Berufen im alten Ägypten.

Ägyptische Schrift – Hieroglyphen

M 1 Wandbild im Grab des Baumeisters und Architekten Senedschem-ib Mehi in Giza, um 2200 v. Chr. *Zeichnung*

Was sind Hieroglyphen?

Auf den ersten Blick sind Hieroglyphen Bilder, denn jedes Zeichen stellt etwas Konkretes dar: Menschen, Tiere, Pflanzen, Berge, Wasser, Geräte und vieles mehr – alles, was sie um sich herum sahen, verwandelten die Ägypter in Schriftzeichen. Die meisten Zeichen geben Laute wieder: einen einzelnen, aber auch zwei oder drei Konsonanten. Natürlich haben auch die Ägypter Vokale (a, e, i, o, u) gesprochen, doch in ihrer Schrift haben sie diese nicht ausgedrückt. Wie spricht man so etwas aus? Die Wissenschaftler helfen sich, indem sie einige Zeichen wie Vokale aussprechen und sonst überall wo nötig ein „e" einfügen. Die Lautfolge n-f-r lernt man als nefer, das bedeutet „schön".

600 Hieroglyphen lernen

Etwa 600 Hieroglyphen musste der ägyptische Schreibschüler lernen, um einigermaßen lesen und schreiben zu können. Mit 1000 Zeichen war er dann auch für schwierige Texte gut gerüstet. Darum dauerte die Ausbildung zum Schreiber viele Jahre. Mit unserem Alphabet kann man die Hieroglyphen nicht vergleichen, und die Sprache der Ägypter gehörte einer ganz anderen Sprachfamilie an als das Deutsche: Man zählt das Ägyptische zu den semitischen Sprachen wie heute Arabisch und Hebräisch.

Hieroglyphen – ein Lesebeispiel

Die Zeichnung auf der linken Seite gibt ein Wandbild im Grab des Baumeisters und Architekten Senedschem-ib Mehi wieder. Er lebte vor etwa 4400 Jahren und ließ sich zusammen mit seiner Familie darstellen. Bei jeder Person steht eine Gruppe von Hieroglyphen. Die Inschriften enthalten Auskünfte zu den Personen. Übrigens: Die Menschen- und Tierhieroglyphen blicken immer an den Anfang der Inschrift. Je nach Platz wurden die Zeichen in waagerechte Spalten oder senkrechte Zeilen angeordnet. Die Pfeile sollen euch bei der „Entzifferung" helfen. Die Inschriften sind hier in der Aussprache der Wissenschaftler und in Übersetzung wiedergegeben:

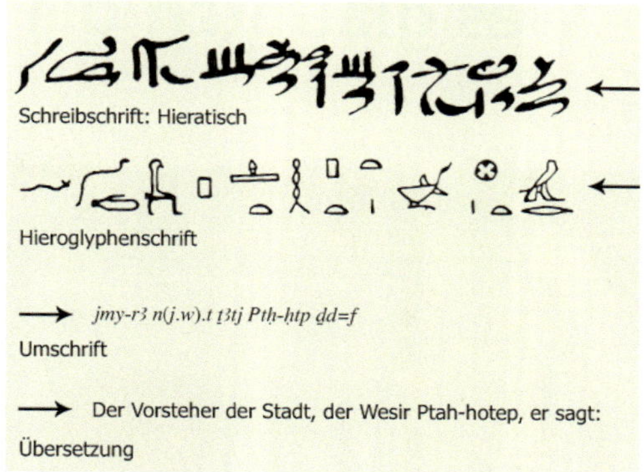

M 2 So bearbeiten Wissenschaftler heute altägyptische Texte.

- **A** mehi ren-ef nefer: „Mehi ist sein schöner Name"
- **B** hemet-ef meret-ef chent-kau-s: „seine Ehefrau, die er liebt, Chentkaus"
- **C** sa-ef semsu meri-ef cheri-tep-nesut em-perui medscheh-nesut cherep-is senedschem-ib:" „sein ältester Sohn, den er liebt, der Kammerherr des Königs in beiden Verwaltungen, der Baumeister (und) Arbeiteranführer Senedschem-ib"
- **D** sa-ef mehi: „sein Sohn Mehi"
- **E** sat-es chent-kau-s: „ihre Tochter Chentkaus"

Ein Beispiel: Der Name „Mehi" besteht aus drei Hieroglyphen: Eule (m) + Lederpeitsche (meh) + Schilfblatt (j, i) = Mehi.

1 Beschreibt, was ägyptische Schreibschüler alles lernen mussten.

2 Angenommen, unser Alphabet enthielte keine Vokale: Was könntet ihr aus der Konsonantenfolge m-s alles herauslesen (Mus, mies, Maus, Ems, …)? Schreibt weitere Beispiele auf.

3 Erläutert den Unterschied zwischen der ägyptischen und unserer Schrift.

Was glaubten die Ägypter?

M 1 Osiris, Herrscher des Totenreiches. *Wandmalerei*

M 2 Isis, die Gottesmutter. *Wandmalerei*

M 3 Horus, der Königsgott. *Wandmalerei*

***Mumie, Mumifizierung**
Die Ägypter glaubten, für das ewige Leben sei es erforderlich, den Körper zu erhalten. Sie entnahmen die inneren Organe und setzten sie in eigenen Behältern (Kanopen) bei. Dann trockneten sie den Körper mithilfe von Natronsalz aus, wickelten ihn in viele Schichten von Leinenbinden und schützten die so entstandene Mumie mit einem Sarg. Die Gesamtdauer der Mumifizierung betrug 70 Tage.

Die Götter stehen über allem

Die Ägypter verehrten eine Vielzahl an Göttern und Göttinnen, doch nur die mächtigsten wurden überall im Land verehrt. Sie besaßen Tempel in den großen Städten oder an Orten, wo man ihren Ursprung vermutete.
Viele Götter besaßen eine feste Zuständigkeit: Thot war der Gott des Schreibens, Wissens und Berechnens. Mütterliche Göttinnen wie Isis, Hathor und Bastet beschützten Frauen und Familien. An Ptah wandten sich die Handwerker, denn er war als Schöpfergott ihr Schutzpatron. Über das Reich der Toten herrschte Osiris. Schutzgott des Königsamtes war Horus, dessen Name „der Ferne“ bedeutet und dessen heiliges Tier der Falke war. Jeder König galt als irdische Erscheinung dieses Gottes.

Über allen Göttern stand der Sonnengott Re, der die Welt und ihre Ordnung (Maat) erschaffen hatte. Diese Ordnung zu bewahren, war Hauptaufgabe eines jeden Königs. Dafür durfte er sich „Sohn des Re“ nennen, sodass er im Rang zwischen den Göttern und den Menschen stand. Seine Befehle galten als Weisungen der Götter und wurden daher von allen Menschen befolgt.

Die Tempel – Wohnhäuser der Götter

Die Menschen glaubten, dass die Götter im Himmel lebten und nur zu ihren Festen auf die Erde kamen. Dort wurden sie durch ihre Statuen in den Tempeln vertreten. Die Tempel waren von einer hohen Mauer umgeben. Durch große Tore zwischen riesigen Tortürmen gelangte man in einen Vorhof. Bis hierher durften alle Menschen eintreten, um zu den Statuen zu beten und Gaben darzubringen. In die inneren Räume und dem Allerheiligsten, wo der Gottesdienst statt fand, hatten nur der König und die Priester Zutritt.

Das Aussehen der Götter

Von Anfang an hat es Götter gegeben, die man sich in menschlicher Gestalt vorstellte. Daneben gab es auch Gottheiten in Tiergestalt. In ihnen verehrte man die Macht und Stärke dieser Tiere. Denn in der ganzen Natur, aber besonders in manchen Tieren, erkannten die Menschen göttliche Mächte.

Die Sorge für das Leben nach dem Tod

Die Ägypter glaubten an ein Leben nach dem Tod. Sie stellten es sich als Spiegelbild des irdischen Lebens vor. Das wäre aber ohne den Körper nicht möglich gewesen. Sie taten daher alles, um den Körper zu erhalten, und entwickelten darum im Laufe von Jahrhunderten die Technik der Mumifizierung*. Auch die Seelen, die beim Tod den Körper verließen, brauchten die Mumie*, um sich frei zwischen Diesseits und Jenseits bewegen zu können. Denselben Zweck hatten auch die Grabstatuen, die als Ersatzkörper des Toten galten.

Das Grab stattete man mit allem aus, was zum Leben gehörte: mit echten Möbeln, Kleidung, Schmuck, Essen und Trinken, ersatzweise auch als Bilder auf den Wänden oder auf den Särgen. Besonders wichtig war es, den Körper des Königs für die Ewigkeit zu bewahren. Denn wie im Leben sollte er auch für die toten Menschen sorgen können – vor allem für diejenigen, die sich nicht wie die Beamten Grab, Grabausstattung und Mumifizierung leisten konnten.

M 4 Eine Darstellung des Rituals der Mumifizierung. Unten: Zwei verschiedene Versionen der Leichenwäsche. Mitte: Aufbahrung und Auftreten der Balsamierungspriester. Oben rechts: Abschlusszeremonie durch den Totenpriester, der die Maske des Totenbegleiters Anubis trägt. Oben links: Fertig gewickelte Mumie auf einer Löwenbahre, darunter die Krüge mit den Eingeweiden.
Bemalter Holzsarg mit der Darstellung einzelner Szenen, 2./1. Jahrhundert v. Chr.

Das Leben nach dem Tod war aber nur für die erreichbar, die die Prüfung des Totengerichts* bestanden hatten und vom Totengott Osiris in sein Reich aufgenommen worden waren. Das Totengericht wurde gern bildlich dargestellt, z. B. im Totenbuch* oder auf Särgen (vgl. S. 194).

***Totengericht**
Wie die Menschen der Jungsteinzeit glaubten auch die Ägypter an ein Weiterleben der Menschen nach dem Tod. Neu ist in der ägyptischen Religion der Glaube an ein Totengericht: Danach müssen sich die Menschen nach ihrem Tod vor einem Gericht der Götter für ihre Lebensführung verantworten. Hatte sich der Mensch im Leben nicht richtig verhalten, so musste er den so genannten „zweiten Tod" sterben, der ihn endgültig auslöschte.

***Totenbuch**
Das Totenbuch war eine Sammlung von 200 religiösen Sprüchen, die den Menschen helfen sollten, ins Jenseits zu gelangen. Darum schrieb man sie besonders gern auf eine Papyrusrolle auf, die dem Toten mit in den Sarg gelegt wurde.

1 Lest den Text und benennt, für was einzelne Götter in Ägypten zuständig waren.

2 Nennt Gründe, warum die Menschen den Befehlen der Könige gehorchten.

3 Beschreibt die in den Bildern dargestellten Götter (M 1 bis M 3, → **Wir lesen Bilder**, S. 194/195).

4 Auch bei uns gibt es die Vorstellung von einem Leben nach dem Tod (z. B. bei den Christen). Vergleicht unsere heutigen Vorstellungen mit denen der Ägypter.

METHODE

Wir lesen ägyptische Bilder

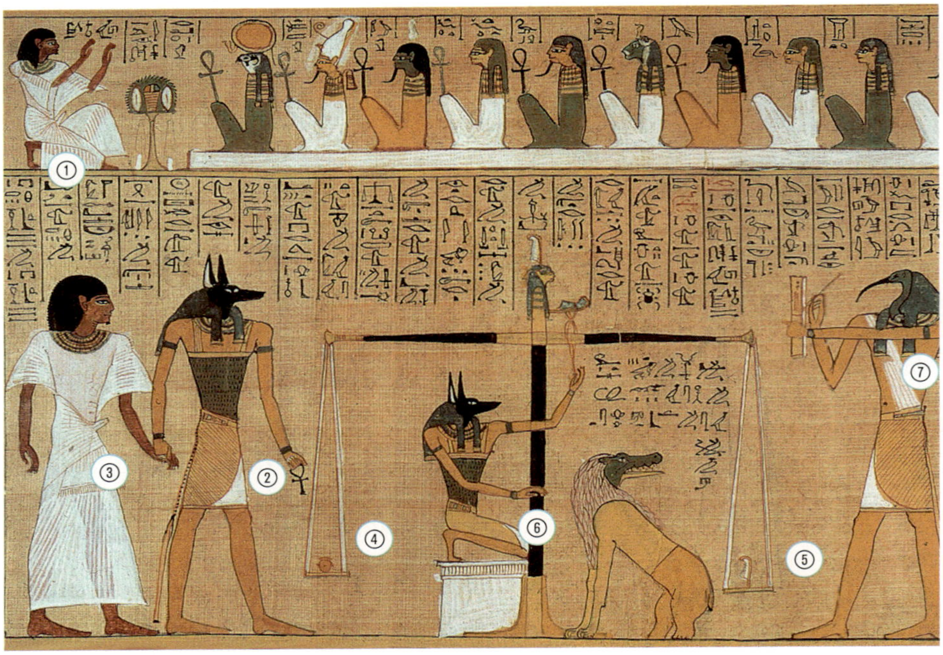

M 1 Totengericht, Malerei aus dem Totenbuch-Papyrus des Hu-nefer. Um 1300 v. Chr.
① Hu-nefer kniet oben in Verehrung vor dem göttlichen Richterkollegium. Darunter führt der schakalköpfige Einbalsamierungsgott Anubis ② den Toten ③ zur Waage. Das Herz ④ des Verstorbenen wird gegen die Feder ⑤ der Maat aufgewogen. Unter der Waage kniet links Anubis und überprüft den Wägevorgang, rechts hockt die krokodilköpfige Totenfresserin Ammut ⑥. Rechts neben der Waage steht der ibisköpfige Gott Thot ⑦, er protokolliert das Geschehen und schreibt das Ergebnis der Prüfung auf.

***Relief**
(gesprochen: Re-li-ef) eine Darstellung, die sich vom Hintergrund abhebt und ertastet werden könnte (z. B. bildliche Darstellungen auf Münzen).

Bilder sind Quellen

Bilder sind Quellen, genauso wie Schriftquellen (Texte) und Sachquellen (z. B. Alltagsgegenstände).
Typische Quellen aus der Zeit des alten Ägypten sind Texte, Baudenkmäler sowie Statuen, Reliefs* und Malereien.

Ägypter sahen Bilder anders

Unser Blick auf Bilder ist durch die europäische/christliche Tradition geprägt. Die Ägypter verstanden ihre Bilder ganz anders. Deshalb wurden in den Reliefs und Malereien menschliche sowie göttliche Figuren nicht naturgetreu dargestellt, sondern nach einem bestimmten Schema:
Der Kopf wird immer in der Seitenansicht (Profil) abgebildet. Dabei sieht ein Auge den Betrachter direkt (Frontalansicht) an. In der Frontalansicht ist auch der Oberkörper wiedergegeben, das Becken, die Beine bzw. die Füße hingegen wieder im Profil. Damit war der Körper vollständig zu erkennen.

Ziel: Vollkommenheit

Menschen wurden nie genau, also mit ihren besonderen Merkmalen wie der typischen Mundform oder Körperhaltung dargestellt. Die Figuren zeigen ein Ideal, das vollkommen ist und wirken dadurch für uns alle gleich. So wollte man im Jenseits weiterleben, ohne Krankheit, Makel oder Alterszeichen, eben in Vollkommenheit. Um dieses Ziel zu erreichen, musste der Verstorbene gemäß den religiösen Vorstellungen der Ägypter zunächst vor das Totengericht treten.

Bilder sollen etwas bewirken

Der Verstorbene erhoffte sich mit der Abbildung der Szene, dass er die Prüfung übersteht.
Denn Bilder hatten in Ägypten den Zweck, etwas zu bewirken. Sie sollten auf magische Weise etwas für die Ewigkeit festlegen. Die Wandbilder oder Statuen „lebten“ nach ägyptischer Vorstellung. Oft ergänzten sich dabei Bilder und Inschriften.

Anschließend wird der Tote vom falkenköpfigen Gott Horus ⑧ vor Osiris ⑨ geführt, den Herrscher des Totenreiches. Er ist wie ein irdischer König mit Krummstab und Wedel als Zeichen seiner Macht ausgestattet. Hinter Osiris stehen zwei Göttinnen ⑩. Da die Waage im Gleichgewicht bleibt hat Hunefer die Prüfung bestanden und kann in die Ewigkeit eingehen.

M2 Papyrus lesen können

1. Schritt: Die Einzelheiten beschreiben

- Wie viele Figuren sind dargestellt (forscht von links nach rechts und von oben nach unten)?
- Wie sind sie dargestellt (Kleidung, Frisuren usw. beachten)?
- Welche weiteren Gegenstände sind auf dem Bild zu sehen?
- Welcher Person kann der Papyrus zugeordnet werden (siehe auch Bildlegende)?

2. Schritt: Zusammenhänge klären, um den Papyrus zu verstehen

- Welche Tätigkeiten üben diese Personen aus?
- Welche Figuren (Menschen, Götter) könnten dargestellt sein?
- Gibt es Symbole, die eine besondere Bedeutung haben könnten?
- Aus welcher Zeit stammt der Papyrus (Bildlegende)?

1 Untersucht M 1 und lest das Bild von links nach rechts. Ordnet dafür die Erklärungen den Bildteilen zu.

2 Nutzt nun die beiden Schritte zum Bilderlesen (M 2) und deutet mithilfe der dort formulierten Fragen das Bild.

3 Beschreibt das Totengericht mit eigenen Worten schriftlich in eurer Arbeitsmappe.

Wozu dienten die Pyramiden?

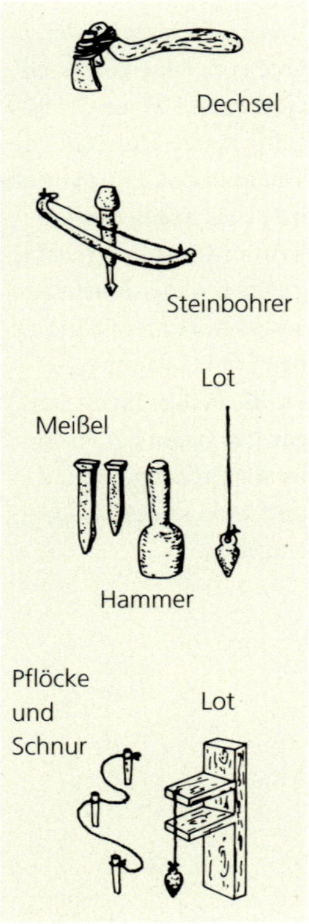

M 1 Werkzeuge

***Kubikmeter**
Würfel, dessen Kanten einen Meter lang sind

Herrscher über den Tod hinaus

Der ägyptische König bestimmte das Leben seiner Untertanen. Sie schuldeten ihm Gehorsam, dafür versorgte er sie, sodass sie keine Not leiden mussten.
Starb der König, so wurde er zu einem Gott und stieg zu den Sternen auf. Im Alten Reich, der Zeit um 2650 bis 2150 v. Chr., ließen sich die Könige in Pyramiden bestatten, die in einer gewaltigen Kraftanstrengung mithilfe des ganzen Landes errichtet wurden. Die Mitarbeit an diesem Werk galt als Dienst an einem zukünftigen Gott und als Wahrung der Weltordnung. Die beteiligten Menschen waren sich ihrer Belohnung sicher: ein ewiges Leben im Jenseits an der Seite ihres Königs, auch wenn sie sich selbst kein Grab, keine Grabausstattung und keine Mumifizierung leisten konnten.
Es ist also falsch, wenn immer wieder behauptet wird, die Pyramiden seien in Zwangsarbeit von Sklaven (die es in Ägypten nicht gab) errichtet worden.

Die Cheops-Pyramide in Giseh – ein Weltwunder

Die größte aller je in Ägypten errichteten Pyramiden ist die des Königs **Cheops** in Giseh, der um 2550 v. Chr. regierte. Sie ist heute noch fast 139 Meter hoch, mit Verkleidungsblöcken und Pyramidenspitze waren es ursprünglich 146 Meter. Ihre Seitenlänge beträgt jeweils 230 Meter, sie hat einen Rauminhalt von 2 300 000 Kubikmetern*. Die in Schichten aufeinander getürmten Steinblöcke weisen unterschiedliche Größen auf. Manche besitzen ein Gewicht von 2,5 Tonnen. Zum Vergleich: Ein Mittelklassewagen wiegt etwa eine Tonne.
Als Baumaterial wurde Kalkstein verwendet, der zum größten Teil in einigen nahe der Baustelle gelegenen Steinbrüchen abgebaut wurde. Nur die Verkleidungsblöcke aus besonders feinem, strahlend weißem Kalkstein stammen aus den Steinbrüchen auf dem östlichen Nilufer gegenüber Giseh. In der Pyramide und den dazugehörigen Tempeln wurden zum Beispiel roter Granit sowie schwarzer Basalt verbaut.

Wer baute die Pyramiden?

Der König entschied über den Bauplatz für sein Grab. Dann erteilte er seinem Wesir, dem obersten Beamten im Staat, den Befehl, die Bauarbeiten zu organisieren: Materialbeschaffung aus den Steinbrüchen, Transport der Blöcke zum Bauplatz, Beschaffung von Werkzeug, Auswahl der Arbeiter unter der Landbevölkerung, Versorgung der Arbeiter.
Alle Könige des Alten Reiches bauten Pyramiden; daher standen immer erfahrene Vorarbeiter, Handwerker und Architekten zur Verfügung, die ihr Wissen von Generation zu Generation weitergaben. Auch eine große Schar von Schreibern wurde benötigt. Sie führten Anwesenheitslisten, notierten alle Lieferungen und überwachten die Versorgung der Arbeiter auf der Baustelle, deren Unterbringung in einer eigenen Siedlung und ihre Entlohnung.

20 bis 25 Jahre Bauzeit

Die Errichtung einer Pyramide dauerte viele Jahre (bei Cheops etwa 20 bis 25 Jahre). Wir wissen wenig über die Einzelheiten, da die schriftlichen Quellen dieser Zeit zum Pyramidenbau nichts überliefern. Moderne Berechnungen gehen davon aus, dass etwa 4000 Mann das ganze Jahr über in zwei Schichten auf der Baustelle tätig waren. Etwa 10 000 weitere Männer wurden für die Arbeit in den Steinbrüchen und für den Transport des Baumaterials benötigt.

M2 Die Arbeiter beförderten die Steinblöcke auf dem Nil vom Steinbruch zur Pyramidenbaustelle. *Rekonstruktionszeichnung*

M3 Die unteren Schichten der Pyramide konnten mithilfe von zwei Rampen errichtet werden, auf denen die Blöcke hochgezogen wurden. *Rekonstruktionszeichnung*

M7 Kalkstein

M8 Granit

M4 Nach Abschluss der Bauarbeiten wurde als letzter Arbeitsschritt die Verkleidung der Pyramide einer zweiten Glättung unterzogen, die von oben nach unten durchgeführt wurde. *Rekonstruktionszeichnung*

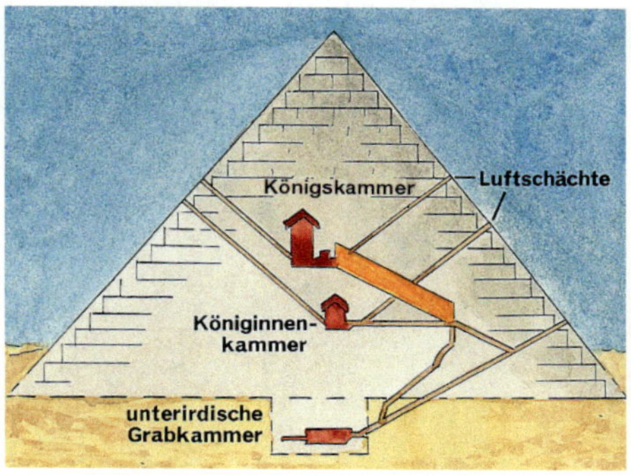

M5 Querschnitt durch die Cheops-Pyramide mit Kammern, Gängen und Luftschächten. In der Königskammer steht der riesige Steinsarg, in dem Cheops bestattet wurde. *Schaubild*

M9 Basalt

M6 Die Pyramiden von Giseh. *Foto*

1 Sucht auf Seite 178 in M3 die Steinbrüche und den Standort der Cheops-Pyramide. Schreibt Vermutungen auf, wie man die Baumaterialien dorthin gebracht hat.

2 Schreibt mithilfe des Textes und der Bilder einen Bericht über den Bau einer Pyramide. Fügt eurem Bericht kleine Skizzen bei.

3 Nehmt Stellung zu den architektonischen und organisatorischen Leistungen der alten Ägypter: Wie bewertet ihr deren Arbeit?

Reicht das Wasser für alle?

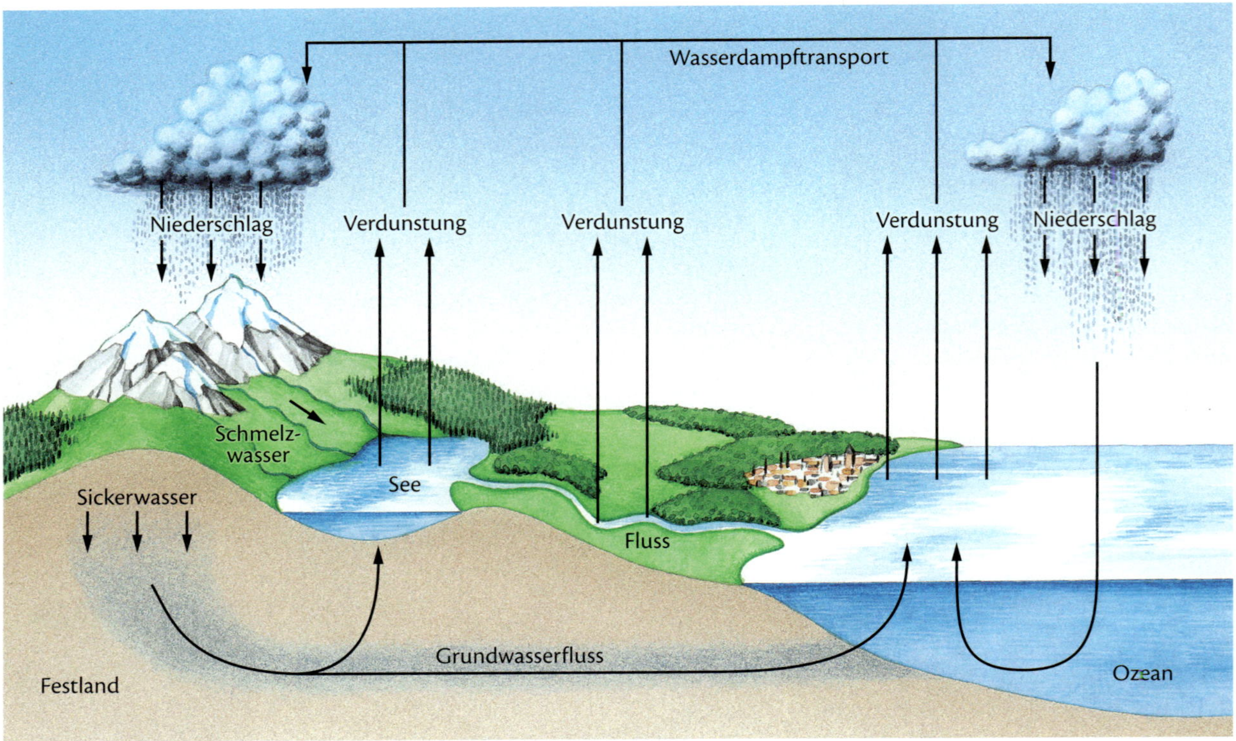

M 1 Der Wasserkreislauf

Der Wasserkreislauf

Wenn die Sonne scheint, erwärmen die Sonnenstrahlen die oberste Schicht des Wassers. Einzelne Tropfen lösen sich aus dem Wasser des Meeres, eines Sees oder des Bodens an der Oberfläche und steigen als feiner Wasserdampf oder Wasserdunst auf. Dieser Vorgang wird als **Verdunstung** bezeichnet. Beim Aufsteigen kühlt sich die warme feuchte Luft ab. Aus dem Dampf oder Dunst werden wieder Wassertropfen, die gemeinsam Wolken bilden. Der Wind weht die Wolken zum Land. Da die abgekühlte Luft weniger Wasserdampf und Wassertropfen als warme Luft binden kann, fallen die Wassertropfen als Regen oder je nach Temperatur als Schnee bzw. Hagel zur Erde.

Das Regenwasser, das auf das Land fällt, verdunstet zum Teil oder es versickert in der Erde, bis das Sickerwasser von einer wasserundurchlässigen Gesteinsschicht aufgehalten wird. Dieses Wasser, das sich bis zu einigen hundert Metern tief in der Erde sammelt, wird als **Grundwasser** bezeichnet.

Alles **Oberflächenwasser** fließt über Bäche und Flüsse wieder zurück ins Meer, wo es abermals verdunstet. Der „Wasserkreislauf" wiederholt sich immer aufs Neue. Deshalb bleibt die Gesamtwassermenge auf der Erde gleich.

Wasserverteilung auf der Erde

Wasser ist einer der wichtigsten Rohstoffe auf der Erde. Ohne Wasser wäre kein Le-

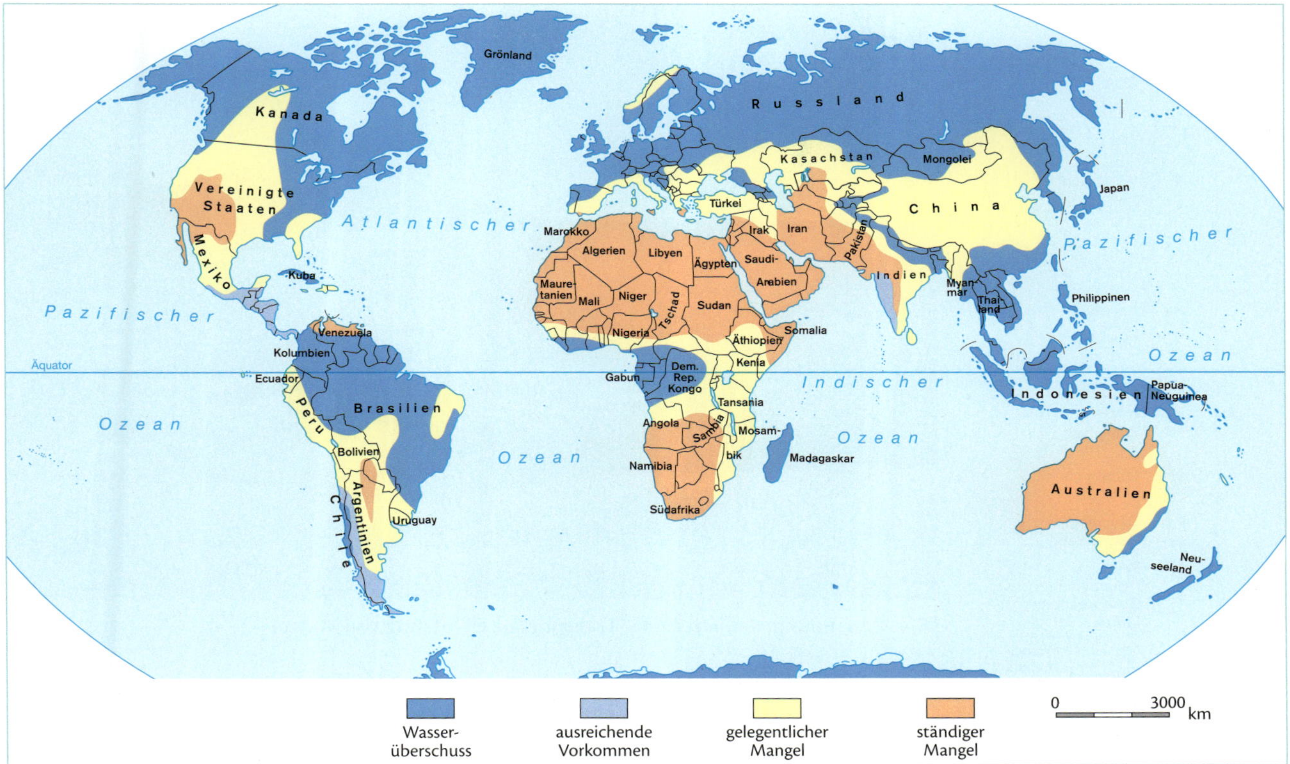

M2 **Verteilung des nutzbaren Wassers auf der Erde**

ben möglich. Der größte Teil der Erdoberfläche wird von Wasser bedeckt. Aber das meiste ist **Salzwasser** in den Ozeanen und ihren Nebenmeeren und für uns nicht genießbar.

Stellen wir uns eine volle Badewanne mit 150 Litern Wasser vor. Das soll der Gesamtmenge des Wassers auf der Erde entsprechen.

Das **Süßwasser** macht nur viereinhalb Liter aus. Das Oberflächenwasser ist nicht mehr, als in die Verschlusskappe eines Duschgels passt. Selbst das Grundwasser können wir nur teilweise nutzen, denn über die Hälfte davon liegt tiefer als 800 Meter unter der Erdoberfläche.

Das Wasser ist ungleichmäßig über die Erde verteilt. Die Niederschläge (Regen, Schnee, Nebel) werden von Winden ungleichmäßig verteilt. Wie hoch die Niederschläge sind, hängt von der Lage eines Gebietes zum Meer, von der Höhe und von der Breitenlage ab. Am Äquator zum Beispiel fällt sehr viel Niederschlag, sodass es dort die wasserreichsten Flüsse der Erde gibt. Das meiste Wasser regnet sich über dem Meer ab.

1 Beschreibt mithilfe von M 1 und des Textes den Wasserkreislauf.

2 Erklärt die Aussage im Text: „Die Gesamtwassermenge auf der Erde bleibt immer gleich“.

3 Untersucht M 2 und listet die Länder mit Wasserüberschuss sowie ständigem Wassermangel in einer Tabelle auf.

Wie nutzen wir unser Wasser?

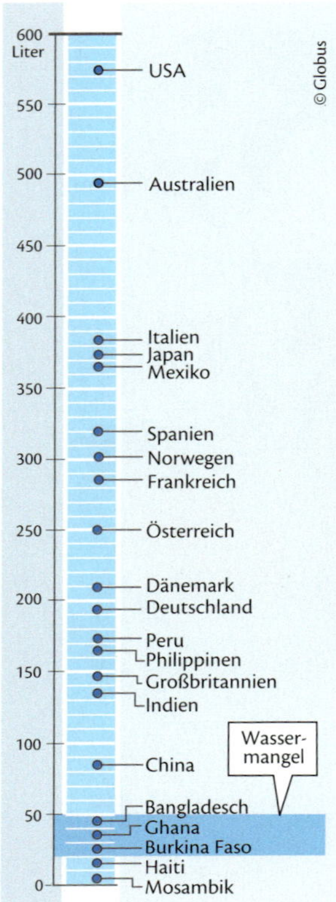

M 1 Durchschnittlicher täglicher Wasserverbrauch pro Person in Litern weltweit

M 2 Gewinnung, Aufbereitung, Transport und Nutzung von Wasser

Wassernutzung

In Deutschland verbraucht jeder Mensch im Haushalt durchschnittlich 190 Liter **Trinkwasser** am Tag, in den USA sind es 290 Liter. In afrikanischen Trockengebieten müssen die Menschen mit 20 Litern am Tag auskommen und dafür oft noch täglich aus kilometerweit entfernten Brunnen das Wasser holen.

Über eine Milliarde Menschen haben heute immer noch keinen ausreichenden Zugang zu Trinkwasser.

Je stärker ein Land wirtschaftlich entwickelt ist, desto höher ist sein Wasserverbrauch. Das meiste Wasser wird in der Industrie und in der Landwirtschaft verbraucht. So werden zum Beispiel für die Produktion eines Pkw 10 000 bis 20 000 Liter Wasser benötigt und für 1 Kilogramm Rindfleisch bis zu 16 000 Liter Wasser.

Da die Zahl der Menschen weiter zunimmt, müssen auch mehr Nahrungsmittel erzeugt werden. Das ist nur möglich, wenn die Bewässerung der Felder noch stärker ausgeweitet wird. Aber die Niederschläge lassen sich nicht einfach erhöhen. Deshalb werden die Grundwasserreserven angezapft. Sie sind die wichtigste Trinkwasserquelle der Menschen.

Trinkwassergewinnung

Trinkwasser soll kühl, appetitlich, klar, farblos, geruchlos und frei von Krankheitserregern sein. In Deutschland stammt ein Drittel des Trinkwassers aus Seen, Flüssen, Quellen und Talsperren. Zwei Drittel kommen aus dem Grundwasser.

In Großstädten reicht das Grundwasser oft nicht aus. Es muss mit Flusswasser angereichert werden. Zuerst läuft das Wasser aus Seen, Flüssen, Quellen und Talsperren sowie das an die Erdoberfläche geförderte Grundwasser über Rohrleitungen ins Wasserwerk.

Im Ruhrgebiet werden für die Deckung des Wasserbedarfs auch die Talsperren im Sauerland genutzt.

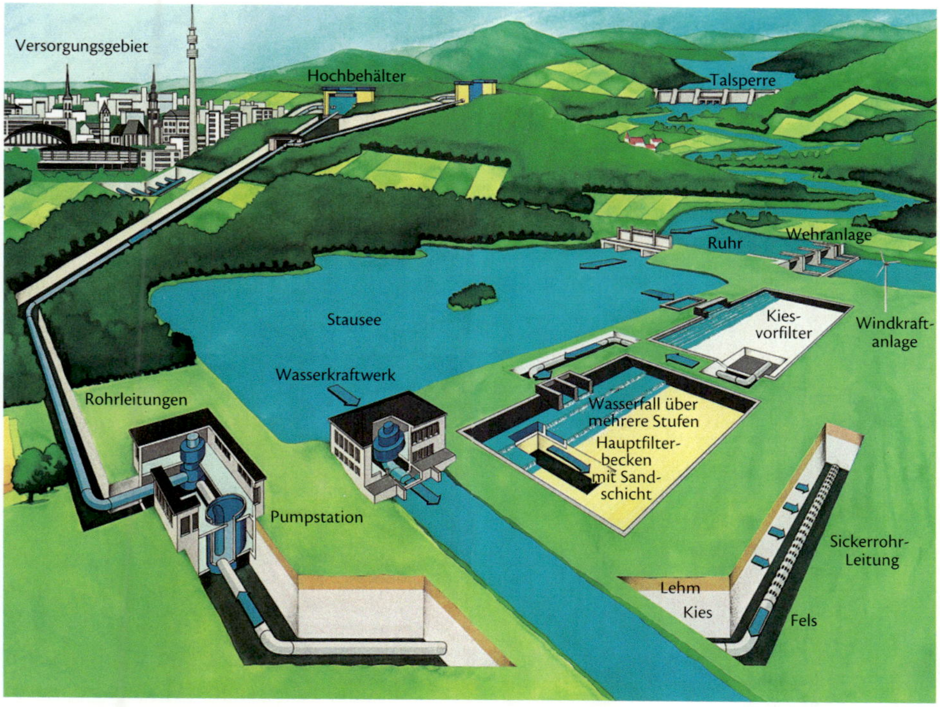

M 3 Wassergewinnung im Ruhrtal

Die Wasserwerker bezeichnen das herbeigeleitete Wasser als „Rohwasser". Es muss erst zu Trinkwasser aufbereitet werden.

Weltweit steigen die Kosten für die **Wasseraufbereitung**. Besonders das Oberflächenwasser ist durch Schadstoffe belastet. Dann müssen spezielle Filter das Trinkwasser von Krankheitserregern sowie unerwünschten Geschmacks- und Geruchsstoffen befreien. Vielen Menschen ist immer noch nicht klar, dass Wasser in einigen Gebieten der Erde bereits ein knapper Rohstoff ist.

Meerwasserentsalzung

Anlagen, die das Salzwasser in Süßwasser umwandeln, verbrauchen viel Energie. Sie sind sehr teuer und werden deshalb hauptsächlich von den reichen Ölstaaten am Persischen Golf betrieben. Meerwasserentsalzungsanlagen allein können aber den Wassermangel in den Trockengebieten nicht beheben.

M 4 Die Möhnetalsperre im Sauerland

1 Berichtet mithilfe von M 1 über den weltweiten Wasserbrauch. Beschreibt die Unterschiede im Verbrauch.

2 Beschreibt mithilfe von M 2 und M 3, wie in Deutschland Trinkwasser gewonnen wird.

3 Listet in Partnerarbeit auf, wie viel und wofür ihr Wasser an einem Tag nutzt oder verbraucht. Vergleicht mit M 1.

Wie kann man Wasser sparen?

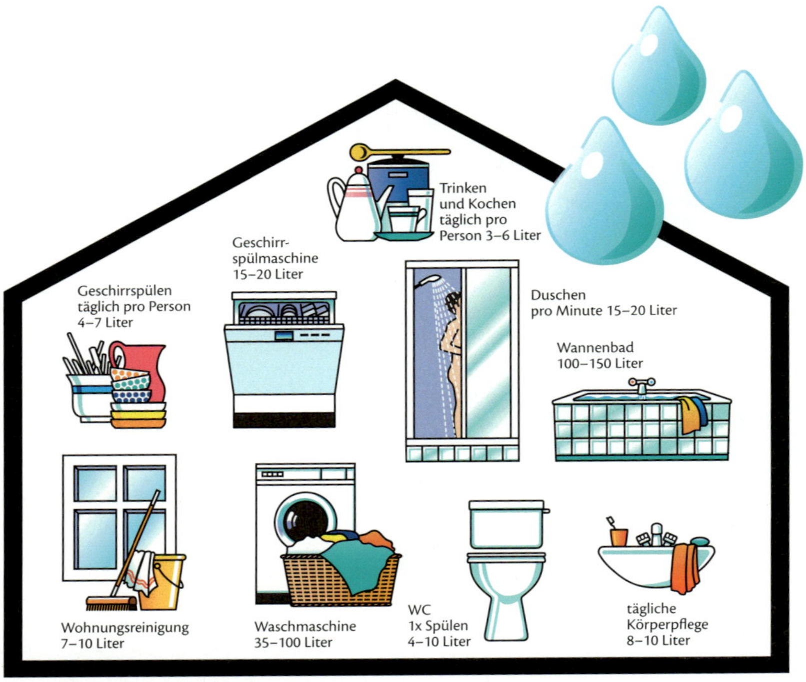

M 1 Wasserverwendung im Haushalt in Deutschland

- Stelle einen 10-Liter-Eimer bereit, möglichst mit einer Skala am Eimer.
- Fange das Duschwasser für etwa 15 Sekunden auf.
- Ermittle die in den Eimer gelaufene Wassermenge, zum Beispiel 4 Liter.
- Rechne die Wassermenge auf eine Minute hoch.
- Beispiel: 4 Liter in 15 Sekunden = 16 Liter pro Minute

M 2 Wasserverbrauch beim Duschen

Wasserverbrauch

Eine Wasseruhr ist in erster Linie dazu da, dass die Wasserwerke korrekt mit dem Verbraucher abrechnen können. Aber auch ihr als Verbraucher könnt die Wasseruhr nutzen. So könnt ihr zum Beispiel laufenden Wasserkästen, tropfenden Wasserhähnen oder sogar versteckten Rohrdichtigkeiten auf die Spur kommen. Dazu müsst ihr nicht einmal das ganze Haus abgehen. Ihr beobachtet die Wasseruhr für ein paar Minuten, wenn eigentlich kein Wasserverbrauch stattfindet. Zeigt die Wasseruhr nach etwa fünf Minuten einen Verbrauch von drei Litern an, wisst ihr, dass irgendwo etwas tropft oder undicht ist. Dann lohnt es sich, das Haus genau zu kontrollieren. Denn auch wenn es nur drei Liter in fünf Minuten sind, weil vielleicht ein Spülkasten durchläuft oder ein paar Wasserhähne tropfen, summiert sich dieser Verlust schnell auf 36 Liter pro Stunde. Das sind 315 360 Liter im Jahr.

M 3 Wasser sparen:
- Im Haus,
- bei der Körperpflege,
- bei der Toilettenspülung,
- beim Wäschewaschen,
- beim Geschirrspülen,
- beim Blumengießen,
- beim Gartenbewässern,
- beim Nahrungsmitteleinkauf.

M4 Abwasserkanäle unter einer Stadt

Was ist Abwasser?

Abwasser ist nicht mehr frisches Wasser. Es hat sich nach Gebrauch verändert. Abwässer stammen aus den Haushalten, der Landwirtschaft und der Industrie. Auch das Niederschlagswasser wird als Abwasser bezeichnet, wenn es von bebauten oder befestigten Flächen abfließt. Das meiste Abwasser entsteht bei der Rohstoffgewinnung und bei der Herstellung von Produkten.

Abwasser enthält viele Verunreinigungen. Das sind im Wasser gelöste und ungelöste Stoffe, aber auch Pflanzennährstoffe und Salze. Abwasser kann oft giftige Schadstoffe enthalten, die für die Gesundheit von Menschen und Tieren gefährlich sind.

Das Abwasser wird meist zusammen mit dem Regenwasser gesammelt und in die Kanalisation abgeleitet. Wo es keine Kanalisation gibt, müssen Flüsse und Seen oder die Küstengewässer das Abwasser aufnehmen. Besonders problematisch ist es, wenn belastetes und verunreinigtes Abwasser ins Grundwasser versickert.

Wie viel Wasser wurde im letzten Verbrauchszeitraum verbraucht?

Wie viele Tage umfasst der Verbrauchszeitraum?

1	.... m^3	Wasserverbrauch im letzten Verbrauchszeitraum
2	..... Tage	Verbrauchszeitraum in Tagen
3	.... m^3	Wasserverbrauch pro Tag im Gebäude (siehe auch Wasseruhr)
4	... Personen	Anzahl der Gebäudenutzer
5	...... Liter	Wasserverbrauch pro Tag und Person im Gebäude

M5 Bearbeitungsbogen zum Wasserverbrauch in der Schule

M6 Möglichkeiten Wasserverschmutzung zu verringern

1 Beobachtet und messt den Wasserverbrauch bei euch zu Hause und in der Schule (Text, M3).

2 Führt das Experiment (M2) zu Hause durch und berechnet, wie viel Wasser ihr spart, wenn ihr duscht, statt ein Vollbad in der Wanne zu nehmen (M1).

3 Berichtet, wie ihr die Verschmutzung von Wasser verringern könnt (Text, M6).

4 Stellt zusammen, wie viel Wasser ihr sparen könntet, wenn ihr bewusster mit dem Wasser umgehen würdet (M3, M5).

Verursachen wir Überschwemmungen?

M 1 Dresden am 17. August 2002

12. August: In weiten Teilen Sachsens fallen innerhalb von zwölf Stunden rund 80 Liter Regen pro Quadratmeter, vielerorts wird Katastrophenalarm ausgelöst. In Glashütte wälzt sich nach einem Dammbruch an einem Rückhaltebecken eine Schlammlawine durch den Ort. Die Talsperre Malter läuft über, die Rote Weißeritz fließt unkontrolliert in Richtung Dresden, wo sie in die Elbe mündet.
13. August: Um 3.00 Uhr beginnt die Evakuierung der ersten Stadtteile Dresdens. Die Weißeritz, die das Hundertfache der üblichen Wassermenge mit sich führt, überflutet den Dresdner Hauptbahnhof, Semperoper, Zwinger und Landtag. Der Elbpegel liegt mittlerweile bei über sieben Metern. Das Telefonnetz und die Stromversorgung brechen zusammen.
14. August: Das Hochwasser hat inzwischen acht Todesopfer gefordert. Die nächste Elbe-Flutwelle aus Tschechien droht.
17. August: Die Flutwelle erreicht Dresden mit einem Höchststand von 9,40 Metern – normalerweise steht der Elbpegel dort bei 2 Metern. Ein Siebtel des Stadtgebiets ist überschwemmt. Tausende sind im Einsatz: Mitarbeiter des Katastrophenschutzes, Bundeswehrsoldaten, Feuerwehrleute und freiwillige Helfer.
20. August: Der Flussspiegel sinkt. Die Menschen versuchen, zur Normalität zurückzukehren. In Sachsen mit Ausnahme des Elbtals sind 740 Kilometer Straßen und 180 Brücken zerstört. Die Bahn beklagt den Verlust eines Fünftels des sächsischen Schienennetzes.
November 2002: Der durch die Jahrhundertflut angerichtete Schaden wird auf rund sechs Milliarden Euro beziffert. Zehntausende mussten ihre Häuser verlassen. Rund 150 000 Helfer, darunter zahlreiche Freiwillige aus allen Teilen Deutschlands, waren im Einsatz.

M 2 Aus dem Tagebuch der so genannten „Jahrhundertflut 2002“ in Dresden

Fläche sparen – Natur bewahren

Deutschland ist ein dicht besiedeltes Land. Die Flächen für Verkehrsbauten und Siedlungen nehmen stetig zu. Gegenwärtig werden jährlich rund 115 Hektar* Freiflächen in **Siedlungs- und Verkehrsflächen** umgewandelt. Das entspricht der Größe von 115 Fußballstadien mit Zuschauertribünen.

Diese Flächen werden bebaut, betoniert oder gepflastert. Der Boden kann seine natürliche Filter- und Auffangfunktion nicht mehr wahrnehmen. Niederschlagswasser kann nicht versickern, der Boden kann nicht mehr ausreichend mit Sauerstoff versorgt werden.

Insbesondere bei lang anhaltenden, starken Regenfällen und zur Schneeschmelze fehlt die Speichermöglichkeit des Bodens. Große Wassermassen gelangen so sehr schnell in die Kanalisation, in die Bäche und Flüsse. Als „Flutwellen“ bewegen sie sich dann durch die Täler und führen zu Überschwemmungen.

Veränderung der Flüsse und ihrer Täler

Um die Flüsse als Schifffahrtswege nutzen zu können, wurden Flüsse begradigt und kanalisiert. Diese Maßnahmen führten zur Verkürzung des Wasserweges, zur regelmäßigeren Wasserführung der Flüsse und zur Veränderung des Pflanzenbewuchses an den Ufern.

Flussbegradigungen und Kanalisationen führten aber auch zu höheren **Strömungsgeschwindigkeiten**.

Durch Trockenlegungen der Flussauen* verloren viele Flüsse ihre natürlichen „Überlaufgebiete“. Solche Auen bestanden früher in Deutschland an vielen Flussabschnitten. Es handelt sich dabei um Niederungen, die Wasserüberschüsse auf-

M 3 **Kanalisierter Bachlauf.** *Foto, 2008*

M 5 **Entsiegelte Fläche.** *Foto, 2008*

***Hektar**
Fläche von 10 000 Quadratmetern (z. B. Feld, das 100 Meter lang und 100 Meter breit ist)

M 4 **Renaturierter Bachlauf.** *Foto, 2008*

M 6 **Kanalisierter Flusslauf.** *Foto, 2008*

***Flussaue**
(manchmal auch nur kurz als „Au(e)" bezeichnet) ein Gebiet an einem Fluss, das hin und wieder (bei Hochwasser) überflutet wird

nehmen, die bei Wassermangel aber auch austrocknen können.

Fluss- und Bachtäler sowie deren Umgebung waren schon immer bevorzugte Siedlungsgebiete. Dafür wurden die feuchten Flussauen trockengelegt. Viele Flüsse verloren dadurch ihre natürlichen Überschwemmungsgebiete.

1 Berichtet über Ursachen und Folgen des Elbehochwassers in Dresden 2002 (M 1, M 2).

2 Hochwasserereignisse sind auch vom Menschen beeinflusst. Erläutert diese Aussage und beurteilt den Einfluss des Menschen (Text, M 3 bis M 6).

3 Findet Beispiele für Hochwasserereignisse in eurer Nähe.

Sind die Alpen ein Erholungsraum?

M1 **In den Alpen bei Grindelwald.** *Foto, 2008*

M2 **Freizeitangebote für einen Sommerurlaub in Grindelwald.** *Collage*

Urlaub in den Alpen

Grindelwald ist einer der ältesten Ferienorte in den Berner Alpen. Hierher kommen sowohl im Sommer als auch im Winter Touristen aus der ganzen Welt. Der Tourismus ist heute die wichtigste Erwerbsquelle für die Bevölkerung.

Grindelwald hat 3860 Einwohner (2009). In der Hauptreisezeit im Sommer und Winter übernachten pro Tag etwa 11 000 Touristen in diesem Ort. Da die Alpen von vielen großen Städten aus schnell erreicht werden können, kommen zu den Übernachtungsgästen in Grindelwald noch einmal 5000 bis 6000 **Tagestouristen** hinzu. Die Gemeinde muss für diese vielen Menschen ausreichend Parkplätze, Straßen und Wege sowie Freizeiteinrichtungen zur Verfügung stellen.

M3 Panoramabild von Grindelwald im Winter

Art der Unterkunft	Anzahl der Übernachtungen				
	2004	**2005**	**2006**	**2007**	**2009**
Hotels	443 012	466 008	482 723	478 854	455 567
Ferienwohnungen	408 211	401 158	389 448	395 247	433 943
Camping	31 470	29 846	29 852	29 080	21 365
Ferienheime	96 734	91 956	102 699	104 718	199 403
Gesamt	979 427	988 968	1 004 722	1 007 899	1 110 278

M4 Entwicklung der Übernachtungszahlen in Grindelwald

Hochgebirge Alpen

Wer auf die Alpen zufährt, sieht schon aus der Ferne die steilen Berge aufragen. In einem **Hochgebirge** sind die Höhenunterschiede zwischen Tälern und Berggipfeln sehr groß. Die Felswände sind schroff und steil. Damit ein Gebirge als Hochgebirge bezeichnet werden kann, muss es Höhen von über 1500 Metern erreichen. 128 Berggipfel der Alpen erreichen Höhen von über 4000 Metern. Der höchste Gipfel ist mit 4807 Metern der Montblanc in Frankreich.

1 Beschreibt die Alpen und nennt Merkmale eines Hochgebirges (M 1, M 3).

2 Findet auf einer Alpenkarte (Atlas) die Berner Alpen, beschreibt deren geographische Lage und benennt die drei höchsten Berge (Höhenangaben).

3 Gebt die Entwicklung der Übernachtungszahlen in Grindelwald mit euren eigenen Worten wieder (M 4).

4 Bildet in der Klasse zwei Gruppen: die Sommer- und die Wintertouristen. Sammelt Gründe, warum ihr in der jeweiligen Jahreszeit nach Grindelwald fahren würdet.

Zerstört der Tourismus die Natur?

M 1 **Die Alpenregion vor 50 Jahren und heute.** *Zeichnung*

Tourismus schafft Wohlstand

In der Winter- und Sommersaison kommen jedes Jahr Hunderttausende Urlauber in die Alpen. Deshalb haben sich die Ferienorte in hohem Maße auf Touristen eingestellt. Die meisten Einwohner sind mit der Betreuung der Urlauber beschäftigt – sei es als Skilehrer, Bergführer, Hotelangestellte oder als Verkäufer in den Geschäften.

Der Tourismus ist für die Alpenorte und ihre Bewohner eine wichtige Einnahmequelle geworden. Neun von zehn Arbeitsplätzen hängen heute vom Tourismus ab. Für Jugendliche stehen in ihren Heimatgemeinden viele Berufsmöglichkeiten offen, die es ansonsten nur in der Stadt gibt. Ohne den Tourismus müssten sie ihr Dorf verlassen und anderswo eine Arbeit suchen.

M 2 **Mountainbiker.** *Foto, 2009*

M 3 **Marco B., Bergführer:**

Viele Touristen suchen neben dem Naturerlebnis den sportlichen Kick! Dabei denken sie nicht daran, sich in den Bergen so zu verhalten, dass die Natur geschont wird.

Schüler: Was kann man für die Umwelt tun?

Marco B.: Zunächst einmal: Bleibt auf den Wegen bzw. Pisten, im Sommer wie im Winter.

Schüler: Aber das Mountainbikefahren macht doch querfeldein erst richtig Spaß!

Marco B.: Jeder Tourist abseits der Wege stört die Tiere und schädigt die Pflanzen. Und außerdem ist es gefährlich. Mountainbikes reißen zudem tiefe Furchen in den Boden. Ich weiß, junge Leute suchen die Herausforderung – aber das sollte nicht auf Kosten der Umwelt geschehen.

Tourismus schafft Probleme

Mit der Entwicklung des Tourismus hat sich das Aussehen der Orte in den Alpen stark verändert. Für den Massentourismus müssen immer mehr Straßen, Hotels, Freizeiteinrichtungen und Bergbahnen gebaut werden. Selbst die Gebirgsregionen bis in Höhen von 3000 Metern werden touristisch erschlossen. Zur Anlage von Bergbahnen, Skiliften und Pisten wurden große Teile des Waldes oberhalb der Orte gerodet. Die Abgase der vielen Autos schädigen zunehmend den **Bergwald**. Dieser Nadelwald an den Hängen bildet den wirksamsten Schutz vor Lawinen

M4 Die Gemeinde Grindelwald plant einen umweltverträglicheren Tourismus

(an den Gebirgshängen abrutschenden Schneemassen) oder Muren (Schlammlawinen). Jahrhundertelang war es deshalb streng verboten, diesen Bannwald, der Häuser und Verkehrswege im Tal schützt, abzuholzen.

1 Beschreibt die Veränderungen in der Alpengemeinde in den letzten 50 Jahren (M 1).

2 Stellt Nutzen und Nachteile des Tourismus in einer Tabelle gegenüber (M 1 bis M 3).

3 „Der Bergwald ist ein Schutzwald." Erläutert diese Aussage (M 1).

4 Bildet Gruppen und sammelt Vorschläge, wie man die Planungen der Gemeinde Grindelwald in Taten umsetzen könnte. Beratet eure Vorschläge in einer „Gemeinderatssitzung" (M 4, → **Wir führen ein Rollenspiel durch**, S. 100/101).

Wangerooge – nur eine Ferieninsel?

M 1 Wattwanderung in der Nordsee

M 2 Fahrradtour über die Insel

***Strandpromenade**
(vom französischen *se promener* = spazieren gehen) ein gut ausgebauter (asphaltierter oder gepflasterter) Spazierweg (Promenade) für Fußgänger (Touristen)

***Saison**
Zeitraum, in dem etwas oft geschieht (z. B. die Buchung eines Hotelzimmers)

Urlaub auf Wangerooge

Der weite Badestrand vor der Strandpromenade* lockt viele Urlauber in den Sommermonaten, der Hauptsaison*, nach Wangerooge. Man kann hier in der Sonne liegen und träumen, aber auch auf gemieteten Fahrrädern die Insel erkunden. Viele Gäste entscheiden sich für eine interessante **Wattwanderung**. Ein ortskundiger Führer berichtet dabei viel über die Pflanzen und Tiere sowie andere Besonderheiten des Wattenmeeres. Auf die Gefahren durch die Gezeiten* weist er immer wieder besonders hin.

Badevergnügen in der Nordsee

Viele Urlauber kommen zum Schwimmen und Spielen in den Wellen an die weiten Strände der Insel Wangerooge.
Das Baden ist allerdings wegen der Strömung des Wassers gefährlich. Außerdem darf nur bei **Flut*** geschwommen werden, denn selbst für geübte Schwimmer ist es unmöglich, gegen den Ebbestrom* voranzukommen. So ist das Baden nur an gekennzeichneten und während der Badezeit bewachten Abschnitten des Strandes erlaubt.

Monat	Gästezahlen	Übernachtungen
Januar	4032	20636
Februar	2269	13824
März	4487	30282
April	9961	84357
Mai	12316	85244
Juni	12829	105373
Juli	15243	186692
August	14605	159991
September	11724	103563
Oktober	12160	105491
November	2736	18650
Dezember	4258	22856
Gesamt	**106620**	**936959**

M 3 Tourismus auf Wangerooge (2009)

M 4 Drachenfest auf Wangerooge

M5 **Ortsplan von Wangerooge**

***Flut**
auflaufendes Wasser am Meer (bis zum Erreichen des Hochwasserstandes)

***Ebbe**
abfließendes Wasser am Meer (bis zum Erreichen des Niedrigwasserstandes)

***Kurmittelhaus**
Gebäude, in dem Urlauber etwas für ihre Gesundheit tun können (z. B. Heilwasser trinken)

***Kur**
Zeitraum, in dem die Gesundheit wieder gefestigt (stabilisiert) werden soll

***Gezeiten**
das Ansteigen (Flut) und Fallen (Ebbe) des Wasserspiegels am Meer

Unternehmungen auf Wangerooge

Für die Unterhaltung der Gäste gibt es Konzerte, Vorträge, Tanz, Theateraufführungen, Ausstellungen und vieles andere mehr. Bei schlechtem Wetter kann man in der Fußgängerzone bummeln oder das Meerwasserhallenbad besuchen.

Wangerooge – nicht nur eine Badeinsel

Vor allem im Frühjahr und im Herbst kommen viele Gäste wegen der gesundheitsfördernden Eigenschaften der salzhaltigen Luft. Diese heilt vor allem Haut- und Atemwegserkrankungen. Als anerkanntes **Heilbad** verfügt Wangerooge über Einrichtungen für Kuren* und ärztliche Behandlungen.

1 Beschreibt mithilfe einer Deutschlandkarte im Atlas die geographische Lage von Wangerooge.

2 Zeigt auf, wie sich die Zahl der Gästeverteilung im Verlaufe eines Jahres verändert. Verwendet die Begriffe „Hauptsaison" und „Nebensaison" (M3).

3 Plant eine Urlaubsreise nach Wangerooge. Arbeitet in Gruppen und nutzt das Internet. Entscheidet dabei auch, welche Freizeitaktivitäten ihr bei gutem und bei schlechtem Wetter unternehmen wollt (M1, M2, M4, M5, → **Wir führen eine Internetrecherche durch**, S. 232/233).

Wie wirkt sich der Inseltourismus aus?

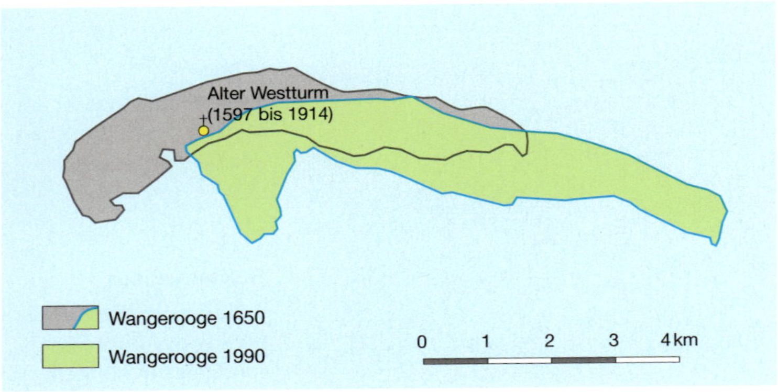

M1 Verlagerung der Insel Wangerooge

*Sturmflut
besonders starkes Hochwasser, wenn der Sturm das auflaufende Wasser „anschiebt"

*Schlick
feinstes (sandhaltiges) Ablagematerial in Gewässern

Abhängigkeit vom Meer

Nicht immer konnten die Bewohner der Insel Wangerooge, die sieben Kilometer vom Festland entfernt liegt, so leben wie heute. Bevor der Tourismus zu ihrer wichtigsten Einnahmequelle wurde, lebten die Bewohner vom Fang und von dem Verkauf von Fischen und Krabben.

Gefahren durch das Meer

Das Meer lieferte aber nicht nur Arbeit und Nahrung. Wind und Wellen waren und sind eine ständige Gefahr für die Insel. Zunächst mit kleinen Erdwällen und später mit **Deichen** wird die Insel vor den Gezeiten geschützt. Doch bei **Sturmfluten*** ging häufig Land verloren. Weideland und Siedlungen verschwanden im Meer. Sobald in die Brunnen Meerwasser eindrang, war das Trinkwasser ungenießbar. Dann musste Süßwasser vom Festland herantransportiert werden und es wurden neue Brunnen gebaut.
Doch das Meer transportierte auch Sand und Schlick* heran, sodass neues Land entstehen konnte.

Küstenschutz heute

Viele Arbeiten fallen beim Küstenschutz auch heute noch an. Uferbefestigungen aus Stein und Beton sowie Deiche wurden errichtet. Alle Schutzbauten müssen ständig ausgebessert und erweitert werden.

Fremdenverkehr auf Wangerooge

Wangerooge hat heute ungefähr 1000 Einwohner. Mehr als die Hälfte aller erwerbstätigen Inselbewohner arbeitet in Gaststätten, Cafés, Hotels, Pensionen, in der Kurverwaltung und anderen touristischen Einrichtungen. Andere Bewohner von Wangerooge arbeiten im Einzelhandel, in

M2 Wangerooge um 1820

M3 Fußgängerzone von Wangerooge

Handwerksbetrieben und in anderen Dienstleistungsbetrieben (z. B. Gepäcktransport). Besonders in den Sommermonaten, wenn nicht nur Urlauber, sondern auch Tagestouristen einen Ausflug unternehmen, herrscht Hochbetrieb auf der Insel.

Arbeit für die ganze Familie

Der **Fremdenverkehr** bietet der ganzen Familie Arbeit. Nicht nur Eltern betreuen die Feriengäste, auch ihre Kinder helfen oft mit. In Zeiten hoher Gästezahlen müssen alle auf ihre Freizeit verzichten. Somit braucht man keine weiteren Arbeitskräfte einzustellen. Andererseits sichert der Familienbetrieb das Einkommen der Familie. Jugendliche, die die Schule beendet haben, finden kaum Ausbildungsplätze auf der Insel. So müssen sie sich eine Ausbildungsstelle auf dem Festland suchen, wo sie dann die ganze Woche über leben.

Tourismus bringt Veränderungen

Der Tourismus hat zahlreiche Veränderungen im Ortsbild hervorgerufen. Für die vielen Gäste war es nötig geworden, einen festen Anleger für die Fähre von Harlesiel zur Insel Wangerooge zu bauen. Gleichzeitig nahm eine Inselbahn vom Anleger zur Ortsmitte den Betrieb auf, sodass ein großer Bahnhof gebaut werden musste. Viele Restaurants und Gaststätten gibt es entlang der Hauptstraße. In den Geschäften werden Andenken verkauft. Hotels und Pensionen prägen das Ortsbild, auch wenn es keine „Betonklötze“ wie in vielen anderen Feriengebieten gibt. Viele Eigentümer wohnen auf dem Festland: Sie nutzen ihre Ferienwohnung nur für wenige Wochen oder Wochenenden im Sommer und vermieten sie an andere Urlauber weiter.

M4 Badebetrieb auf Wangerooge um 1900

M5 Badeurlaub auf Wangerooge heute

M6 Ankunft der Inselbahn am Bahnhof in Wangerooge

1. Beschreibt, wie das Meer die Insel Wangerooge und das Leben der Inselbewohner geprägt hat (M 1).

2. Vergleicht das Leben der Bewohner von Wangerooge früher und heute (M 2 bis M 6).

3. Erstellt eine Liste von Berufen, die durch den Fremdenverkehr entstanden sind.

4. Erläutert, wie der Tourismus die Insel Wangerooge verändert hat (M 2 bis M 6). Achtet dabei auf die unterschiedliche Nutzung der Insel.

Gibt es „sanften Tourismus“ in NRW?

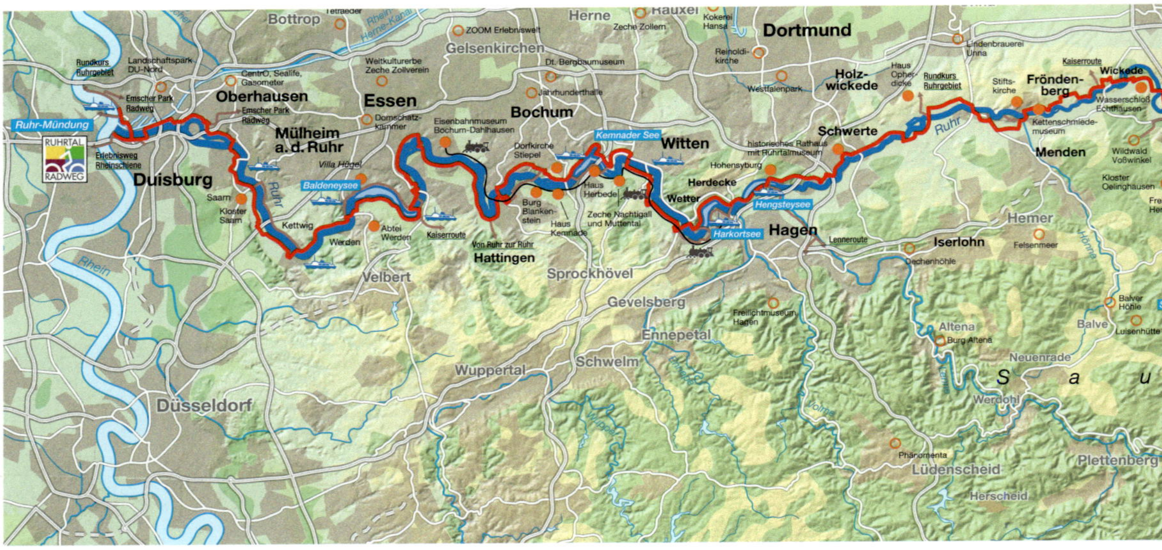

M 1 Der RuhrtalRadweg

RUHRTAL RADWEG

M 2 Logo

***Massentourismus**
Form des Fremdenverkehrs, an dem viele Menschen beteiligt sind

***ökologisch**
so, dass die Umwelt geschont wird

***Metropolen**
Großstadt, großstädtisches Gebiet

Der „sanfte Tourismus“

Der „sanfte Tourismus“ versteht sich als Gegenmodell zum Massentorismus*. Der „sanfte Tourismus“ will die Zerstörung der Natur am Reiseziel durch aktiven Umweltschutz vermeiden. So wird der Bau von Skiliften oder Bergbahnen abgelehnt.

Die natürliche Umgebung soll in ihrer Vielfalt von den Touristen möglichst ohne zusätzliche energiefressende Anlagen erlebt werden. Angestrebt wird, dass die Gäste möglichst öffentliche Verkehrsmittel benutzen auch bei der An- und Abreise. Die Unterkünfte für die Touristen sollen nach ökologischen* Gesichtspunkten gebaut und betrieben werden und dem Baustil des Ferienortes entsprechen. Massenunterkünfte und Bettenburgen werden abgelehnt.

Umweltverträglichkeit und Schonung der Natur sollen im Mittelpunkt aller touristischen Angebote stehen.

Der RuhrtalRadweg

Ein Beispiel für „sanften Tourismus“ ist der RuhrtalRadweg, der 2006 eröffnet wurde. Er führt von der Quelle der Ruhr bei Winterberg bis zur Mündung der Ruhr in den Rhein bei Duisburg. Er ist 230 Kilometer lang und kann in einzelnen Abschnitte befahren werden. Seit seiner Eröffnung haben ihn schon fast 500 000 Radwanderer benutzt.

M 3 Aus der Beschreibung des RuhrtalRadweges im Internet:

Einer der abwechslungsreichsten und vielseitigsten Flüsse Deutschlands lädt mit seinen Uferwegen ein zur Entdeckung einer ganzen Region. Kein anderer Fluss in Deutschland verbindet Kultur und Natur auf so engem Raum. Auf den 230 Kilometern von der Quelle bei Winterberg bis zur Mündung in den Rhein bei Duisburg verbindet die Ruhr die ursprüngliche Landschaft des Sauerlandes mit der aufregenden und erlebnisreichen Metropole* Ruhr.

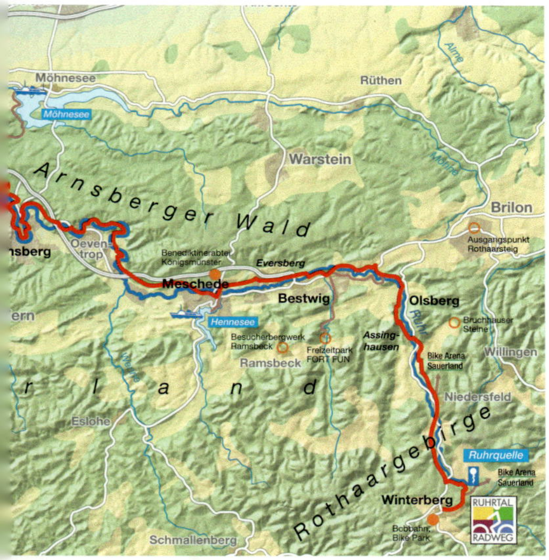

Der Flussradweg […] verbindet üppige Natur und idyllische* Dörfer mit beschaulichen Kleinstädten und pulsierenden Metropolen. Weitgehend abseits des Straßenverkehrs, verlässt der Flussradweg nur selten die Talsohle. […]

M4 Weitere Informationen

Länge: 230 km, Strecke: Quelle bei Winterberg bis zur Mündung in den Rhein in Duisburg.

Höhen: Ruhrquelle: 674 m, Ruhrmündung: 17 m

Merkmale und Eigenschaften: Überwiegend flussbegleitender Radweg, rund ein Drittel der Strecke, verläuft direkt am Wasser; für vom Hochwasser gefährdete Abschnitte sind Ausweichrouten vorhanden. Die Hälfte des Weges hat direkten Zugang zum Landschafts- und Erlebnisraum Ruhrtal, ein Viertel der Strecke führt durch waldreiche Mittelgebirgslandschaft und landwirtschaftlich geprägte Räume. Der überwiegende Teil der Strecke liegt außerhalb von Hauptverkehrsstraßen. Die gesamte Strecke ist einheitlich mit Orts-, Kilometerangaben und dem Logo beschildert.

M5 Unterwegs auf dem RuhrtalRadweg

Versorgung: Der RuhrtalRadweg bietet durch viele Ortsdurchfahrten vielfältige Möglichkeiten für Versorgung und Besichtigung. Neben zahlreichen Gastronomiebetrieben an der Strecke stehen Picknickplätze und Freizeitstationen zum Rasten zur Verfügung.

Übernachtungsmöglichkeiten: Jugendherbergen, Campingplätze, Wohnmobilstellplätze und Betriebe mit besonders fahrradfreundlichem Service decken unterschiedliche Bedarfe. Räder, auch Spezialräder für Menschen mit Handicap, Sonderräder und Funbikes* werden stunden- bis tageweise vermietet. Bei Fahrradpannen wird Hilfe vor Ort angeboten.

***idyllisch**
kommt von dem Wort „Idylle“ – damit ist eine ruhige (oft bäuerliche) Landschaft gemeint

***Handicap**
Nachteil (z. B. eine körperliche Einschränkung/Behinderung)

***Funbike**
spezielle Fahrräder (Engl.: *bike*), mit denen ein besonderes Vergnügen (Engl.: *fun*) verbunden ist

1 Erklärt, was der „sanfte Tourismus“ erreichen will. Sucht dafür Beispiele.

2 Diskutiert, ob der „sanfte Tourismus“ überall möglich ist. Vergleicht mit euren bisherigen Urlaubsreisen.

3 Untersucht die Materialen M 1 bis M 5 und zeigt, wieso der RuhrtalRadweg ein Beispiel für „sanften Tourismus“ ist.

4 Sucht im Internet weitere Informationen zum RuhrtalRadweg (→ **Wir führen eine Internetrecherche durch**, S. 232/233).

Das kann ich …

- ✓ Nil
- ✓ Überschwemmungen
- ✓ Pharao
- ✓ Arbeitsteilung
- ✓ Vorratshaltung
- ✓ Wasserkreislauf
- ✓ Wassermangel
- ✓ Naturräume
- ✓ Raumnutzung durch Tourismus
- ✓ sanfter Tourismus
- ✓ Wasser sparen

M1 Wichtige Begriffe

M2 Schreiber in ihrem Büro: *Zeichnung nach einem Grabrelief, um 2450 v. Chr.*

M3 Der Nil in Altägypten

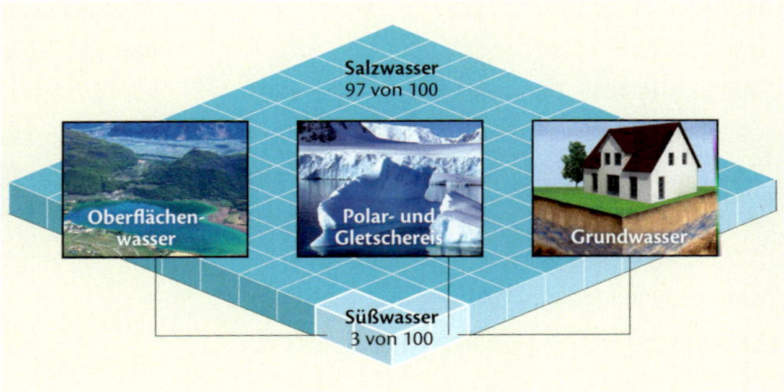

M4 Wassermengen auf der Erde

M 5 **Querschnitt durch das Niltal.** *Schaubild*

M 6 **Montainbiker.** *Foto*

M 7 **Unterwegs auf dem RuhrtalRadweg.** *Foto*

Was wir noch wissen

1 Erklärt euch gegenseitig die wichtigen Begriffe (M 1) und schreibt die Bedeutung der Begriffe in eure Arbeitsmappe.

2 Erzählt, was die alten Ägypter unternahmen, um die jährlichen Überschwemmungen des Nil für sich und ihre Landwirtschaft zu nutzen (M 5).

3 Berichtet von den Aufgaben der Schreiber und der Entwicklung anderer Berufe in Ägypten (M 2).

4 Erstellt ein Lernplakat zur Wassernutzung bei den Ägyptern und bei uns (M 4, → **Wir erstellen ein Lernplakat**, S. 312).

5 „Der Berg- und Küstentourismus – Gefahr für die Natur", schreibt einen Artikel für eure Schülerzeitung (M 6, M 7).

Gewusst, wie ...

6 Lest mithilfe der Methodenseiten (→ **Wir lesen Bilder**, S. 194/195) M 2.

Wir meinen, dass ...

7 ... ohne die Überschwemmungen des Nil kein hoch entwickelter Staat entstanden wäre (M 5). Begründet.

8 ... der Tourismus auf die Umwelt Rücksicht nehmen muss, sonst ...

Wir wenden an

9 Nennt verschiedene Möglichkeiten, wie jede und jeder von euch Wasser sparen kann.

10 Wir fragen unsere Eltern, ob sie schon etwas vom „sanften Tourismus" gehört haben.

Inhaltsfeld: Innovationen, Neue Technologien und Medien

6 Medienrevolution – damals und heute

Die Erfindung des Buchdrucks im 15. Jahrhundert kann man mit der Erfindung des Internets im 20. Jahrhundert vergleichen. Beide Erfindungen haben das politische und gesellschaftliche Leben tiefgreifend beeinflusst.

Ihr könnt in diesem Kapitel erarbeiten,

- wie die Erfindung des Buchdrucks die Informationsmöglichkeiten seit dem 15. Jahrhundert tiefgreifend veränderte,
- welche Auswirkungen die „digitale Revolution“ auf unser Alltagsleben heute hat,
- wie man sich vor den Gefahren bei der Nutzung des Internets schützen kann
- und wie das Internet den Handel und das Transportwesen veränderte.

Am Ende des Kapitels wisst ihr, wie man eine Internetrecherche durchführt.

Wie veränderte der Buchdruck das Leben der Menschen?

M 1 Ein Buch entsteht. So stellte Gutenberg eine Letter her: ① Er formte eine Musterletter aus hartem Material. ② Dann schlug er sie in ein Klötzchen aus weichem Kupfer. So entstand eine Matrize. ③ In die Matrize goss er flüssiges Blei. ④ Daraus entstand dann eine Bleiletter. ⑤ Die Lettern setzte er zu einer Druckform zusammen, die er schwarz färbte. ⑥ Darauf legte er einen Bogen Papier. ⑦ Er presste Papier und Druckform zusammen. ⑧ Nun war der Bogen bedruckt. ⑨ Die Bögen wurden zu einem Buch zusammengetragen. ⑩ Der Buchblock erhielt einen Einband.

M 2 Mönch in der Schreibstube. *Buchmalerei, um 1150*

Der Buchdruck verändert die Welt

Um das Jahr 1500 kam es zu grundlegenden Veränderungen im Denken und Handeln der Menschen in Europa. Zahlreiche Erfindungen aus dieser Zeit wirken bis heute noch. Eine von ihnen war die Erfindung des Buchdrucks.

Q 1 Der Abt des Klosters Hirsau berichtete:

Zu dieser Zeit [1452] wurde in Mainz jene wunderbare und früher unerhörte Kunst, Bücher mittels Buchstaben zusammenzusetzen und zu drucken, durch Johannes Gutenberg, einen Mainzer Bürger, erfunden und ausgedacht. […]

Die Erfindung des Buchdrucks im Jahr 1452 löste eine „Medienrevolution“ aus, vergleichbar nur mit der Erfindung des Internets fast 500 Jahre später. Ohne die neue Art der Buchherstellung wären viele anderen Erfindungen und neue Gedanken der damaligen Zeit nicht so schnell verbreitet worden. Die neue und vor allem schnellere Art Bücher und Flugblätter herzustellen, war eine der wichtigen Schlüsselerfindungen, die dazu beitrug, dass sich das Leben und Denken der Menschen tiefgreifend veränderte.

Gutenbergs Erfindung

Für die Anfertigung eines einzigen Buches durch Abschreiben brauchte man bis dahin häufig viele Jahre.

Bücher waren daher sehr teuer. Eine Bibel etwa kostete 60 Gulden; für diese Summe konnte man auch ein kleines Bauerngut erwerben.

Nur Klöster, Fürsten oder sehr reiche Bürger konnten sich überhaupt eigene Bücher leisten.

M3 Druckerwerkstatt im 16. Jahrhundert. *Holzschnitt*

Gutenbergs Idee war genial: Er erstellte einzelne Buchstaben (Lettern) aus Blei. Die Buchstaben konnten zu Wörtern und dann zu Seiten zusammengesetzt werden. Nach dem Druck wurden sie wieder auseinander genommen. Dann konnten die Buchstaben wieder für eine neue Seite zusammengesetzt werden.
Gutenbergs erstes Buch, an dem er drei Jahre arbeitete, war die Bibel. Sie erschien in 150 Exemplaren im Jahr 1455 und umfasste 1282 Seiten.

Bücher für Viele

Die Druckerkunst verbreitete sich rasch über ganz Europa. Um 1500 gab es in Europa über 1100 Druckereien. Sie legten 40 000 verschiedene Werke mit einer Gesamtzahl von mehr als zehn Millionen Büchern auf.
Der überwiegende Teil der Bücher war in lateinischer Sprache abgefasst, aber die Zahl der Bücher in deutscher und italienischer Sprache nahm schnell zu.
An erster Stelle wurden Bibeln und religiöse Schriften gedruckt, aber auch wissenschaftliche oder politische Flugschriften. Bücher konnten sich jetzt viele Menschen leisten, denn sie wurden ständig billiger. Im Jahr 1522 betrugen z. B. die Kosten für die Bibel nur noch anderthalb Gulden.

M4 Johannes Gensfleisch, genannt „Gutenberg" (1397 bis 1468), Erfinder des Buchdrucks. *Holzstich*

1 Beschreibt mithilfe von M 1 und anhand des Textes das von Gutenberg erdachte Verfahren.

2 Erklärt mithilfe von M 3 die einzelnen Arbeitsschitte in einer Druckerei des 16. Jahrhunderts.

3 Nehmt Stellung zu der Aussage: „Mehr als das Gold hat das Blei die Welt verändert. Und mehr als das Blei in der Flinte das Blei im Setzkasten."

4 Findet im Internet Informationen zum Leben von Johannes Gutenberg (→ **Wir führen eine Internetrecherche durch**, S. 232/233).

Was bringt die neue Medienwelt?

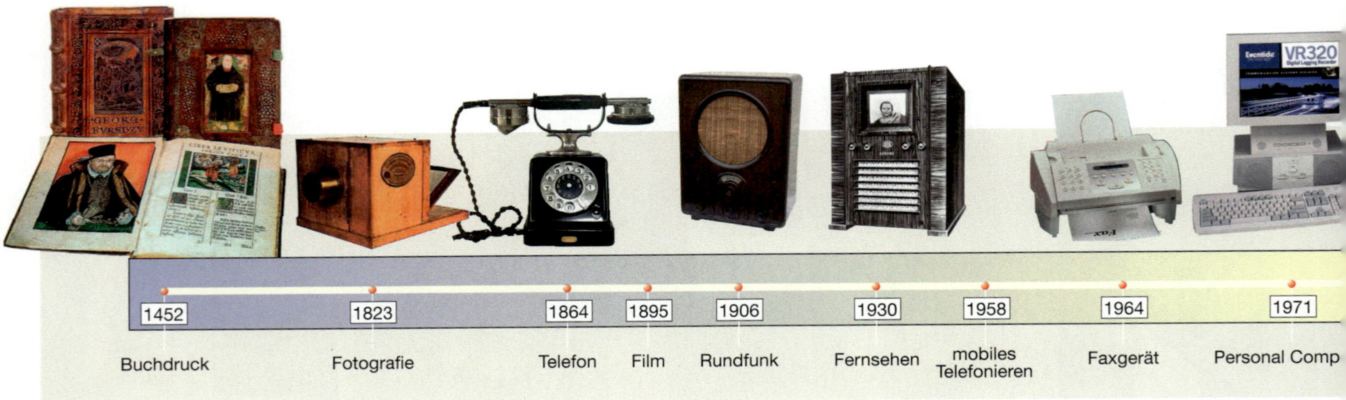

***Weblog**
Kunstwort aus *Web* und *Logbuch;* ein Weblog ist eine Webseite im Internet, die von einem oder mehreren Autoren, „Blogger" genannt, regelmäßig durch neue Einträge ergänzt wird.

***Podcast**
Medienberichte, die man aus dem Internet herunterladen kann

***audiovisuell**
mit den Ohren (audio) und Augen (visuell) wahrzunehmen; z. B. ein Tonfilm

Medien in der Geschichte

Medien spielten schon in der Frühgeschichte der Menschen eine wichtige Rolle. Mit Trommeln oder Hörnern, mit Rauchzeichen oder Fackeln wurden Nachrichten auch über große Entfernungen übermittelt.
Mit der Erfindung des Buchdrucks durch Johannes Gutenberg im Jahr 1452 begann in Deutschland die Geschichte der Massenmedien. Nun konnten Informationen und Wissen vervielfältigt und wesentlich weiter verbreitet werden. Das älteste Massenmedium ist die Zeitung. Die erste regelmäßig erscheinende Tageszeitung wurde im Jahr 1650 in Leipzig gedruckt. Sie bestand aus viel Text, der zunächst aufwändig Buchstabe für Buchstabe auf der Druckplatte „gesetzt" werden musste.

„Alte" Massenmedien:
Der Mediennutzer ist Empfänger der Informationen der Massenmedien. Die Kommunikation durch Medien gleicht einer Einbahnstraße.

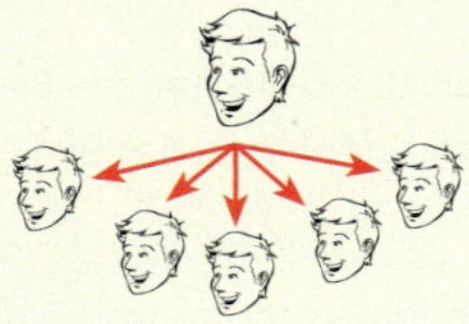

Neue Medien:
Der Mediennutzer ist nicht nur Empfänger, sondern kann auch selbst Informationen verbreiten. Die Kommunikation ist nun in viele Richtungen möglich.

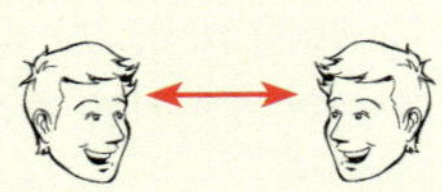

M 1 „Alte" und Neue Medien

Mit der Erfindung der Fotografie 1823 war ein Mittel gefunden, die Wirklichkeit auch in Bildern festzuhalten. Heute erscheinen Zeitungen mit vielen, in der Regel farbigen Abbildungen. Diese unterstreichen oder ergänzen die Aussagen des Textes.

Audiovisuelle Medien

Mit Rundfunk (1906) und Fernsehen (1930) – auch „audiovisuelle* Medien" genannt, weil sie durch Ton und Bild wahrgenommen werden können – ergaben sich im 20. Jahrhundert neue Möglichkeiten der Informationsübermittlung an ein breites Publikum. Am 23. Oktober 1923 strahlte die „Drahtlose Dienst AG" die erste regelmäßige Rundfunksendung in Deutschland aus. Am 22. März 1935 folgte der erste regelmäßige Programmdienst für das Fernsehen in Deutschland.
Noch bis 1984 gab es in Deutschland nur drei Fernsehprogramme: ARD, ZDF und Drittes Programm. Durch die Einführung des privaten Fernsehens vervielfachte sich das Fernsehangebot. Heute sitzen die Deutschen täglich durchschnittlich über drei Stunden vor dem Fernsehgerät.

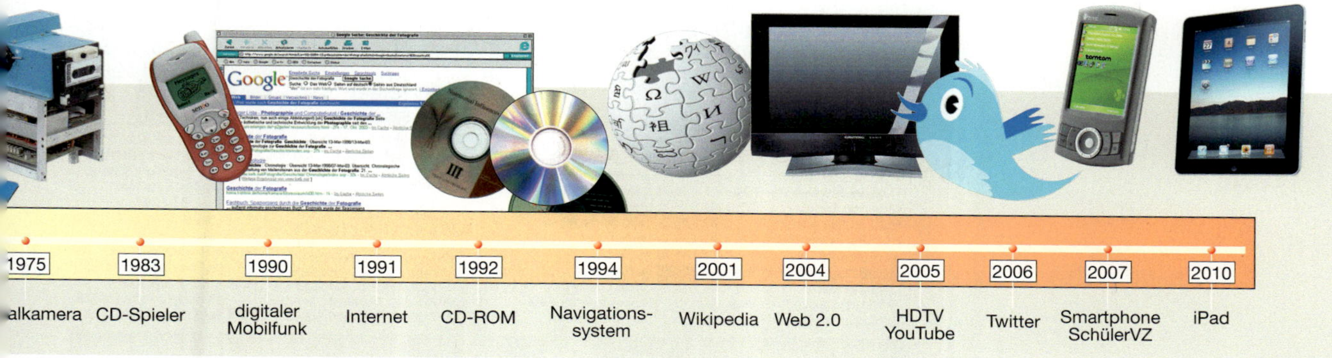

Neue Medien

In jüngster Zeit sind vor allem die elektronischen Medien (Computer, Handy, ...) wichtiger geworden. Sie ergänzen die herkömmlichen Printmedien* (Zeitungen, Zeitschriften, ...) und audiovisuellen Medien (Rundfunk, Fernsehen, ...). Wir begegnen heute einem riesigen Informationsangebot.
Besonders Computer, Handys und die Nutzung des Internets spielen dabei eine große Rolle. Diese neuen Formen zur Verbreitung von Informationen werden unter dem Begriff „Neue Medien“ zusammengefasst. Neu ist an diesen Massenmedien, dass die Nutzer nicht nur fertige Nachrichten aus aller Welt empfangen können, sondern jeder auch selbst Informationen zusammenstellen und aussenden kann, zum Beispiel über einen Weblog* oder Podcast* und z. B. über einen neuen Dienst wie Twitter*.

Ausblick in die Zukunft

Ob in der Schule, im Beruf oder in der Freizeit – Massenmedien begegnen uns heute überall. Informationen zu einem Thema findet man in den Printmedien, in Radio- und Fernsehsendungen sowie auf Internet-Websites. Große Medienkonzerne bieten ihr Angebot nicht mehr nur in einem Medium an. So gibt es z. B. den „Spiegel“ in Druckform als Zeitschrift, es gibt Spiegel-TV im Fernsehen und ein Online-Angebot im Internet. „Verschmelzung der Medien“ ist das Schlagwort der Zukunft. Fernsehen, Computer, Mobilfunk und Internet wachsen zusammen. So sind z. B. die neuesten Handys nicht nur Telefon, sondern auch Computer, Fotoapparat, Radio, MP3-Player, sie bieten auch einen mobilen Zugang zum Internet. Doch steigt damit auch der Informationsgehalt?

***Printmedium**
gedrucktes Informationsmaterial (Mehrzahl: Printmedien)

***Twitter**
ein Internetdienst; registrierte Benutzer können per PC oder Handy (SMS) auf twitter.com bis zu 140 Zeichen umfassende Texte und Fotos, so genannte „Tweets“, veröffentlichen. Der Absender kann entscheiden, ob er seine Nachrichten allen Benutzern zur Verfügung stellen oder den Zugang auf eine Freundesgruppe beschränken will.

1 Der Autorentext enthält zahlreiche Begriffe zum Thema „Medien“. Ordnet diese Begriffe mithilfe einer Übersicht.

2 Erklärt Unterschiede zwischen „Alten“ und „Neuen“ Medien (M 1).

3 Berichtet über die Entwicklung der Medien in Deutschland.

4 Befragt Eltern und Großeltern, wann sie mit welchen Medien erstmals Kontakt hatten.

5 Im Autorentext wird von einer Verschmelzung der Medien gesprochen. Nennt und erklärt Vor- und Nachteile dieser Entwicklung.

6 Ist die im Autorentext genannte Zukunft schon Gegenwart? Wohin geht eurer Meinung nach der Trend in der Zukunft? Diskutiert über mögliche Vor- und Nachteile.

Welche Aufgaben haben die Medien?

SAMSTAG 11. Juli — Alle Sender

SA

DAS ERSTE

16
17.00 **Tagesschau** 61-850
17.03 **Ratgeber: Recht** 300-008-614
17.30 **Brisant** Magazin 35-898
17.50 **Tagesschau** 2-027-817
18.00 **Sportschau** 35-633
18.50 **Dr. Sommerfeld – Neues vom Bülowbogen** 725-817
Serie, Dtl. 1999
Notlügen. Mit Rainer Hunold
19.45 **Das Wetter** 5-619-986
19.50 **Lottozahlen** 1-786-256
20.00 **Tagesschau** 25-850

20
SPIELSHOW
20.15 **Der große Coup** 1-918-985
NEU Spielshow
Moderation: Jörg Pilawa (o.) Drei „Panzerknacker"-Teams mit je einem Promi treten an, um eine Tonne Geld für eine gemeinnützige Organisation zu erspielen. Guido Cantz traut sich zu, die knifflige Aufgabe zu lösen.
22.30 **Tagesthemen** 86-546

ZDF

17.15 **heute** 3-512-140
17.20 **Länderspiegel** 35-053
Mit Isabelle Tümena
17.50 **Menschen – das Magazin**
Heimat Deutschland 441-968
18.05 **hallo deutschland** 6-515-546
18.30 **Leute heute** 8-091
19.00 **heute** 34-099
19.20 **Wetter** 7-514-512
19.25 **Unser Charly** 6 7-055-904
Familienserie, Dtl. 2003
(10) Ein Fest für Max

MUSIKSHOW
20.15 **Das große Sommer-Open-Air mit Marianne & Michael** 6-781-633
Gäste: Bonnie Tyler (o.), Chico & The Gypsies, Les Humphries Singers, Flippers, Claudia Jung, Michael Wendler, DJ Ötzi, Peter Kraus, Nik P., Nockalm Quintett, Francine Jordi, Geschwister Hofmann, Stefanie Hertel, Hansi Hinterseer.

RTL

13.00 **Formel 1: Großer Preis von Deutschland** 89-411
9. WM-Lauf: Freies Training
13.45 **Formel 1: Großer Preis von Deutschland** 7-092-898
LIVE Qualifying
15.30 **Die ultimative Chart Show**
Oldies (von gestern) 895-445
17.40 **Exclusiv Spezial – Das Leben der Superreichen**
Reiche Erben (v. So.) 9-782-324
18.45 **RTL akt. Weekend** 699-643
19.05 **Explosiv Weekend** 9-304-237

TV-ABENTEUER
20.15 **Color of Magic – Die Reise des Zauberers**
TV-Fantasy- 5.1 42-811-091
abenteuer, GB 2008. Nach Terry Pratchett. Mit Sean Astin, Tim Curry. – Nicht weit vom Erdtrabanten entfernt gleitet eine geheimnisvolle Scheibenwelt durchs Universum. In dieser bizarren Dimension lebt der trottelige Magier

SAT.1

17.30 **Niedrig und Kuhnt – Kommissare ermitteln** 3-4
Oder Regionalprogramme
18.00 **Lenßen & Partner** 1-4
Reihe, Dtl. 2008
18.30 **Lenßen & Partner** 9-8
Reihe, Dtl. 2008
19.00 **K 11 – Kommissare im Einsatz** Reihe, Dtl. 2008 7-2
19.30 **K 11 – Kommissare im Einsatz** Reihe, Dtl. 2008 6-5
20.00 **Sat.1 Nachrichten** 52-4

ZEICHENTRICK
20.15 **Asterix, der Gallier**
Zeichentrick, Frkr./ 25-3
Belgien 1967. Nach René Goscinny und Albert Uderzo Regie: Ray Goossens. – Die Römer sind mit ihrem Kriegslatein am Ende: Ganz Gallien haben sie im Griff – einzig die Bewohner eines winzigen Ortes leisten Widerstand. Was verleiht den Rebellen diese

M 2 Ausschnitt aus einer TV-Programm-Zeitschrift

M 1 Tolles Radio! Schon angemeldet? Foto aus einer Werbung der GEZ (Gebühreneinzugszentrale). Die Gebühren für die Nutzung der öffentlich-rechtlichen Rundfunk- und Fernsehsender werden von der GEZ eingefordert.

Vier Bereiche

Die Aufgaben der Massenmedien lassen sich vier Bereichen zuordnen.

1. Informieren

In der Demokratie bestimmen die Bürgerinnen und Bürger die Politik, indem sie Abgeordnete ins Parlament wählen, die ihrer Meinung nach die richtigen Entscheidungen treffen werden. Eine Demokratie kann deshalb nur richtig funktionieren, wenn die Bürgerinnen und Bürger regelmäßig und umfassend informiert werden. Diese Aufgabe übernehmen die Massenmedien. Politische Zusammenhänge müssen erklärt werden, damit Nicht-Fachleute – und das sind die meisten – sie verstehen. Erst dann können sie sich als Wähler, als Mitglieder einer Partei, eines Verbandes oder einer Bürgerinitiative eine Meinung bilden.

2. Kritisieren und kontrollieren

Man nennt die Medien manchmal die „vierte Gewalt im Staat" (neben Regierung, Parlament und Rechtsprechung), weil sie in der Vergangenheit eine ganze Reihe von politischen Skandalen aufdeckten: Regierungsmaßnahmen ohne ausreichende gesetzliche Grundlagen oder Parteien, die unrechtmäßig Millionenbeträge einstrichen. Massenmedien sind also auch Kontrollorgane der Politiker.

3. Unterhalten

„Zur Unterhaltung gehört, was gefällt", meinen viele. Lesern, Hörern und Zuschauern werden Unterhaltungsshows, Musik und Humor, Reise- und Sportberichte und vieles mehr geboten. Es wird alles gebracht, von dem angenommen wird, dass es die Konsumenten interessiert, amüsiert, begeistert und unterhält.

4. Bilden

Die Medien bringen auch Beiträge zu allgemein bildenden und kulturellen Themen wie Naturwissenschaften, Geschichte, Kunst, Literatur und allgemeinen Lebensfragen. Die wissenschaftlichen Erkenntnisse werden allerdings häufig in Unterhaltung „verpackt“ (so genanntes „Infotainment“).

Das Besondere einer Zeitung

Noch immer sind Zeitungen eine unserer wichtigsten Informationsquellen. Wer ausführlich informiert sein will, Einzelheiten und Hintergründe kennenlernen möchte, kommt an der Zeitung nicht vorbei. Außerdem findet man in der Zeitung Informationen, an die sonst nur schwer heranzukommen ist, z. B. zu lokalen oder regionalen Veranstaltungen, Vereinsnachrichten und Todesanzeigen. Viele Menschen haben deshalb eine Tageszeitung abonniert*. Auch Zeitungen gehen mit der Zeit. Heute bestehen Printmedien, Radio- und Fernsehsender sowie Internet-Websites nebeneinander. So verfügen alle Tageszeitungen über einen Internetauftritt, der neben der jeweiligen Ausgabe auch aktuelle Meldungen, ein Archiv sowie zahlreiche Zusatzangebote einschließt.

M 3 Zeitungsgattungen

Lokale **Tageszeitungen** berichten über Politik, Wirtschaft, Kultur und Sport. Sie behandeln viele regionale Themen.

Überregionale Tageszeitungen berichten ausführlich über Politik, Wirtschaft, Kultur und Sport.

Nachrichtenmagazine illustrieren lebendig geschriebene Berichte und Kommentare mit vielen Fotos.

Boulevardzeitungen haben ihren Namen daher, weil sie nicht im Abonnement, sondern auf der Straße (auf dem Boulevard) verkauft werden. Sie sind auffällig bunt gestaltet, werben mit großen Schlagzeilen und berichten oft über Skandale. Der Gefühlswert der Beiträge übertrifft deutlich den sachlichen Informationswert.

Sonntagszeitungen erscheinen nur einmal in der Woche. Sie behandeln aktuelle Themen und Hintergründe.

Wochenzeitungen schreiben aufgrund des wöchentlichen Erscheinens zu den Hintergründen und ordnen aktuelle Themen in Zusammenhänge ein.

Kostenlose Werbeblätter haben einen dünnen redaktionellen* Teil, meist mit aktuellen Sportnachrichten und Rezepten; ihr Hauptzweck ist die Verbreitung von Werbeanzeigen.

Zeitung in der Schule

Fast alle Tageszeitungen bieten für Schulen einen besonderen Service: Über mehrere Wochen werden Schulklassen kostenlos mit der aktuellen Tagesausgabe einer Zeitung versorgt. Im Rahmen von Projekten beschäftigen sich die Schülerinnen und Schüler intensiv mit der jeweiligen Zeitung und werden auch selbst als Journalisten* tätig. Ihre Beiträge werden dann in der Zeitung veröffentlicht.

***abonnieren**
etwas regelmäßig geliefert bekommen (z. B. eine Zeitung, die täglich gebracht wird, oder ein Theater-Abonnement = regelmäßig Eintrittskarten)

***Journalist**
Mitarbeiter einer Zeitung, Zeitschrift oder beim Radio/Fernsehen, der täglich (Franz.: *jour* = Tag) Nachrichten (Meldungen) verfasst (schreibt)

***redaktionell**
Der redaktionelle Teil einer Zeitung besteht aus den Sach- und Informationstexten (Artikeln), also nicht aus Werbung und (Klein-) Anzeigen.

1 Ordnet die in M 2 genannten Fernsehsendungen den im Autorentext genannten vier Aufgabenbereichen zu.

2 Macht in der Klasse eine kleine Umfrage: Jede/-r soll auf einem Zettel ohne Namensangabe notieren, wie oft sie/er in der letzten Woche eine Zeitung/Zeitschrift ungefähr wie lange gelesen hat. Wertet die Umfrage an der Tafel aus.

3 Besorgt euch zu jedem der in M 3 aufgelisteten Zeitungstypen ein Exemplar. Bearbeitet in Gruppen je einen Zeitungstyp nach folgenden Gesichtspunkten: Aufbau, Informationswert, Sachlichkeit, Unterhaltungswert. Stellt eure Ergebnisse der Klasse vor.

4 Vergleicht den Internetauftritt einer Zeitung mit der Printausgabe. Stellt Unterschiede und Gemeinsamkeiten in einer Tabelle zusammen.

Wie informieren uns die Medien?

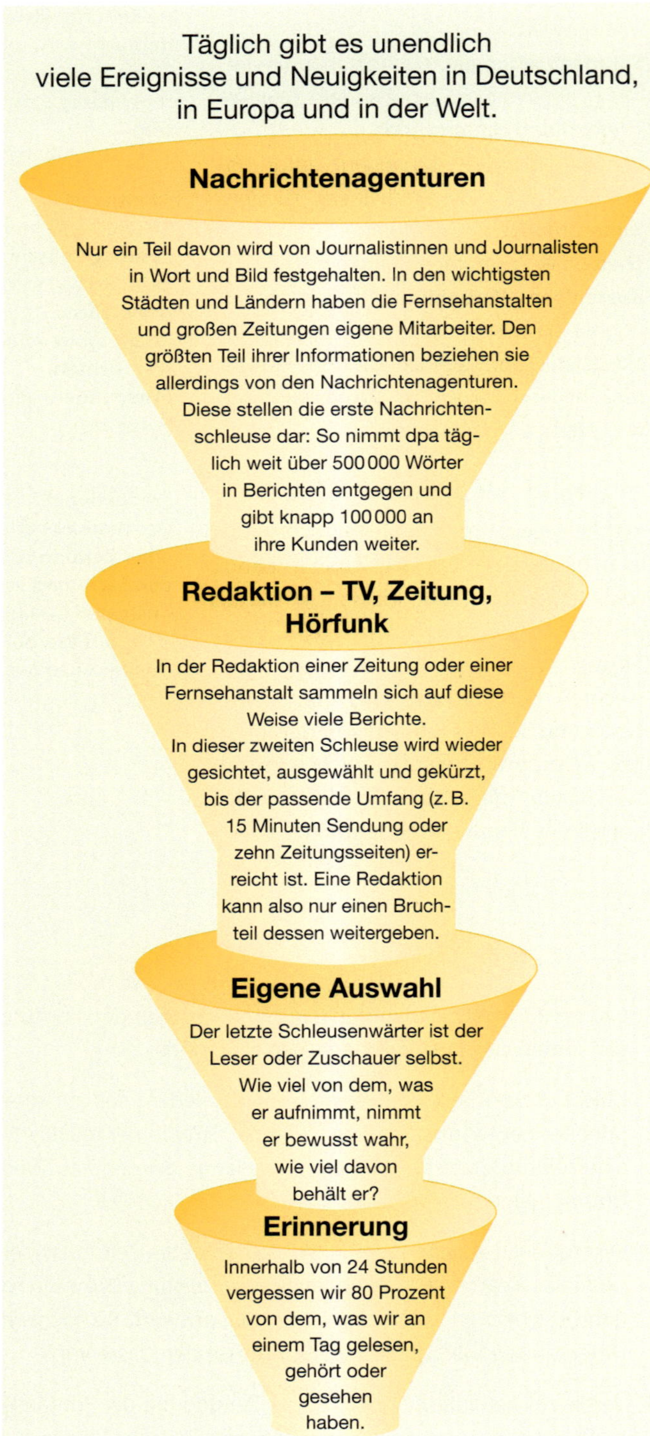

M 1 Die „Nachrichtenschleuse“

M 2 Blick in die Redaktion der Nachrichtenagentur AP (Associated Press)

Journalisten entscheiden, was wichtig ist

Als vor einigen Jahren in dem afrikanischen Land Sudan eine Hungersnot ausbrach, wurde in Zeitungen und Spendenaktionen darüber berichtet und zu Spenden aufgerufen. Viele Kinder konnten so vor dem Hungertod gerettet werden. Aber auch in anderen Regionen der Welt verhungern täglich Menschen oder erleiden ein anderes schreckliches Schicksal. Der Unterschied: Wenn die Massenmedien nicht darüber berichten, nimmt die Weltöffentlichkeit die Ereignisse nicht zur Kenntnis.

In keiner Zeitung oder Nachrichtensendung kann über alles berichtet werden, was in der Welt passiert. Niemand wäre zudem in der Lage, so viele Informationen zur Kenntnis zu nehmen. Medien müssen also auswählen und Journalisten werden deswegen auch als „Schleusenwärter“ oder **„gate keeper“** bezeichnet. Nachrichten werden durch sie gesiebt, gefiltert, bearbeitet, gemacht. Das Grundprinzip der Auswahl ist dabei die Frage: Was interessiert die Leser, Hörer oder Zuschauer? Ein gängiges Auswahlschema ist das so genannte **GUN-Prinzip** (M 3).

M3 Das GUN-Prinzip

G = *Gesprächswert*

Gesprächswert hat ein Ereignis, über das man spricht, diskutiert, sich ärgert oder sich freut. Beispiele sind

- Außergewöhnlichkeiten: „Hund beißt Mann" ist keine Meldung. „Mann beißt Hund" ist eine Meldung!
- Personenbezug: Über bekannte Personen wird häufiger berichtet. Angela Merkel beim Jogging ist eine Nachricht; wenn der nur wenig bekannte Nachbar das Gleiche tut, interessiert das kaum jemand.
- „Schlechte Nachrichten sind gute Nachrichten." Je schlimmer ein Ereignis ist, desto eher wird darüber berichtet. Unfälle sind alltäglich und nur dann eine Nachricht, wenn es besonders viele Opfer oder im Ausland deutsche Opfer gegeben hat.
- Nähe, vor allem geographische Nähe: Was in der eigenen Stadt passiert, interessiert die meisten mehr als ein fernes Ereignis.

U = *Unterhaltung*

Ein Ereignis, [...] das verblüfft oder amüsiert, hat ebenfalls einen hohen Nachrichtenwert. Ausschlaggebend ist die Nähe zur eigenen Lebenssituation, den eigenen Wünschen und Sehnsüchten. So genannte „Boulevardthemen" [...] verkaufen sich besonders gut und sind deshalb für Zeitungen wichtig, die in erster Linie am Kiosk verkauft werden.

N = *Neuigkeit (oder Überraschung)*

Der Rücktritt der Gesundheitsministerin hat einen höheren Nachrichtenwert als die wöchentliche Pressekonferenz des Verteidigungsministers.

M4 Volltreffer *Karikatur: R. Löffler*

a. **Fast ein Wunder: Jennifer brach sich zweimal das Genick – und überlebte**
b. **Ölpreise steigen drastisch**
c. **Weniger Lehrstellen in Nordrhein-Westfalen**
d. **Vampir-Alarm in Moskau**
e. **Rechtschreibreform wird rückgängig gemacht**
f. **Auswirkungen des Klimawandels spürbar**
g. **Deutsche Ärzte warnen! Todesgrippe kommt**
h. **Brand in Gummifabrik – Giftwolke treibt auf Köln zu**
i. **Verfassungsgericht entscheidet: Taschengeld ist Pflicht**
j. **Arbeitslosenzahlen in Hamburg steigen weiter**
k. **Hungersnot im Sahel – Tausende sterben**
l. **Wissenschaftler fordern 7-Tage-Woche für die Schule**
m. **Chinas Wirtschaft boomt**
n. **Stadtsparkasse überfallen! Bankräuber entkommt mit 5000 €**
o. **Karl-Heinz wird nicht versetzt**
p. **Teamchef: Wir werden Weltmeister!**
q. **Lauffen am Neckar: Besenwirtschaft brennt lichterloh**

M5 Schlagzeilen

Schulleiter schlägt schwangere Mutter

Mit 90 bei Nebel auf dem Bürgersteig

Bischof verflucht Finanzminister

M6 So macht man Schlagzeilen

1 Beschreibt den Weg vom Entstehen der Nachricht bis zu uns. Welche Gefahren bringt die „Nachrichtenschleuse" mit sich (M 1)?

2 Bringt die Meldungen in M 5 in eine Rangfolge (1–17), wobei ihr an erste Stelle diejenige Meldung setzt, die auf jeden Fall in die Zeitung muss, an die letzte Stelle die Nachricht, die verzichtbar ist.

3 Begründet für die Meldungen 1, 2, 16 und 17 (Aufgabe 2), warum sie an dieser Stelle stehen. (Achtung: Hier gibt es kein eindeutiges Ergebnis, sondern nur unterschiedlich begründete Entscheidungen.)

4 Stellt fest, ob ihr euch bei der Auswahl der Nachrichten am „GUN-Prinzip" orientiert habt (M 3).

Wie nutzt man das Internet?

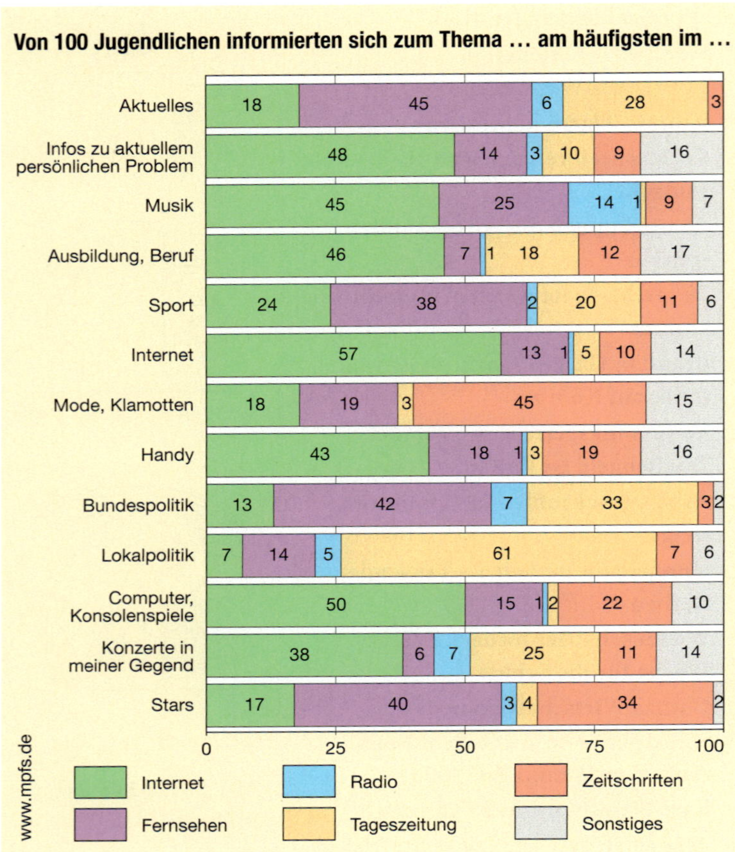

M 1 Wo sich Jugendliche informieren. *Jugendmedienstudie JIM 2009*

***Computerviren**
schädliche Daten, die einen Computer stören oder lahmlegen

***Dialer**
Einwahlprogramme, die einen Computer (oft unbemerkt, aber äußerst kostspielig) telefonisch mit einem Dienstleister verbinden

***Virenscanner**
Computerprogramme, mit deren Hilfe die Leistungsfähigkeit (oder eine Beschädigung) festgestellt werden kann

Informationsmedium Internet

Mithilfe des Internets können wir zu jedem Thema von überall auf der Welt aktuellste Informationen bekommen. Fernsehsender und Zeitungen stellen ihre Artikel ins Netz. Städte, Behörden und Ministerien liefern Informationen und Universitäten veröffentlichen Forschungsergebnisse. Reisen können gebucht und Einkäufe erledigt werden. In sozialen Netzwerken wie „schüler-VZ“ oder „facebook“ knüpfen die Nutzer Kontakte und tauschen sich aus. Über den Dienst Twitter versenden sie neben ihren bisherigen SMS und E-Mails Nachrichten an besondere Nutzerkreise.

Auch in Schulbüchern heißt es oft: „Mehr Informationen findet ihr im Internet.“

Gefahren

Doch neben Information und Unterhaltung lauern im weltumspannenden Netz auch Gefahren für den Surfer: Computerviren* oder Dialer* können Schäden am Computer anrichten und hohe Kosten verursachen.

Durch Computerviren verursachte Schäden sind vor allem der Verlust von Daten oder Programmen. Bei allen Programmen, die man sich aus dem Internet holt, gilt deshalb die Regel, dass man sie vor und nach der Installation auf Viren testen sollte. Kostenlose Virenscanner* (Freeware) gibt es im Internet.

Daneben gibt es unzählige Internetseiten, die scheinbar kostenlose Angebote bieten, deren Nutzung jedoch hohe Folgekosten verursachen kann („Abo-Fallen“).

Datenschutz und Datenklau

Das Internet bietet eine Fülle von Informationen. Doch nicht immer erkennt man auf den ersten Blick, woher die Informationen stammen. Deshalb sollte man mit fremden Daten aus dem Internet vorsichtig umgehen. Da jeder nahezu unkontrolliert alles im Internet veröffentlichen kann, was er möchte, sind nicht immer alle Quellen vertrauenswürdig. Vor der Verwertung von Informationen aus dem Netz sollte man daher immer überprüfen, wer die Informationen ins Netz gestellt hat.

Ebenso wie bei Artikeln in Zeitschriften oder Büchern müssen auch bei Texten im Internet die Verfasser deutlich erkennbar sein.

Bei jedem Referat für den Unterricht muss stets sorgfältig nachgewiesen werden, woher die Informationen stammen. Ein Täuschungsversuch mit einem fertigen fremden Text aus dem Internet kann leicht

M 2 Internet. *Karikatur*

auffliegen. Auch Lehrerinnen und Lehrer können surfen und über Suchmaschinen eure Quellen nachprüfen.

M 3 In einer Untersuchung der Rundfunkanstalten (ARD) stellten die Autoren 2011 fest:

Im Frühjahr 2010 nutzten 49,0 Millionen Menschen ab 14 Jahren wenigstens gelegentlich das Internet [...] Im Vergleich zum Vorjahr sind damit 5,5 Millionen Nutzer neu hinzugekommen. Die Steigerung ist sowohl auf den Zuwachs in älteren Bevölkerungsgruppen wie auch auf die erstmalige Berücksichtigung der nicht-deutschen Bevölkerung in Deutschland zurückzuführen.

76 von 100 der deutschen Onliner sind täglich im Netz. Damit ist die Reichweite des Internets inzwischen fast vergleichbar mit der des Fernsehens: Das Internet zählt für die meisten Onliner zum Alltag und wird gewohnheitsmäßig (fast) täglich eingeschaltet. Die häufigere Nutzung des Internets geht nicht zu Lasten des Fernsehkonsums. Im Gegenteil, die Bewegtbildnutzung im Internet steigt weiter an, und zwar parallel zum „üblichen" Fernsehen. [...]

Die Bewegtbildnutzung erfolgt hauptsächlich über Videoportale und über die Mediatheken der Fernsehsender, die inzwischen [...] rund 12 Mio. Menschen, mehr oder weniger regelmäßig aufrufen.

M 4 Kochrezepte mit „Abo-Falle". *Collage*

1 Befragt euch gegenseitig: In welchen Medien informiert ihr euch? Vergleicht eure Befragungsergebnisse dann mit M 1.

2 Lest M 3 und berichtet über die Nutzung des Internets.

3 Nehmt Stellung zu M 2. Kennt ihr ähnliche Situationen?

4 Nennt Schutzmaßnahmen, die für den PC empfehlenswert sind.

5 Macht Vorschläge, wie ihr euch gegen „Abo-Fallen", wie in M 4 gezeigt, schützen könnt.

6 Erstellt ein Lernplakat über das richtige Verhalten im Internet (→ **Wir erstellen ein Lernplakat**, S. 321).

Wie kann man sich vor Betrug und Manipulation* schützen?

M 1 Website schülerVZ. *Screenshot*

***Manipulation**
Beeinflussung (kann ohne Zustimmung erfolgen, ohne dass sie sofort bemerkt wird)

***Community**
(Engl.=) Gemeinschaft

***quasi**
gewissermaßen

***kommunizieren**
miteinander Gedanken austauschen

Vorsicht ist nötig

M 2 Das Online-magazin der Verbraucherzentrale Nordrhein-Westfalen gibt auf seiner Website wichtige Hinweise für den Umgang mit dem Internet.

Das Internet ist nicht privat. Auch, wenn die Community* ein quasi*-privates „wir sind unter uns"-Gefühl vermittelt. Generell bei der Profilgestaltung also daran denken, welches Bild man von sich erzeugt. […] Vor allem aber: Was einmal im Netz ist, kommt da so schnell nicht wieder raus. […]

Kontaktdaten: Am besten keine. Schließlich kann man innerhalb der Community kommunizieren*, dafür ist sie ja da. Handynummern, Adresse […] oder haben eigentlich in keinem Profil was verloren.

Bilderwahl: Auf Partybilder besser verzichten. In der Regel sind sie eh nur spaßig gemeint, aber leider versteht den Spaß eben nicht jeder. […]

Sonstige Angaben: Nicht nur die groben Sachen fallen auf, sondern auch die Feinheiten – denn die könnten viel eher ernst genommen werden. Sprüche wie „Ich lese nie" stören manchen Personalchef daher vielleicht sogar mehr als die Mitgliedschaft in der „Saufgruppe".

AGB* / Datenschutzerklärung lesen: Ist anstrengend, aber wichtig. Was sagt der Betreiber des Portals über die Verwendung meiner Daten? An wen gibt er sie vielleicht weiter? […] In der Regel kann man in seinen Profileinstellungen übrigens durchaus Einfluss auf diese Punkte nehmen!

Profileinstellungen: Was ist für wen sichtbar? Was für alle, was nur für Freunde? Darauf sollte man schon achten und sich ein bisschen Zeit für die Einstellungen nehmen. Und die Möglichkeit, das komplett zu regulieren, sollte auf jeden Fall da sein – sonst lieber die Community wechseln!

Nickname/Pseudonym* benutzen: Das allein gibt keine Sicherheit, ist aber oftmals viel besser, als im Profil seinen richtigen Namen zu verwenden. Es sei denn, es geht um seriöse berufliche Kontakte oder ähnliches, und da kommen ja dann wohl eh keine Peinlichkeiten rein, oder?

Positives Bild: Sich auch mal fragen, ob und wie man seinen Account* positiv nutzen kann, um sich der Welt als gut drauf, kreativ […] oder auch engagiert vorzustellen. […]

Vorsicht vor Gratisspielen

Abzocke fängt meist ganz harmlos an. Mit einem Gratisspielchen im Netz zum Beispiel. Wer das Spiel dann weiter spielen will, braucht plötzlich dringend Zubehör. Und das kostet.

Kevin wollte im Internet nur eines, „ein Meister der Kampfkunst werden und das Land vor dem dunklen Einfluss der Metinsteine schützen". Dafür brauchte der 14-Jährige aus Dormagen wichtige Utensilien wie etwa einen „Tapferkeitsumhang" und eine „dritte Hand", beides zu kaufen mit so genannten „Drachenmünzen". Die Münzen beschaffte sich der Schüler allerdings nicht im „kostenlosen" Fantasy-Spiel Metin2, sondern im wirklichen Leben: per SMS und Anruf über eine 0900-Nummer. 50 Drachenmünzen gibt's über diese Wege beispielsweise für 4,99 Euro. 154,75 Euro will der Betreiber von Metin2 jetzt von Kevins Eltern kassieren.

Premiumversion gegen Bares

Viele Browsergames im Internet beginnen „vollkommen kostenlos". Um jedoch im Spiel schneller voranzukommen oder für den besonderen Kick, braucht es eine Sonderausstattung, eine Premiumversion – und die ist gegen reales Geld erhältlich. Millionen Mitspieler, überwiegend Kinder und Jugendliche, werden permanent zum Kauf von magischen Hufeisen oder von leistungsförderndem Futter für Tiere animiert. Das Bezahlen ist kinderleicht: Meist reicht ein Anruf oder eine SMS. […]

Vierstellige Summe für ein Gratisspiel

Über Kosten erfahren Spieler vor dem Spiel meist nur etwas, wenn sie sich durch das Kleingedruckte arbeiten. Wer's liest, erfährt zum Beispiel auch, dass Eltern finanziell für die Bestellungen ihrer Kinder verantwortlich sind. Es gibt minderjährige Spieler, die haben bereits vierstellige Rechnungen durch solche „Gratis-Spiele" verursacht. Wenn sich Eltern gegen die Forderungen zur Wehr setzen, ist das ein Kampf mit ungewissem Ausgang. „Die Amtsgerichte urteilen bislang uneinheitlich", so Thomas Bradler von der Verbraucherzentrale NRW.

M 3 **Webseite Metin2.** *Screenshot (Bildschirmfotografie)*

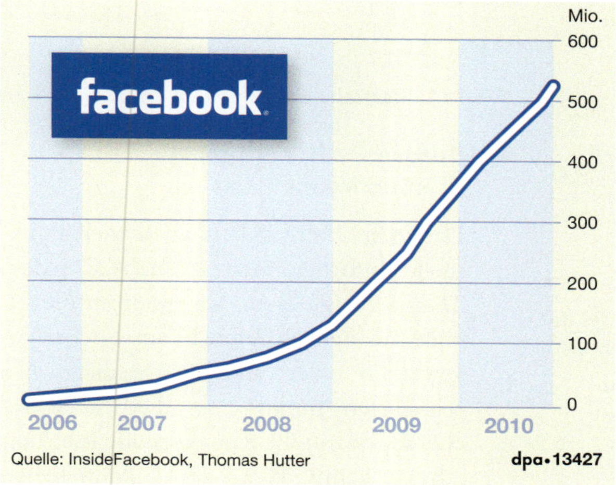

M 4 **Zahl der Facebook-Nutzer weltweit**

***AGB**
Allgemeine Geschäftsbedingungen

***Nickname/Pseudonym**
Spitzname/Deckname/Tarnname

***Account**
(Engl.:) Konto (oder auch: Zugangsberechtigung)

1 Erklärt euch gegenseitig, was ihr beachten müsst, wenn ihr Mitglied in einem sozialen Netzwerk werden wollt oder seid (M 1).

2 Berichte über eure Erfahrungen mit Gratisspielen im Internet. Vergleicht mit M 2.

3 Informiert euch im Online-Jugendmagazin der Verbraucherzentrale Nordrhein-Westfalen über weitere Regeln für den Umgang mit dem Internet (www.checked4you.de).

METHODE

Wir führen eine Internetrecherche durch

M 1 Startseite einer Suchmaschine. *Screenshot*

Weitere bekannte Suchmaschinen sind:
www.lycos.de
www.ping.de
www.altavista.de
www.metascrawler.de (Metasuchmaschine*)
www.yahoo.com (Online-Katalog)
www.bing.com

***Metasuchmaschine** Suchmaschine, die gleichzeitig mehrere Suchmaschinen „beauftragt"

Internetseiten finden – die Suchmaschine

Das Internet ermöglicht es, schnell an aktuelle Informationen zu nahezu jedem Thema zu kommen. Sie ergänzen die Inhalte aus dem Schulbuch, aus Nachschlagewerken oder anderen Medien. Am schnellsten funktioniert die Internetrecherche, wenn ihr eine passende Internetadresse kennt. Wenn nicht, dann helfen Suchmaschinen weiter. Das sind Programme, die mithilfe von einzelnen Suchbegriffen alle in einem Computer oder Computernetzwerk wie dem World Wide Web (www) gespeicherten Dokumente finden können. Meist werden so viele Einträge angezeigt, dass ihr unmöglich alle anschauen könnt. Deshalb solltet ihr erfolgversprechend suchen, indem ihr mehrere Suchbegriffe kombiniert. Einige Suchmaschinen bieten Themenkataloge an, die häufig eine höhere inhaltliche Qualität haben.

M 2 Checkliste für die Internetrecherche

1. Schritt: Startet die Suchmaschine
Gebt in das Adressfeld der Internet-Startseite entweder die gewünschte Adresse oder die Kennung der Suchmaschine ein. Drückt die Enter-Taste, um die Suche zu starten.

2. Schritt: Gebt einen Suchbegriff ein
Fügt den Suchbegriff ein und entsprechende Web-Seiten werden angezeigt. Manchmal ist es sinnvoll, erst nach Oberbegriffen zu suchen, um dann weiter ins Detail zu gehen. Dies ist dann der Fall, wenn ein Begriff auch in anderen Bereichen benutzt wird oder so selten ist, dass eine Suchmaschine ihn nicht findet.

3. Schritt: Wählt die Web-Seite(n) aus
Wählt aus den gefundenen Einträgen einige aus. Auf den Seiten finden sich oft Links, die weitere Informationen zum Thema bieten. Dabei werdet ihr feststellen, dass einige Seiten nicht zu eurem Thema passen. Wenn keine der gefundenen Seiten geeignet sind, solltet ihr zum zweiten Schritt zurückkehren und einen anderen Suchbegriff eingeben.

4. Schritt: Speichert die Information(en) auf dem Computer ab
Die wichtigen Informationen werden markiert und auf dem Computer abgespeichert. Manchmal verbergen sich hinter einem Link ganze Buchkapitel oder Aufsätze. Markiert die Seiten oder Absätze, die euch wichtig erscheinen. Denkt daran, die genaue Adresse der Website als Quelle zu kopieren, damit eure Lehre-

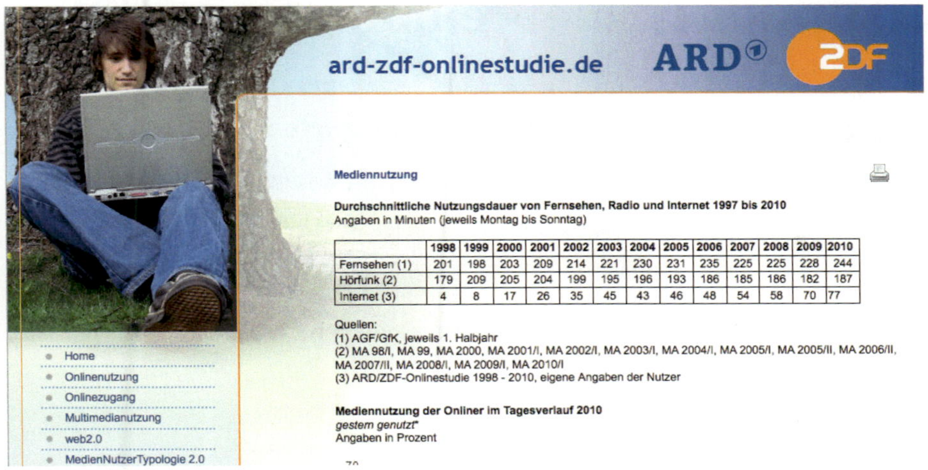
ard-zdf-onlinestudie.de ARD ZDF

- Home
- Onlinenutzung
- Onlinezugang
- Multimedianutzung
- web2.0
- MedienNutzerTypologie 2.0

Mediennutzung

Durchschnittliche Nutzungsdauer von Fernsehen, Radio und Internet 1997 bis 2010
Angaben in Minuten (jeweils Montag bis Sonntag)

	1998	1999	2000	2001	2002	2003	2004	2005	2006	2007	2008	2009	2010
Fernsehen (1)	201	198	203	209	214	221	230	231	235	225	225	228	244
Hörfunk (2)	179	209	205	204	199	195	196	193	186	185	186	182	187
Internet (3)	4	8	17	26	35	45	43	46	48	54	58	70	77

Quellen:
(1) AGF/GfK, jeweils 1. Halbjahr
(2) MA 98/I, MA 99, MA 2000, MA 2001/I, MA 2002/I, MA 2003/I, MA 2004/I, MA 2005/I, MA 2005/II, MA 2006/II, MA 2007/II, MA 2008/I, MA 2009/I, MA 2010/I
(3) ARD/ZDF-Onlinestudie 1998 - 2010, eigene Angaben der Nutzer

Mediennutzung der Onliner im Tagesverlauf 2010
*gestern genutzt**
Angaben in Prozent

M3 Beispiel einer Internetseite zum Thema „Mediennutzung“. *Screenshot*

rin, euer Lehrer die Fundstelle überprüfen kann. In einem Referat oder Bericht müsst ihr übernommene Gedanken und Informationen stets kennzeichnen.

5. Schritt: Druckt sparsam

Druckt nur wirklich wichtige Informationen für eure weitere Arbeit aus und spart so Papier und Tinte. Sofern ihr in eurer Schule arbeitet, fragt vorher eure Lehrerin oder Lehrer, ob und wie viel ihr drucken dürft.

Beispiel: Internetrecherche zum Thema „Mediennutzung“

1. Schritt: Startet die Suchmaschine

Gebt ins Adressfeld z. B. die Suchmaschine www.google.de ein. Drückt die Enter-Taste, um das Programm zu starten.

2. Schritt: Gebt einen Suchbegriff ein

Fügt in das Suchfeld den Begriff „Mediennutzung“ ein und startet die Suchmaschine durch Anklicken der Taste „Google-Suche“.

3. Schritt: Wählt die Web-Seite(n) aus

Wählt aus der angezeigten Liste von Internetseiten zum Thema „Mediennutzung“ eine Internetseite aus. Entscheidet, ob die Informationen für das Thema wichtig und aktuell sind.

4. Schritt: Speichert die gesuchten Information in einem neuen Ordner

Öffnet einen neuen Ordner und eine neue Datei. Markiert den gefundenen Artikel und speichert ihn mit der Quellenangabe auf dem Computer in dem neuen Ordner ab.

Tipp: Ihr könnt auch Bilder suchen, aufrufen, drucken und speichern. Dazu klickt ihr bei Google „Bilder“ statt „Web“ an. Anschließend geht ihr nach den Schritten 2 bis 4 vor.

M4 „Copyright“. *Karikatur*

1 Führt mithilfe der Schritte 1 bis 4 eine Internetrecherche durch und sucht Informationen zum Thema „Mediennutzung“.

2 Sucht mithilfe der Schritte 1 bis 4 passende Bilder.

3 Speichert alle Ergebnisse. Denkt daran, die jeweilige Quelle festzuhalten.

4 Wertet die gesammelten Ergebnisse aus und stellt sie unter Angabe der Quellen euren Mitschülerinnen und Mitschülern vor.

Computerspiele – ein Kinderspiel?!

M 1 Knöpfchen- und/oder Köpfchenspiel?

Politiker fordern Verbot von Gewaltspielen

Gewaltfilme und Gewaltspiele verursachen Gewalt!

Mörderische Medien? Massaker unter dem Eindruck vom PC-Spiel DOOM?
Gewalt garantiert finanzielle Erfolge!

Studie: Schädliche Wirkung von Computerspielen nicht belegt

M 2 Schlagzeilen

Faszination am Bildschirm

Der Mensch wurde schon im Altertum als „homo ludens" – als spielender Mensch – bezeichnet. Heute kann man den Spieltrieb auch mit Video- und Computerspielen befriedigen – sie faszinieren Jugendliche und Erwachsene gleichermaßen. Der Spaß am Spiel hängt auch von den eigenen Vorlieben und Fähigkeiten ab. Grob unterteilt gibt es zwei Spielsorten, „Knöpfchenspiele" (Abschieß-, Geschicklichkeits- und Sportspiele) und „Köpfchenspiele" (Abenteuer-, Simulations- und Rollenspiele). Erfolgserlebnisse vermitteln alle.

M 3 In einem Interview im Januar 2011 wurde der Wissenschaftler Christian Pfeiffer aus Hannover über die Nutzung von Computerspielen durch Jugendliche befragt:

Frage: Aus Studien wissen wir, dass die Mediennutzung einen großen Teil der Freizeit von Kindern und Jugendlichen einnimmt – was machen die da eigentlich die ganze Zeit?

Pfeiffer: Erst einmal kommunizieren sie miteinander. „Facebook", E-Mail, das ist Alltag. Die Nutzung unterscheidet sich zwischen Jungen und Mädchen. Die Jungen steigen pro Tag im Durchschnitt knapp zweieinhalb Stunden in Computerspiele ein, die Internetnutzung kommt noch oben drauf. Mädchen spielen nur 56 Minuten am Tag. Wir hatten vermutet, dass Mädchen auch mehr chatten, aber der Unterschied ist minimal.

Frage: Und was wird am meisten gespielt?

Pfeiffer: Bei den Jungen eindeutig Online-Spiele und gewaltorientierte Spiele, bei den Mädchen eher harmlose Spiele wie „Die Sims". Ein geringer Anteil der Mädchen spielt auch online. Unter den Mädchen finden wir vier von hundert, die pro Tag viereinhalb Stunden spielen, bei den Jungen sind es 16 von hundert. Diese Gruppe nennen wir „Exzessivspieler". Die spielen primär Online-Rollenspiele. Und es gibt die so genannten „Smart User", ein kleiner Prozentsatz von Kindern und Jugendlichen, die das Internet zum Beispiel nutzen, um ihre Schularbeiten vorzubereiten, umsetzen. […]

Frage: Machen gewalthaltige Spiele Jugendliche gewalttätig?

Pfeiffer: Man wird nicht Amokläufer, weil man ein brutales Computerspiel gespielt hat. So jemand hat im realen Leben solchen Hass auf bestimmte Menschengruppen entwickelt, die er für das eigene Scheitern verantwortlich macht, dass dann irgendwann ein „Tag der Rache" kommt. Aber, was Forscher zweifelsfrei aufzeigen können, ist: Das Spielen von gewalthaltigen Spielen erhöht bei Ge-

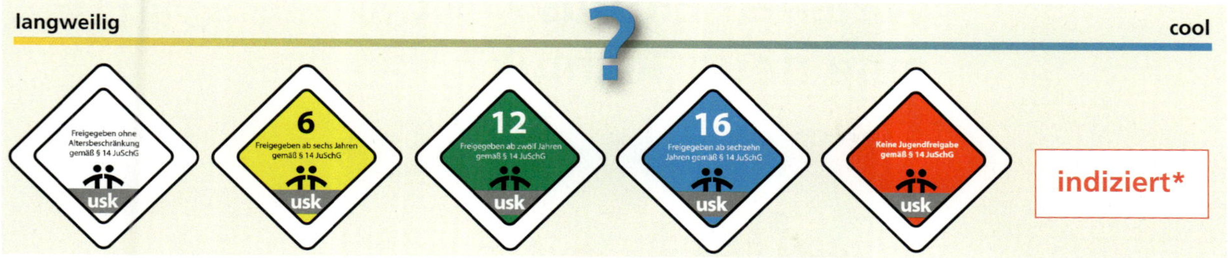

M 4 **Spaßfaktor-Skala? Freigabe-Symbole der USK: Unterhaltungssoftware Selbst-Kontrolle.** *www.usk.de (20. 4. 2005)*

fährdeten, die ohnehin schon auf dem Weg Richtung Gewalt sind, das Risiko, dass sie tatsächlich gewalttätig werden. [...] Es gibt einen eindeutigen Verstärkungseffekt. [...]

***indizieren**
etwas in einen Index (= eine bestimmte Liste) aufnehmen; meistens ist damit gemeint, dass dann etwas verboten ist

Spielekauf – eine alltägliche Szene?

Marvin (13) bittet seine Schwester Sarah (19)

Marvin: „Sarah, ich muss bis Freitag unbedingt Mafia II haben. Besorgst du es für mich? Im Game-Shop kostet es 51,90 €. Hier sind 55 €. Der Rest ist fürs Holen.“

Sarah: „Warum kaufst du es nicht einfach selbst? Und überhaupt, so viel Großzügigkeit kenne ich gar nicht von dir?“

Marvin: „Habe es ja schon selbst versucht, aber der Verkäufer meinte, er dürfe das Spiel nur an Erwachsene verkaufen. So eine Gemeinheit! Alle interessanten Spiele sind erst ab 16 oder 18 Jahren. Soll ich nur so Kleinkinderspiele ab 12 spielen? Uns Jugendlichen wird vom Staat überall hineingeredet. Und du weißt ja, wie unsere Eltern sind! Der Vater von Robin ist richtig cool, gemeinsam haben sie z. B. Lost Planet 2 gekauft. Und Max bekommt von seiner großen Schwester tolle Spiele wie Doom 3. Die spielt selbst jeden Tag mehrere Stunden. Deshalb komme ich ja zu dir! Am Samstag kommen Robin und Max. Mit dem Kinderkram für meine X-Box lachen die mich garantiert aus!“

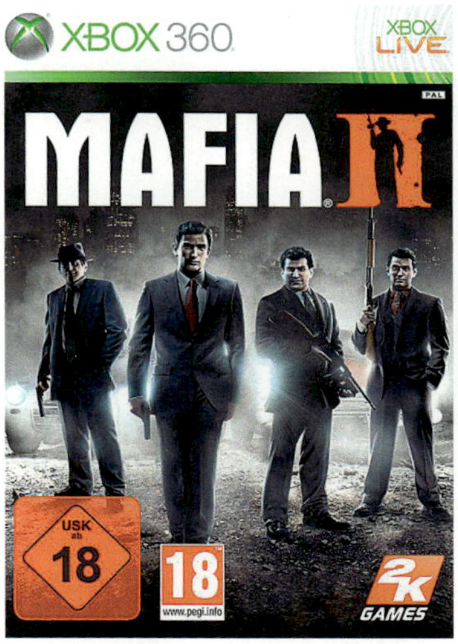

M 5 **Tolles Spiel – meint Marvin! Und ihr?**

M 6 **Lernsoftware – Lernspaß oder Langeweile garantiert?**

1 Betrachtet die Spiele in M 1, M 6 und M 7. Versucht anzugeben, ob es sich jeweils um ein *Knöpfchen-Betätigen-* oder *Köpfchen-Einsetzen-Spiel* handelt?

2 Klärt mithilfe der Symbole in M4, für welche Altersgruppe die Spiele in M 1, M 5 und M 6 empfohlen werden.

3 Lest das Interview M 3 und gebt dann mit eigenen Worten wieder, was der Wissenschaftler über Computerspiele und ihre Nutzung sagt.

4 Die Computernutzung von Jungen und Mädchen ist unterschiedlich. Nennt Gründe dafür.

5 Lest das Gespräch zwischen Sarah und Marvin. Schreibt in Stichwörtern auf, wie das Gespräch weitergehen könnte.

Welchen Einfluss hat eine neue Technik?

M 1 Karikatur

Bücher	14,9 Millionen	+ 2,5 Mio.
Bekleidung	14,7 Online-Käufer	+ 2,1 Mio.
Tickets	12,5 Millionen	+ 2,2 Mio.
Tonträger	8,5 Online-Käufer	
Hotel-buchungen	7,4 Millionen	

M 2 Online-Käufe 2009/2010

Die Folgen einer Erfindung

***Logistik**
Organisation, Transport sowie Steuerung von Güter- und Personenverkehr

Die Erfindung des Internets hat zu großen Veränderungen im Bereich der weltweiten Kommunikation geführt. Nachrichten werden jetzt blitzschnell über E-Mail, Twitter und Skype-Telefonie ausgetauscht. Alle Menschen, die Zugang zum Internet haben, können mithilfe von Suchmaschinen auf riesige Datenbestände zugreifen und sich fast jede Information verschaffen. Wer früher in einem gedruckten Lexikon nachschlug, geht heute in das Internet und sucht in einem Online-Lexikon wie Wikipedia.
Das Internet hat in vielen Bereichen auch die Produktion von Waren und vor allem den Handel tiefgreifend verändert. Das machen zwei Beispiele deutlich.

Die Verwandlung der Post

Vor einigen Jahrzehnten war der Transport von Briefen die größte Aufgabe der Post. Heute ist die Deutsche Post AG (mit Sitz in Bonn) inzwischen das weltweit größte Logistik- und Postunternehmen*.
Postämter und Briefkästen werden in Deutschland immer seltener. Briefmarken kann man noch an Automaten und in bestimmten Läden kaufen, die sonst mit der Post nichts zu tun haben (z. B. in einem Fahrradgeschäft oder beim Bäcker). Man kann die Briefmarken aber im Internet kaufen und selbst drucken. Statt sein Päckchen zur Post zu tragen, bringt man es heute in eine vollautomatische „Pack-Station".
2010 hat die Deutsche Post AG erstmals mit dem Transport von Waren mehr verdient als mit dem Transport von Briefen.
E-Mails und das Internet sind hier die größten Konkurrenten der Post geworden. Der Gewinn der Post im Logistik-Geschäft, also im Transport von Waren aller Art, hat vor allem mit den gestiegenen Online-Bestellungen zu tun, besonders in der Zeit vor Weihnachten.

Internet verändert Versandhandel

In Deutschland gab es schon seit Jahrzehnten so genannte „Versandhäuser". Die Firmen „Quelle" und „Neckermann" waren berühmt. Viele Menschen bestellten ihre Waren aus den Katalog dieser Firmen auf einer Postkarte oder über das Telefon.

M3 Die Post früher und heute. *Fotos 1995 und 2010*

In vielen Familien war der „Quelle-Katalog“ das wichtigste Buch, das zweimal im Jahr kostenlos mit der Post kam.
Die alten Versandhäuser „verschliefen“ die Entwicklung des Internets. Neue Firmen wie „Amazon“ und „Ebay“ nutzten zuerst in den USA und dann weltweit das Internet für eine neue Art des Versandhandels. Sie boten auf Internet-Plattformen Waren zum Online-Kauf oder zum Versteigern an und hatten großen Erfolg. Fast alle der bisherigen Versandhäuser mussten ihre Geschäfte einstellen, da die Kunden den bequemeren Weg des Online-Kaufes wählten. Transportunternehmen wie die Deutsche Post AG und andere weltweite Logistik-Unternehmen waren die Nutznießer der neuen Art des Versandhandels.

M4 Die Deutsche Verkehrszeitung schrieb:

28.02.2011. Der US-Onlinehändler Amazon will in Nordrhein-Westfalen ein weiteres Logistikzentrum bauen und damit rund 1000 neue Arbeitsplätze schaffen. Das gab das Unternehmen am Montag im niederrheinischen Rheinberg bekannt. Bereits im Winter soll das mit etwa 110000 m² größte Zentrum des Versandhändlers fertiggestellt sein. […]
Amazon habe sich unter anderem wegen der günstigen Verkehrsanbindung an alle größeren Autobahnen für Rheinberg als weiteren deutschen Logistikstandort entschieden, hieß es weiter. In den kommenden drei Jahren sollen an dem neuen Standort etwa 1000 langfristige Arbeitsplätze entstehen. Bis zu 2000 weitere, befristete Jobs seien zu Hochsaisonzeiten wie etwa dem Weihnachtsgeschäft geplant.
Von den bereits bestehenden deutschen Logistikstandorten im hessischen Bad Hersfeld, Leipzig und Werne (Kreis Unna) sollen […] auch weiterhin Millionen von Kunden […] beliefert werden. […]

1 Wertet M1 aus (→ **Wir werten Karikaturen aus**, S. 302/303) und setzt die Karikatur in Beziehung zu M2.

2 Beschreibt die Veränderungen, die die Erfindung des Internets bewirkte.

3 Versetzt euch in einen Buchhändler an eurem Ort. Wie könnte er auf den wachsenden Internet-Buchhandel reagieren?

4 Das Internet hat vieles verändert. Nennt Vor- und Nachteile.

Das kann ich …

✓ Erfindung des Buchdrucks
✓ Aufgabe der Medien
✓ digitale Revolution
✓ sachgerechte Nutzung des Internets
✓ Gefahren im Internet
✓ Veränderungen in der Wirtschaft durch das Internet

M1 Wichtige Begriffe

M2 Auswahl von Logos bekannter Dienste im Internet

M3 Auslieferung von Waren aller Art

1 Suchmaschine	**A** Prozentzahl der Zuschauer, die eine Sendung sehen.
2 Öffentlich-rechtliches Fernsehen	**B** Diese Sender finanzieren sich allein aus Werbeeinnahmen.
3 Privatsender	**C** Diese Sender finanzieren sich aus Rundfunkgebühren und Werbeeinnahmen.
4 Medienkompetenz	**D** „Gespräch" im Netz.
5 Chat	**E** Datenbanken, welche die Suche nach bestimmten Informationen im Netz ermöglichen.
6 Einschaltquote	**F** Was haben Zeitung, Fernsehsendung oder Radioprogramm gemeinsam? Sie sind …
7 Pressefreiheit	**G** Die Fähigkeit, sich die Informationen aus Zeitung, Radio oder Fernsehen auswählen und beurteilen zu können.
8 Massenmedien	**H** Journalisten werden in der Berichterstattung nicht behindert.

M4 Medienquiz

M5 Karikatur: Thomas Plaßmann

Was wir noch wissen

1 Erklärt euch gegenseitig die wichtigen Begriffe (M1) und schreibt die Bedeutung der Begriffe in eure Arbeitsmappe.

2 Berichtet, warum die Erfindung des Buchdrucks um 1500 die damalige Welt grundlegend veränderte.

3 Bearbeitet den Medienquiz (M4) und ordnet die Buchstaben den Ziffern richtig zu.

4 Zeigt die Vor- und Nachteile verschiedener Medien wie Zeitung, Fernsehen und Internet auf.

5 Erklärt das GUN-Prinzip für die Auswahl von Nachrichten durch die Medien.

6 Untersucht M5 und erklärt, was der Zeichner zum Ausdruck bringt.

7 Nennt Auswirkungen des Internets für den Handel und das Transportwesen (M3).

Gewusst, wie ...

8 Sucht mithilfe der Methodendoppelseite „Internetrecherche" S. 232/233 informative Websiten zur Erfindung des Buchdrucks durch Gutenberg.

Wir meinen, dass ...

9 ... die Auswirkungen der Erfindung des Internets die Erfindung des Buchdrucks bei weitem übertreffen. Nehmt Stellung zu dieser Aussage.

10 ... die Nutzung von sozialen Netzwerken (M2) viele Vorteile hat wie ..., aber viele Gefahren wie ... drohen.

Wir wenden an

11 Nennt verschiedene Möglichkeiten, wie jede und jeder sich beim Surfen im Internet schützen kann.

Inhaltsfeld: Konflikt und Frieden

7 Rom – ein Weltreich

Rom war um 200 n. Chr. die prachtvolle Hauptstadt eines mächtigen Weltreiches. Angefangen hatte alles tausend Jahre früher in einem kleinen Dorf am Fluss Tiber.

In diesem Kapitel könnt ihr erarbeiten,

- wie aus einem kleinen Stadtstaat ein Weltreich entstand,
- wie die Römer ihren Staat aufbauten,
- wie die zahlreichen Kriege die römische Gesellschaft veränderten,
- wie die Römerinnen und Römer lebten,
- wie Römer und Germanen einander begegneten und was sie voneinander lernten.

Am Ende des Kapitels könnt ihr mit Geschichtskarten umgehen und historische Texte (Quellen) auswerten.

Wer gründete Rom?

M 1 Die bronzene Darstellung der Wölfin stammt vermutlich aus dem 5. Jahrhundert v. Chr. Sie ist das Wahrzeichen der Stadt Rom und erinnerte die Römer an die Gründungssage ihrer Stadt. Die Kinder wurden erst im 16. Jahrhundert n. Chr. hinzugefügt.

M 2 Kriegsgott Mars. *Statue 7. Jahrhundert v. Chr.*

***Republik** (aus dem Lateinischen: *res publica* = die öffentliche Sache) Begriff für eine Staatsform, in der das Volk oder ein Teil des Volkes die Macht ausübt

Rom – die Stadt des Romulus?

Jedes Jahr feiern die Römer den Geburtstag ihrer Stadt. Angeblich wurde sie am 21. April 753 v. Chr. gegründet. Damals – so heißt es in einer römischen Sage – lebten in der Nähe Roms die Zwillinge Romulus und Remus. Ihr Vater war Mars, der Gott des Krieges, ihre Mutter hieß Rhea und war die Tochter des Königs Numitor. Der König wurde von seinem Bruder vertrieben, der nach der Herrschaft strebte. Die Zwillinge ließ er auf einem Holztrog auf dem Fluss Tiber aussetzen.

Der Kriegsgott Mars lenkte jedoch den Trog in eine Felsenhöhle. Dann schickte er eine Wölfin, das Tier, das ihm heilig war. Sie säugte die Kleinen. Nach einigen Tagen fand ein Hirte die Knaben und nahm sie mit nach Hause. Als sie herangewachsen waren, beschlossen Romulus und Remus, an der Stelle, an der sie einst gefunden worden waren, eine Stadt zu gründen. Sie konnten sich aber nicht einigen, wer der Stadt den Namen geben sollte. Wie es üblich war, wollten sie den Willen der Götter durch den Vogelflug erkunden. Jeder setzte sich auf einen Hügel und eben ging die Sonne auf, da rauschten sechs Geier an Remus vorüber. Nur kurz darauf flogen an Romulus zwölf Geier vorbei. Gewiss, sie waren ihm später erschienen, aber es war die doppelte Zahl. So zog Romulus mit einem Pflug eine Furche, die den Verlauf der künftigen Stadtmauern kennzeichnen sollte. „Das soll eine Mauer sein?", rief Remus höhnisch und sprang über die Furche. Da wurde Romulus zornig. Er stieß seinem Bruder die Lanze in die Brust und rief aus: „So soll es jedem ergehen, der diese Mauern zu übersteigen wagt." Romulus gab der Stadt seinen Namen und wurde ihr erster König.

Als Strafe für die Ermordung seines Bruders schickten die Götter schreckliche Krankheiten und eine schlimme Dürre. Erst als Romulus seine Tat aufrichtig bereute, sahen sie von weiteren Bestrafungen ab. Der Aufstieg Roms konnte beginnen.

Sage und Wirklichkeit

Archäologische Forschungen beweisen, dass der Palatin, ein Hügel, der nahe beim Tiber liegt, schon im 10. Jahrhundert v. Chr. besiedelt war. Es waren Hirten und

Bauern, die Schafe, Rinder und Pferde besaßen und in einfachen Hütten lebten. In der Nähe verlief ein alter Handelsweg. Auf ihm brachten Händler vor allem das kostbare Salz von der Mündung des Tiber ins Hinterland. Allmählich entwickelte sich die Siedlung zu einem bevorzugten Handelsplatz, geschützt durch Wall und Graben. Die Etrusker, die das Gebiet nördlich des Tiber beherrschten, überfielen im 7. Jahrhundert v. Chr. diesen Handelsplatz und bauten ihn zu einer Stadt aus. Befestigt wurde die Stadt mit einer mächtigen Mauer. Nach dem etruskischen Geschlecht der Ruma erhielt sie den Namen „Rom".

Etruskische Könige

Nach Romulus – so erzählt die Sage – sollen noch weitere sechs Könige über Rom geherrscht haben. Manche von ihnen waren klug und umsichtig. Sie sorgten sich um den Ausbau der Stadt: Ein prächtiger Marktplatz (das Forum) wurde angelegt, Straßen wurden gepflastert und ein gemauerter Kanal wurde fertiggestellt, der alle Abwässer in den Tiber leitete.
Es gab aber auch Könige, die vor allem darauf bedacht waren, ihren eigenen Reichtum zu vergrößern. Zu ihnen gehörte Tarquinius. Die Römer hassten ihn, weil er sie mit immer neuen Abgaben belastete. Um 500 v. Chr. wurde er von der aufgebrachten Bevölkerung verjagt. „Nie wieder einen König", so schworen sich die Römer. Künftig sollte die Politik eine Angelegenheit aller Bürger sein. Rom wurde eine **Republik***. „Res publica" – eine öffentliche Sache, eine Angelegenheit des Volkes –, so nannten die Römer jetzt ihren Staat.

M3 Rom und Umgebung um 900 v. Chr. *Rekonstruktionszeichnung*

M4 Modell der frühesten Siedlung in Rom auf dem Palatin (um 900 v. Chr.)

1 Fasst den Inhalt der Sage mit eigenen Worten zusammen.

2 Schreibt die Ergebnisse der archäologischen Forschungen in eigenen Worten auf und vergleicht dann mit dem, was die Sage erzählt.

3 Erklärt mithilfe von Abbildung M3 und mithilfe des Textes, warum sich Bauern und Händler gerne in dem Gebiet um Rom ansiedelten.

4 Ihr kennt jetzt die Bedeutung von „res publica". Erklärt, was das Wort „Republik" im Staatsnamen „Bundesrepublik Deutschland" deutlich machen soll.

War die Republik ein Staat für alle?

M1 **Was zu einem Patrizier gehörte: A) ein vornehmes Haus und adlige Vorfahren; B) Grundbesitz und Viehherden; C) Sklaven; D) Klienten.** *Rekonstruktionszeichnungen*

Wer regiert die Republik?

Die römische Republik sollte eine Angelegenheit aller Bürger sein. In Wirklichkeit hatten allein die Adligen weiterhin alle Macht in den Händen. Sie entstammten alten angesehenen Familien und verfügten über großen Grundbesitz, Reichtum und Einfluss. Die Adligen, die **Patrizier***, wie sie sich selbst nannten, stellten alle wichtigen Beamten: alle Richter, die Heerführer, die hohen Priester und die beiden Konsuln. Diese Personen waren die höchsten Beamten in der Republik. Sie besaßen – wie früher die Könige – eine fast unbegrenzte Macht. Ihre Amtszeit aber war auf ein Jahr beschränkt. Beraten wurden die Konsuln vom **Senat***. Im Senat saßen wiederum nur die Oberhäupter der Adelsfamilien. Der Senat war die eigentliche Regierung im römischen Staat.

***Patrizier**
(Lat.: *patres* = die Väter)
der römische Adel

***Senat**
(Lat.: *senex* = Greis)
Rat der Ältesten, eigentliches Regierungsorgan im römischen Staat

***Plebejer**
(Lat.: *plebs* = Menge, Masse)
Freie Bauern, Handwerker, Händler und Kaufleute in Rom, die nicht zum römischen Adel gehörten

Patrizier und Plebejer

Von den **Plebejern*** grenzten sich die Patrizier strikt ab. Zu den Plebejern gehörten Handwerker, Händler, Kaufleute und freie Bauern. Viele Bauern waren arm. Oft mussten sie sich Saatgut oder Lebensmittel bei den Patriziern borgen. Konnten sie es nicht zurückzahlen, verloren sie ihren Besitz und wurden in die Sklaverei verkauft. Viele Plebejer begaben sich unter den Schutz eines Patriziers. Sie wurden seine **Klienten** (Schützlinge). Der Adlige sorgte für seine Klienten bei Rechtsstreitigkeiten und unterstützte sie mit Geschenken sowie Darlehen. Der Klient stimmte dafür in den Volksversammlungen so ab, wie der Adlige es wünschte. Ein Patrizier, der über eine große Anzahl von Klienten verfügte, besaß bei Abstimmungen einen großen Einfluss. Manche Adelsfamilien hatten über fünftausend Klienten.

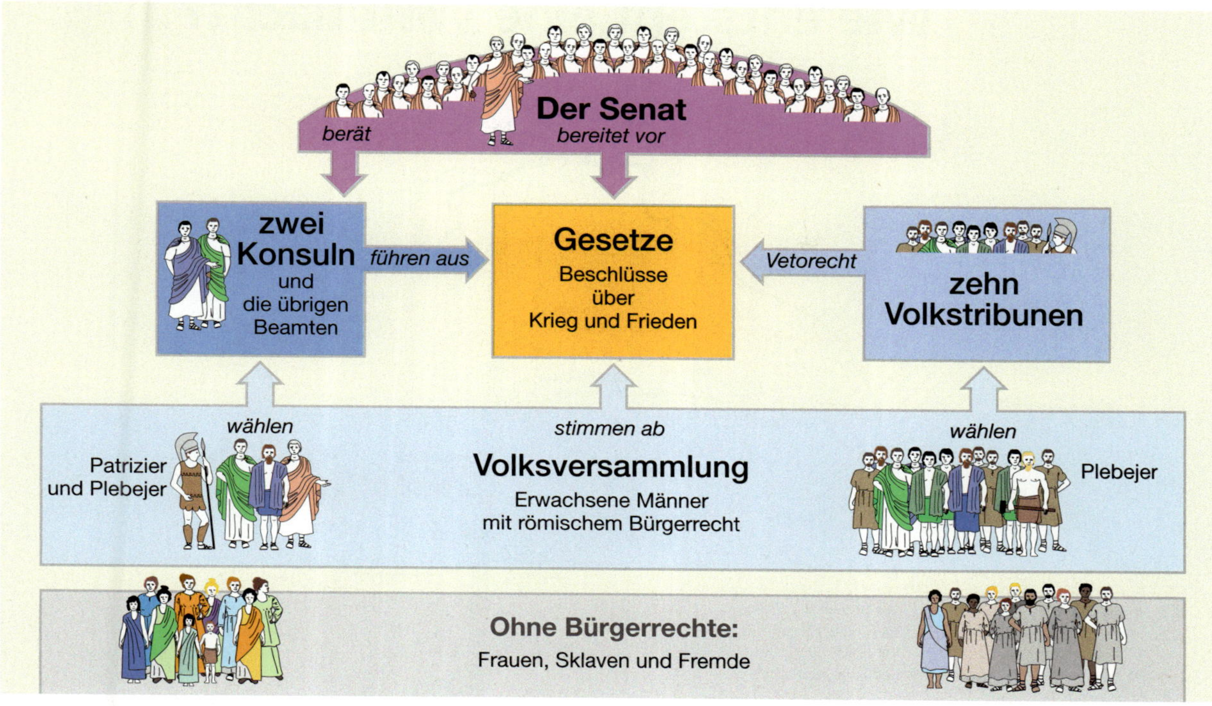

M 2 Die römische Verfassung nach dem Ende der Ständekämpfe*

Die Plebejer setzen Forderungen durch

Die Plebejer waren mit der Vorherrschaft der Patrizier nicht einverstanden. Sie forderten von den Patriziern zu Beginn des 5. Jahrhunderts v. Chr. die Tilgung ihrer Schulden. Ihre Lage war schwierig, weil sie Jahr für Jahr Heeresdienst leisten mussten. Deswegen konnten sie nicht ihren Hof und die Felder versorgen und verarmten.

Als sich die Patrizier unnachgiebig zeigten, verließ ein Großteil der Plebejer die Stadt. Mit ihrem Auszug verweigerten die Plebejer den Heeresdienst. Sie stellten aber die Mehrheit der Fußsoldaten, und Rom war in kriegerische Auseinandersetzungen in Italien verwickelt. Die Patrizier mussten daher nachgeben, und die Plebejer drohten auch in den folgenden Auseinandersetzungen immer wieder mit ihrem schärfsten Druckmittel: dem Auszug aus der Stadt und der Verweigerung des Heeresdienstes.

Der Streit der beiden Gruppen dauerte über 150 Jahre; am Ende der Auseinandersetzung hatten die Plebejer die Organisation des Staates zu ihren Gunsten verändert. So erreichten sie schließlich, dass sie eigene Beamte wählen durften. Diese **Volkstribunen** schützten die Plebejer vor ungerechten Amtshandlungen der Beamten. Sie hatten außerdem das Recht, gegen neue Gesetze Einspruch zu erheben, wenn diese ihrer Meinung nach die Plebejer benachteiligten („**Vetorecht**"). Auf Betreiben der Volkstribunen wurden dann um 450 v. Chr. die geltenden Gesetze aufgeschrieben.

***Stand**
„Stand" ist ein Begriff für eine abgeschlossene Gruppe in einer Gesellschaft; die Mitglieder einer Gruppe bestimmen sich durch Geburt, Vermögen oder durch unterschiedliche Rechte.

1 Beschreibt anhand von M 1 und mithilfe des Textes den Unterschied zwischen Patriziern und Plebejern.

2 Spielt folgende Situation: Die Patrizier erklären in einem Gespräch, warum allein sie in der Lage sind, alle wichtigen Ämter im Staat zu übernehmen. – Was könnten die Plebejer geantwortet haben (→ **Wir spielen in verschiedenen Rollen: ein Rollenspiel**, S. 100/101)?

3 Benennt mithilfe der Abbildung M 2 die Rechte, die die Plebejer erkämpft haben.

Wie entsteht eine Weltmacht?

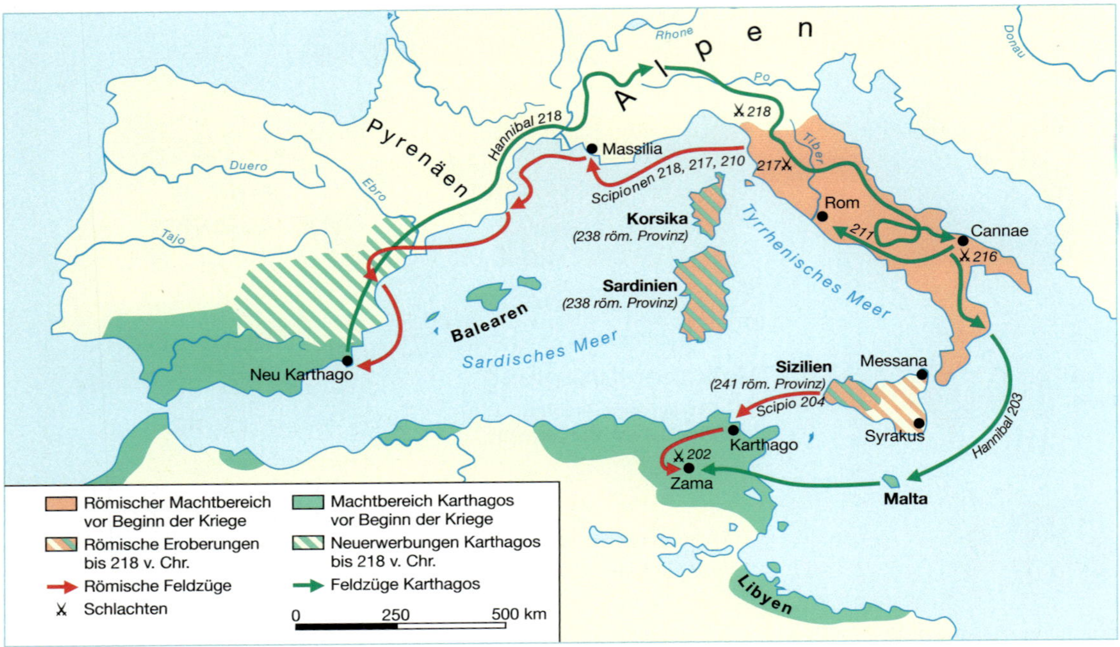

M 1 **Die Machtbereiche Roms und Karthagos um 218 v. Chr.**

Der Kampf um Karthago

Um 500 v. Chr. war Rom noch ein kleiner Bauernstaat, dessen Fläche nicht viel größer war als das heutige Hamburg. 250 Jahre später beherrschte es fast ganz Italien. Die römische Republik wurde zur stärksten Landmacht im westlichen Mittelmeerraum.

Rom war hier allerdings nicht die einzige Militärmacht. In Nordafrika und einem Teil Spaniens herrschten die Karthager, eine mächtige Handels- und Seemacht. Die Auseinandersetzung zwischen Karthago und Rom begann, als die sizilianische Stadt Messana (heute: Messina) von Hieran, dem König von Syrakus, im Jahre 264 v. Chr. angegriffen wurde. Messana bat sowohl Karthago als auch Rom um Hilfe.

***Iberische Halbinsel**
Landfläche vom heutigen Portugal und Spanien zwischen Atlantischem Ozean und Mittelmeer

Q 1 Der griechische Geschichtsschreiber Polybios (etwa 200–120 v. Chr.), der im Jahre 166 v. Chr. nach Rom kam, berichtete:

[…] Die Römer wussten lange nicht, was sie tun sollten. Sie waren aber in großer Sorge, da sich die Karthager nicht allein ganz Libyen, sondern auch große Teile der Iberischen Halbinsel* unterworfen hatten, außerdem noch alle Inseln im Sardischen und Tyrrhenischen Meer. Sie fürchteten, dass die Karthager äußerst gefährliche Nachbarn sein würden, wenn sie auch noch die Herrschaft über Sizilien gewonnen hätten. […] Das Volk aber, das durch die vorangegangenen Kriege schwer gelitten hatte und in vieler Hinsicht einer Verbesserung seiner Lage bedurfte, entschied sich für die Hilfeleistung. Denn die Konsuln zeigten ihm, dass ein Krieg dem Staat großen Nutzen und jedem Einzelnen große Beute bringen werde. […]

Über 20 Jahre dauerte dieser Krieg, den die Römer erst 241 v. Chr. siegreich beenden konnten. Sizilien wurde die erste römische Provinz*: Wenige Jahre später musste Karthago auch Sardinien und Korsika abtreten. Selbstbewusst nannten die Römer jetzt das Tyrrhenische Meer „unser Meer".

Hannibal zieht über die Alpen

Zum Ausgleich für die an Rom verlorenen Inseln wollte Karthago seine Herrschaft in Spanien ausbauen. Wiederum erklärten die Römer im Jahr 219 v. Chr. den Karthagern den Krieg.

Der karthagische Feldherr Hannibal zog daraufhin mit einem Heer von 50 000 Soldaten, 9000 Reitern und 38 Elefanten über Spanien und Frankreich nach Italien. Er überwand die beiden Hochgebirge Pyrenäen und Alpen. Dabei erlitt sein Heer große Verluste. Innerhalb von 15 Tagen soll fast die Hälfte seiner Soldaten umgekommen sein – erfroren oder auch von den steilen Gebirgspfaden in die Tiefe gestürzt.

Dennoch konnte Hannibal die Römer mehrmals vernichtend schlagen. In der Schlacht bei Cannae 216 v. Chr. verloren die Römer ihr gesamtes Heer mit 80 000 Mann.

Doch die Römer gaben nicht auf. 204 v. Chr. setzten römische Truppen nach Afrika über. Hannibal verließ Italien, um Karthago zu verteidigen. Die Entscheidungsschlacht bei Zama 202 v. Chr. ging für die Karthager verloren; die Römer erlegten Karthago nun harte Friedensbedingungen auf.

Im Jahr 149 v. Chr. begannen die Römer erneut einen Krieg gegen die Karthager, obwohl diese alle Friedensbedingungen der Römer erfüllten. Sie machten Karthago 146 v. Chr. dem Erdboden gleich; die Bevölkerung töteten sie oder verschleppten sie in die Sklaverei.

M 2 Römischer Triumphzug. *Rekonstruktionszeichnung*

Eroberungen und Plünderungen

Nach der Zerstörung Karthagos beherrschten die Römer den westlichen Mittelmeerraum. Römische Truppen eroberten nun Griechenland, Kleinasien, Ägypten, Gallien, einen Teil von Germanien und Britannien. Aus den eroberten Ländern brachten die römischen Soldaten Sklaven und große Reichtümer nach Rom. In Triumphzügen führte man die Beute durch die Hauptstadt.

***Provinzen**
Alle Besitzungen des römischen Staates außerhalb der Halbinsel Italien hießen „Provinzen".

1 Lest Q 1 und nennt die Gründe, die nach Ansicht der Konsuln und der Volksversammlung für einen Krieg gegen Karthago sprachen. Welcher Grund wäre für euch der wichtigste gewesen (→ **Wir untersuchen Textquellen und werten sie aus**, S. 259)?

2 Stellt in einer Tabelle die Abfolge und das Ergebnis der Kriege Roms gegen Karthago zusammen. Benutzt dazu auch die Karte M 1.

3 Schreibt einen Text: Ein Karthager erklärt, was der Satz „Sie machten Karthago dem Erdboden gleich" für ihn bedeutete.

4 Beschreibt die Abbildung M 2. Was hättet ihr als römische Zuschauer empfunden?

Ist im Krieg alles erlaubt?

M 1 Hinrichtung gefangener Germanen. Relief an der Marc-Aurel-Säule in Rom, 2. Jahrhundert n. Chr.

Strenge Disziplin und Grausamkeit

Der Aufstieg Roms zum Weltreich war nur möglich, weil die römische Armee allen ihren Gegnern überlegen war. Jeder römische Bürger war zum Kriegsdienst verpflichtet. Vernachlässigte ein Soldat im Krieg seine Dienstpflichten, wurde er unbarmherzig bestraft. Die Römer glaubten, dass Charaktereigenschaften wie Tapferkeit, Ausdauer, Zuverlässigkeit und Härte gegen sich selbst für die Erfolge ihrer Armee verantwortlich waren.
Der Erfolg der römischen Armee beruhte aber auch auf ihrer Grausamkeit gegenüber den Besiegten.

Q 1 Der römische Schriftsteller Appian berichtet über die Zerstörung Karthagos 146 v. Chr.:

[…] Dann erst ließ (Scipio) die drei Straßen zusammen anzünden. […] Nunmehr spielten sich Schreckensszenen anderer Art ab: Das Feuer erfasste alles und brachte es zum Einsturz. […] Mit den Steinen zusammen fielen zahlreiche Tote mitten hinein in die Tiefe. Andere befanden sich noch am Leben, insbesondere Greise, kleine Kinder und Frauen, die sich alle in den Winkeln der Häuser versteckt hatten. Einige von ihnen waren verwundet, andere halb verbrannt, und so stießen sie grässliche Schreie aus. […] Pferde sprangen über sie hinweg und schlugen ihnen mit den Hufen gegen Gesicht und Schädel, ohne dass die Reiter es wollten, sondern nur in der Hast des Geschehens. […]

Ähnlich grausam waren die Zerstörungen von Korinth (146 v. Chr.) oder von Jerusalem (70 n. Chr.). Gefangene wurden meist versklavt oder hingerichtet.

M 2 Der Historiker Jochen Bleiken schrieb 1980:

[…] Die Vernichtungspolitik der Römer hatte Erfolg, […] wenn auch die Menschen hungerten […] und unter den Ungerechtigkeiten römischer Beamter oder Händler litten, wagte kaum jemand mehr den Aufruhr. […]

1 Nennt die Eigenschaften, die von den römischen Soldaten erwartet wurden.

2 Beschreibt das Verhalten der römischen Soldaten gegenüber ihren Gegnern.

3 Beurteilt, ob man das Verhalten der Römer aus der heutigen Sicht bewerten darf. Gilt der Satz: „Der Zweck heiligt die Mittel"?

Wir lesen Geschichtskarten

METHODE

M 1 Das römische Weltreich (Imperium Romanum) und seine Provinzen

Geschichtskarten auswerten

Den Umgang mit Karten kennt ihr bereits (Seiten 62/63). Im Unterricht mit geschichtlichen Inhalten benutzen wir spezielle Karten, die eine geschichtliche Entwicklung oder den geschichtlichen Zustand zu einem Zeitpunkt aufzeigen.

M 2 Schritte für die Auswertung von Geschichtskarten

1. Thema ermitteln
- das dargestellte Gebiet bestimmen
- den Zeitraum ermitteln
- das Ereignis oder den Sachbereich feststellen

2. Kartenlegende erfassen
- die Farben und Schattierungen erklären
- die Symbole (Signaturen) entschlüsseln
- Maßstab und Entfernungen bestimmen

3. Auswertung
- Aussagen zu einzelnen Punkten zusammentragen
- eine Gesamtaussage der Karte formulieren (Stichworte)
- offene Fragen notieren

So könnte eure Lösung zu M 1 aussehen:

Die Karte zeigt das Gebiet um das Mittelmeer. Auf der Karte sind die römischen Eroberungen ab 270 v. Chr. mit unterschiedlichen Farben dargestellt. Die Karte zeigt die Entwicklung des Römischen Reiches von 270 v. Chr bis zum zweiten Jahrhundert n. Chr.

1 Fertigt anhand der Karte M 1 eine dreispaltige Tabelle an: In die linke Spalte tragt ihr die römischen Provinznamen ein, in die mittlere die Zeit der Eroberung und in die rechte Spalte die heutigen Bezeichnungen.

Wie veränderte sich die Gesellschaft?

M 1 Legionäre beim Bau eines Marschlagers. *Rekonstruktionszeichnung*

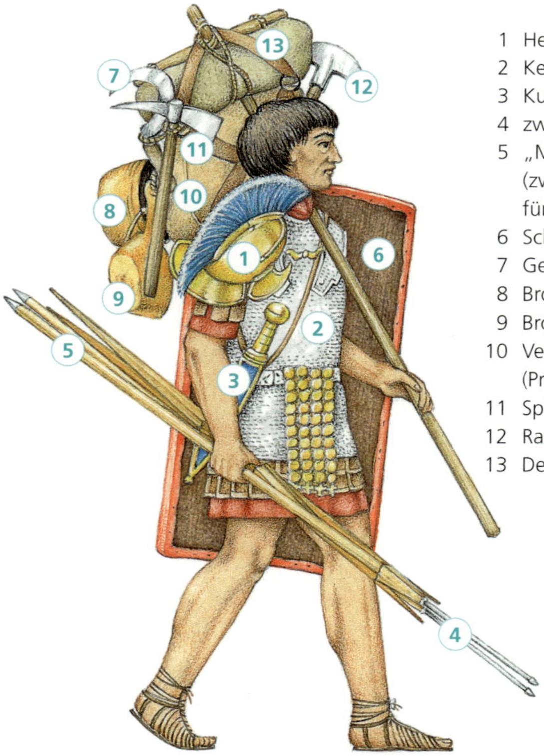

M 2 Legionär mit vollständiger Ausrüstung. *Rekonstruktionszeichnung*

Die römischen Bürger als Soldaten

Jeder römische Bürger, der seine Ausrüstung selbst bezahlen konnte, musste Militärdienst leisten. Durch die endlosen Kriege wurden aber viele Bauern so arm, dass sie sich eine Ausrüstung nicht mehr leisten konnten. So gab es immer weniger Soldaten.

Die römischen Heere mussten immer häufiger Niederlagen hinnehmen. Deshalb führte der Feldherr Marius 107 v. Chr. eine Heeresreform durch: Das römische Heer wurde ein **Berufsheer**, der Staat bezahlte jetzt die Ausrüstung (siehe M 2).

Die gesamte Ausrüstung wog etwa 30 Kilogramm. Hinzu kam noch die Verpflegung für drei Tage mit etwa 15 Kilogramm.

Als Belohnung versprach Marius jedem Soldaten nach der 20-jährigen Dienstzeit ein Stück Land.

Sklaven – nur billige Werkzeuge?

Von ihren Eroberungen brachten die Römer häufig Zehntausende Kriegsgefangene mit, die sie als Sklaven verkauften. Auf einem Schild, das die Sklaven um den Hals trugen, waren Alter, Herkunftsort und besondere Fähigkeiten angegeben. Je mehr Fähigkeiten ein Sklave besaß, desto teurer war er.

Die römische Wirtschaft beruhte zu großen Teilen auf der Arbeit von Sklavinnen und Sklaven. Ihr Schicksal hing wesentlich von der Tätigkeit ab, die sie übernehmen mussten, und von der Einstellung ihres Herrn. Das schwerste Los hatten auch bei den Römern die Bergwerkssklaven. Etwas besser hatten es jene, die als Handwerker in Töpfereien, Waffenwerkstätten, Mühlen oder Bäckereien oder in einem Haushalt arbeiteten.

Haussklavinnen und -sklaven wurden meist einfachere Arbeiten übertragen. Sie waren allerdings – ebenso wie alle anderen – ständig der Gefahr ausgesetzt, wegen einer Nachlässigkeit schwer bestraft oder sogar getötet zu werden. Einige wurden auch als Lehrer zur Erziehung der römischen Kinder eingesetzt. Wenn sie Glück hatten, kamen sie zu einem Herrn, der sie nicht nur als billiges Werkzeug ansah.

Manche Sklaven wurden auch zu Gladiatoren ausgebildet. Zur Unterhaltung der Zuschauer mussten sie in großen Arenen auf Leben und Tod gegeneinander oder gegen wilde Tiere kämpfen. Bei den Römern waren diese Spiele überaus beliebt. Mit lauten Rufen feuerten sie die Gladiatoren an.

Sind Sklaven Menschen?

Es gab im Altertum nur einige Wenige, die sich für eine menschliche Behandlung der Sklaven aussprachen. Zu ihnen gehörte der Philosoph Seneca (4 v. Chr. bis 65 n. Chr.).

M 3 Römischer Sklavenmarkt. *Rekonstruktionszeichnung*

Q 1 Seneca schreibt an einen Bekannten:

[…] Zu meiner Freude erfuhr ich von Leuten, die dich besucht haben, dass du freundlich mit deinen Sklaven umgehst. Das entspricht deiner Einsicht und deiner Bildung. […] Bedenke, dass der Mensch, den du einen Sklaven nennst, den gleichen Ursprung hat wie du, dass sich über ihm derselbe Himmel wölbt, dass er die gleiche Luft atmet, dass ihm das gleiche Leben, der gleiche Tod beschieden ist. […]

M 4 Halsring eines Sklaven mit dem Namen seines Herrn. *Rekonstruktionszeichnung*

1 Beschreibt die Ausrüstung eines römischen Soldaten (M 2).

2 Nennt Gründe, warum das römische Heer ein Berufsheer wurde.

3 Beschreibt mithilfe der Abbildung M 3 und anhand des Textes das Schicksal der Sklaven.

4 Spielt folgende Szene: Zwei Käufer unterhalten sich mit dem Verkäufer über die Sklaven, die er anzubieten hat. Die Sklaven berichten, was sie dabei empfinden (→ **Wir spielen in verschiedenen Rollen: ein Rollenspiel**, S. 100/101).

5 Beurteilt, was Seneca über die Sklaven sagt (Q 1, → **Wir untersuchen Textquellen und werten sie aus**, S. 259).

Wie wurde Augustus Kaiser?

M 1 Ein kleiner, wohl bekannter Gallier, verabredet ein Treffen mit Caesar

M 3 Die Feldzüge Caesars in Gallien

M 2 44 v. Chr.: Caesar wird Alleinherrscher auf Lebenszeit, doch am 15. März wird er ermordet. *Büste*

Gaius Julius Caesar

Im 1. Jahrhundert v. Chr. kam es in Rom zwischen verschiedenen Heerführern zu erbitterten Kämpfen um die Macht.

Ein besonders erfolgreicher Heerführer war **Gaius Julius Caesar** (100–44 v. Chr.). Er besiegte die Helvetier im Gebiet der heutigen Schweiz. Zwischen den Jahren 58 und 52 v. Chr. eroberten die von ihm geführten Truppen ganz Gallien, also das heutige Frankreich.

Q 1 Der griechische Geschichtsschreiber Plutarch (um 46–120 n. Chr.) schrieb:

[…] Keiner von all seinen Vorgängern erreichte ihn in der Zahl von Schlachten und in der Größe der Verluste, die er den Feinden beibrachte. Denn der Krieg, den er in Gallien führte, dauerte nicht ganz zehn Jahre, und in dieser Zeit nahm er über 800 Städte im Sturm, bezwang 300 Völkerschaften und kämpfte gegen drei Millionen.

Eine Million tötete er im Kampf und eine andere nahm er gefangen.

Bei seinen Leuten war Caesar so beliebt, dass sie für seinen Ruhm mit unwiderstehlichem Mut in die größten Gefahren gingen. Solchen Mut weckte Caesar besonders dadurch, dass er reichlich Geschenke und Belohnungen austeilte. Er wollte damit beweisen, dass er die im Krieg erworbenen Reichtümer nicht für sich selbst sammelte, sondern sie als gemeinsamen Lohn für tapfere Taten an verdiente Soldaten verteilte.

Obwohl der Senat es verboten hatte, kehrte Caesar im Jahre 49 v. Chr. mit seinem Heer nach Italien zurück.

Nachdem er ein vom Senat aufgestelltes Heer besiegt hatte, konnte er ab 46 v. Chr. als Alleinherrscher regieren – zunächst befristet auf zehn Jahre.

Caesar als Alleinherrscher

Eine der ersten Maßnahmen Caesars bestand darin, die Versorgung seiner Soldaten sicherzustellen. Sie wurden in verschiedenen Gebieten des Römischen Reiches angesiedelt und erhielten Land zur Bearbeitung. Anderen gab er Arbeit durch ein großzügiges Bauprogramm in der Hauptstadt.
Vom Volk wurde Caesar sehr verehrt. Bei Festzügen wurde ein elfenbeinernes Standbild von Caesar zusammen mit den göttlichen Standbildern mitgeführt. In einem Tempel stand ein Bild Caesars mit der Inschrift: dem unbesiegten Gott. Manche Römer aber fürchteten auch, Caesar könne zu viel Macht bekommen und, einem König gleich, als Alleinherrscher allzu selbstherrlich über die Römer regieren. Im Jahr 44 v. Chr. wurde Caesar von seinen Gegnern ermordet.

Von Caesar zu Augustus

Nachfolger Caesars wurde nach jahrelangen Bürgerkriegen sein Neffe und Adoptivsohn Octavian. Er nannte sich „Augustus“ (= der Erhabene) und regierte von 31 v. Chr. bis 14 n. Chr. Augustus besaß die alleinige Befehlsgewalt. Im Römischen Reich wurden Altäre und Tempel „für Rom und Augustus“ errichtet, in denen der Kaiser als Gott verehrt werden sollte. Mit **Kaiser Augustus** begann für das Römische Reich eine Zeit des Friedens. Kriege gegen andere Völker fanden nur in weit entfernten Gegenden statt.

Die Macht der Kaiser

Seit dem Sieg des Augustus lag die Macht nicht mehr bei den nur für ein Jahr gewählten Konsuln, sondern beim Kaiser. Dies bedeutete das Ende der römischen Republik. Er war Oberbefehlshaber der römischen Armee und seine Befehle hatten Gesetzeskraft. Alle römischen Untertanen mussten den Kaiser verehren **(Kaiserkult*)** und ihm einen Treueid leisten. Der kaiserliche Gerichtshof hatte in wichtigen Fällen das letzte Wort.
Einen Teil der Provinzen ließ der Kaiser direkt durch eigene Statthalter verwalten. Nur für die Provinzen, in denen keine Soldaten stationiert waren, durfte der Senat die Statthalter ernennen.

M4 **Augustusstatue.** Höhe: 2,04 m; um 20 v. Chr. *Foto*

***Kaiserkult**
Als Rom zum Kaiserreich wurde, betrachtete man auch die Kaiser als Götter und baute Tempel, in denen man sie anbetete. Mehrere Kaiser wurden schon vor ihrem Tod als Götter verehrt.

1 Betrachtet die Abbildung M 1 und die Karte M 3: Berichtet über eure Kenntnisse zur Eroberung Galliens durch Caesar, die ihr aus Asterix-Heften und Asterix-Filmen oder aus Jugendbüchern habt.

2 Betrachtet die Abbildung M 4 und beschreibt, wie Augustus dargestellt wird.

3 Sucht in Bibliotheken und im Internet Informationen zu Caesar und Augustus und berichtet in der Klasse (→ **Wir beschaffen uns Informationen**, S. 318/319, → **Wir führen eine Internetrecherche durch**, S. 232/233).

Wie funktionierte die Wirtschaft?

M 1 Vorderseite einer Bronzemünze (Sesterz)

Mit dem Aufstieg Roms zur Weltmacht wurden Münzen als Zahlungsmittel für das römische Wirtschaftsleben immer wichtiger. Ihr Wert wurde vom Staat festgelegt. Er ergab sich durch das verwendete Metall und das jeweilige Gewicht. So galt:

1	Aureus (Gold) =
25	Denare (Silber) =
100	Sesterzen (Bronze) =
400	Asse (Kupfer)

M 2 Römische Münzen

M 4 Die Wirtschaft des Römischen Reiches im 1. Jahrhundert n. Chr.: Produkte, die nach Rom geliefert wurden

Eine Zeit des Friedens – für wen?

Mit Kaiser Augustus hatte für das Römische Reich eine Zeit des Friedens begonnen. Die Grenzen waren gesichert, viele Völker besiegt und unterworfen. So konnte sich der Handelsverkehr auf den Straßen des riesigen Römischen Reiches (Karte M 4) ungestört entwickeln. Auch die Handelsschiffe wurden nicht mehr wie in der Zeit zuvor von Seeräubern bedroht. So kamen jetzt Waren aus aller Welt nach Rom. Täglich kamen Schiffe in der alten römischen Hafenstadt Ostia an. Von hier wurden die Waren auf dem Tiber nach Rom gebracht und auf dem Forum verkauft.

M 5 Der Historiker J. Carcopino schrieb 1977:

[…] In den drei Häfen Roms strömten die Güter der Welt zusammen: Gemüse, Obst und Wein aus Italien; Getreide aus Ägypten und Afrika; Öl, Pökelfleisch*, Blei, Silber und Kupfer aus Spanien; Wild, Holz und Wolle aus Gallien; Datteln aus den Oasen; Marmor aus Griechenland und Numidien; Elfenbein aus Nordafrika; Bernstein von der Ostsee; Glasschätze aus Phönizien und Syrien; Stoffe und Seide aus dem Orient; Weihrauch aus Arabien; Gewürze und Edelsteine aus Indien. […]

***Pökelfleisch**
Fleisch, das mithilfe von Salz haltbar gemacht wurde

M 3 Terra sigillata. Mit diesen Tonwaren wurde im gesamten Römischen Reich gehandelt. *Foto*

M6 **Bau einer Römerstraße.** *Rekonstruktionszeichnung*

Römische Soldaten bauen Straßen

In Friedenszeiten wurden die Soldaten verstärkt zum Straßenbau eingesetzt. Die Straßen waren bis zu sieben Meter breit. Das Fundament bestand meist aus größeren Steinen, darauf folgten eine Schicht aus grobem Steinschotter und eine weitere Schicht aus feinerem Kies. Die Straßendecke bestand ebenfalls aus Kies – in Städten oder in der Umgebung von Städten auch aus Steinplatten. Die Straßendecke war leicht gewölbt, damit das Regenwasser in die Gräben zu beiden Seiten der Straße abfließen konnte.

Wachtposten überwachten an wichtigen Kreuzungspunkten den Straßenverkehr. Für Reisende gab es in regelmäßigen Abständen Rasthäuser mit Schlafzimmern, Bädern sowie Ställen für Pferde und Wagen. Die Straßen dienten vor allem der Sicherung des Reiches: Auf den Straßen ritten Boten nach Rom, berichteten dem Kaiser von der militärischen Lage an den Grenzen und kehrten mit seinen Befehlen zu den Truppen in den Provinzen zurück. Soldaten konnten schnell von einem Ort an einen anderen verlegt werden. Waffen, Handwerkserzeugnisse und Nahrungsmittel gelangten in kurzer Zeit bis zu den entferntesten Grenzbefestigungen. Zur Zeit seiner größten Ausdehnung verfügte das Römische Reich über ein Straßennetz von 250 000 Kilometern; davon 80 000 Kilometer Fernstraßen, die ständig überwacht wurden.

M7 **Die Via Appia heute.** *Foto 2011*

1 Fertigt mithilfe der Karte M4 und einem Atlas eine Tabelle an. In die linke Spalte tragt ihr die heutigen Ländernamen ein, in die rechte Spalte die Waren, die nach Rom geliefert wurden.

2 Stellt euch vor, ihr wäret Römer und hättet die Aufgabe, eine Straße zu bauen. Betrachtet die Abbildung M6 und sammelt die Aufgaben, die dabei gelöst werden müssen. Nicht alle Arbeiten des römischen Straßenbaus sind gezeigt. Beispielsweise muss das Baumaterial beschafft werden, die Soldaten müssen auch verpflegt und untergebracht werden.

Wie lebten die Germanen?

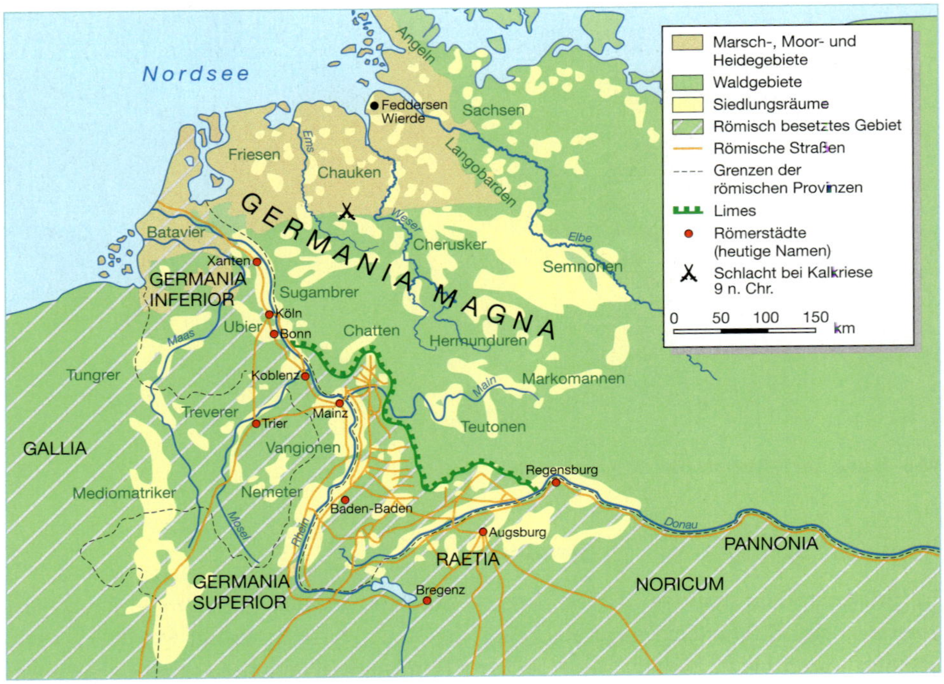

M 1 Römische Provinzen nördlich der Alpen

***Germanen**
Der Name – die „Germanen“ – wurde um Christi Geburt von Römern und Griechen eingeführt, um sie von Kelten und Skythen zu unterscheiden. Später wurde er von einem linksrheinisch siedelnden Stamm auf alle Stämme östlich des Rheins übertragen. Die Germanen haben diesen Sammelbegriff niemals verwendet. Sie haben sich zwar als verwandt, aber nicht als Einheit empfunden.

***Germanien**
(Lat. = *Germania*)
Das von den Germanen bewohnte Land teilte sich in zwei von den Römern besetzte Gebiete: *Germania inferior* und *superior* sowie den viel größeren freien Teil, *Germania libera* oder *magna*. Beide Gebiete waren durch den Limes und den Rhein voneinander getrennt.

***Tacitus**
Der römische Geschichtsschreiber lebte etwa von 55 bis 120 n. Chr. In seinem Werk „Germania“ wollte er den Römern ein nach alten, guten Sitten lebendes Volk darstellen. Er war nie in Germanien; seine Schrift ist keine Geschichtsschreibung, sondern eine politische Schrift, die die Römer aufrütteln sollte.

Germanen* aus römischer Sicht

Germanische Stämme lebten zwischen Rhein und Weichsel, von der Donau bis nach Schweden. Über ihren Alltag wissen wir nur wenig, da sie selbst keine schriftlichen Nachrichten hinterlassen haben. So sind wir auf die Funde der Archäologen und auf die Berichte römischer Schriftsteller angewiesen. Sie haben aufgeschrieben, was ihnen Soldaten und Kaufleute von den Germanen und **Germanien*** berichteten.

Q 1 Publius Cornelius Tacitus* (55–120 n. Chr.) hat um 98 n. Chr. ein Buch über Germanien verfasst. Er schrieb:

[…] Die Germanen – so glaube ich – sind die Ureinwohner. Zuwanderung fremder Stämme gibt es bei ihnen nicht. Wer würde auch Asien, Afrika oder auch Italien verlassen, um nach Germanien zu ziehen, das doch so rau in seinem Wetter und so unfreundlich in Anbau und Aussehen ist?
Das Land sieht zwar im Einzelnen recht verschieden aus, ist jedoch im Ganzen schaurig durch seine Urwälder oder hässlich durch seine Moore. Saatkorn trägt es recht gut, Obstbäume gibt es nicht. Das Vieh ist kleinwüchsig. Selbst die Pflugtiere haben kein stattliches Aussehen oder prächtiges Gehörn wie in Italien.
Alle Germanen besitzen dasselbe körperliche Aussehen: trotzige blaue Augen, rotblondes Haar und große Körper, die freilich nur zum Angriff taugen. Bei mühsamer Arbeit zeigen sie keine entsprechende Ausdauer. Durst und Hitze zu ertragen sind sie nicht gewohnt, wohl aber Kälte und Hunger infolge des Wetters und Bodens. […]

M2 Rekonstruktion einer Siedlung nach Ausgrabungen in Feddersen-Wierde (Landkreis Cuxhaven). Im 2. und 3. Jahrhundert n. Chr. gab es hier bäuerliche Betriebe und schon spezialisierte Handwerksbetriebe (Weben von Textilien, Verarbeitung von Metall).

Stämme* bei den Germanen

Es gab viele kleinere und größere germanische Stämme. Jeder Stamm herrschte über ein bestimmtes Gebiet, das er immer wieder mit Kriegszügen gegen die Nachbarn verteidigte. An der Spitze eines Stammes stand ein Anführer.

Q2 Über das Leben der germanischen Stämme schreibt Tacitus:
[...] Wenn die Germanen nicht auf einem Kriegszug sind, verbringen sie ihre Zeit mit der Jagd oder sie tun überhaupt nichts außer essen und trinken. Als Getränk haben sie eine Flüssigkeit aus Gerste oder Weizen, die zu einem weinartigen Getränk vergoren ist. Die Speisen sind einfach: wild wachsende Früchte, frisches Wild oder Dickmilch. Ohne feinere Zubereitung, ohne Gewürze stillen sie ihren Hunger. Die Sorge für Hof, Heim und Äcker überlassen die Germanen den Frauen und Alten. Sie selbst dösen dahin. Dass die Germanen keine Städte bewohnen, ja nicht einmal geschlossene Siedlungen leiden können, ist bekannt. Jeder wohnt für sich und legt seinen Hof dort an, wo eine Quelle, ein schönes Stück Land oder Gehölz ihm günstig erscheint. In den Dörfern stößt nicht wie bei uns Haus an Haus. Jeder umgibt sein Haus vielmehr mit einem Hofraum zum Schutz vor Bränden. Bruchsteine oder Ziegel kennen sie nicht. Für Bauzwecke benutzt man nur unbehauenes Bauholz. [...]

***Stamm**
So heißt in der Völkerkunde eine lose Gruppierung benachbarter Siedlungsgemeinschaften von Familien und Sippen. Sie haben in ihrer Lebensweise viele Gemeinsamkeiten.

1 Beschreibt die Karte M 1. Nennt einige Gebiete im heutigen nördlichen und westlichen Deutschland, die nicht unter römischer Herrschaft standen.

2 Notiert die Aussagen des Tacitus über die Germanen in Q 1 in eurer Arbeitsmappe.

3 Wertet Q 1 und Q 2 aus und erläutert dann, aus welcher Sicht Tacitus die Germanen beschreibt (→ **Wir untersuchen Textquellen und werten sie aus**, S. 259).

4 Vergleicht die Darstellung von Tacitus (Q 1 und Q 2) mit der Rekonstruktion der Germanensiedlung Feddersen-Wierde (M 2). Notiert die Unterschiede.

Welche Rolle spielte die Familie?

M 1 Germanischer Krieger, um 200 n. Chr. *Rekonstruiert nach Funden aus dem Thorsberger Moor*

M 2 Modell eines Hofes in der Siedlung Feddersen-Wierde. Das kleine Gebäude ist ein Speicherhaus (Spieker), in dem Vorräte aufbewahrt wurden. Das mittlere Haus diente als Arbeitshaus (Werkstatt). *Rekonstruktion*

Das Zusammenleben der Germanen

M 3 In einem Ausstellungskatalog zum Thema „2000 Jahre Römer in Westfalen“ heißt es 1989:

[...] Die Germanen lebten in kleinen weilerartigen* Siedlungen oder auf Einzelhöfen. [...] Wichtig war die nahe Lage zum Wasser (Flüsse, Bäche, Teiche), aber auch zu Waldungen. [...] Die freien Männer hatten das Recht, Waffen zu tragen und am Thing* teilzunehmen; Frauen waren davon ausgeschlossen. [...]
An heiligen Stätten im Freien verehrten die Germanen ihre Götter wie den Kriegs- und Totengott Wodan (engl. Wednesday) und seine Gemahlin Freija, die Schutzgöttin der Familie und des Ackerbaus (Freitag), den Gewittergott Donar (Donnerstag) und die Frühlingsgöttin Ostara (Ostern). [...]

***Weiler**
Wohnsiedlung, die nur aus wenigen Gebäuden besteht und somit kleiner ist als ein Dorf

***Thing**
(auch „Ding“ genannt) bei den Germanen die Volks- und Gerichtsversammlung; zu bestimmten Terminen, meist einmal im Jahr, versammelten sich alle freien, wehrfähigen Männer eines Dorfes oder eines Stammes am Tage unter freiem Himmel. Der Versammlungsort hieß „Thingstätte“ und galt als heiliger Ort.

Arbeitsreich war das Leben der Frauen: Sie sorgten für den Hof, kümmerten sich um die Kinder, stellten die Kleidung für die Familie her, backten Brot, machten Milch zu Käse. Sie organisierten den Haushalt und die Erziehung der kleinen Kinder.

Sippe und Gefolgschaft

Die Mehrheit der Germanen waren freie Bauern. Die wichtigste Einheit dieser Menschen war die Familie mit dem Hausvater an der Spitze. Alle Blutsverwandten einer Familie bildeten eine Sippe, und mehrere Sippen schlossen sich zu einem Stamm zusammen.

In der Gefolgschaft sammelten sich junge Krieger um einen Anführer, der sie in den Krieg führte. Wenn es einen gemeinsamen Feind gab, z. B. die Römer, konnten erfolgreiche Heerführer auch verschiedene Stämme gemeinsam in den Kampf führen. Im Vergleich zu den Waffen der Römer waren die germanischen Waffen schlecht. Ihre Hauptwaffe war der kurze Speer.

Der Erfolg der germanischen Krieger beruhte vor allem auf ihrer Körpergröße und der Energie, mit der sie als Fußsoldaten kämpften.

1 Berichtet über das Alltagsleben bei den Germanen.

Wir untersuchen Textquellen und werten sie aus

METHODE

Texte „entschlüsseln"

Neben den Verfassertexten gibt es in diesem Schulbuch auch andere Textquellen, z. B. die Quellenausschnitte (mit Q gekennzeichnet), die aus Überlieferungen von früher lebenden Menschen stammen. Das können Berichte, Briefe, Gesetzestexte, Urkunden oder Inschriften sein. Die Originalberichte sind oft sehr lang – ihr findet im Buch daher nur kleine Ausschnitte.

Solche Textquellen liefern häufig wichtige Informationen. Aber manchmal sind sie auch schwer zu verstehen; sie beleuchten nur einen kleinen Ausschnitt oder vertreten eine ganz bestimmte Meinung. Bei der Auswertung der Quellen muss man auf die Sichtweise der Verfasserinnen und Verfasser achten. Die folgenden Arbeitsschritte und Leitfragen sollen euch die Arbeit mit Textquellen erleichtern.

Eure Arbeitsergebnisse sichert ihr am besten in eurer Arbeitsmappe.

M 1 Checkliste zur Untersuchung von Textquellen

Wenn man einen Text richtig verstehen will, muss man ihn mehrmals lesen. Beim ersten Lesen versucht man nur zu erfassen, um was es geht. Beim zweiten und dritten Lesen macht man sich Notizen und erarbeitet sich den Inhalt mit den folgenden Fragen:

1. Fragen zum Verfasser

- Was wissen wir über die Verfasserin, den Verfasser (Lebensdaten, Amt, Herkunft etc.)?
- Wann ist der Text geschrieben, schreibt sie/er als Zeitzeuge oder viele Jahre nach dem Ereignis?
- Auf welche Quellen stützt sie/er sich?
- Mit welcher Absicht schreibt sie/er für wen?

Hinweise zu diesen Fragen findet ihr in der Regel in der Einleitung einer Quelle.

2. Fragen zum Text

- Um welche Textsorte handelt es sich (Geschichtsdarstellung, Bericht, Urkunde, Briefe, Inschrift, Zeitungsartikel)?
- Wovon handelt der Text? Hier geht es um die Beantwortung der „W-Fragen": Wer? Wo? Wann? Was? Wie? Warum?
- Gibt es unbekannte Wörter, die ihr im Lexikon nachschlagen müsst?
- Wie ist der Text gegliedert? Könnte man für einzelne Abschnitte Überschriften finden?
- Welcher Gesichtspunkt steht im Mittelpunkt des Berichtes?

3. Fragen zur Sichtweise

- Welche Absichten verfolgte der Verfasser mit seinem Text?
- Gibt es Textstellen (Wörter), die eine bestimme Wertung oder ein Urteil enthalten?
- Versucht der Autor neutral zu sein oder ergreift er deutlich Partei für eine Seite oder Person?
- Welche Widersprüche, Übertreibungen oder einseitigen Darstellungen enthält der Text?
- Kommen andere Meinungen im Text vor?

Mögliche Lösung zu Q 1 S. 256

Tacitus war ein römischer Geschichtsschreiber; er lebte von 55–120 n. Chr. Er selbst war nie in Germanien; seine Quellen sind Berichte von Kaufleuten und Soldaten. Es handelt sich um einen damaligen Bericht (um 98 n. Chr.). Der Autor stellt die Germanen als völlig anders als die Römer dar; er schreibt aus römischer Sicht.

1 Untersucht Q 2 auf der Seite 257 mithilfe der Checkliste M 1. Schreibt die Ergebnisse in eure Arbeitsmappe.

Wie lebten Römer und Germanen am Limes?

M 1 Phalera. Römischer Militärorden. Durchmesser: 13 Zentimeter. Opferfund aus dem Thorsberger Moor, um 200 n. Chr. *Foto*

***Limes**
(Lat. = Grenzweg) Grenzbefestigung der Römer mit Wällen, Gräben, Wachttürmen und Kastellen

***Palisade**
kräftiger Pfahl; dient der Begrenzung und/oder Umzäunung

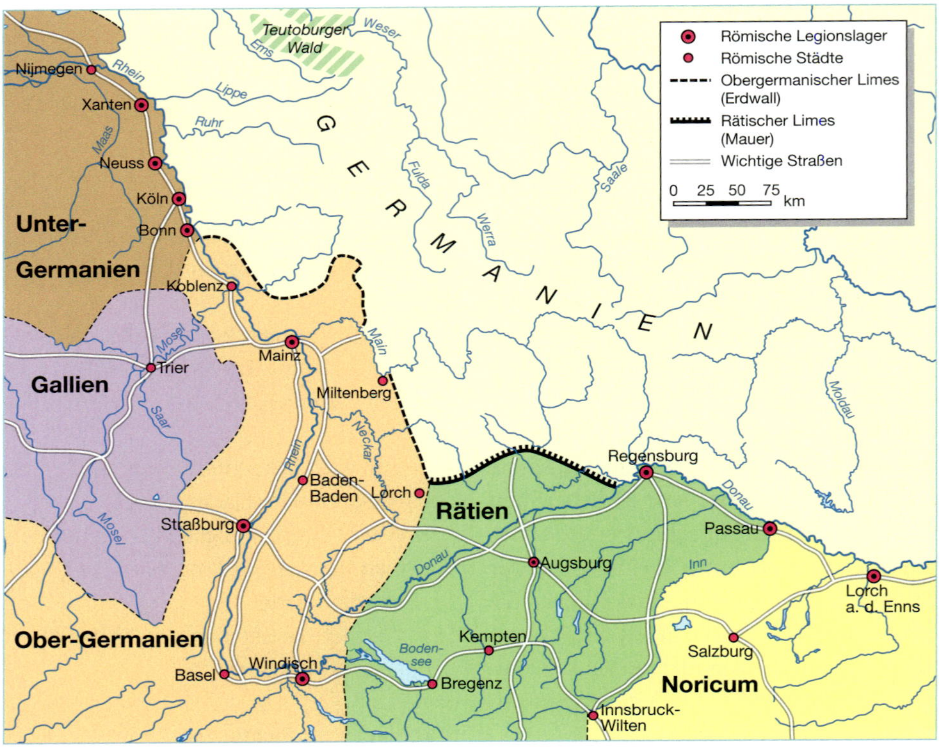

M 3 Der obergermanische und rätische Limes im 2. Jahrhundert n. Chr.

Der Limes*

Das Römische Reich war in Provinzen eingeteilt. An ihrer Spitze standen Statthalter, welche die hier eingesetzten Truppen befehligten.
Zugleich sorgten sie dafür, dass die unterworfenen Völker die römischen Gesetze befolgten sowie Steuern und Abgaben bezahlten. Kaiser Augustus wollte, dass das Römische Reich durch natürliche Grenzen gesichert sein sollte. Bis zu seinem Tod hatte er dieses Ziel erreicht: Das Imperium wurde vom Atlantischen Ozean, von den Wüsten in Nordafrika und im Nahen Osten sowie von den Flüssen Euphrat, Donau und Rhein begrenzt.
Gescheitert aber war Augustus mit seinem Plan, die Reichsgrenze östlich des Rheins bis an die Elbe vorzuschieben. Rhein und Donau blieben die Reichsgrenzen.
Unter seinen Nachfolgern kamen nur wenige Eroberungen hinzu. Sie beschränkten sich meistens darauf, die Grenzen noch sicherer zu machen. Überall dort, wo nicht Berge oder Flüsse ein natürliches Hindernis bildeten, wurden Erdwälle aufgeschüttet, Türme, Palisaden* oder Mauern errichtet. Diese Grenzbefestigung wurde **Limes** genannt. Ein solcher „Limes“ wurde in Britannien angelegt, ein anderer in Germanien, weitere entstanden z. B. in Nordafrika.
Die römischen Soldaten, die den Limes überwachten, waren in großen Lagern, den Kastellen, untergebracht.

M 2 Rekonstruktion eines Wachtturmes bei Idstein im Taunus. *Foto*

Die Grenzsicherung

Q1 Der römische Schriftsteller Frontinus schrieb im 1. Jahrhundert n. Chr.:

[…] Weil die Germanen treu ihrer Gewohnheit aus ihren Wäldern und dunklen Verstecken heraus die Unsrigen überraschend anzugreifen pflegten und nach jedem Angriff eine sichere Rückzugsmöglichkeit in die Tiefe der Wälder besaßen, ließ der Kaiser Domitian einen Limes über 120 Meilen anlegen [1 Meile = 1478 Meter]. […]

Nur einhundert Jahre später erstreckte sich der Limes vom Rhein bis zur Donau, 548 Kilometer lang und bewacht von römischen Soldaten in über 60 Kastellen und 900 Wachttürmen.
In Obergermanien bestand der Limes aus einem Palisadenzaun, hinter dem sich Wall und Graben befanden. In Rätien baute man anstelle der Palisaden im 2. Jahrhundert n. Chr. eine zwei bis drei Meter hohe Mauer. Die Wachttürme aus Stein waren weiß verputzt und halten rot eingefärbte Quaderlinien.

Bewachte Reichsgrenze

Der Limes bildete so weithin sichtbar die römische Reichsgrenze. Nur an bestimmten Übergangsstellen durften Kaufleute und Reisende die Grenze überqueren. Reichtum und Wohlstand in den römischen Siedlungen hinter dem Limes verlockten Germanen immer wieder zu kleineren Raub- und Plünderungszügen. Entdeckte der römische Posten auf einem Wachtturm Germanen, die sich heimlich der Grenze näherten, gab er sofort ein Signal an die benachbarten Wachttürme weiter, nachts z. B. mit einer Fackel, tagsüber mit einer roten Flagge oder – vor allem bei schlechtem Wetter – mit dem Horn. Von Turm zu Turm wurde das Alarmsignal weitergegeben.

M4 Obergermanischer Limes mit Holzzaun, Wall und Graben. *Rekonstruktionszeichnung*

M5 Rätischer Mauer-Limes. *Rekonstruktionszeichnung*

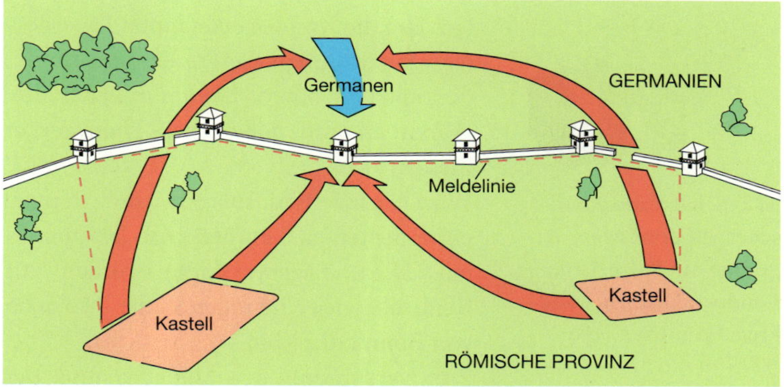

M6 Wach- und Meldeanlagen am Limes. *Schemazeichnung*

1. Erklärt mit eigenen Worten, warum die Römer den Limes bauten.
2. Beschreibt mithilfe der Karte M3 den Verlauf des Limes in Germanien (→ **Wir lesen Geschichtskarten**, S. 249).
3. Beschreibt mithilfe der Abbildungen M4 und M5 den Aufbau der Verteidigungsanlagen am Limes.
4. Schildert anhand der Abbildung M6, was geschah, wenn ein römischer Wachtposten germanische Krieger sichtete.

Wie änderte sich der Alltag durch die Kontakte?

M 1 Römer und Germanen am Limes. *Rekonstruktionsmodell im Limesmuseum Aalen*

M 2 Schatzfund römischer Silbermünzen, vergraben um 361 n. Chr., Fundort: Laatzen, Landkreis Hannover. *Foto*

M 3 Moselschiff. Von einem Grabmal bei Neumagen. *Foto*

Römische Lebensweise in Germanien

Die römischen Soldaten lebten in Kastellen. Um die Kastelle entstanden Lagerdörfer. Dort wohnten die Frauen und Kinder der Soldaten, boten Händler in Läden ihre Waren an und ließen sich Handwerker nieder.

Wirtshäuser, Badeanlagen und Tempel entwickelten sich zu beliebten Treffpunkten. Diese Lagervorstädte wurden zur Keimzelle vieler heutiger Städte – so auch von Bonn oder Köln.

Zur Versorgung der Soldaten und der Bevölkerung bauten die Römer zahlreiche Gutshöfe. Diese Gutshöfe trugen entscheidend dazu bei, dass sich die römische Lebensweise in den Provinzen verbreitet hat. Ihre Bewohner vermittelten Kenntnisse über römische Bräuche, Feste, Landwirtschaft und Bauweise.

Lateinische Lehnwörter

Der folgende Text enthält viele Wörter aus der lateinischen Sprache, die von der einheimischen Bevölkerung übernommen wurden:

Auf einer *strata*, bedeckt mit *plastrum*, nähert sich ein germanischer Händler auf seinem *carrus* dem römischen Gutshof. Seine Ware hat er sorgfältig verpackt in *cista*, *saccus* und *corbis*. Umgeben war der Gutshof von einer *murus*. Durch die geöffnete *porta* gelangte er in den Innenhof. Jetzt stand er vor der *villa*, gedeckt mit roten *tegula*. In der *villa* gab es eine *camera* und ein geheiztes Zimmer mit einem langen *discus*. An der Wand hing ein *speculum*. Jedes Zimmer hatte ein großes *fenestra*. Im *cellarium* befand sich die riesige *pressa*, mit deren Hilfe *vinum* und *mustum* hergestellt wurden. Unterm Dach war noch ein *spicarium*.

Für seine Waren, Felle und Bernstein erhielt der germanische Händler Obst und Gemüse wie *prunum*, *persicum* und *radix*; außerdem *oleum*, *vinum* und den guten *caseus*. Einige Waren ließ er sich auch in römischer *moneta* bezahlen.

M4 Lateinische Wörter in der deutschen Sprache

Veränderung des Alltagslebens der Besiegten

Die Einheimischen mussten nun lernen, mit der ständigen Anwesenheit der Römer in ihrem Land zurechtzukommen.

Das Lesen, Schreiben, Rechnen sowie das Erlernen einer fremden Sprache waren jetzt für einen Teil der besiegten Bevölkerung notwendig geworden.

Steinhäuser, Straßenbau, ebenso Brennöfen für Ziegel, Trocknungsanlagen für Getreide, viele Pflanzen und Früchte, welche die Eroberer einführten, waren ihnen bis dahin fremd. Da sie in ihrer eigenen Sprache keine Bezeichnungen für diese Dinge hatten, an den Vorteilen dieser Errungenschaften aber teilhaben wollten, übernahmen sie auch die lateinischen Begriffe dafür. Sie sind als „Lehnwörter*“ in unsere Sprache eingegangen.

Durch die Romanisierung, die Übertragung der römischen Lebensweise und Kultur auf die besiegten Völkerschaften, ist es den Römern in den Provinzen gelungen, Aufstände weitgehend zu vermeiden und lange ein friedliches Zusammenleben zu sichern.

M5/M6 Frühere germanische Siedlung oben und spätere Villa in Mülheim-Kärlich (römisches Germanien). *Rekonstruktionszeichnung*

***Lehnwort**
aus einer fremden Sprache, z. B. aus dem Lateinischen, übernommenes (entlehntes) Wort, das sich in Aussprache und Schreibweise der übernehmenden Sprache angepasst hat

***Kelten**
Sammelname für Volksgruppen in Europa, die keltische Sprachen sprechen; die Kelten wurden von den Römern „Gallier“ genannt.

1 Setzt an die Stelle der lateinischen Wörter im Text die entsprechenden deutschen Wörter ein. Seht euch dazu die Abbildung M4 an.

2 Auf einem Grabstein steht der Name des Vaters auf Keltisch*, der des mit 20 Jahren verstorbenen Sohnes auf Lateinisch. Sucht Erklärungen dafür.

Wohin konnte man reisen?

M 1 Im Altertum bekannte Gebiete und Entdeckungsfahrten

Reisen bildet

Viele Bewohner des Römischen Reiches waren weit gereist – sei es freiwillig oder unfreiwillig.

Es gab Wissenschaftler, die andere Länder und Lebensgewohnheiten erkunden wollten. Junge Leute gingen auf Bildungsreise, z.B. nach Griechenland oder Ägypten. Soldaten reisten an die Grenzen des Römischen Reiches, um ihren Dienst abzuleisten. Sie alle konnten das ausgedehnte römische Verkehrsnetz nutzen mit Post- und Raststationen, in denen man sich traf und Neuigkeiten austauschte. Meilensteine gaben die Entfernungen bis zur nächsten Stadt an. Die Reisegeschwindigkeit eines Wagens betrug etwa 20 Meilen pro Tag (1 Meile = ca. 1,5 km).

Genutzt wurden diese Straßen selbstverständlich auch von den Händlern, die kostbare Güter aus aller Welt nach Rom brachten zusammen mit Erzählungen über die dort lebenden Völker.

Q 1 Wie weit die Handelsbeziehungen reichten, zeigt ein Bericht des Schriftstellers Plinius (ca. 23–79 n. Chr.):

Die Serer [Chinesen] sind berühmt für eine wollartige Substanz, die sie aus den Wäldern gewinnen. Nach dem Einweichen ins Wasser schaben sie das Weiße von den Blättern ab. Von so weit her kommen die Produkte ihrer Arbeit und ihrer Weltreligion, um römischen Mädchen zu ermöglichen, in der Öffentlichkeit mit durchsichtiger Kleidung zu protzen.

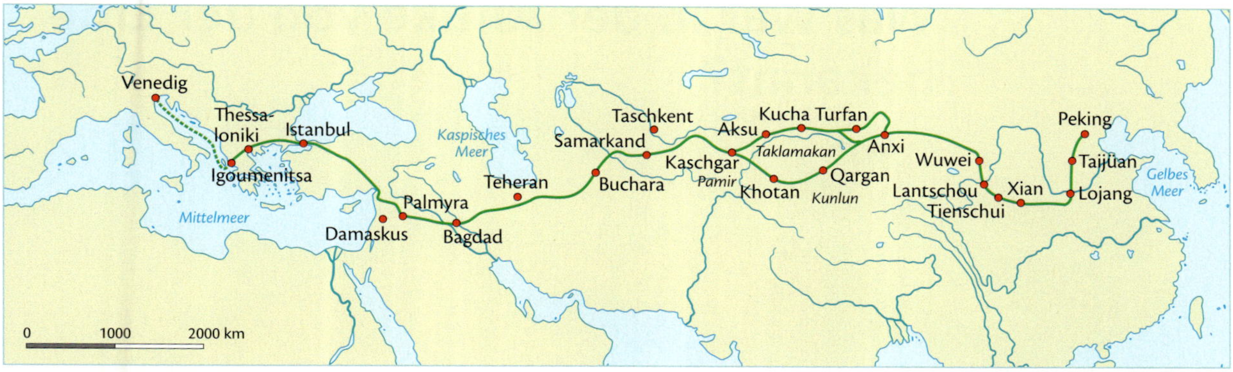

M 2 **Die Seidenstraße**

Auf die gleiche Art, wie Nachrichten beispielsweise von China nach Rom gelangten, kamen sie umgekehrt auch von Rom nach China. Voller Interesse an dieser Hauptstadt sandte der chinesische Kaiser Wudi eine Gesandtschaft nach Rom. Ihr Anführer Zhang Quian schrieb darüber einen ausführlichen Bericht.
Er kam allerdings nur bis Persien; sein eigentliches Ziel Rom hat er nie erreicht.

Die Seidenstraße

Die Seidenstraße verband China mit Rom über ein verzweigtes Netz von Straßen. Auf ihr transportierten die Kaufleute von China kommend die in Rom begehrte Seide und lieferten vor allem Glas nach China. Weitere Handelsgüter in Richtung China waren Gold und Edelsteine. Pelze, Lacke und Eisen und vor allem Gewürze wurden aus China in den Westen geliefert. Das zweihöckerige Kamel, das Trampeltier, war in Asien das wichtigste Transportmittel der Händler. Es ertrug die großen Temperaturschwankungen und Höhenunterschiede des langen Weges besser als das einhöckerige Dromedar.
Die Kaufleute reisten immer nur eine kurze Strecke auf der Seidenstraße und verkauften ihre Waren in den großen Städten, die an der Seidenstraße lagen. Dort wurden die Waren wieder von anderen Händlern gekauft und weiter transportiert. Die Seidenstraße und die an ihr gelegenen Städte wurden so auch ein Umschlagplatz von Nachrichten. Über die Seidenstraße verbreiteten sich Religionen, Geschichten und technische Neuerungen, sie war der Treffpunkt der unterschiedlichen Völker und Kulturen.
Mit dem Ausbau der Seewege ab dem 7. Jahrhundert nahm die Bedeutung der Seidenstraße ab, sie blieb aber eine wichtige Handelsstraße.

1 Listet mithilfe von M 1 die um 200 n. Chr. bekannten Gebiete auf. Welche heute wichtigen Großräume fehlen?

2 Auf M 1 findet ihr Namen von Seefahrern und Entdeckern. – Sucht Informationen zu einer dieser Personen im Internet und berichtet über sie in der Klasse (→ **Wir führen eine Internetrecherche durch**, S. 232/233).

3 Lest Q 1 und berichtet, wie der römische Schriftsteller Plinius den Import von chinesischer Seide beurteilt (→ **Wir untersuchen Textquellen und werten sie aus**, S. 259).

4 Beschreibt anhand von M 2 und mithilfe des Textes die Bedeutung der Seidenstraße für die kulturelle Begegnung verschiedener Völker.

Was war in der Antike von der Erde bekannt?

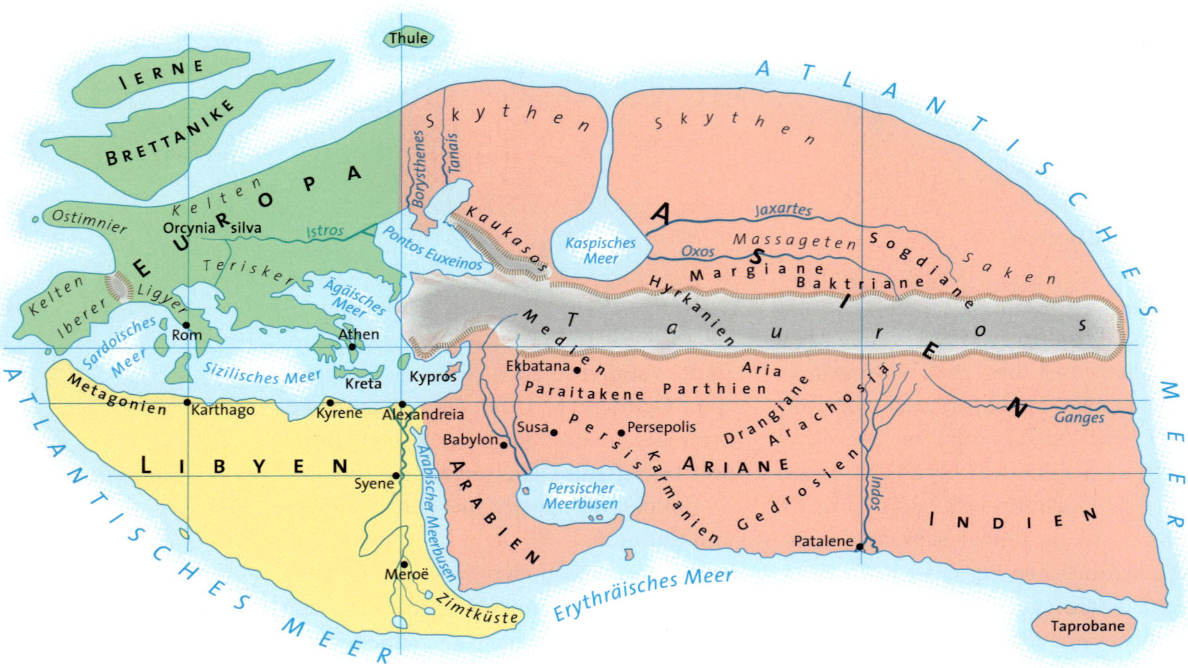

M 1 **Die Weltkarte des Eratosthenes von Kyrene, 3. Jh. v. Chr. Eratosthenes (280–200 v. Chr.) fand heraus, dass die Erde eine Kugelgestalt haben müsse. Er berechnete den Erdumfang auf 41 750 Kilometer. Seine Weltkarte enthielt als Erste ein Gradnetz, um Entfernungen bestimmen zu können.** *Rekonstruktion des verlorenen Originals*

Eine Weltkarte

Um 245 n.Chr. berief der ägyptische König den berühmten Gelehrten Eratosthenes (etwa 285–205 v. Chr.) nach Alexandria als Leiter der größten Bibliothek der damaligen Zeit mit über 700 000 Buchrollen. Er wurde auch Erzieher der Prinzen. Eratosthenes beschäftigte sich vor allem mit Philosophie, Geschichte und Geographie.

Um die damalige Zeitrechnung übersichtlicher zu machen, führte er die Zählung der Jahre nach den Olympiaden* ein. Auch die Einführung eines Schalttages alle vier Jahre (bei uns heute der 29. Februar) soll auf ihn zurückgehen.

Berühmt wurde er aber vor allem durch seine Weltkarte, mit der er ein möglichst genaues Bild der damals bekannten Welt wiedergeben wollte. Er versah diese Karte mit einem Gradnetz, um auch die Entfernungen zwischen einzelnen Ländern und Städten angeben zu können. Eratosthenes war selbst – soweit wir wissen – nicht allzu viel gereist. Woher hatte er aber dann seine Kenntnisse?

Alexandria war eine Hafenstadt mit über 600 000 Einwohnern. Täglich kamen hier

***Olympiade**
Im antiken Griechenland der Zeitraum von vier Jahren zwischen zwei Olympischen Spielen

M 2 **Satellitenbild der Erde (Ausschnitt)**

Schiffe aus dem gesamten Mittelmeerraum an.
Matrosen, Soldaten und Händler erzählten von ihren Fahrten, von fremden Ländern und ihren Bewohnern. Als Grieche war Eratosthenes darüber hinaus vertraut mit der griechischen Kolonisation rund um das Mittelmeer und das Schwarze Meer. Weitere Berichte fanden sich mit Sicherheit in seiner Bibliothek. Schwierigkeiten ergaben sich für ihn nur für weit entfernte Gebiete, bei denen er sich ausschließlich auf mündliche Überlieferungen verlassen musste.
Bei seinen Forschungen übernahm Erasthotenes die Auffasung der Griechen, dass die Erde eine Kugelgestalt habe. Anhand von komplizierten Messungen und Berechnungen bestimmte er den Erdumfang mit 41 750 Kilometern. Dieser Wert kommt dem tatsächlichen Wert von etwa 40 075 Kilometer am Äquator sehr nahe.

1 Seht euch M 1 genau an und vergleicht mit M 2. Haltet schriftlich fest:
   - Welche Erdteile waren damals schon ganz oder teilweise bekannt?
   - Welche Gebiete sind auf der Karte weitgehend richtig dargestellt?
   - Welche Gebiete weichen von der tatsächlichen Gestalt der Erde doch deutlich ab?

2 Beurteilt die Leistung Eratosthenes' und vergleicht mit heutigen ebenso bedeutenden Leistungen.

Wozu dienten die Olympische Spiele?

① Gymnasion, ② Ringerschule, ③ Amtssitz der olympischen Priester, ④ Werkstatt des Bildhauers Phidias, ⑤ Gästehaus, ⑥ Amtssitz hoher Verwaltungsbeamter, ⑦ Grab des Königs Philipp, ⑧ Heratempel, ⑨ Grab des Königs Phelops, ⑩ Zeusaltar, ⑪ Zeustempel, ⑫ Buleuterion (hier wurde der olympische Eid abgelegt), ⑬ Südstoa, ⑭ Schatzhäuser, ⑮ Tempel der Kybele, ⑯ Stadion, ⑰ Echohalle, ⑱ Ostbäder, ⑲ Pferderennbahn.

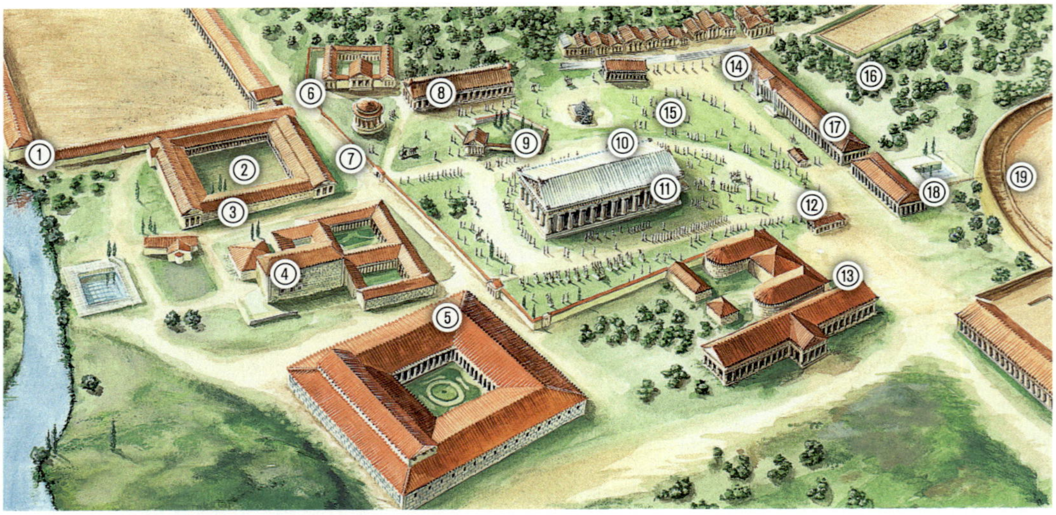

M 1 **Die Anlage von Olympia im 5. Jahrhundert v. Chr.** *Rekonstruktionszeichnung*

Begegnung aller Griechen

Im griechischen Olympia wurden alle vier Jahre sportliche Wettkämpfe zu Ehren des Göttervaters Zeus abgehalten. An den Wettkämpfen nahmen Sportler aus allen griechischen Stadtstaaten teil.

Q 1 Den Sinn der Spiele erklärte um 380 v. Chr. der athenische Gelehrte Isokrates in einer Festansprache:
[…] Wir versammeln uns alle an einem Ort, nachdem wir alle Feindseligkeiten eingestellt haben. Während des Festes bringen wir gemeinsam unsere Opfer dar, verrichten gemeinsam Gebete und werden uns dabei unseres gemeinsamen Ursprungs bewusst. Alte Freundschaften werden erneuert, neue Freundschaften werden geschlossen. So lernen wir uns gegenseitig besser zu verstehen. […]

Die Olympischen Spiele

Zwischen 30 000 und 40 000 Zuschauer waren anwesend, wenn die Wettkämpfe durchgeführt wurden. Sie dauerten fünf Tage:

1. Tag: Feierliche Eröffnung

Q 2 Der Grieche Pausanias beschreibt die Eröffnung im Jahr 175 n. Chr.:
[…] Die Zeusstatue im Rathaus hat den Beinamen „Schwurgott" und hält in jeder Hand einen Blitz. Bei ihr müssen die Athleten und ihre Väter und Brüder und auch die Lehrer schwören, dass sie sich keinen Verstoß gegen die olympischen Wettkämpfe zuschulden kommen lassen werden. […]

Die Athleten leisten dazu noch den Schwur, dass sie sich insgesamt zehn Monate nacheinander der sorgfältigsten Übung hingegeben hätten.

2. Tag: Wettstreit der Trompeter vor der Echohalle. Wagenrennen; Fünfkampf: Diskuswerfen, Weitsprung, Speerwurf, Ringen und Stadionlauf (192 m).

3. Tag:
Festprozession* zum heiligen Bezirk. Am Altar: Opferung, Gesänge, Flötenspiel und Gebete. Abends: Opferschmaus.

4. Tag:
Schwerathletische Kämpfe: Ringen, Faustkampf und Waffenlauf über 400 Meter.

5. Tag:
Siegerehrung im Tempel mit Dankopfern zu Ehren des Zeus. Festessen der Sieger im Rathaus von Olympia. Abends: Die Sieger laden zu einem festlichen Mahl ein.

Auszeichnungen und Ehrungen

Die Athleten wollten bei den Wettkämpfen keine Rekorde aufstellen. Sie wollten Erste sein, besser sein als alle anderen. Zweite oder dritte Plätze gab es nicht. Es gab nur einen Sieger und die Verlierer. Dabei war es völlig gleichgültig, ob man mit einem relativ schlechten Ergebnis gewonnen hatte. Von den Siegern wurden Standbilder angefertigt, die man in Olympia aufstellte. In ihrer Heimatgemeinde erhielten sie ein Leben lang kostenlose Verpflegung und Befreiung von den Steuern. Auszeichnungen und Ehrungen führten seit dem 4. Jahrhundert v. Chr. dazu, dass immer mehr Berufssportler an den Olympischen Spielen teilnahmen.

Frauenwettkämpfe in Olympia

Für Frauen gab es in Olympia und Sparta gesonderte Wettkämpfe, die alle vier Jahre zu Ehren der Göttin Hera in Olympia stattfanden. Der einzige Wettkampf war ein Lauf für Mädchen und Frauen, der in drei Altersklassen ausgetragen wurde. Nach der Vorschrift liefen sie mit offenen Haaren und einem hemdartigen Gewand, das bis zu den Knien reichte. Die Siegerinnen erhielten einen Kranz aus Zweigen des Ölbaums.

M 2 **Läuferinnen bei den Frauenwettspielen.** *Vasenmalerei aus dem 5. Jahrhundert v. Chr.*

M 3 **Langstreckenlauf.** *Vasenmalerei aus dem 5. Jahrhundert v. Chr.*

M 4 **Wagenrennen.** *Vasenmalerei aus dem 5. Jahrhundert v. Chr.*

1896	Athen
1900	Paris
1904	St. Louis
1908	London
1912	Stockholm
1920	Antwerpen
1924	Paris
1928	Amsterdam
1932	Los Angeles
1936	Berlin
1948	London
1952	Helsinki
1956	Melbourne
1960	Rom
1964	Tokio
1968	Mexiko
1972	München
1976	Montreal
1980	Moskau
1984	Los Angeles
1988	Seoul
1992	Barcelona
1996	Atlanta
2000	Sydney
2004	Athen
2008	Peking
2012	London
2016	Rio de Janeiro

M 5 **Olympische Sommerspiele der Neuzeit**

***Prozession**
feierlicher Umzug (als religiöse Handlung)

1 Lest den Text und die Quellen und berichtet, wie die Olympischen Spiele die Kontakte unter den Griechen förderten (→ **Wir untersuchen Textquellen und werten sie aus**, S. 259).

2 Untersucht die Bilder auf dieser Doppelseite und erläutert, was sich bei den Olympischen Spielen verändert hat (→ **Wir lesen Bilder**, S. 194/195).

3 Sucht in den Medien Informationen, wie heute die Olympischen Spiele ablaufen, und ob die heutigen Olympischen Spiele auch dem verstärkten Kontakt untern den Völkern dienen (→ **Wir beschaffen uns Informationen**, S. 318/319; → **Wir führen eine Internetrecherche durch**, S. 232/233).

Das kann ich …

Hinweis:
Bitte nicht in das Buch schreiben.

- ✓ Römische Republik
- ✓ Patrizier
- ✓ Plebejer
- ✓ Senat
- ✓ Volksversammlung
- ✓ Konsuln
- ✓ Kaiser
- ✓ Stadtstaat
- ✓ Imperium
- ✓ Sklaven
- ✓ Limes
- ✓ Caesar
- ✓ Augustus
- ✓ Germanien
- ✓ kulturelle Kontakte
- ✓ Olympische Spiele

M1 Wichtige Begriffe

M2

M3

M4

M5

Q1 Der römische Schriftsteller Tacitus schrieb ca. 98 n. Chr. unter anderem über die Germanen:

[…] Das Land sieht zwar im Einzelnen recht verschieden aus, ist jedoch im Ganzen schaurig durch seine Urwälder oder hässlich durch seine Moore. Saatkorn trägt es recht gut, Obstbäume gibt es nicht. Das Vieh ist kleinwüchsig. Selbst die Pflugtiere haben kein stattliches Aussehen oder prächtiges Gehörn wie in Italien. Alle Germanen besitzen dasselbe körperliche Aussehen: trotzige blaue Augen, rotblondes Haar und große Körper, die freilich nur zum Angriff taugen. Bei mühsamer Arbeit zeigen sie keine entsprechende Ausdauer. Durst und Hitze zu ertragen sind sie nicht gewohnt, wohl aber Kälte und Hunger infolge des Wetters und Bodens. […]

M6 Das römische Weltreich (Imperium Romanum) und seine Provinzen

Was wir noch wissen

1 Erklärt euch gegenseitig die wichtigen Begriffe (M1) und schreibt ihre Bedeutung in eure Arbeitsmappe.

2 Erläutert mithilfe der Karte M6 die Entwicklung vom Stadtstaat zum Weltreich.

3 Die Eroberungen Roms haben das Leben in Rom verändert. Verdeutlicht das am Beispiel der Sklaven.

4 Findet Bildunterschriften zu M2 bis M5.

5 Die Begegnung von Römern und Germanen hat in Friedenszeiten zur gegenseitigen Beeinflussung geführt. Nennt Stichwörter.

Gewusst, wie ...

6 Erklärt mithilfe der Methodenseite S. 259, mit welcher Absicht Tacitus die Germanen in Q1 S. 270 beschreibt.

7 Fertigt in eurer Arbeitsmappe eine einfache Skizze der Ausbreitung des Römischen Reiches an.

Wir meinen, dass ...

8 Beurteilt die im Text auf S. 251 geschilderte Behandlung der Sklaven durch die Römer. Hätten die Römer sich auch anders verhalten können?

Wir wenden an

9 Auch heute leben Menschen unterschiedlicher Kulturen mit uns zusammen. Beschreibt zunächst das Zusammenleben von Römern und den Germanen am Limes. Sammelt dann Stichwörter für einen Vergleich über das Zusammenleben verschiedener Kulturen bei uns, z. B. an eurem Wohnort.

Inhaltsfeld: Identität, Lebenswirklichkeit und Lebensgestaltung

8 Städtisches Leben in der Antike und heute

In diesem Kapitel geht es um die Frage, wie Menschen ihr Leben gestalten. Ihr könnt zunächst erarbeiten

- wie die Menschen im antiken Rom lebten und der Frage nachgehen, ob das Leben in der antiken Großstadt sich von dem in einer heutigen Großstadt unterschied,
- wie die römische „familia" das Leben der Menschen bestimmte und was der Unterschied zu heutigen Familien ist,
- wie sich das Leben in einer heutigen Stadt und in einem heutigen Dorf unterscheiden und herausfinden, wo ihr lieber wohnen würdet.

Am Ende des Kapitels könnt ihr eine Pro-und-Kontra-Diskussion führen.

Wie lebte man in einer Hauptstadt?

① Curia, Tagungsort des Senats
② Rostra, Rednertribüne der Magistrate*
③ Bronzetafel des Zwölftafelrechts
④ Basilica Aemilia, ein Handelsgebäude
⑤ Staatsarchiv

M1 Forum* Romanum. *Rekonstruktionszeichnung, 19. Jahrhundert*

Alltag in Rom

***Forum** Markt- und Versammlungsplatz in einer römischen Stadt

***Magistrat** (Lat.: *magistratus* = die Obrigkeit) hoher Beamter, z. B. Konsul

Q1 Strabo (63 v.–20 n. Chr.), ein Grieche, der zur Zeit des Augustus lebte, schrieb nach einem Besuch in Rom:

[…] In Rom gibt es gepflasterte Straßen, Wasserleitungen und unterirdische Gräben, durch welche der Unrat aus der Stadt in den Tiber geleitet wird. Die Wasserleitungen führen so viel Wasser herbei, dass ganze Flüsse durch die Stadt und die unterirdischen Kanäle strömen und fast jedes Haus Wasserbehälter und reichlich sprudelnde Brunnen hat. Rom besitzt ferner zahlreiche herrliche Bauwerke. Viele davon stehen auf dem Marsfeld. Dieser Platz ist so groß, dass Wagenrennen und Pferdesport betrieben werden können, während sich gleichzeitig eine gewaltige Menge an Menschen im Ball- und Reifenspiel und im Ringen üben kann. Ferner gibt es viele Theater, breite Straßen, prächtige Tempel, herrliche Wohngebäude und Paläste. Kommt man auf den alten Markt und sieht die prächtigen Bauten, die Tempel, Säulengänge und Wohngebäude, dann kann man leicht alles vergessen, was es sonst gibt. So schön ist Rom. […]

Q2 Der römische Dichter Juvenal (60–140 n. Chr.) meinte:

[…] Bin ich in Eile, komme ich wegen der vielen Menschen kaum voran. Hinter mir drückt das Volk in Scharen nach. Der eine stößt mir den Arm in die Seite, ein anderer ein hartes Brett. Bald trifft mich ein Balken am Schädel, bald ein Ölfass. Kot bespritzt meine Waden, von allen Seiten bekomme ich Tritte von mächtigen Sohlen, und bald tritt mir ein grober Soldat mit den Nägeln seiner Stiefel auf die Zehen. In jedem Landstädtchen könnte ich mir ein Häuschen kaufen zum gleichen Preis, den ich hier jedes Jahr als Miete für ein finsteres Loch zahlen muss.
Nun, mein Freund, weißt du etwa, warum ich die Hauptstadt verlasse. […]

M 2 **Das Kolosseum in Rom.** *Foto*

***Gladiatoren**
Berufskämpfer im antiken Rom, die vor Publikum gegeneinander kämpften

M 3 **Kampf zweier Gladiatoren.**
Fußbodenmosaik aus der Villa in Nennig/Mosel, um 240 n. Chr.

Der Kaiser versorgt die Untertanen

Zur Zeit des Kaisers Augustus lebten in Rom über eine Million Menschen. Unter ihnen gab es viele Arme und Arbeitslose. An über 200 000 römische Bürger ließ der Kaiser daher jeden Monat je 30 Kilogramm Weizen kostenlos verteilen, damit sie wenigstens genug zu essen hatten.
Die römischen Bürger forderten vom Kaiser aber nicht nur „Brot". Er sollte auch für Unterhaltung und Vergnügen in ihrer Freizeit sorgen. **„Panem et circenses"** (**„Brot und Spiele"**) – so lautete die Forderung an den Kaiser.

Der Circus Maximus und das Kolosseum

Beliebt bei den Römern war auch der Circus Maximus. Hier fanden die Pferde- und Wagenrennen statt. Gerne gingen die Römer auch in das Kolosseum. Dies war ein Rundbau, fast 60 Meter hoch, mit 45 000 Sitzplätzen. In der Mitte befand sich – wie in einem Zirkus – eine Arena. Fast immer war das Kolosseum, der größte „Unterhaltungspalast", überfüllt. Alle wollten den Tierkämpfen zusehen, die der Kaiser für die Massen veranstalten ließ. Bären ließ man gegen Büffel kämpfen, Büffel gegen Elefanten oder Elefanten gegen Nashörner. Häufig gab es auch den Kampf Mensch gegen Tier. Als das Kolosseum 80 n. Chr. eingeweiht wurde, starben an einem Tag fast 5000 Tiere in der Arena. Grausamer war der Kampf der Gladiatoren* untereinander. Dabei ging es um Leben und Tod. Die Gladiatoren wurden von einer begeisterten Menge angefeuert. Beendet war das Schauspiel häufig erst dann, wenn einer der Kämpfer tot am Boden lag.

1 Vergleicht die beiden Aussagen (Q 1 und Q 2) miteinander. Erläutert, warum der Grieche Rom so besonders schön findet und weshalb der Römer die Stadt verlässt (→ **Wir untersuchen Textquellen und werten sie aus**, S. 259).

2 Notiert Vermutungen, warum der Kaiser Gladiatoren- und Theaterspiele veranstalten ließ.

3 Nehmt Stellung zu den Gladiatorenkämpfen. Beurteilt diese „Freizeitunterhaltung" aus damaliger und heutiger Sicht.

4 Begründet, warum das antike Rom als „Großstadt" bezeichnet werden kann.

So wohnten die Römer

① Haustür
② Korridor
③ Laden/Werkstatt
④ Atrium*
⑤ Regenbecken
⑥ Seitenflügel
⑦ Schlaf-, Wohn- und Wirtschaftsräume
⑧ Esszimmer
⑨ Gesellschaftsraum
⑩ Gang
⑪ Garten

M 1 Vornehme römische Villa*. *Rekonstruktionszeichnung*

***Villa**
(Lateinisch = Landhaus) Bei den Römern war die Villa das zu einem Landgut gehörende Herrenhaus. Später wurden auch die vornehmen Stadtwohnungen so bezeichnet. Ihre reichen Besitzer verfügten in der Regel über landwirtschaftliche Güter.

***Atrium**
(Lateinisch: *atrium*) In der Eingangshalle empfingen reiche Römer ihre Gäste. Durch die Öffnung im Dach fiel Licht ein. Regenwasser wurde in dem darunter liegenden Becken aufgefangen und half, den Raum zu kühlen.

Villen und Mietskasernen

In Rom gab es etwa 1500 **Villen**, die von reichen Römern bewohnt wurden. Die übrige Bevölkerung lebte in Häusern, die wir heute als „**Mietskasernen**" bezeichnen würden (M 3).

Q 1 Der römische Schriftsteller Tacitus berichtet 110 n. Chr., dass Kaiser Tiberius (14–37 n. Chr.) gesagt haben soll:

[…] Was soll ich zuerst verbieten? Den grenzenlosen Umfang der Villen? Die riesige und aus allen Nationen zusammengesetzte Dienerschaft? Die Schwere der Silber- und Goldgefäße? Die kostbaren Gewänder, die ebenso von Männern wie von Frauen getragen werden?
Unsere Siege über fremde Völker ermöglichen es uns, fremdes Gut so zu verprassen. […]

Man wohnte dicht gedrängt und musste an den Hausbesitzer hohe Mieten zahlen. In den Räumen im Erdgeschoss befanden sich Läden.
Die kleinen Fenster in den Mauerbögen erhellten notdürftig ein Zwischengeschoss. Es diente gleichzeitig als Lagerraum und als Wohnung für den Ladeninhaber und seine Familie (M 4).
Über dem Zwischengeschoss befanden sich weitere Wohnungen – alle vollgestopft mit Mietern. Eine Heizung gab es nicht und fließendes Wasser ebensowenig. Häufig waren die Häuser baufällig.

M2 **Römische Luxusvilla in Pompeji.** *Rekonstruktionszeichnung*

M5 **Öffentliche Toilette in Pompeji.** *Foto*

Q2 Der Dichter und Satiriker Juvenal (60–140 n. Chr.) klagte:

[...] Unser Hausverwalter ist wahrlich erfindungsreich. Wenn das Haus einzustürzen droht, übertüncht er die Risse, die sich langsam gebildet haben, weiß und sagt, jetzt können wir beruhigt schlafen. Unterdessen droht dir das Dach über dem Kopf zusammenzustürzen. Leben müsste man dort, wo es keine Gefahr in der Nacht und keine Feuersbrünste gibt. Denn wenn schon der Nachbar nach Wasser ruft und den wenigen Hausrat fortschleppt, wenn es schon im obersten Stockwerk qualmt und die Leute in die unteren Geschosse fliehen, dann ahnst du noch nichts. [...]

M4 **Wohnung eines armen Händlers.** *Rekonstruktionszeichnung nach Funden in der römischen Hafenstadt Ostia*

M6 **Fußbodenheizung in einer römischen Villa.** Der Fußboden sitzt auf gemauerten Pfeilern, zwischen denen durch einen Ofen erhitzte Luft strömt.

M3 **Römisches Mietshaus.** *Modell*

1 Untersucht mithilfe von Q1 sowie der Abbildungen M1 und M2, wie ein reicher Römer gewohnt hat (→ **Wir untersuchen Textquellen und werten sie aus**, S. 259).

2 Beschreibt anhand der Abbildungen M3 und M4 sowie des Textes in Q2 die Wohnung eines armen Händlers (→ **Wir untersuchen Textquellen und werten sie aus**, S. 259).

3 Schreibt einen kurzen Zeitungsartikel über „Wohnen in Rom – damals".

Wohnen im Mietshaus

1 Stellt euch vor, ihr wäret Reporter. Fertigt mithilfe des Bildes dieser Doppelseite eine spannende Reportage über das Leben in einem Mietshaus im antiken Rom an.

2 Die Bewohner des Mietshauses treffen sich, um zu besprechen, welche Forderungen sie an den Hausverwalter oder die Stadtverwaltung stellen wollen. Stellt eine Liste der Forderungen zusammen und begründet sie.

Diese Doppelseite wurde entnommen aus: Catherine Loizeau, Antike – Die Welt der Ägypter, Griechen und Römer, ars edition, München 2007.
Die Originalausgabe ist 2006 bei Bayard Editions Jeunesse unter dem Titel Les Mondes Antiques erschienen.

Wer gehörte zur „familia"?

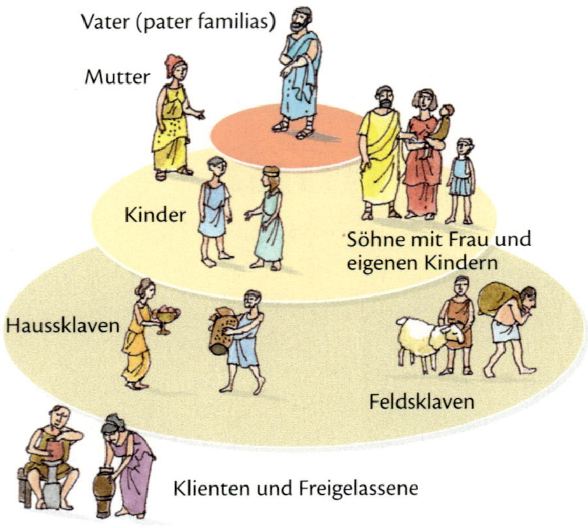

M 1 Die altrömische „familia"

M 2 **Junge Frau mit Schreibtafel und Griffel.** *Wandbild aus Pompeji, 1. Jahrhundert n. Chr.*

Die römische „familia"

Die römische „familia" war etwas anderes als unsere heutige Familie. An der Spitze einer adeligen römischen Familie stand der **pater familias**, der Vater der Familie. Er besaß über alle Familienmitglieder uneingeschränkte Macht. Er allein entschied über das Vermögen. Nur er konnte Verträge schließen. Über alle Mitglieder der familia konnte der „pater familias" Strafen, sogar die Todesstrafe verhängen. Zur „familia" gehörten neben der Ehefrau und den Kindern auch Enkel und Urenkel und die Familien der verheirateten Söhne. Ferner wurden zur „familia" auch die Sklaven und die Klienten gezählt.

Der „pater familias" entschied allein, ob ein Neugeborenes aufgezogen oder ausgesetzt wurde. Vor allem Mädchen wurden häufig ausgesetzt und mussten verhungern oder erfrieren, wenn sich nicht mitleidige Menschen des Kindes annahmen.

Frauen in Rom

Die Römerin heiratete im Alter von 12 bis 14 Jahren. Als Ehefrau war sie vor allem „mater familias", die Mutter der Familie. Sie sorgte für das Haus, beaufsichtigte die Sklaven und kümmerte sich um die Erziehung der Kinder.

Mit dem Beginn der Kaiserzeit erhielten die Römerinnen größere Freiheit und Selbstständigkeit. Kein Vater konnte seine Tochter mehr zwingen, eine Ehe einzugehen. Politische Rechte erhielten die römischen Frauen allerdings auch jetzt noch nicht; sie konnten also auch weiterhin keine öffentlichen Ämter übernehmen. So beschäftigten sich Frauen der Oberschicht häufig mit griechischer Bildung und Wissenschaft. Als Beraterinnen ihrer Männer wurden sie von römischen Schriftstellern immer wieder wegen ihrer politischen Klugheit gelobt. Stärker als früher nahmen sie am öffentlichen Leben teil, besuchten religiöse Feste, öffentliche Spiele, Theater, Thermen und Zirkusspiele.

Für die Frau eines einfachen Römers sah das Leben anders aus: In den engen, vom Einsturz bedrohten Mietskasernen wohnend musste sie häufig allein für den Lebensunterhalt und die Erziehung der Kinder sorgen.

M 3 Eine Frau mit einer Schreibtafel; ihr Mann mit einer Buchrolle. *Wandbild aus Pompeji, um 70 n. Chr.*

Ihr Mann, der sich als Berufssoldat für eine zwanzigjährige Dienstzeit verpflichtet hatte, kam oft jahrelang nicht nach Hause.

Schule in Rom

Bis zum sechsten oder siebten Lebensjahr wurden die Kinder von ihrer Mutter erzogen. In den wohlhabenden Familien übertrug man die Erziehung auch geeigneten Sklavinnen oder Sklaven.
Mit sieben Jahren besuchten die Kinder der armen Familien eine öffentliche Schule. Lehrer waren häufig freigelassene Sklaven, denen die Schüler vielfach mit Verachtung begegneten. Um sich durchzusetzen, griffen sie deshalb häufig zur Prügelstrafe.
Ganz anders ging es in den teuren **Privatschulen** zu, die nur von Kindern der Oberschicht besucht wurden. Begleitet von einem Sklaven, der Schreibzeug, Tafel und Lineal tragen musste, gingen die Kinder morgens zum Unterricht, der von einem gut ausgebildeten Lehrer gehalten wurde.

M 4 Privatlehrer mit Schülern. *Relief, 3. Jh. n. Chr.*

M 5 Mode in Rom. Die Männer trugen ein knielanges, ärmelloses Hemd als Unterkleid. Über dieser Tunica trugen die vornehmen Männer die Toga als Oberkleid. In Rom musste sich jeder Bewerber um ein Staatsamt in eine weiße Toga kleiden. Die Römerin trug über der Tunica ein Kleid aus Leinen. Draußen zog sie bei Bedarf einen lockeren Mantel („Palla") über.

1 Schildert, wer alles zur römischen „familia" gehörte (M 1).

2 Erklärt die Stellung des „pater familias" mit dem Schaubild M 1 und dem Text. Welche Stellung hat dagegen ein heutiger Familienvater?

3 Beschreibt, wie die Frauen in den Abbildungen M 2 und M 3 dargestellt werden.

4 Berichtet über das Schulleben in Rom (Text, Bild M 4).

Wie viele Familienformen gibt es?

M 1 **Viele Familien unter einem Dach**

Was ist eine Familie?

Familien bestehen heute in ganz unterschiedlichen Zusammensetzungen. Deshalb ist es gar nicht so einfach, zu sagen, was eine Familie ist.
Zu einer Familie gehören Eltern und Kinder. Doch nicht immer leben Eltern und Kinder auch zusammen. In einer traditionellen Familie ist das so: Der Vater, die Mutter sowie ein oder mehrere Kinder leben zusammen in einem **Haushalt**. Aber was ist mit Großeltern, Geschwistern der Eltern, Cousins und Cousinen? Auch sie alle gehören zur Familie, obwohl sie heute meistens nicht mehr zusammen in einer Wohnung oder einem Haus leben.
Viele Kinder leben heute in anderen Familien zusammen. Manche Familien sind besonders klein, denn sie bestehen nur aus einem Elternteil mit Kind.
Nach einer **Scheidung** leben die Eltern häufig auch mit einem neuen Partner zusammen, sodass die Kinder plötzlich zwei Familien haben. Die neuen Partner haben vielleicht Kinder aus früheren Beziehungen oder die eigenen Eltern bekommen mit den neuen Partnern weitere Kinder. Man spricht von **Patchwork-Familien***.

***Patchwork-Familie** vom englischen Wort *patch*, das u. a. „Flicken" bedeutet; Patchwork-Decken bestehen aus vielen (bunten) Stoffteilen, die zusammengenäht wurden.

M 2 Leben in einer Patchwork-Familie – Jerôme G. (14) berichtet in der Zeitung „Die Zeit“ 2007:

„[…] Ich pendle seit sechs Jahren zwischen zwei Zimmern. Jedes dritte Wochenende verbringe ich zusammen mit meiner elf Jahre alten Schwester bei meinem Vater. Montagmorgen bringt er uns in die Schule, und von dort aus fahren wir wieder zu unserer Mutter. Wir sind eine Patchwork-Familie: Vater wohnt mit seiner Freundin in einer Altbauwohnung in […], das ist mitten in der Stadt. Meine Mutter lebt mit unserem Ziehvater und unserer zwei Jahre alten Schwester in […]. Das ist ein ruhiger Stadtteil, in dem fast nur Omas wohnen. […] Wo nun mein Zuhause ist, kann ich schwer sagen. Meine Mutter hat die Wohnung, in der meine Eltern früher zusammen mit uns gewohnt haben, irgendwann nach der Trennung aufgegeben. Vielleicht sollte ich eher […] mein Zuhause nennen, wo wir mit meinem Ziehvater hingezogen sind. […]

Das Zimmer bei meinem Vater hat leider einen Nachteil: Ich muss es mir mit meiner kleinen Schwester teilen. Wenn sie schlafen will, würde ich noch gerne aufbleiben, und wenn ich mal früher schlafen will, möchte sie garantiert noch lesen. Das scheint eine Grundregel bei Geschwistern zu sein. Dafür lagert in dem Zimmer […] ein großer Schatz: die Comic-Sammlung meines Vaters. […] Das Zimmer hat auch noch einen anderen Pluspunkt: den Fernseher. Wir können gucken, wann wir wollen. Ich weiß, dass das eigentlich nicht gut ist für uns, aber es macht eben Spaß, im Bett zu liegen und zu glotzen.

Meine Mutter mag es gar nicht, wenn wir zu viel fernsehen. Bei ihr ist alles etwas strenger, das Essen ist gesünder. […]“

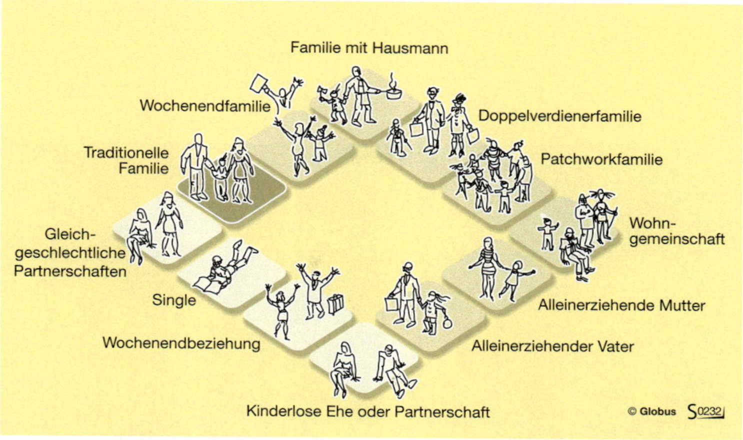

M 3 Vielfältige Lebensformen

M 4 Eine so genannte „Patchwork-Familie“: Die Eltern Jutta und Gottfried Sirotek brachten jeweils drei Kinder aus erster Ehe in ihre neue Partnerschaft ein. *Foto, 2002*

1 Benennt die Mitglieder eurer Familien und berichtet, mit welchen Familienmitgliedern ihr in einem Haushalt lebt.

2 In dem Haus (M 1) leben unterschiedliche Familien. Beschreibt ihre Besonderheiten – was ist gleich, was ist anders?

3 Berichtet, bei welcher der Familien (M 1) ihr gerne einziehen würdet. Begründet eure Wahl.

4 Berichtet, in welchen Familienformen Kinder in Deutschland heute leben (M 2 bis M 4).

5 Gebt den Text M 2 mit euren Worten wieder. Welche Vorteile sieht Jerôme in seiner Lebenssituation? Wo ist seiner Meinung nach sein Zuhause?

Wie viele Gesichter hat eine Stadt?

Im Zentrum findet man viele Fachgeschäfte, Kaufhäuser, Arztpraxen, Banken, Versicherungen und Gaststätten. Auch das Rathaus, Behörden und Rechtsanwälte haben hier ihre Büros. Die Hauptgeschäftsstraßen sind meistens Fußgängerzonen. Tagsüber drängen sich hier viele Menschen. Abends und nachts sind die Fußgängerzonen jedoch häufig fast menschenleer, da nur wenige Menschen im Stadtzentrum wohnen.

M 1 Geschäfts- und Verwaltungsviertel

Die Wohn- und Mischviertel in der Nähe des Stadtzentrums bestehen meistens aus älteren mehrgeschossigen Wohnblöcken. In den Innenhöfen oder Untergeschossen befinden sich Handwerksbetriebe, Büros, Gaststätten oder kleine Läden. Je weiter man sich vom Stadtzentrum entfernt, desto aufgelockerter wird die Bebauung. Die Wohnhäuser haben häufig Gärten. Am Stadtrand liegen die Neubaugebiete mit Reihen- und Einfamilienhäusern.

M 2 Wohn- und Mischviertel

Häuser und Menschenmassen

Jeder war schon einmal in einer Stadt. Wer nicht in einer Stadt wohnt, wird dennoch häufiger die nächstgelegene Stadt besuchen. Jede Stadt bietet viel und hat ihre Besonderheiten. Es gibt jedoch auch einige Merkmale, die alle Städte gemeinsam haben.

Wer in eine Stadt kommt, dem fallen die nahe zusammenstehenden Gebäude, der dichte Verkehr sowie die vielen Menschen auf. In Deutschland muss eine Stadt mindestens 2000 Einwohner haben. **Großstädte** haben mindestens 100 000 Einwohner. Die Einwohnerzahl allein macht aber noch keine Stadt aus. Eine Stadt ist gekennzeichnet durch

- die Einwohnerzahl,
- die Dichte und die Höhe der Bebauung,
- die vielfältige Nutzung der Häuser und
- die Dichte der Verkehrswege.

Die Innenstadt

Besonders dicht bebaut ist der **Stadtkern**, das Zentrum der Stadt. Der Stadtkern wird auch als „City" bezeichnet. Hier befinden sich häufig auch die ältesten Teile der Stadt: die Altstadt. Deshalb sind die Straßen sehr schmal und werden heute oft als Fußgängerzone genutzt.

Außerhalb des Stadtkerns ist die Bebauung weniger dicht. Einfamilienhäuser mit Gartengrundstücken stehen neben Mehrfamilienhäusern.

Am Rand des Stadtkerns liegen in der Regel der Bahnhof und in seiner Nähe Gewerbe- und Industrieanlagen. Rund um den Stadtkern verlaufen oft Ring- und Ausfallstraßen.

Große Industrie- und Gewerbeviertel befinden sich in der Nähe der Hauptverkehrswege. So können Rohstoffe und Waren schnell angeliefert beziehungsweise abtransportiert werden. Sie liegen häufig auch am Stadtrand. Dort ist noch ausreichend Platz und der Baugrund ist billiger als im Stadtzentrum.

M3 Industrie- und Gewerbeviertel

Grün- und Erholungsflächen können Parks, Tennis-, Sport- oder Fußballplätze sowie Freibäder sein. Auch Kleingartenanlagen, Spielplätze oder Minigolfanlagen gehören dazu. Sie bieten den Stadtbewohnern die Möglichkeit, sich innerhalb der Stadt im Grünen zu erholen oder Sport zu treiben. Grün- und Erholungsgebiete gibt es überall in der Stadt.

M4 Grün-, Freizeit- und Erholungsflächen

M5 Ausschnitt aus einem Stadtplan

1 Nennt die Merkmale einer Stadt.

2 Sucht die Stadtviertel auf dem Stadtplan und beschreibt deren Lage (M1 bis M5).

3 Beschreibt die Stadtviertel anhand der Fotos (M1 bis M4).

4 Legt eine Tabelle an und ordnet die Stadtviertel den Bereichen „Wohnen“, „Arbeiten“ und „Freizeit“ zu. Beachtet, dass manche Viertel auch mehreren Bereichen zugeordnet werden können.

5 Messt auf dem Stadtplan die Entfernung vom Hauptbahnhof zur Jugendeinrichtung und vom Hauptbahnhof zum Einkaufszentrum (M5).

6 Erkundet die Umgebung eurer Schule. Beschreibt Art und Dichte der Bebauung und ordnet sie einem Stadtviertel zu.

Wer kennt die Landeshauptstadt Düsseldorf?

M 1 Geschäfts- und Verwaltungsviertel

M 2 Der Landtag vom Rheinturm aus gesehen

Einwohner	590 000
Stadtgebiet	insgesamt 217 km² (davon linksrheinisch 12,8 km²)
Sehenswürdigkeiten	z. B. Altstadt, Burgplatz, Rheinuferpromenade, Königsallee, Landtag, MedienHafen, Rheinturm, Messegelände, Schloss Benrath

M 3 Düsseldorf in Zahlen (2010)

Die Altstadt

Die Düsseldorfer **Altstadt** ist schon über 700 Jahre alt. Sie ist bis heute das Zentrum der Landeshauptstadt geblieben. Ihre Fläche beträgt gerade einmal 800 mal 800 Meter. Fast alle Besucher Düsseldorfs kommen hierher. Die Menschen lieben die engen Gassen und die mehr als 200 Restaurants und Gaststätten. Abends ist besonders viel los. Tagsüber laden Geschäfte, Shops und Boutiquen zum Einkaufsbummel ein.

„Kultur ist cool!“

In der Altstadt kann man nicht nur einkaufen oder bummeln. Die Museen bieten für jeden Geschmack etwas. Kunstinteressierte gehen in die Kunstsammlung. Dort finden nicht nur Führungen und Kurse, sondern auch Ferienaktionen für Kinder statt.

In Düsseldorf laden Museen die ganze Familie zu einem Rundgang ein. Es gibt viele unterschiedliche Aktionen und Führungen in den Museen. Auch viele Theater bieten Programme für Kinder und Jugendliche an. Wer möchte, kann das Marionetten-, Puppen- oder Kinder- und Jugendtheater besuchen.

Sitz der Landesregierung

Nordrhein-Westfalen wurde 1946 gegründet. Es ist das größte Bundesland Deutschlands. Seine **Landeshauptstadt** ist Düsseldorf. Die Landeshauptstadt ist Sitz der Landesregierung. Für diese entstanden zahlreiche neue Gebäude. Eines davon ist das Landtagsgebäude. Hier tagen die Abgeordneten, das sind die gewählten Vertreter der Bürgerinnen und Bürger von ganz Nordrhein-Westfalen. Die Abgeordneten treffen sich in einem großen runden Raum im Landtag, im Plenarsaal. Sie erörtern und besprechen Dinge, die alle Menschen in Nordrhein-Westfalen angehen, zum Beispiel, wo Schulen gebaut werden. Die **Ministerpräsidentin** oder der **Ministerpräsident** haben ihre Büros in der Staatskanzlei. Das ist ein modernes Bürohochhaus, nicht weit vom Landtag entfernt. Es wird auch „Stadttor" genannt.

Hallo Arne,
meine Eltern und ich holen dich vom Bahnhof ab. Wir machen gleich einen Stadtbummel. Zuerst gehen wir zum Rheinturm. Von dort oben haben wir einen tollen Blick auf Düsseldorf. Wenn du Lust hast, sehen wir uns den Medienhafen näher an. Oder wir spazieren gleich die Rheinuferpromenade entlang. Dort zeige ich dir den Landtag. Bis zur Altstadt ist es nicht mehr so weit. Am Schlossturm können wir eine kleine Pause machen. Ich erzähle dir dann, was ich über unsere Landeshauptstadt weiß.

Tschüss Jörn

M4 Zu Besuch in Düsseldorf

M5 Die Altstadt von Düsseldorf

M6 Düsseldorfer Museen für Kids

1 Beschreibt mithilfe des Stadtplans von Düsseldorf auf der Seite 49 einen Weg von der Altstadt zum Landtag. Beginnt am Burgplatz (Planquadrat B 3).

2 Jörn bekommt Besuch von seinem Cousin Arne. Er möchte mit ihm Düsseldorf besichtigen. Legt mithilfe des Stadtplans Sehenswürdigkeiten fest, die Arne besuchen sollte (M4, Stadtplan S. 49).

3 Schreibt mithilfe der Texte auf dieser Doppelseite einen „Zeitungsbericht" über einen Besuch in Düsseldorf.

Stadt oder Dorf oder Ort?

***Bebauungsdichte**
Abstand der Bebäude zueinander; im dörflichen Bereich stehen die Häuser weiter auseinander

***Nutzung**
Gebäude dienen verschiedenen Zwecken (z. B. Wohnhaus, Geschäft, Werkstatt, Schule)

Umgangssprachlich verstehen wir unter dem Begriff „Stadt" etwas anderes als in der „Fachsprache".
Städte sind größere Siedlungen, die eine eigene Verwaltung haben, meistens an größeren Verkehrswegen (z. B. einer Autobahn, einer Bundesstraße oder Hauptstrecke der Eisenbahn) liegen und die Bewohner mit speziellen Gütern und Dienstleistungen versorgen.
Unterschieden wird noch nach Klein-, Mittel-, Groß- und Millionenstadt. Bei allen Siedlungen, die kleiner als eine Stadt sind, handelt es sich in der Regel um ein Dorf oder einen Stadtteil (Vorort).
Ein allgemeiner Begriff für alle Siedlungen (egal welche Größe sie haben) ist „Ort".

Es gibt eine Reihe von Unterschieden zwischen einem kleineren Ort und einer großen Stadt. So ist beispielsweise die Bebauungsdichte* in einem Dorf wesentlich geringer als in einer Millionenstadt. Die Nutzung* der Gebäude in einem Dorf ist ebenfalls ganz anders als in einer Stadt. Im Zentrum einer Stadt sind im Erdgeschoss der Gebäude zumeist Geschäfte (Läden) und Restaurants zu finden.

Kleinstadt	5000 – 20 000
Mittelstadt	20 000 – 100 000
Großstadt	100 000 – 1 Million
Millionenstadt	über 1 Million

M2 Einteilung der Städte nach der Zahl ihrer Einwohner

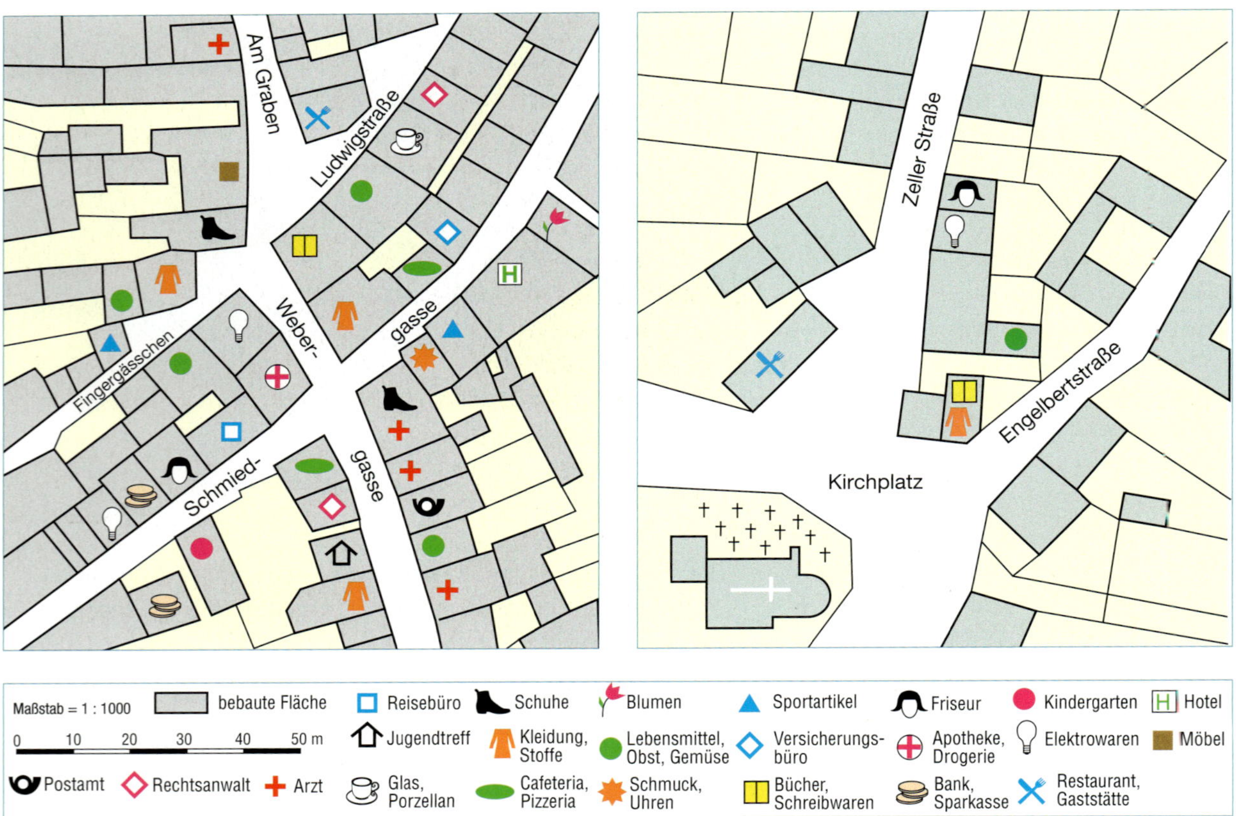

M1 Bebauungsdichte und Nutzung der Gebäude in einer Stadt (links) und in einem Dorf (rechts)

M3 **Kreisverwaltung in Neuss**

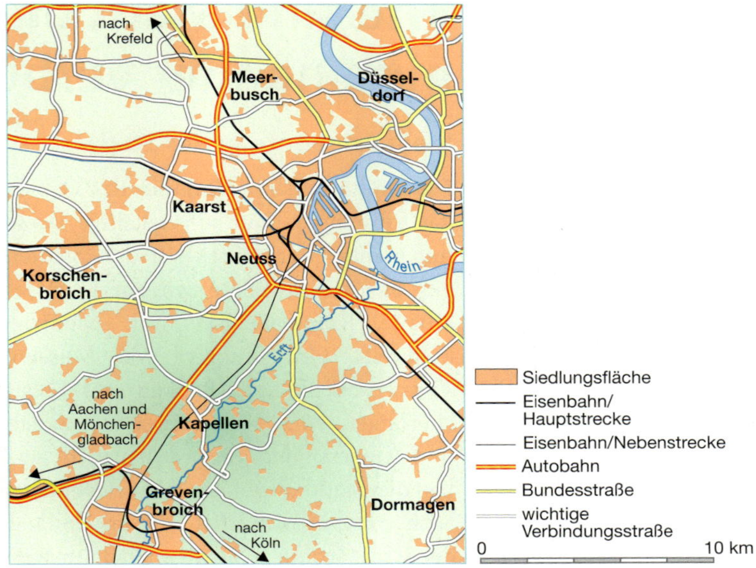

M5 **Das südwestliche Umland von Düsseldorf**

M4 **Rathaus in Grevenbroich**

M6 **In Kapellen – Ortsteil von Grevenbroich (Kreis Neuss)**

In einem Dorf hingegen gibt es üblicherweise nur wenige Geschäfte oder Restaurants. Außerdem unterscheiden sich die Waren und Dienstleistungen, die in einer Stadt und einem Dorf angeboten werden. Während in Städten beispielsweise viele Fachärzte, Rechtsanwälte arbeiten und auch Fachgeschäfte mit einem ganz besonderen Angebot zu finden sind, gibt es in kleineren Orten meist nur Lebensmittelläden und Friseure. In kleineren Orten kann man sich mit Waren und Dienstleistungen des täglichen Bedarfs versorgen.

1 Erklärt Unterschiede und Gemeinsamkeiten zwischen einem Ort, einem Dorf und einer Stadt (Text, M2).

2 Vergleicht die Grundrisse einer Stadt und eines Dorfes in M1. Wie unterscheiden sich das Straßennetz, die Bebauungsdichten und die Nutzungen voneinander?

3 Zeigt die Orte auf den Fotos M3, M4 und M6 in der Karte M5. Beschreibt ihre geographische Lage im Umland von Düsseldorf.

Wie sind Stadt und Umland miteinander verbunden?

Viele Angebote in der Stadt

Die Städte und ihr **Umland**, das Gebiet, das sie umgibt, sind auf vielfältige Weise miteinander verbunden. In den Städten gibt es viele Angebote, wie spezielle Geschäfte, Krankenhäuser und Fachärzte, kulturelle Einrichtungen wie Museen, Theater oder Kinos, Banken und Versicherungen oder weiterführende Schulen und Universitäten. Sie werden nicht nur von den Stadtbewohnern genutzt, sondern auch von den Menschen, die im Umland der Städte wohnen. Sie nehmen dafür weite Wege in Kauf.

Pendler

Tausende Bewohner des Umlandes pendeln täglich in die Stadt, um dort zu arbeiten, zu studieren oder die Schule zu besuchen. Sie müssen oft weite Wege zurücklegen, da die Wohn- und die Arbeitsstätten der Menschen weit auseinander liegen. Wegen der vielen Pendler sind morgens nicht nur die Straßen, sondern auch Busse und Bahnen in die Städte total überfüllt. Abends wollen dann alle wieder nach Hause in die Umlandgemeinden. Deshalb staut sich am Abend der Verkehr aus der Stadt heraus und auch Busse und Bahnen stadtauswärts sind oft überfüllt.

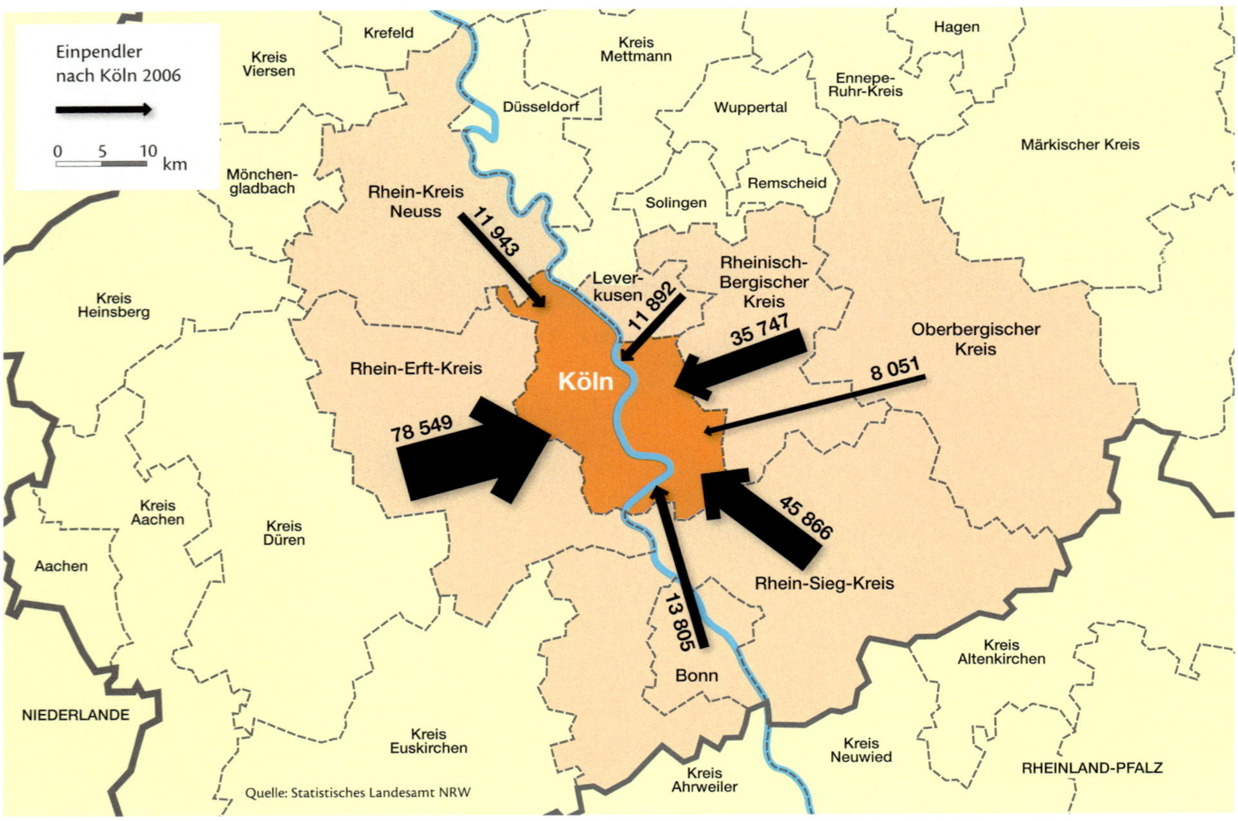

M1 Pendlerströme in der Region Köln–Bonn 2006

M2 Stadt und Umland sind vielfach miteinander verbunden

M3 Rönsahl im Sauerland

Das Umland – nicht nur Natur für die Stadtbewohner

Im Umland großer Städte ist meist ausreichend Platz vorhanden und die Grundstückspreise sind in der Regel niedriger. Deshalb ziehen nicht nur viele Familien dorthin ins Grüne. Auch Einkaufszentren und Industriebetriebe, die viel Platz benötigen, siedeln sich im Umland an.

Für die Menschen, die in der Stadt wohnen, stellt das Umland aber auch einen wichtigen Erholungsraum dar mit Wiesen, Wäldern und Seen, Rad- und Spazierwegen.

1 Berichtet, wenn ihr im Umland wohnt, wozu ihr in die Stadt kommt, und wenn ihr in der Stadt wohnt, wozu ihr ins Umland fahrt.

2 Wertet M1 aus: Nennt die Städte und Kreise im Raum Köln–Bonn, aus denen die meisten Einpendler nach Köln kommen.

3 Nennt Probleme, die auftreten können, wenn viele Menschen vom Wohnort zum Arbeitsplatz in der Stadt pendeln (M1, M2).

4 „Stadt und Umland sind eng verbunden." Erläutert diese Aussage (M1 und M2).

5 Betrachtet M3 und ordnet Rönsahl in das Schaubild M2 ein. Begründet eure Entscheidung.

Wie veränderten sich die Dörfer?

Dörfer verändern sich

Früher arbeiteten in einem Dorf die meisten Bewohner in der Landwirtschaft. Daneben gab es noch einige Handwerksbetriebe.

Heute arbeiten nur noch wenige Menschen in der Landwirtschaft. Auch die meisten Handwerksbetriebe sind aus den Dörfern verschwunden. In zahlreichen Dörfern gibt es nur noch eine Metzgerei und einen Bäckerladen. Sie gehören aber häufig schon größeren Handelsketten. Selbst zum Einkaufen von Lebensmitteln fahren die Dorfbewohner in das nächste Einkaufszentrum oder in die Stadt.

Viele Menschen ziehen es vor, auf dem Land zu wohnen, obwohl sie in der Stadt arbeiten. Das Aussehen der Dörfer hat sich deshalb stark verändert. Bauernhäuser wurden umgebaut zu Wohnhäusern. Aus Scheunen und Ställen wurden kleine Werkstätten, Gasthäuser oder Ferienwohnungen. Es sind große Neubaugebiete mit Einfamilienhäusern entstanden.

Am Rand vieler Dörfer, die verkehrsgünstig liegen, haben sich Gewerbebetriebe angesiedelt. So entstehen auch wieder neue Arbeitsplätze in den Dörfern.

Erholung auf dem Land

Zahlreiche Landwirte haben ihre Betriebe aufgegeben, weil sie nicht mehr wirtschaftlich sind. Die Gemeinden mussten deshalb überlegen, was mit den nicht mehr genutzten Ackerflächen und Weiden geschehen sollte.

Zahlreiche Gemeinden beschlossen, diese ungenutzten Flächen in Erholungsgebiete umzugestalten. Einige Bereiche wurden aufgeforstet und andere sogar unter Naturschutz gestellt.

Einige haben nur eine kleine Landwirtschaft behalten und betreiben diese neben ihrem Arbeitsplatz in der Stadt.

M1 **Spaß beim Tennisspielen auf dem Land?**

Von 100 Berufstätigen in einem Dorf waren/sind	
früher:	84 Landwirte 9 Handwerker 7 Lehrer, Wirt, Händler, Geistlicher u. a.
heute:	3 Landwirte 18 Arbeiter/Handwerker 79 Angestellte in Büros, Geschäften u. a.

M2 **Berufe auf dem Land vor 100 Jahren und heute**

1. Listet auf, wie sich das Zahlenverhältnis der Berufe in einem Dorf in hundert Jahren verändert hat (M2).
2. Berichtet, wie ehemaliges Acker- und Weideland heute genutzt wird (M1, M3).
3. Dörfer haben heute viel mehr zu bieten als Bauernhöfe. Erläutert die Veränderungen im ländlichen Raum (M1 bis M3).
4. Beschreibt die Karikatur und erläutert, wie der Zeichner die neue Vielfalt auf dem Land beurteilt (M1, → **Wir werten Karikaturen aus**, S. 302/303)

M3 Auf dem Land – viel mehr als Äcker und Weiden

METHODE

Wir führen eine Pro-und-Kontra-Diskussion durch

M 1 Streitgespräch in einer Klasse

Entscheidungsfrage

Eine Pro-und-Kontra-Diskussion setzt eine Themenstellung voraus, bei der man eindeutig Stellung beziehen kann. Bei einer Abstimmung müsstet ihr euch entscheiden, ob ihr dafür (= pro) oder dagegen seid (= kontra). Das setzt eine längere Beschäftigung mit dem Thema voraus.

M 2 So könnt ihr bei einer Pro-und-Kontra-Diskussion vorgehen:

Schritt 1: Thema vorstellen
Zunächst sollte man ein oder zwei Gesprächsleiter bestimmen und das Thema als Entscheidungsfrage an die Tafel schreiben.

Schritt 2: Abstimmung
Vor der Diskussion findet die erste Abstimmung statt. Das Ergebnis wird an der Tafel festgehalten. Ein Tipp: Wenn ihr bei der ersten Abstimmung die Augen geschlossen haltet und nur die Lehrerin, den Lehrer zählen lasst, werdet ihr nicht durch das Abstimmen eurer Mitschüler beeinflusst.

Schritt 3: Wahl der Anwälte
Aus der Pro- und aus der Kontra-Gruppe werden je zwei bis drei „Anwälte" gewählt, die die Argumente ihrer Seite vortragen und vertreten.

Schritt 4: Streitgespräch
Wenn die Argumente vorgetragen sind, können die Anwälte die Vertreter der Gegenseite befragen und mit ihnen ein Streitgespräch beginnen. Der Gesprächsleiter führt die Diskussion und erteilt den Rednern das Wort. Anschließend können auch die Zuschauer die Anwälte befragen.

Schritt 5: Schlussvortrag
Am Ende hält je ein Anwalt jeder Partei einen Schlussvortrag. Darin fasst er die wichtigsten Argumente seiner Gruppe zusammen.

Schritt 6: Abstimmung und Auswertung
Es folgt die Schlussabstimmung. Vergleicht das Ergebnis mit der Abstimmung vor Beginn der Diskussion. Haben sich die Ansichten geändert? Welche Gründe werden dafür genannt? Sind die Teilnehmer nun sicher in ihrer Entscheidung oder sind noch Fragen offen?
Was könnt ihr bei der nächsten Pro-und-Kontra-Diskussion besser machen.

1 Führt mit den Schritten (M 2) eine Pro-und-Kontra-Diskussion zum Thema: „In der Stadt bleiben oder aufs Dorf ziehen?“ durch.

Das kann ich …

- ✓ Alltagsleben im antiken Rom
- ✓ römische „familia“
- ✓ Familienformen heute
- ✓ unterschiedliche Stadtviertel
- ✓ Verhältnis Dorf und Stadt
- ✓ Siedlungsformen
- ✓ unterschiedliche Lebensqualität in Dorf und Stadt

M1 Wichtige Begriffe

M3 Grabstein einer vornehmen römischen Familie aus Köln, ca. 2. Jh. n. Chr.

M2 Wohn- und Handwerkerhaus in einem ärmeren Stadtteil Roms, *Rekonstruktionszeichnung, 1999*

M4 Am Prinzipialmarkt in Münster (im Hintergrund: St.-Lamberti-Kirche)

„Und welcher Elternteil soll es unterzeichnen? Mein leiblicher Vater, mein Stiefvater, der dritte Mann meiner Mutter, meine wirkliche Mutter oder die vierte Frau meines leiblichen Vaters, die bei uns wohnt?“

M 5 Karikatur

M 6 Familie im Neubaugebiet eines Dorfes

Was wir noch wissen

1 Erklärt euch gegenseitig die wichtigen Begriffe und schreibt die Bedeutung der Begriffe in eure Arbeitsmappe (M 1).

2 Schildert das Alltagsleben in der antiken Großstadt Rom. Vergleicht mit dem Leben in einer heutigen Großstadt (M 2, M 4).

3 Zeigt die Gemeinsamkeiten und die Unterschiede zwischen der römischen „famila“ und einer heutigen Familie auf (M 3, M 5, M 6).

4 Das Leben in einer heutigen Stadt findet in verschiedenen Vierteln statt. Schreibt die Bezeichnung solcher Stadtviertel in eine Tabelle und erläutert, was in ihnen hauptsächlich geschieht (M 4).

5 Nennt Gründe, die das Leben in einem Dorf oder in einer Stadt angenehm machen (M 4, M 6).

Gewusst, wie ...

6 Bereitet eine Pro-und-Kontra-Diskussion vor zum Thema: „Ist auf dem Dorf zu leben nur für alte Leute schön?“

Wir meinen, dass ...

7 Beschreibt die Situation des Jungen in M 5 und bewertet seine Lebenssituation. Würdet ihr mit ihm tauschen wollen?

8 Bewertet das Leben in einem Dorf und in einer Großstadt aus der Sicht von Jugendlichen und aus der Sicht von älteren Menschen.

Wir wenden an

9 Macht eine Umfrage unter den Lehrerinnen und Lehrern eurer Schule, ob sie lieber in der Stadt oder in einem Dorf leben würden. Entwerft zunächst einen Fragenkatalog.

Inhaltsfeld: Disparitäten

9 Miteinander leben

Zusammenleben mit anderen Menschen ist gar nicht so einfach. Zwischen den einzelnen Menschen gibt es große Unterschiede. Jede und jeder hat verschiedene Wünsche, Vorlieben und Verhaltensweisen. Und doch muss es ein gewisses Miteinander geben, dazu muss dann auch jede und jeder beitragen.

In diesem Kapitel könnt ihr erarbeiten

- welche unterschiedlichen Interessen und Wünsche es zum Beispiel zwischen jungen und alten Menschen gibt,
- wie unterschiedlich die Lebensbedingungen der Menschen sind, die aus dem Ausland zu uns gekommen sind
- und wie es denjenigen geht, die arm sind.

Am Ende des Kapitels könnt ihr Karikaturen auswerten und beurteilen.

Wie unterschiedlich sind Bedürfnisse?

Überleben auf einer Insel

Du sollst für ein ganzes Jahr auf einer einsamen Insel im Ozean überleben. Dazu darfst du nur 15 Gegenstände der folgenden Liste mitnehmen.

Sommerurlaub am Mittelmeer

Du fährst in den Sommerferien für drei Wochen in ein Hotel am Mittelmeer. Dazu darfst du nur 15 Gegenstände der folgenden Liste mitnehmen.

1. Adressbuch
2. Armbanduhr
3. Axt
4. Badehose/Badeanzug
5. Batterien
6. Block und Bleistift
7. Büchereiausweis
8. Deodorant
9. Digitalkamera
10. Dosenöffner
11. Erste-Hilfe-Set
12. Fernglas
13. Fußball
14. Gabel und Löffel
15. Gaskocher
16. Geldbeutel
17. Gesichtswasser
18. Gummibärchen
19. Handy
20. Hosen
21. Inlineskates
22. Insektenspray
23. Kartenspiel
24. Kompass
25. Konserven
26. Laptop
27. Luftmatratze
28. Luftpumpe
29. MP3-Player
30. Musikinstrument
31. Papiertaschentücher
32. Playstation
33. Pullover
34. Regenjacke
35. Reisepass
36. Roman
37. Sandalen
38. Schaufel
39. Schlafsack
40. Schlauchboot
41. Seife
42. Skateboard
43. Sonnencreme
44. Sonnenschirm
45. Stiefel
46. Streichhölzer
47. Taschenmesser
48. Topf
49. T-Shirt
50. Unterwäsche
51. Wasserflasche
52. Winterjacke
53. Zahnbürste
54. Zahnpasta
55. Zeitschriften
56. Zelt

15 Gegenstände für die einsame Insel	15 Gegenstände für den Sommerurlaub
1. …	1. …
2. …	2. …
3. …	3. …
4. …	4. …
5. …	5. …
6. …	6. …
7. …	7. …
…	…

M1 Tabelle

M2 Bedürfnisse der Menschen unterscheiden sich. In einer Veröffentlichung des Bundesverbandes der Banken heißt es 2005:

Während die Grundbedürfnisse bei Menschen aller Altersstufen, jeglicher Bildung, sämtlicher Nationalitäten weitgehend gleich sind, weisen Luxus- und Kulturbedürfnisse starke Unterschiede auf.
Diese Unterschiede richten sich …

M 3 Karikatur

M 4 Wunschlos glücklich!?

- nach dem Alter und der Entwicklungsstufe: Ein Fünfjähriger hat kaum das Bedürfnis nach einer Tageszeitung, ihm ist ein Kinderbuch wichtiger.
- nach dem persönlichen Umfeld: Familie und Freunde beeinflussen unsere Wünsche und Bedürfnisse.
- nach Kultur und Religion: Sie beeinflussen z. B. Ernährung und Kleidung.
- nach den natürlichen Umweltbedingungen: So kann ein Verkäufer sich in der Sahara noch so bemühen, Regenmäntel zu verkaufen, er wird scheitern.
- nach dem technologischen Fortschritt: War das Mobiltelefon vor 20 Jahren noch eine sehr seltene und teure Angelegenheit, kommt es heute in Deutschland einem Massenbedürfnis entgegen.
- nach den wirtschaftlichen und politischen Verhältnissen in einer Gesellschaft: Wenn man die Wünsche von Menschen verschiedener Länder miteinander vergleicht, wird man große Unterschiede erkennen.

M 5 In einem Technik-Kaufhaus

1 Übertragt die Tabelle M 1 in eure Arbeitsmappe und füllt sie aus.

2 Vergleicht in Kleingruppen eure Ergebnisse von Aufgabe 1. Einigt euch anschließend auf jeweils zehn Gegenstände, die ihr auf die Insel bzw. in den Urlaub mitnehmen wollt. Notiert diese.

3 Untersucht in eurer Gruppe, worin sich die beiden Listen unterscheiden. Welche Gründe findet ihr?

4 Nennt Grundbedürfnisse und Luxusbedürfnisse von Menschen.

5 Wertet die Karikaturen M 3 und M 4 aus und sagt, was die Zeichner verdeutlichen (→ **Wir werten Karikaturen aus**, S. 302/303).

METHODE

Wir werten Karikaturen aus

M 1 Karikatur von Brösel (Rötger Feldmann)

Eine Karikatur übertreibt

Der Begriff Karikatur geht (vermutlich) auf das italienische Wort caricare zurück, das so viel bedeutet wie „überladen“ oder „übertreiben“.

Eine Karikatur (Engl.: Cartoon) ist eine lustige bildliche Darstellung (Zeichnung, Skizze usw.) von Menschen und/oder gesellschaftlichen Zuständen, die bewusst und absichtlich übertreibt.

Sie geht mitunter an die Grenzen des „guten Geschmacks“ und erlaubt sich, bildlich (und manchmal mit Sprechblasen und/oder Bildunterschriften) auszudrücken, was mancher nicht einmal zu denken wagt.

Karikaturen müssen dabei nicht unbedingt auch bildlich überladen sein – im Gegenteil: Manchmal ist weniger mehr. Mit nur knappen Strichen rückt die Karikatur das Wesentliche in den Blickpunkt. Überflüssiges lässt sie weg. Sie „bringt es auf den Punkt“.

***Brainstorming**
Begriff aus der englischen Sprache; bedeutet wörtlich so viel wie „Gehirnsturm“ und meint erste stürmische (z. T. ungeordnete) Gedanken zu einem Thema

***Symbol**
Sinnbild, das mit wenigen Mitteln etwas ausdrückt (z. B. an einem Aufzug ein Pfeil nach unten: abwärts)

M 2 Checkliste Karikaturen auswerten

1. Schritt: Den ersten Eindruck festhalten
Notiert, was euch bei der Betrachtung der Karikatur zuerst auffällt.
Wie ist eure erste Reaktion?

2. Schritt: Ideen sammeln (Brainstorming*)
Sammelt alle Ideen und Gedanken, die euch beim Betrachten der Karikatur einfallen.

3. Schritt: Die Einzelheiten beschreiben
Welche Personen und Sachverhalte sind erkennbar? Achtet auf Gesichtsausdruck, Körperhaltung, Kleidung und kennzeichnende Gegenstände. Welche Symbole* werden verwendet? Achtet auf einzelne Wörter und/oder die Bildunterschrift.

M 3 **Die da unten sieht man nicht.** *Karikatur*

4. Schritt: Die Bedeutung klären
Welche Bedeutung haben die Personen und Gegenstände? Auf welche Bildteile bezieht sich der Text (eventuell in einer Tabelle notieren.)?

5. Schritt: Die Aussage der Karikatur formulieren
Fasst in wenigen Sätzen zusammen: Auf welche Situation, auf welches Ereignis bezieht sich die Karikatur? Was sagt die Karikatur über das Thema aus? Welche Wirkung könnte die Karikatur haben?

Mögliche Lösung:

Am Beispiel von M 1 könnte eine Auswertung der Karikatur so lauten:
zu Schritt 1: Ein weißer und ein farbiger Mensch stehen sich gegenüber und tauschen seltsame Bemerkungen aus. Die erste Reaktion ist Verblüffung, bis man die Doppeldeutigkeit der Bemerkung des farbigen Menschen versteht.
zu Schritt 2: Da macht die linke Figur eine blöde, abfällige Bemerkung und wird freundlich von der rechten Figur zurückgewiesen. Sie lässt sich nicht provozieren*.
zu Schritt 3: In der Karikatur stehen sich zwei nur schemenhaft* gezeichnete Figuren gegenüber und schauen einander in die Augen. Die linke Figur zeigt (mit ihrer linken Hand) auf die rechte Figur. Die linke Figur sagt zur rechten Figur: „DU SCHWARZ", die rechte Figur sagt: „ICH WEISS".
Die linke Figur ist komplett weiß bis grau gezeichnet, hat eine auffallend große Nase und deutliche Zahnlücken.
Die rechte Figur hat einen schwarzen Kopf, große weiße Zähne und eine große (dicke) weiße Lippe.
zu Schritt 4: Die Figuren stellen die Begegnung eines Einheimischen mit einem Menschen ausländischer Herkunft dar und verdeutlichen eine Art des Umgangs.
zu Schritt 5: Möglicherweise hat die linke Figur etwas gegen Menschen, die anders aussehen und/oder einen Migrationshintergrund* haben.
Die rechte Figur kommentiert die Aussage nur kurz und bündig. Ihr Gesichtsausdruck ist freundlich. Sie nimmt die provozierende Aussage nicht auf und verblüfft durch die doppeldeutige Antwort.
Der Zeichner verdeutlicht, dass man im Umgang mit Menschen anderer Herkunft sich „menschlich" und nicht verachtend äußert. Die Karikatur macht nachdenklich.

1 Wertet die Karikatur M 3 mithilfe von M 2 aus.

***Migration**
Aus- oder Einwanderung

***provozieren**
jemanden „aus der Reserve" locken oder ihn bedrängen, etwas (Unüberlegtes) zu tun

***schemenhaft**
nur in groben Umrissen; unklar

Projektthema 1: Arbeitslose Menschen

Projekt: Unterschiedliche Lebensformen und Bedürfnisse

Mithilfe dieser Doppelseite und den nächsten drei Doppelseiten könnt ihr ein Projekt „Unterschiedliche Lebensformen und Bedürfnisse" gestalten. Auf der Seite 322 könnt ihr nachlesen, wie man ein Projekt gestaltet, die Methodendoppelseite „In Gruppen arbeiten" (S. 152/153) hilft euch auch weiter. Zur Präsentation des Projekts erstellt ihr jeweils eine Wandzeitung zu einem Unterthema (Methodendoppelseite „Wandzeitung" S. 154/155).
Bildet zunächst Arbeitsgruppen und wählt euch ein Projektthema aus den Seiten 304 bis 311 aus. Zur Präsentation eurer Arbeiten könnt ihr Eltern und Freunde einladen

Arbeitslosigkeit in Deutschland

In Deutschland waren im April 2011 etwas mehr als drei Millionen Menschen arbeitslos. Die Zahl der Arbeitslosen schwankt stark mit der Lage der Wirtschaft. Sie fällt, wenn die Betriebe eine hohe Zahl von Aufträgen haben und sie steigt, wenn es weniger zu tun gibt.
Für die von Arbeitslosigkeit betroffenen Menschen bedeutet die Arbeitslosigkeit immer einen Verlust des bisherigen Einkommens. Hinzu kommt das Gefühl, eine Niederlage erlitten zu haben, weil ein wichtiger Teil des bisherigen Lebens verlo-

Fall 1
Hubert Schmidt, 41 Jahre alt, arbeitet jedes Jahr im November und Dezember in einer Fabrik, die Lichterketten herstellt. Im Januar, wenn die Produktion an Lichterketten sinkt und die Firma weniger Mitarbeiter benötigt, wird Herr Schmidt entlassen.

Fall 2
Lutz Kaiser, 53 Jahre alt, arbeitete seit 25 Jahren bei einer Firma zur Herstellung von Reifen. Infolge der wachsenden internationalen Konkurrenz und durch den Preisdruck des Auslands wurden etwa 180 Mitarbeiter entlassen. Herr Kaiser ist einer von ihnen.

Fall 3
Paul Schreiber, 34 Jahre, arbeitet als erfolgreicher Projektmanager in einer Werbeagentur. Er ist jedoch mit seinem Lohn sehr unzufrieden. Da er täglich bis zu zwölf Stunden arbeitet, kann er nicht gleichzeitig einen neuen Job suchen. Er kündigt, um genügend Zeit für seine Arbeitssuche zu haben.

Fall 4
Nele Jahn, 24 Jahre alt, arbeitet in einem Autohaus. Im letzten Jahr konnten nur deutlich weniger Autos verkauft werden als sonst. Ihr Chef muss die Personalkosten senken. Nele wird entlassen.

M 1 Beispiele für Arbeitslosigkeit

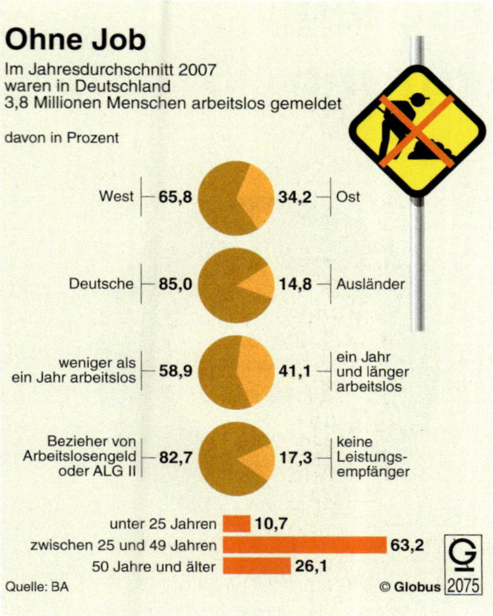

M2 Arbeitslose 2007

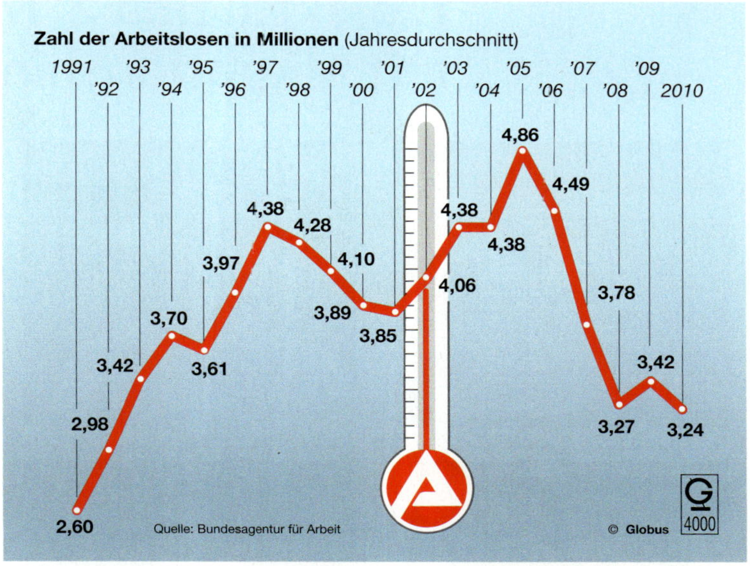

M3 Arbeitslosigkeit in Deutschland in den Jahren1991 bis 2010

rengegangen ist. Im Durchschnitt sind Arbeitslose in Deutschland etwa neun Monate ohne Arbeit. Aber ein Teil der Menschen, oft mit einer geringen Ausbildung, können auch länger – sogar über mehrere Jahre – arbeitslos sein.

Arbeitslosigkeit führt in die Armut

Arbeitslosigkeit ist eine Hauptursache für die Armut von Menschen. Im ersten Jahr der Arbeitslosigkeit bekommen arbeitslose Menschen etwas mehr als die Hälfte ihres bisherigen Lohnes von der Agentur für Arbeit bezahlt. Ab dem zweiten Jahr erhalten sie nach den so genannten „Hartz-IV-Bestimmungen“* als Alleinstehende zurzeit nur noch 364 Euro im Monat. Allerdings werden die Miete und die Beiträge zur Krankenversicherung zusätzlich gezahlt. Arbeitslosigkeit bedeutet deswegen fast immer einen tiefen Einschnitt in die bisherigen Lebensverhältnisse.

M4 In der Zeitschrift „Der Spiegel“ heißt es im März 2011:

Gefeuert zu werden, kann entwürdigend sein und noch lange nagen am Selbstvertrauen. Das braucht man aber dringend für einen Neustart – denn nur wer von sich überzeugt ist, kann auch skeptische* Arbeitgeber überzeugen.

Viele Arbeitslosen stehen sich auf dem Weg zum neuen Job selbst im Weg. Ihr Selbstbewusstsein ist angeschlagen, weil der Verlust ihrer früheren Stelle lautstark nachhallt. Beim Bewerben kommt es aber nicht nur auf Anschreiben, Lebenslauf, Zeugnisse an – es ist auch eine Kopfsache: „Bloß keine Verzweiflung zeigen“, rät der Bewerbungstrainer […] aus Berlin. […]

***Hartz-IV-Bestimmungen** regeln die Unterstützung Arbeitsloser (benannt nach dem Vorsitzenden der Gruppe (Kommission), die sie erarbeitet hat)

***skeptisch** zurückhaltend, nicht überzeugt

1 Untersucht die Materialien dieser Doppelseite und beschreibt die Folgen von Arbeitslosigkeit.

2 Gestaltet eine Wandzeitung über die Auswirkungen der Arbeitslosigkeit. Schreibt in Sprechblasen mögliche Wünsche und Bedürfnisse der Betroffenen auf eure Wandzeitung (→ **Wir gestalten eine Wandzeitung**, S. 154/155).

Projektthema 2: Menschen mit Migrationshintergrund

Gerald Asamoah, Fußballspieler
Wayne Carpendale, Schauspieler
Hadnet Tesfai, Moderatorin (MTV)
Jasmin Tabatabai, Schauspielerin

M 1 **Deutsche oder Ausländer?** *Fotos*

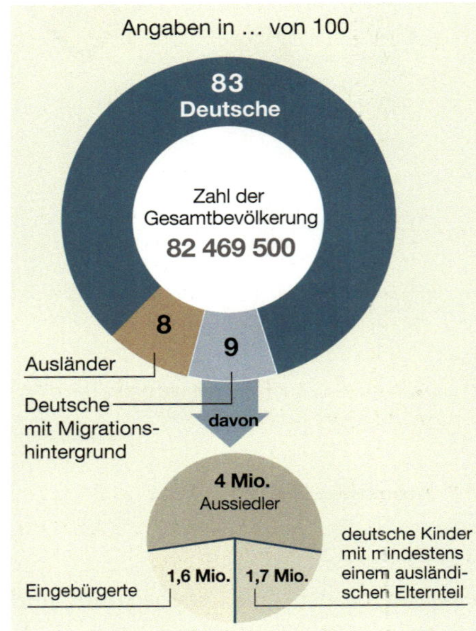

M 3 **Anteile von Ausländern und Deutschen mit Migrationshintergrund an der Gesamtbevölkerung Deutschlands 2006**

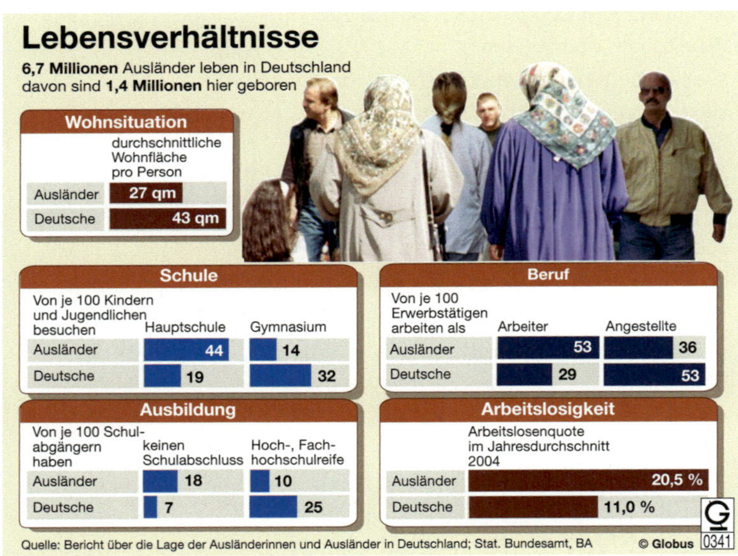

M 2 **Lebensumstände der Ausländer**

Ausländer oder Deutsche?

Wer ist eigentlich ein Ausländer? „Einer mit einem fremden Pass", ließe sich antworten – und wäre doch nur die halbe Wahrheit. Denn vor allem in unserer persönlichen Wahrnehmung zeigt sich ein anderes Bild: Danach sind weder die rund sieben Millionen Inhaber eines fremden Passes alle Ausländer noch die Besitzer eines deutschen Ausweises sämtlich Deutsche.

In unserer Alltagswelt gibt es so etwas wie „gefühlte Ausländer". Zu ihnen zählt eher der Aussiedler aus Kasachstan als der Zugereiste aus Schweden, eher der in Deutschland geborene Sohn türkischer Eltern als die hier lebende Tochter von

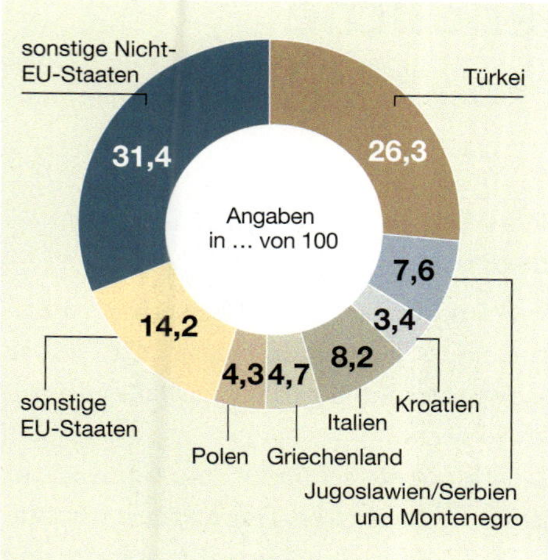

M4 **Herkunft der in Deutschland lebenden Ausländer 2006**

M6 **Karikatur**

Amerikanern – obwohl nach den Papieren Erstere Deutsche und Letztere Ausländer sind. Wie also unterscheidet man? Am besten mit einem recht sperrigen Begriff: „Menschen mit Migrationshintergrund". Dazu gehören alle Zuwanderer und ihre Nachkommen. Der Begriff „Migrationshintergrund" leitet sich von dem lateinischen Wort „migrare" ab, das „wandern" bedeutet.

M5 Eine Untersuchung im Auftrag der katholischen Hilfsorganisation CARITAS ist 2009 zu folgendem Ergebnis gekommen:

[…] Der größte Teil der Menschen mit Migrationshintergrund lebt gerne oder sehr gerne in Deutschland. In diesem Land sehen sie ihre weitere Lebensperspektive, sie sind bereit, sich dafür anzustrengen und sich an die Verhältnisse anzupassen. Sie wollen aus eigener Kraft weiterkommen, um Erfolg in Beruf und Leben zu haben. Die meisten haben auch tatsächlich Beruf und Einkommen. Für 69 Prozent* gilt: „Jeder der sich anstrengt, kann sich hocharbeiten."

Die meisten sind sich bewusst, wie wichtig dafür gute deutsche Sprachkenntnisse und eine gute Bildung sind. 86 Prozent stimmen der Aussage zu: „Ohne die deutsche Sprache kann man als Zuwanderer in Deutschland keinen Erfolg haben."

Einwanderer und deren Nachkommen möchten aber auch, dass die Gesellschaft ihre Anstrengungen, ihre mitgebrachten Bildungsabschlüsse, ihre Mehrsprachigkeit und ihre Kulturen anerkennt oder sich zumindest dafür interessiert. 39 Prozent fühlen sich als Zuwanderer ausgegrenzt […]. Für sie gilt der Satz: „Menschen mit Migrationshintergrund sind in Deutschland Bürger zweiter Klasse."

***Prozent**
aus der lateinischen Sprache: von hundert (Zeichen: %)

1 Untersucht die Materialien dieser Doppelseite und beschreibt die Lebenssituationen von Menschen mit Migrationshintergrund.

2 Gestaltet eine Wandzeitung über die Lebenssituationen von Menschen mit Migrationshintergrund. Schreibt in Sprechblasen mögliche Wünsche und Bedürfnisse dieser Mitbürgerinnen und Mitbürger auf eure Wandzeitung (→ **Wir gestalten eine Wandzeitung**, S. 154/155).

Projektthema 3: Jugendliche

M 1 Karikatur

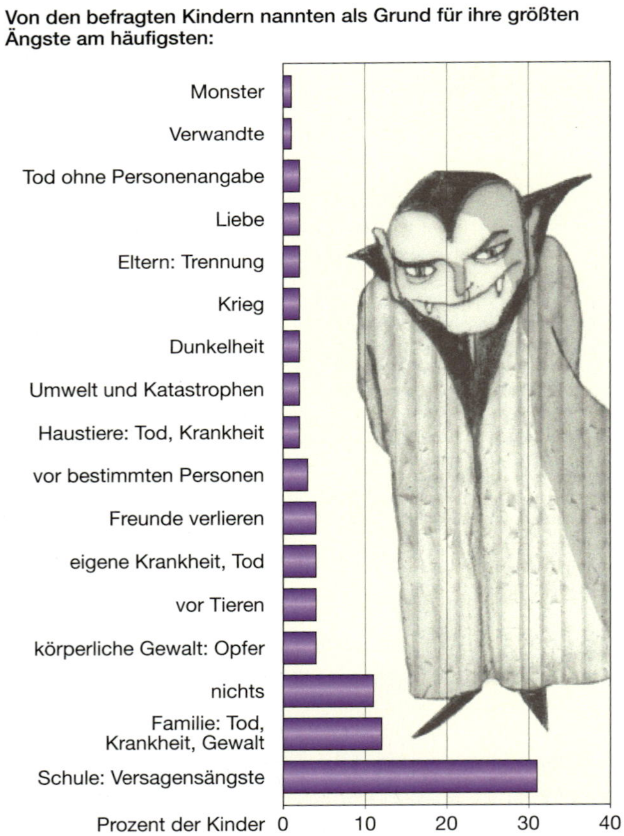

M 2 Größte Ängste der 9- bis 14-Jährigen

Was Schülerinnen und Schüler bedrückt

1. „Wenn ich vor der Klasse etwas vortragen muss, fange ich jedes Mal an zu schwitzen und vor Klassenarbeiten ist mir oft schlecht."

2. „Ich könnte schon heulen, wenn ich irgendwo eine 3 habe. Dann kriege ich totale Panik, dass ich notenmäßig absacke und das Gymnasium nicht schaffe."

3. „Mein Vater meint, dass heutzutage nur die Besten einen guten Job kriegen und dass Noten wichtig sind für die Auslese."

4. „Unser Mathelehrer sagt manchmal so etwas wie ‚Wer diese Aufgabe nicht auf Anhieb löst, hat hier sowieso nichts verloren'. Dann kann ich überhaupt nicht mehr klar denken …"

5. „Meine größte Angst ist, später arbeitslos zu sein."

6. „Aus der Theater-AG musste ich aussteigen – es wurde mir einfach alles zu viel …"

7. „Meine Deutschlehrerin gibt die Klassenarbeiten immer nach Noten sortiert zurück. Ich hasse das, weil ich da ziemlich schlecht bin und alle das dann mitkriegen."

8. „Wenn ich eine schlechte Note nach Hause bringe, ist die Stimmung auf dem Nullpunkt. Einmal habe ich eine 5 verheimlicht, aber es kam raus. Meine Eltern sind ausgerastet und haben mir eine Woche Hausarrest gegeben."

Nebenverdienst	2006 von Hundert	2010 von Hundert
12–14 Jahre	17	15
15–17 Jahre	28	33
18–21 Jahre	41	36

M3 Nebenverdienste nach Altersgruppen

Nebenverdienst

Seit 2002 hat der Anteil der Jugendlichen, die nach der Schule Geld mit – Jobs verdienen, leicht zugenommen. Jugendliche aus besser gestellten Familien arbeiten häufiger noch nebenher (41 von 100) als Jugendliche aus weniger gut gestellten Familien (20 von 100). Auch nach dem Alter gibt es Unterschiede.

Alkohol und Rauchen

Nach neueren Untersuchungen geht das Rauchen von Jugendlichen zurück. Jugendliche aus ärmeren Verhältnissen rauchen deutlich mehr als Jugendliche aus besser gestellten Familien, aber in allen Gruppen steigt die Zahl der Nichtraucher. Hingegen gibt jeder sechste Jugendliche im Alter von 12 bis 14 Jahren an, gelegentlich Alkohol zu trinken. Bei Jugendlichen zwischen 15 und 17 Jahren sind es schon mehr als die Hälfte der Jugendlichen, die gelegentlich Alkohol trinken.

Positive Grundstimmung

In einer Befragung zu ihrer allgemeinen Lebenzufriedenheit äußern sich fast 70 von 100 Jugendlichen sehr positiv. Nur arbeitslose Jugendliche sehen das deutlich anders, hier sind nur 31 von 100 positiv eingestellt.

Ihre persönliche Zukunft sehen 60 von 100 positiv, auch der Wunsch nach eigenen Kindern steigt.

Freizeitbeschäftigung pro Woche	2006 von Hundert	2010 von Hundert
Im Internet surfen	38	59
Leute treffen	57	59
Musik hören	63	56
Fernsehen	58	54
Disco	31	30
Vereinssport	28	29
Freizeitsport	26	28
Bücher lesen	28	27
Computerspiele	20	21

M4 Auswahl von Freizeitbeschäftigungen von Jugendlichen zwischen 12 und 25 Jahren, bis fünf Nennungen waren möglich.

M5 Sehr beliebt bei Jugendlichen: das Surfen im Internet

1 Untersucht den Text und die Materialien dieser Doppelseite: Beschreibt die Lebenssituationen von Jugendlichen und ergänzt sie durch eure eigenen Erfahrungen.

2 Gestaltet eine Wandzeitung über die Lebenssituationen von Jugendlichen. Schreibt in Sprechblasen mögliche Wünsche und Bedürfnisse von Jugendlichen auf eure Wandzeitung (→ **Wir gestalten eine Wandzeitung**, S. 154/155).

Projektthema 4: Ältere Menschen

M 1 Älteres Paar bei einem Einkauf (2006)

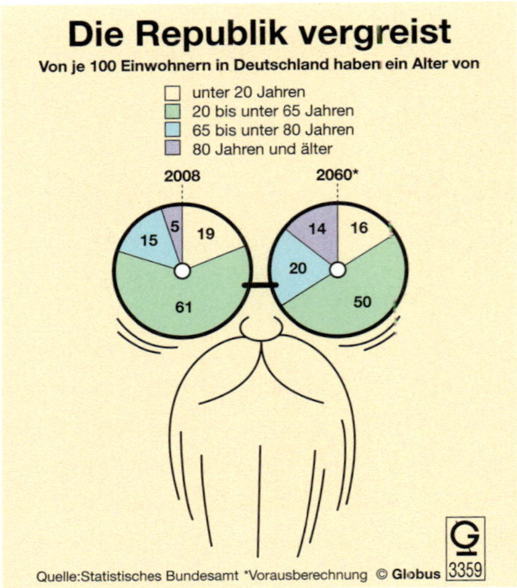

M 3 Veränderung der Altersstruktur der Bevölkerung

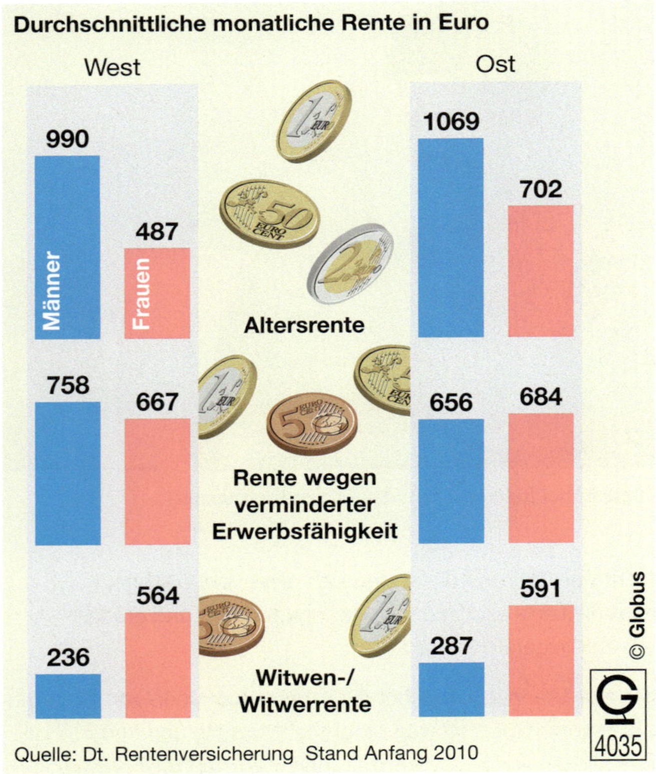

M 2 Renten 2010

Deutschland wird älter

Deutschland hat rund 82 Millionen Einwohner. 25 von 100 Menschen sind über sechzig Jahre alt. Nach Berechnungen von Fachleuten wird der Anteil dieser Gruppe im Jahr 2050 bei 40 von Hundert Einwohnern liegen. Im Ergebnis nimmt das Durchschnittsalter der Bevölkerung in Deutschland zu.

Doch welche Ursachen hat diese Entwicklung? Wurden Menschen vor hundert Jahren im Durchschnitt gerade einmal 46 Jahre alt, so werden sie heute fast 80 Jahre. Gründe für die steigende Lebenserwartung sind Fortschritte in der Medizin und die bessere Versorgung mit Nahrungsmitteln. Für heutige Kinder haben Bevölkerungsforscher errechnet, dass etwa jedes zweite Kind einmal 100 Jahre alt werden wird.

1860 bekam eine Frau in Deutschland noch durchschnittlich fünf Kinder. Seitdem ist eine deutlich sinkende Zahl an Geburten zu verzeichnen. Heute sind es gerade noch 1,38 Kinder pro Frau.

M4 Spiegel-Titelbild

M5 Alterspuzzle

Das Bild vom Alter stimmt nicht mehr

Das Ausscheiden aus dem Berufsleben setzen viele Jüngere mit dem Ausscheiden aus der Bevölkerung gleich. Wer „nichts mehr leistet“, wird ausgegrenzt. Senioren* betrachten sich im Gegensatz dazu nicht als hilfsbedürftig, unbeweglich, starrsinnig oder gar als unnütz. Die meisten sind gesund, fühlen sich fit und sind durchaus leistungsfähig. Viele sind reiselustig, sportlich aktiv und bildungshungrig. Manche finden in einem Ehrenamt eine sinnvolle Aufgabe.

Risiko Alter

Mit höherem Alter steigt das Risiko der Pflegebedürftigkeit. In Deutschland gibt es über zwei Millionen Pflegebedürftige. Etwa 1,5 Millionen davon werden in der Familie gepflegt. Nicht alle Menschen können jedoch von Angehörigen betreut werden, 700000 leben daher in Pflegeheimen. Das ist meist teurer, als es die bezogene Rente oder die Ersparnisse zulassen. Deshalb wurde 1995 für alle eine gesetzlich verbindliche Pflegeversicherung eingeführt. Sie soll die Finanzierung im Falle der Pflege sichern. Vor allem die hochbetagten über 80-Jährigen brauchen so manche Hilfe bei der Körperpflege, bei der Ernährung oder bei der Bewegung.
Dennoch hat eine große Zahl alter Menschen keinen sorglosen Lebensabend. Vor allem Frauen, die in der Jugend keine Chance hatten, einen Beruf zu erlernen, und als Ungelernte arbeiteten, erhalten nur geringe Renten. Das gilt auch für Frauen, die als Hausfrauen die Kinder erzogen und deswegen nur bei ihrem Mann mitversichert waren. Nach dem Tode des Ehemannes erhalten sie eine nur sehr kleine Witwenrente.

***Senior**
älterer Mensch

1 Untersucht die Materialien dieser Doppelseite und beschreibt die Lebenssituationen von alten Menschen. Ergänzt sie durch die Befragung älterer Menschen bei euch zu Hause.

2 Gestaltet eine Wandzeitung über die Lebenssituationen von älteren Menschen. Schreibt in Sprechblasen mögliche Wünsche und Bedürfnisse von älteren Menschen auf eure Wandzeitung (→ **Wir gestalten eine Wandzeitung**, S. 154/155).

METHODE

Wir entwerfen ein Planspiel: beispielhafte Konfliktlösung

Ausgangspunkt eines Planspiels ist ein Problem oder Konflikt. Ziel ist es, eine Lösung des Problems oder des Konfliktes zu finden und zu überlegen, wie man dabei vorgehen will. Das Planspiel kann aber auch zeigen, ob die Gegenargumente von den Beteiligten akzeptiert werden.

M 1 Checkliste für ein Planspiel

Ablauf

Gespielt wird in kleinen Gruppen. Für ein solches Planspiel benötigt ihr eine gute Vorbereitung und viel Zeit: mehr als eine Schulstunde.

1. Schritt: Verteilung der Rollen, Gruppenbildung

Beteiligt sind an der Auseinandersetzung verschiedene Gruppen und Personen:
Die Schülerinnen und Schüler teilen sich in Gruppen auf und entscheiden sich pro Gruppe für einen wichtigen Teil der Streitfrage. Sie argumentieren dann später aus dieser Interessenlage.
Benötigt wird ferner eine Spielleitung, die in die Diskussionen eingreifen kann und die Diskussionen leitet.

2. Schritt: Erarbeitung der Rollen und Durchführung des Planspiels

Das Planspiel findet in mehreren Runden statt. In der ersten Runde treffen sich die Gruppen in getrennten Sitzungen, um einen gemeinsamen Standpunkt ihrer Gruppe zu finden. Dabei geht es um die Frage, welche Lösung angestrebt wird.
Ziel ist es, in der eigenen Gruppe einen Kompromiss* zu finden und eine Gesprächsstrategie* zu entwickeln, mit der die andere Seite anhand von Argumenten überzeugt werden kann.

Vorbereitung der ersten Runde

Informationen für die Vorbereitung der ersten Runde findet ihr auf den Rollenkarten (z. B. S. 314/315).
Jede Gruppe tagt zunächst für sich, sie kann sich auch noch weiter unterteilen. Wichtig ist, dass die Gruppe die eigenen Interessen herausarbeitet und formuliert („Was wollen wir?").

Zweite Runde

In der zweiten Runde treffen alle Gruppen aufeinander. Die Spielleitung eröffnet das Planspiel und nennt nochmals das Thema. Sie gibt zunächst den Vertretern einer Gruppe das Wort.
Danach tauschen alle Gruppen, bzw. ihre Sprecher, ihre Argumente aus und versuchen, sich gegenseitig zu überzeugen.
Die Spielleitung kann selbstständig oder auf Wunsch einer Gruppe die Verhandlung unterbrechen. Die Gruppen können so ihre Strategien neu überdenken. Das Planspiel soll in der letzten Runde zu einer Entscheidung führen. Am Ende des Planspiels kommt es zu einer Abstimmung.

3. Schritt: Auswertung

Wichtig ist die Auswertung des Planspiels.
Fragen: Waren die Argumente der Gruppen einleuchtend und überzeugend? An welcher Forderung ist ein Kompromiss gescheitert? Was hat den Kompromiss möglich gemacht? Welche Rolle hat der Machtwille einzelner Personen gespielt? Wie wichtig ist es, bei Verhandlungen gut reden zu können?
Was konntet ihr aus diesem Planspiel lernen? Woran ist die Durchführung des Planspiels gescheitert?

***Kompromiss**
Lösung, die für zwei auseinanderliegende Meinungen gleichermaßen vorteilhaft ist

***Strategie**
sorgfältig durchdachte Vorgehensweise

Regeln für eine demokratische Konfliktregulierung

- Den anderen in seiner Meinung ernst nehmen, so wie man selbst ernst genommen werden will.
- Zielloses Reden, Spott und gegenseitige Herabsetzung vermeiden.
- Vor- und Nachteile verschiedener Lösungsmöglichkeiten aufzeigen oder bereit sein, sie mit zu suchen.
- Bereitschaft zu Kompromissen.
- Übereinstimmung (Konsens) anstreben und durch Abstriche von der eigenen Vorstellung ermöglichen oder bewirken.
- Anerkennen, dass, wenn keine gemeinsame Lösung (Konsens) zustande kommt, die Entscheidung durch Abstimmen getroffen wird.
- Anerkennen, dass die Mehrheitsentscheidung auch für die Minderheit verpflichtend sein wird.
- Dafür Sorge tragen, dass die Mehrheit ihren „Sieg" nicht missbraucht.

M 2 **Regeln zu einer Konfliktregulierung**

1 Bereitet mithilfe der Spielanleitung und den Rollenkarten auf der nächsten Doppelseite ein Planspiel zum Thema „Ein Raum für die Band" vor.

MATERIAL PLANSPIEL

Planspiel: „Ein Raum für die Band …" oder „Jung gegen Alt"

M 1 Schülerband

Ausgangssituation

Schülerinnen und Schüler der 6.5 haben eine Band gegründet. Sie spielen schon ganz gut zusammen, erste Auftritte waren erfolgreich. Ihr großes Problem ist es, dass sie auf Dauer keinen Raum zum Üben haben. Ihre Idee, einen Raum in der Schule nachmittags oder abends als Probenraum zu benutzen, stößt auf großen Widerstand.

In einem Planspiel soll nun herausgefunden werden, wie die Schülerinnen und Schüler der 6.5 diejenigen, die darüber entscheiden, von dem Plan überzeugen können.

Das Planspiel kann aber auch zeigen, ob die Gegenargumente von den Jugendlichen anerkannt (akzeptiert) werden.

Beteiligte

An dieser Auseinandersetzung sind verschiedene Gruppen und Personen beteiligt:

a. die Schülerinnen und Schüler der 6.5,
b. die Schulleiterin, der Klassenlehrer und die Lehrerinnen und Lehrer der Schule,
c. die Leiterin des Schulmanagements der Stadt,
d. der Hausmeister,
e. Mitglieder verschiedener Parteien im Schulausschuss der Stadt.

Benötigt wird ferner eine Spielleitung, die in die Diskussionen eingreifen kann und die Diskussionen leitet.

Abstimmung

Abstimmen dürfen am Ende nur die Mitglieder des Schulausschusses der Stadt!

Rollenkarte 1

Schüler der 6.5

Wir haben eine Band gegründet und spielen auch schon ganz gut zusammen. Aber wir finden keinen Raum zum Üben, denn zu Hause geht es nicht und im Keller bei Fritz zu Hause ist es sehr unangenehm, feucht und kühl. Infolgedessen sind wir ständig auf der Suche.

Dann sind wir auf eine Idee gekommen: Nachmittags und abends wird unser Schulgebäude ja nicht genutzt. Nur einmal in der Woche findet da um 18 Uhr ein Kurs der Volkshochschule statt. Wir sollten in der Schule fragen, ob wir nicht auch einen Raum bekommen, einen Jugendraum, in dem wir mit unserer Band üben können. Schließlich hat ja auch die Schule etwas davon, wenn unsere Band auf Schulfesten auftritt.

Rollenkarte 2

Der Hausmeister

Das kommt überhaupt nicht infrage. Die Schule wird um 18 Uhr geschlossen, die Putzfrauen gehen um 17 Uhr. Ich bin nicht bereit, wegen der Jugendlichen Überstunden zu machen. Einen Schlüssel darf ich nicht herausgeben, schon gar nicht an so junge und doch oft so unzuverlässige Schüler. Wer weiß, was da alles passiert, wenn die nach 18 Uhr mit ihrer Band üben.

Rollenkarte 3

Die Schulleiterin

Für die Vergabe von Räumen bin ich nicht zuständig. Ich halte die Idee der 6.5 für überlegenswert, aber die Entscheidung trifft die Stadtverwaltung, da das Schulgebäude und seine Nutzung von der Stadt verwaltet wird. Sicher werde ich vor einer Entscheidung gefragt. Das war bei der Anfrage der Volkshochschule auch so. Ich werde das einmal im Kollegium besprechen.

Rollenkarte 4

Der Klassenlehrer

Das finde ich eine prima Idee, aber es gibt sicher organisatorische Schwierigkeiten. Wir müssen herausfinden, wer alles zuständig ist. Da gibt es erst mal die Schulleitung und dann das zuständige Amt in der Stadtverwaltung. Sicher müssen wir auch mit dem Hausmeister sprechen. Der ist zwar für die Erlaubnis nicht zuständig, aber wenn er sich querlegt, kann man die Sache vergessen.

Rollenkarte 5

Die Leiterin des Schulmanagements in der Stadtverwaltung

Grundsätzlich vermietet die Stadt Räume in den Schulen in der unterrichtsfreien Zeit, also zum Beispiel am Nachmittag. Deswegen haben wir auch den Antrag der Volkshochschule auf die Nutzung eines Klassenraumes für einen Englisch-Kurs genehmigt. Die Volkshochschule zahlt aber Miete und zusätzlich die Überstunden des Hausmeisters, der ja die Schule auf- und zuschließen muss. Eine kostenlose Nutzung eines Schulraumes durch Jugendliche sehe ich problematisch. Das kann ich nicht entscheiden, – das müsste im Schulausschuss und dann wohl im Stadtrat entschieden werden. Vor allem müsste man in Erfahrung bringen, ob die Parteien im Rat einen solchen Antrag unterstützen.

Rollenkarte 6

Parteien im Schulausschuss

A-Partei (4 Sitze): Wir sind grundsätzlich dagegen. Wenn wir dieser Gruppe einen Raum geben, dann kommt morgen die nächste Gruppe und will einen Tanzkurs machen. Und wer bezahlt die Überstunden des Hausmeisters?

B-Partei (2 Sitze): Wenn die Nutzer eine Miete und die Überstunden bezahlen, soll es uns recht sein. Für Beschädigungen haften die Eltern.

C-Partei (3 Sitze): Man darf nicht immer nur von Jugendförderung reden, sondern man muss auch mal etwas tun. Wir sind dafür und begrüßen es ausdrücklich. Da das Gebäude der Stadt gehört, braucht man keine Miete zu verlangen und die Überstunden des Hausmeisters soll die Stadt aus dem Etat „Jugendförderung" bezahlen. In der Abstimmung wird sich zeigen, wer wirklich was für die Jugend übrig hat.

M2 Rollenkarten

Das kann ich …

- ✓ Bedürfnisse
- ✓ Armut
- ✓ Arbeitslosigkeit
- ✓ Jugend
- ✓ Menschen mit Migrationshintergrund
- ✓ alte Menschen
- ✓ Miteinander in einer sozialen Gesellschaft

M 1 Wichtige Begriffe

M 3 Jugendliche betreuen alte Menschen

M 2 Karikatur

M4 **Plakat des Kinderschutzbundes in Göttingen im September 2009**

Was wir noch wissen

1 Erklärt euch gegenseitig die wichtigen Begriffe (M1) und schreibt die Bedeutung der Begriffe in eure Arbeitsmappe.

2 Beschreibt unterschiedliche Bedürfnisse von Jugendlichen und älteren Menschen (M3).

3 Erstellt eine Liste mit möglichen Wünschen von Menschen mit Migrationshintergrund.

4 Zeigt die Folgen von Arbeitslosigkeit (M4) auf.

Wir meinen, dass …

6 … viele Auseinandersetzungen zwischen Menschen mit unterschiedlichen Lebenssituationen vermieden werden könnten, wenn sie mehr voneinander wüssten. Begründet.

7 … das Zusammenleben von Menschen einfacher wäre, wenn alle bestimmte Regeln einhalten würden. Zum Beispiel ….

Gewusst, wie …

5 Wertet M2 aus und erklärt, auf was der Zeichner aufmerksam macht.

Wir wenden an

8 Fragt in einem Altenheim an, ob ihr in kleinen Gruppen die Bewohner besuchen könnt, um mehr von ihrem Leben zu erfahren.

Methoden

Wir führen eine **Arbeitsmappe** siehe S. 19

Wir arbeiten mit dem **Atlas** siehe S. 60/61

Wir werten ein **Balkendiagramm** aus

Mit einem Diagramm (Schaubild) kann man Zahlenwerte anschaulich darstellen und dadurch besser vergleichen. Bei einem Balkendiagramm erfolgt die grafische Darstellung in waagerechten (farbigen) Farbstreifen (Balken). Im ausgewählten Beispiel wird dargestellt, wie viele Haushalte unterschiedlicher Größe es in Deutschland gibt. Die Angaben erfolgen in 1000 Einheiten.

Lesebeispiel für den obersten Balken: Es gibt in Deutschland 15 Millionen 995 Tausend Einpersonhaushalte, man muss beim Lesen also drei Nullen an die Angaben im Schaubild anhängen. Man kann auch sagen: Es sind fast 16 Millionen Einpersonhaushalte. Mit dem Blick auf den 5. Balken kann man schnell erkennen, dass es in Deutschland sehr viel weniger Haushalte mit fünf und mehr Personen gibt, nämlich 1 Million 427 Tausend, also etwa 1,5 Millionen. Die Darstellung in Balken macht das Vergleichen der Zahlen miteinander also viel einfacher.

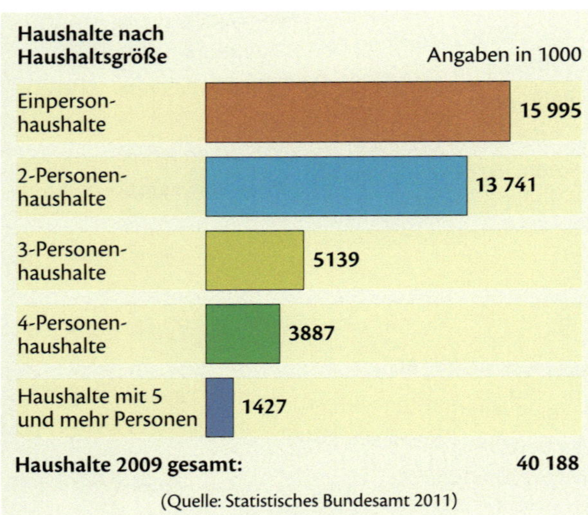

Wir beschreiben **Bilder** siehe S. 83

Wir lesen **ägyptische Bilder** siehe S. 194/195

Wir erstellen eine **Collage**

Collagen sind Bildplakate zu einem bestimmten Thema. Als Material könnt ihr Bilder aus Zeitungen und Zeitschriften ausschneiden, Fotos und Postkarten auf ein großes Blatt Papier kleben, aber auch selbst dazu malen und beschriften. Besonders wirkungsvoll kann es sein, wenn ihr die Collage in einen Umriss klebt, der mit dem Thema zu tun hat. In dem hier gezeigten Beispiel geht es um den Verzehr von Rindfleisch.

Wir erkunden unsere neue **Schule** siehe S. 14/15

Wir erkunden unseren **Wohnort** siehe S. 50/51

Wir lesen **Geschichtskarten** siehe S. 249

Wir lernen in **Gruppen** siehe S. 152/153

Wir beschaffen uns **Informationen**

Am häufigsten suchen wir uns zusätzliche Informationen in anderen Büchern. Wir finden sie in Büchereien oder Bibliotheken.

… und so wird's gemacht:

1. Im Katalog suchen

Wenn ihr nach den gewünschten Büchern suchen wollt, müsst ihr in den „Katalog" schauen. Der Autorenkatalog hilft euch, wenn ihr schon wisst, welches Buch von welchem Autor ihr haben wollt. Der Schlagwortkatalog ist für den Anfang besser. Hier könnt ihr unter einem Stichwort nachsehen.

2. Bücher ausleihen

Im Katalog findet ihr zu jedem Buch eine Buchstaben- und Zahlenkombination, „Signatur" genannt. Notiert die Signatur, den Namen des Autors sowie den Buchtitel und fragt nun die Angestellten, wie es weitergeht.

3. Eine Dokumentation anlegen

Wenn ihr wichtige Informationen behalten wollt, müsst ihr diese Informationen auswählen und festhalten. In einem Hefter sammelt ihr Fotokopien von Bildern und Texten aus den ausgeliehenen Büchern. Wichtige Informationen aus langen Texten lassen sich besser kurz mit eigenen Worten zusammenfassen. Auf jedem Blatt solltet ihr als Überschrift das Thema festhalten, um das es geht. Am besten nummeriert ihr die Seiten durch, wenn eure Dokumentation abgeschlossen ist.

Wir führen eine Internetrecherche durch siehe S. 232/233

Wir führen ein Interview durch

Wenn man etwas genau wissen möchte, gibt es die Möglichkeit, z. B. Fachleute (Experten) zu interviewen (befragen). Sie können uns mit ihrem Wissen helfen, schwierige Zusammenhänge besser zu verstehen. Wenn ihr bei der Vorgehensweise einige wichtige Dinge beachtet, steht einer erfolgreichen Befragung nichts mehr im Wege.

Arbeitsschritte für ein Interview

1. **Fragen sammeln und ordnen:** Beginnt im Unterricht mit einer Ideensammlung (Brainstorming). Danach könnt ihr eure Ideen nach Sachgebieten ordnen und Leitfragen herausarbeiten.
2. **Einen Experten suchen:** Überlegt euch, wen ihr einladen und befragen wollt. Nehmt mit den Personen Kontakt auf (z. B. Telefon, Brief, E-Mail), schildert ihnen euer Vorhaben und vereinbart einen Termin.
3. **Befragung vorbereiten:**
   - Legt fest, wer von euch welche Fragen stellt und wer für die Gesprächsführung verantwortlich ist.
   - Klärt im Vorfeld ab, welche technischen Voraussetzungen erwünscht sind (Beamer, Flip-Chart, Tafel, Tageslichtprojektor, ...)
4. **Durchführung der Befragung:**
   Begrüßt den Gast und stellt ihn vor. Gebt einen kurzen zeitlichen und inhaltlichen Überblick über die Befragung. Bei Video- oder Kassettenaufzeichnungen müsst ihr vorher unbedingt um Erlaubnis fragen! Einigt euch auf ein/-e Fragesteller/-in.
5. **Befragung auswerten:**
   Klärt in einem Klassengespräch ab, ob ihr mit der Befragung zufrieden wart und ob alle Fragen beantwortet wurden.
   Jetzt könnt ihr euch Gedanken darüber machen, wie ihr eure Ergebnisse präsentieren wollt. Dafür gibt es viele Möglichkeiten: z. B. ein Plakat zu gestalten oder einen Bericht in der Schülerzeitung veröffentlichen.

Wir werten Karikaturen aus siehe S. 302/303

Wir erkennen und lösen Konflikte siehe S. 22/23

Wir werten ein Kreisdiagramm aus

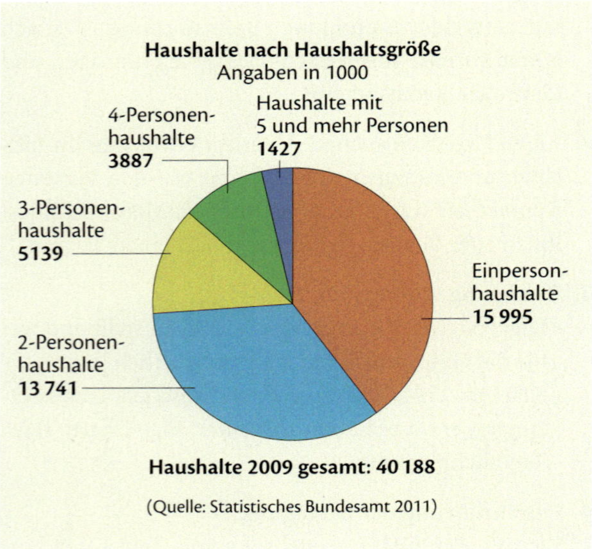

Ein Kreisdiagramm ist eine besondere Form eines Diagramms. Wie bei allen Diagrammen handelt es sich um eine grafische Umsetzung von Zahlenmaterial. Im ausgewählten Beispiel werden die unterschiedlich großen Anteile der entsprechenden Haushaltsgrößen besonders schnell sichtbar. Die Einpersonhaushalte und die 2-Personenhaushalte zusammen machen mehr als drei Viertel aller Haushalte aus. Die Anzahl der Haushalte mit fünf Personen und mehr ist im Vergleich schon fast verschwindend klein.

Wir lesen ein Kurvendiagramm

In einem Kurvendiagramm wird eine Entwicklung, eine Zeitspanne dargestellt. Auf der waagerechten Achse unten sind die Jahreszahlen angegeben. Das ist die Zeitachse. Im ausgewählten Beispiel werden die Anzahlen der Geburten in Deutschland zwischen den Jahren 1990 und 2010 dargestellt. Es lässt sich sofort erkennen, dass die Anzahl (mit einer kleinen Ausnahme um das Jahr 1998) ständig sank: von mehr als 900 000 auf fast nur noch 650 000.

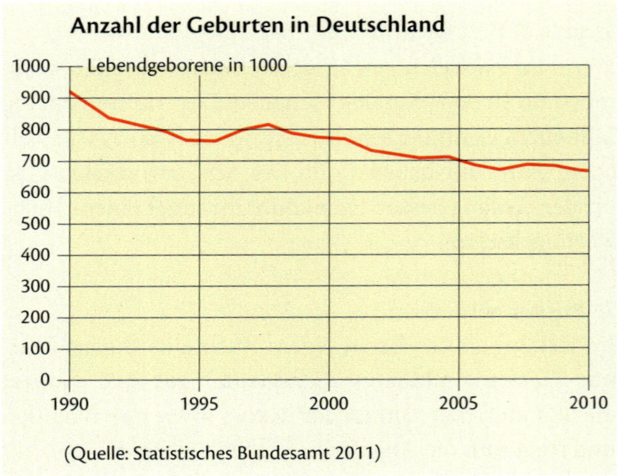

Wir halten einen Kurzvortrag (ein Kurzreferat)

Ein Kurzvortrag ist eine mündliche Form der Präsentation, also der Darstellung eines Themas. Ein Kurzvortrag ist in drei Abschnitte (Schwerpunkte) gegliedert: Einleitung – Hauptteil – Schluss. Wenn ihr einen Kurzvortrag zu einem bestimmten Thema halten sollt, beachtet folgende Schritte:

1. Das Thema/Problem erfassen: Wie genau lautet das Thema eures Vortrages? Formuliert eine passende Überschrift oder Fragestellung.
2. Informationen recherchieren, sammeln und ordnen: Informationsquellen können euer Schulbuch, weitere Bücher aus Bibliotheken oder das Internet sein. Angesichts der Fülle der Informationen müsst ihr Schwerpunkte festlegen und das vorhandene Material sortieren.
3. Erstellt eine Gliederung für euer Referat. Bedenkt, dass es sich um einen kurzen Vortrag handelt (etwa fünf bis zehn Minuten).
4. Ihr könnt bei eurem Vortrag auch Anschauungsmaterial einsetzen: Bilder, Gegenstände, Tabellen, ein Poster oder Ähnliches sowie Schlüsselwörter an die Tafel schreiben.
5. Referate sollen frei vorgetragen werden. Dabei hilft euch eine Zusammenstellung der wichtigsten Stichwörter auf Karteikarten. Achtet dabei auf eine gut lesbare und große Schrift. Beschränkt euch auf das Wesentliche. Vermeidet komplizierte und verschachtelte Sätze.

6. Damit euer Minireferat gelingt, müsst ihr den Vortrag üben. Es empfiehlt sich, alles einem Freund oder einer Freundin oder der Familie vorzutragen.

7. Tipps für den eigentlichen Vortrag:

   - Stellt euch so hin, dass euch alle sehen können.
   - Versucht, frei zu sprechen.
   - Orientiert euch an euren Stichwörtern.
   - Schaut beim Sprechen die Zuhörer/Mitschüler an.

8. Nach dem Vortrag können die Zuhörer Rückfragen stellen, um Begriffe und Sachverhalte präzisieren zu können.

Wir erstellen ein Lernplakat

Das Lernplakat dient der Ergebnissicherung. Mit einem Lernplakat kann man wichtige Lernergebnisse zusammenfassen und veranschaulichen, das, was man sich unbedingt merken will und anderen mitteilen möchte. Lernplakate können gut in Gruppen entworfen werden:

1. Die Teilnehmer legen den Inhalt des Lernplakates fest.
2. Sie verständigen sich über die Botschaft, die ihr Plakat vermitteln soll.
3. Sie sammeln Ideen über einen interessanten Spruch und die Überschriften.

Für die Fertigstellung werden Plakatkarton und dicke Filzstifte benötigt.

- Für kurze Sprüche ist Hochformat besser geeignet als Querformat.
- Format, Bild und Text müssen gut zusammenwirken.
- Die Botschaft des Plakats muss auf weite Entfernung lesbar sein.

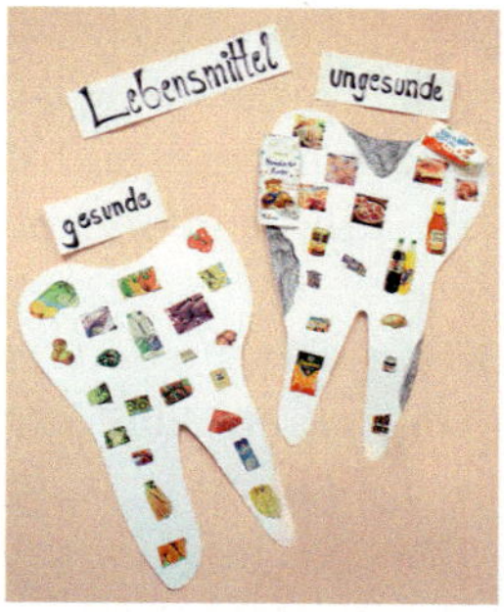

Wir arbeiten mit dem Maßstab siehe S. 64/65

Wir besuchen ein Museum

Museen sammeln und bewahren Gegenstände aus der Vergangenheit, erforschen diese und stellen sie für die Öffentlichkeit aus. In einem archäologischen Museum werden z. B. vorwiegend Funde aus der Vor- und Frühgeschichte präsentiert.

1. Vorbereitung:

- Ziel festlegen und Termin vereinbaren.
- Informationen zum Museum und zur Ausstellung sammeln.
- In Gruppen einen Fragenkatalog (oder Fragebogen) erstellen.
- Ergebnissicherung klären (Notizen, Skizzen, Fotos, Videofilm).

2. Durchführung:
- Der Führung genau zuhören.
- Alle Fragen stellen, Notizen machen und sonstige Beobachtungen festhalten.
- Zusätzliche Informationen sammeln.

3. Auswertung und Dokumentation:
- Das gesammelte Material sichten, ordnen und durch weitere Informationen ergänzen.
- Die Ergebnisse für andere darstellen (z. B. Ausstellung, Wandzeitung, Bericht, Vortrag).

Wir orientieren uns mit dem **Stadtplan** siehe S. 48/49

Wir lesen eine **physische Karte** siehe S. 62/63

Wir entwerfen ein **Planspiel: beispielhafte Konfliktlösung** siehe S. 312/313

Wir gestalten ein **Projekt**

Bei einem Projekt arbeitet eine Arbeitsgruppe selbstständig an einem Thema mit unterschiedlichen Fragestellungen.

1. Vorbereitung

Ziel und Thema des Projekts festlegen.

Zeitplan bestimmen: Erstellt einen genauen Zeitplan, damit ihr die Arbeit besser überschaut.

Vorstellung der Arbeitsergebnisse: Überlegt, wie ihr eure Ergebnisse anderen Schülerinnen und Schülern präsentiert: Wandzeitung, Dokumentation, Ausstellung?

2. Durchführung

Arbeitsgruppe einteilen: Legt fest, wer mit wem arbeitet und verteilt die Arbeiten an die einzelnen Gruppen. Auch innerhalb der Gruppen solltet ihr klären, wer wofür verantwortlich ist.

Material besorgen: Material findet ihr im Schulbuch, in Tageszeitungen, Illustrierten, im Internet und in Büchern.

Arbeitsergebnisse überprüfen: Fragen eurer Mitschüler können euch helfen, Schwachpunkte eurer Arbeit zu erkennen.

3. Vorstellung der Ergebnisse

Fasst die in Teilprojekten erarbeiteten Ergebnisse zusammen und präsentiert sie, wie zuvor besprochen. Ladet Eltern und Freunde ein.

Wir führen eine **Pro-und-Kontra-Diskussion durch** siehe S. 294/295

Wir spielen in verschiedenen Rollen: ein **Rollenspiel** siehe S. 100/101

Wir verstehen **Sachtexte** siehe S. 110/111

Wir werten ein **Säulendiagramm** aus

Ein Säulendiagramm ist eine besondere Form eines Diagramms. Wie bei allen Diagrammen handelt es sich um eine grafische Umsetzung von Zahlenmaterial. Bei einem Säulendiagramm erfolgt die grafische Darstellung in senkrechten (farbigen) Farbstreifen (Säulen) oder in einer ähnlichen Form (beim Balkendiagramm sind sie waagerecht).

Das Säulendiagramm wird gelesen wie das Balkendiagramm (vgl. S. 318).

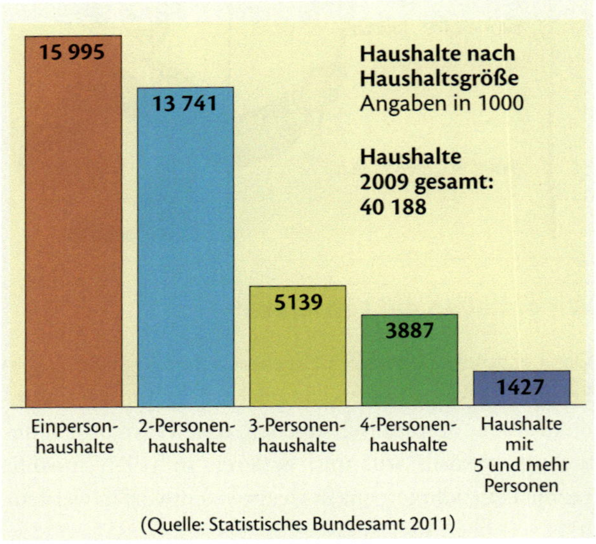

Wir untersuchen **Textquellen** und werten sie aus siehe S. 259

Wir gestalten eine **Wandzeitung** siehe S. 154/155

Wir stellen eine **Zeitleiste** her siehe S. 82

Lexikon

A

Adel: in vielen Gesellschaften die führende Schicht, die eine Reihe von Vorzügen (Privilegien) genoss; das Wort ist eng mit dem Begriff „edel" verwandt (z. B. auch: Edelmann); im deutschen Sprachraum gibt es Adelstitel wie Fürst, Gräfin, Freiherr usw.

Altsteinzeit: Vor etwa zwei Millionen Jahren begann die Altsteinzeit. Sie endete mit der letzten → Eiszeit um 8000 v. Chr. In dieser Zeit lebten die Menschen ausschließlich als Jäger und Sammler. Sie zogen in familienähnlichen Gemeinschaften von 20 bis 30 Personen umher. Ihre Geräte und Waffen stellten sie aus Steinen, Knochen und Holz her.

Arbeitsteilung: Wenn ein Mensch mehr produzieren kann, als er selbst für seine Ernährung braucht, kann es zur Arbeitsteilung kommen. Die einen arbeiten z. B. in der Landwirtschaft, die anderen als Spezialisten im Handwerk oder als Händler usw. Mit der Arbeitsteilung kam es zu einer stärkeren Gliederung der Bevölkerung in verschiedene Gruppen.

Äquator: (Lat. = Gleichmacher) Breitenkreis um die Erdkugel, der an allen Punkten den gleichen Abstand zu den Polen hat. Er teilt die Erde in Nord- und Südhalbkugel, hat eine Länge von rund 40 000 Kilometern und liegt bei der geographischen Breite 0°.

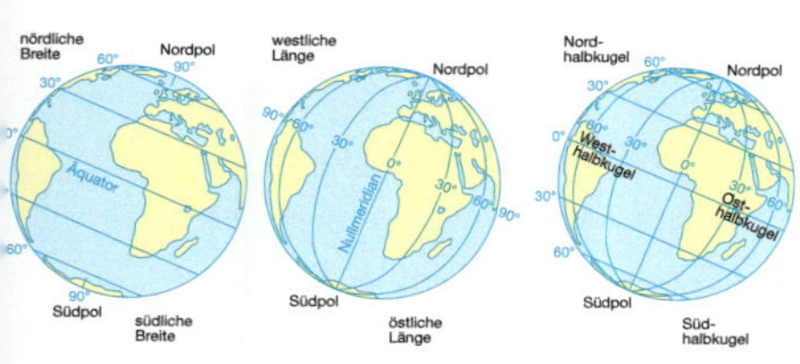

Armut: Menschen (ungefähr eine Milliarde weltweit), die nicht genug Nahrung und Kleidung, keine Wohnung haben oder nie zur Schule gehen können, leben in Armut. Ursachen für Armut sind: keine Arbeit, Missernten z. B. durch Unwetter, fehlende Rohstoffe, Überbevölkerung oder Ausbeutung durch andere. Auch in Deutschland leben rund sieben Millionen Arme, besonders alte Menschen, alleinerziehende Frauen sowie Kinder. Hauptursache der Armut in Deutschland ist die hohe Arbeitslosigkeit.

Augustus: Nachfolger → Caesars in Rom, regierte als Alleinherrscher (→ Kaiser) von 31 v. Chr. bis 14 n. Chr.

B

Bauern und Viehzüchter: In der → Jungsteinzeit gingen die Menschen zu Ackerbau und Viehzucht über, wodurch sie → sesshaft wurden.

Beamte: Beauftragte Verwalter des Königs, später des Staates, zum Erledigen staatlicher Aufgaben (Einzug der Steuern, Durchsetzung der Gesetze)

C

Caesar: Gaius Julius Caesar, erfolgreicher römischer Feldherr, der sich zum Alleinherrscher des Römischen Reiches machte und 44 v. Chr. ermordet wurde

Cromagnon-Mensch: 1898 fanden Forscher in einer Höhle die Skelette von fünf Menschen. Ihr Alter wird auf 25 000 Jahre geschätzt. Diese Höhle hieß „Cro-Magnon" und liegt in Südfrankreich. Einige Forscher nehmen an, dass von ihm alle heute lebenden Menschen abstammen.

D

Demokratie: Die Griechen des Altertums unterschieden drei Staatsformen:

- die Demokratie (= die Herrschaft des Volkes),
- die Aristokratie (= die Herrschaft der Besten),
- die Monarchie (= die Herrschaft des Königs).

Die Demokratie entstand in Athen, wo in der Volksversammlung alle politischen Entscheidungen per Mehrheitsbeschluss getroffen wurden.

E

Eiszeiten/Kaltzeiten: Abschnitte der Erdgeschichte mit niedrigeren Temperaturen als heute und kühlem bis kaltem Klima. Eiszeiten sind zusätzlich durch die Ausdehnung der → Gletscher gekennzeichnet, die sich von Nordeuropa kommend immer weiter nach Mitteleuropa schoben. Die letzte Eiszeit endete vor etwa 12 000 Jahren. Die Zeiträume zwischen den Kaltzeiten nennt man „Warmzeiten".

F

Favela: Armenviertel am Rande der brasilianischen (oder anderer südamerikanischen) Großstädte; wenn ein Armenviertel entsteht, werden zunächst oft nur ein paar Bretter zusammengenagelt und ein Blechdach aufgesetzt. Im Laufe der

Zeit können sich Armenviertel aber auch weiter entwickeln. Dann gibt es auch gemauerte Häuser und Wasserstellen. Einfach und z. T. nicht ungefährlich bleibt das Leben in einem Armenviertel aber allemal.

Forum: Markt- und Versammlungsplatz in einer römischen Stadt

Frühmensch: Homo erectus (der erste aufrecht gehende Mensch), lebte in Europa und Asien

G

Generation: Menschengruppen in der Familienfolge, wie Urgroßeltern, Großeltern, Eltern und Kinder. Eine Generation umfasst die Zeitspanne, bis Kinder wieder Kinder bekommen, also rund 25 Jahre. Generationen lassen sich als Stammbaum darstellen.

Germanien: (Lat.: *Germania*) Das von den Germanen bewohnte Land teilte sich in zwei von den Römern besetzte Gebiete: *Germania inferior* und *superior* sowie in *Germania libera* oder *magna*, den größeren freien Teil. Beide Gebiete waren durch den → Limes voneinander getrennt.

Gladiatoren: Berufskämpfer, meist Sklaven, die bei öffentlichen Veranstaltungen in Rom auf Leben und Tod gegeneinander oder gegen Raubtiere kämpften.

Gletscher: Große Eismassen, die sich langsam in Tälern abwärts bewegen; sie entstehen oberhalb der Schneegrenze in Hochgebirgen. Für die Bildung muss es so kalt sein, dass die Sonneneinstrahlung nicht ausreicht, um den Schnee völlig wegzuschmelzen.

Globalisierung: Neue Technologien im Kommunikations-, Informations- und Transportwesen sowie neue Organisationsformen der Produktion führten zur Entstehung weltweiter Märkte für Waren, Kapital und Dienstleistungen. Es kommt zur internationalen Zusammenarbeit und Verflechtung großer Wirtschaftskonzerne und Finanzmärkte. Der Begriff umfasst wirtschaftliche, technische oder politische Entwicklungen, die weltweit Auswirkungen auf das Leben der Menschen haben.

Globus: Modell der Erde als Kugel

Großlandschaften: Räume mit ähnlichen Merkmalen wie Relief, Vegetation oder Klima. Deutschland wird in vier Großlandschaften eingeteilt: Norddeutsches Tiefland, Mittelgebirgsland, Alpenvorland und Alpen.

Grundgesetz (GG): Verfassung der Bundesrepublik Deutschland, die am 23. Mai 1949 in Kraft trat und seit der Wiedervereinigung im Oktober 1990 für die gesamtdeutsche Verfassung steht

Grundrechte: in den Verfassungen aufgelistete staatlich garantierte Freiheitsrechte des Bürgers gegenüber dem Staat; in Deutschland werden die Grundrechte in Abschnitt I des → Grundgesetzes allen anderen Regelungen vorangestellt. Die Grundrechte leiten sich von den → Menschenrechten her.

Güter: alle Mittel, die dazu dienen können, menschliche Bedürfnisse zu befriedigen (z. B. Nahrung, Kleidung, Wohnung)

H

Hieroglyphen: ägyptische Bilderschrift, die um 3200 v. Chr. entwickelt wurde; dem französischen Ägyptologen Champollion gelang es 1822, ihre Bedeutung zu entziffern.

Hochkultur: Ein Zusammenschluss von Menschen zu einem → Staat, unter einer dauerhaften Herrschaft eines → Königs; Schrift, Kunst, Recht und Religion zeichnen eine Hochkultur aus. Eine frühe Hochkultur war Ägypten.

Höhlenmalerei: Am Ende der → Altsteinzeit verfügten die Menschen über eine neue Kulturtechnik; sie malten in Felshöhlen mit Holzkohle und Tonerde Tiere und Zeichen.

I

Imperium: (von Lat.: *imperare* = befehlen) In Rom verstand man unter einem „Imperium" ursprünglich die militärische und zivile Befehlsgewalt der höchsten römischen Beamten (der Konsuln). Später war damit auch das unter römischer Herrschaft stehende Gebiet (*Imperium Romanum*) gemeint.

J

Jäger und Sammlerinnen: In der → Altsteinzeit zogen die Menschen in familienähnlichen Lebensgemeinschaften von 20 bis 30 Personen umher und lebten überwiegend von der Jagd sowie dem Sammeln von Früchten. Ihre Geräte und Waffen stellten sie aus Steinen, Knochen und Holz her.

Jungsteinzeit: (= Neolithikum) In dieser Zeit (10 000 – 3000 v. Chr.) gingen die Menschen zum Ackerbau und zur Viehzucht über. Bisher hatten sie als → Jäger und Sammler gelebt. Nun wurden die Menschen → sesshaft.

K

Kaiser: Alleinherrscher, König der Könige; der Name ist von dem ersten Alleinherrscher in Rom, → Caesar, abgeleitet.

Kastell: Kleines, befestigtes Truppenlager der Römer, hauptsächlich am → Limes zur Grenzsicherung eingerichtet.

Kinderrechte: Am 20. November 1989 haben die Staaten der → UNO die Rechte der Kinder zusammengefasst. Die Kinderrechtskonvention (Vereinbarung) soll die Kinder vor Ausbeutung und Gewalt schützen. Die Staaten sollen dafür sorgen, dass Kinder nicht mehr verhungern, keine Kinderarbeit leisten müssen und nicht misshandelt werden. Die Umsetzung der Konvention geht sehr langsam, sodass es auch heute noch Gewalt und Ausbeutung der Kinder gibt.

Klienten: (Lat. = Anhänger, Schützling) Der → Patrizier sorgte für seine Klienten und vertrat sie vor Gericht oder anderen Stellen. Dafür wählten sie ihn in politische Ämter und erledigten kleine Aufgaben.

König: Alleiniger Herrscher eines Landes, seine Herrschaft wurde oft mit der Einsetzung durch einen Gott oder durch Götter begründet.

Kolonien: (von Lat.: *colonus* = Bebauer, Ansiedler) Zahlreiche griechische Stadtstaaten litten unter Überbevölkerung und Hungersnöten. Deshalb wanderten seit 750 v. Chr. viele Griechen aus. Sie besiedelten die Küsten des Mittelmeeres und des Schwarzen Meeres und gründeten dort neue Städte (Kolonien).

Konflikt: (Lat. = Auseinandersetzung, Streit) Zwischen zwei Menschen oder in einer Gruppe (Freunden, Familie, Schulklasse) kann es zu Konflikten kommen. Dabei stoßen Menschen mit unterschiedlichen Wünschen, Bedürfnissen und Meinungen aufeinander. Jeder will seinen Willen durchsetzen. Es gibt verschiedene Möglichkeiten, einen Konflikt zu lösen, z. B., eine Abstimmung oder ein Kompromiss (Übereinkunft).

Konkurrenz: → Wettbewerb

Konsuln: Die beiden obersten Beamten in der Römischen Republik. Sie wurden von der Volksversammlung für die Dauer eines Jahres gewählt.

Kontinent: (Lat.: *continens* = zusammenhängend) Festlandmassen im Gegensatz zu Meeren und Inseln. Die sieben Kontinente (Erdteile) sind: Afrika, Antarktis, Asien, Australien, Europa, Nord- und Südamerika.

L

Legionäre: Die römischen Soldaten wurden „Legionäre" genannt. Sie waren Angehörige einer Legion, die aus etwa 4000 bis 6000 Soldaten bestand.

Limes: (Lat. = Grenzweg) In Obergermanien war der Limes ein → Palisadenzaun (Holz), dahinter befand sich ein Graben. Im 2. Jahrhundert n. Chr. wurde in Rätien eine Mauer mit Wachttürmen gebaut. Verteidigt wurde die Reichsgrenze durch Truppen, die hinter dem Limes in → Kastellen oder Legionslagern untergebracht waren.

M

Massentourismus: Form des Fremdenverkehrs (Tourismus), bei dem sehr hohe Gästezahlen erreicht werden. In der Regel verändert sich das Landschaftsbild durch die großen Besucherströme (z. B. Bau von Straßen, Hotels, Freizeiteinrichtungen) und es kommt zu einer stärkeren Umweltbelastung.

Meridian: Halbkreis im Gradnetz der Erde, welcher vom Nord- zum Südpol verläuft. Es gibt 360 Meridiane.

Metallzeit: Um 3000 v. Chr. setzte sich die Bronze bei der Verarbeitung für Waffen, Werkzeuge und Schmuck durch. Ab 800 v. Chr. begann in Europa die Eisenzeit. Waffen und Geräte wurden nun aus Eisen hergestellt.

Metöken: (Griech. = Mitbewohner). Bewohner Athens, die vor allem im Handwerk und Handel tätig waren. Obwohl sie keine Sklaven waren, durften sie nicht an der Volksversammlung teilnehmen oder Land besitzen.

Mumie: Leichnam, der durch besondere Verfahren vor der Verwesung bewahrt wurde (Ägypten) oder über lange Zeit in einem Moor / Gletscher luftdicht abgeschlossen war.

Mutterstadt: Ausgangspunkt der griechischen → Kolonisation. Mutter- und Tochtergemeinde blieben politisch, religiös und kulturell meist eng verbunden.

N

Neandertaler: 1865 wurde im Neandertal bei Düsseldorf ein Skelett mit menschenähnlichem Aussehen gefunden.

Sein Alter wird auf 60 000 Jahre geschätzt. Wissenschaftler vermuten, dass der Neandertaler kein Vorfahr des heutigen Menschen gewesen ist, sondern der Vertreter einer Nebenlinie.

Neolithische Revolution: In der → Jungsteinzeit änderte sich das Leben der Menschen grundlegend. Sie lebten nicht nur vom Sammeln und Jagen, sondern ernährten sich von Ackerbau und Viehzucht. Sie wurden → sesshaft und wohnten in festen Siedlungen. Diese durchgreifende Änderung der Lebensweise wird „Neolithische Revolution“ genannt.

Nildelta: Flussmündung des Nil, die durch Ablagerung (Sedimentation) von Material entstanden ist und durch einen dreiecksähnlichen Grundriss gekennzeichnet ist; der angeschwemmte Boden ist sehr fruchtbar und gut für die Landwirtschaft nutzbar. Das Wort „Delta“ stammt von dem griechischen Buchstaben *delta*. Dieser Buchstabe sieht aus wie ein (gleichschenkeliges) Dreieck, dessen Spitze nach oben zeigt.

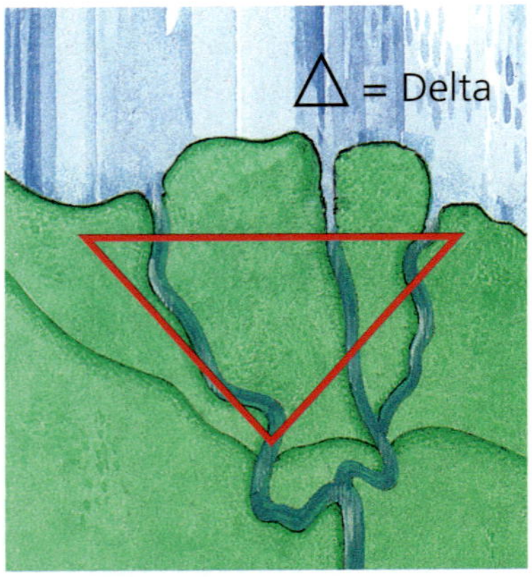

Nomade: Viehhalter, der mit der Herde umher zieht, da die Futtergrundlage infolge der Trockenheit nicht für eine Dauernutzung ausreicht. Die Jäger und Sammler der → Altsteinzeit waren gezwungen, dem wandernden Wild nachzuziehen und Gebiete aufzusuchen, in denen es ausreichend pflanzliche Nahrung gab. Deshalb hatten sie keinen festen Wohnsitz und lebten als Nomaden.

O

Oase: Ort in der Wüste, der aufgrund seines Wasservorkommens (Quelle) bewachsen ist und landwirtschaftlich genutzt werden kann.

Olymp: (Griech.: *olympus*) Gebirge im Norden Griechenlands; es ist bis 2911 Meter hoch. Nach der Vorstellung der alten Griechen lebten auf den Gipfeln des Olymps die griechischen Götter.

Olympische Spiele: Sportliche Wettkämpfe, die zu Ehren des Göttervaters Zeus in Olympia veranstaltet wurden. 293-mal (von 776 v. Chr. bis 393 n. Chr.) konnten die Spiele in ununterbrochener Reihenfolge stattfinden. Danach wurden sie durch den römischen Kaiser Theodosius verboten. Der Franzose Baron de Coubertin rief sie 1896 wieder ins Leben.

Ortszeit: direkt vom Sonnenstand an einem Ort bestimmte Zeit; sie ist für alle Orte auf demselben Meridian gleich.

P

Papyrus: Sumpfgras an den Ufern des Nil. Aus der Staude stellten die Ägypter den Vorläufer des Papiers her.

Patrizier: (Lat.: *patres* = Väter). Die wohlhabenden römischen Bürger, die dem Adel entstammten und durch ihre → Klienten in die verschiedenen politischen Ämter gewählt wurden.

Pharao: Titel der ägyptischen → Könige. Der Begriff bedeutet „großes Haus“.
Der Pharao war als Alleinherrscher der oberste Herr aller Menschen am Nil. Ihm gehörten nicht nur das Land, sondern auch die Menschen und Tiere, die darin lebten. Es gab auch einige Frauen auf dem Pharaonenthron. Wie der Pharao wurde auch die Königin als Gottheit verehrt.

Planet: Himmelskörper, der sich auf einer festen Bahn um die Sonne bewegt.

Plebejer: (Lat.: *plebs* = Menge, Masse) freie Bauern, Handwerker, Händler und Kaufleute in Rom, die nicht zum römischen Adel gehörten und häufig Kriegsdienst leisten mussten

Polarkreis: Breitenkreis in 66,5° nördlicher bzw. südlicher Breite. An den Polarkreisen ist zu den Zeiten der Sonnenwende 24 Stunden lang Tag oder Nacht.

Polis: (Griech. = Burg, Stadt; Mehrzahl: *Poleis*) Bezeichnung für die im alten Griechenland selbstständigen Stadtstaaten, z. B. Athen, Sparta, Korinth. Die Einwohner einer Polis verstanden sich als Gemeinschaft. Sie waren stolz auf ihre politische Selbstständigkeit und achteten darauf, wirtschaftlich unabhängig zu bleiben.

Provinz: alle Besitzungen des römischen Staates außerhalb der Halbinsel Italien hießen Provinzen

Pyramide: Bezeichnung für Grab- und Tempelformen verschiedener Kulturen; in Ägypten mächtige Königsgräber für den → Pharao. Die größte ist die Cheopspyramide (erbaut etwa 2550 v. Chr.).

Q

Quellen: Überreste und Überlieferungen aus der Vergangenheit; wir unterscheiden drei Quellenarten: Sachquellen, Bildquellen und Schriftquellen. Hinzu kommen mündliche Überlieferungen z. B. durch Zeitzeugen (Eltern, Großeltern, …).

R

Republik: (von Lat.: *res publica* = die öffentliche Sache) Der Begriff „Republik" steht für eine Staatsform, in der das Volk oder ein Teil des Volkes die Macht ausübt.

Rohstoff: Ausgangsmaterial, z. B. Kohle, Erdöl, Holz, Salz, Steine und Erden, zur Herstellung neuer Produkte; Rohstoffe kommen nur in begrenzten Mengen vor, können sich in den meisten Fällen nicht selbst erneuern (regenerieren) und werden immer knapper. Durch Recycling (Wiederaufarbeitung) kann man Rohstoffe sparen.

Römische Republik: Angelegenheit aller Bürger; zunächst hatten aber die → Patrizier alle Macht, die sie erst nach langen Kämpfen mit den → Plebejern teilten. Keine Bürgerrechte hatten Frauen und Sklaven.

Romanisierung: Häufig übernahmen die besiegten Völker die römische Lebensweise, indem sie sich z. B. kleideten, ernährten, wohnten wie die Römer. Auch in der Bauweise ihrer Häuser ahmten sie das römische Vorbild nach.

S

sanfter Tourismus: (nachhaltiger T.) soll dazu beitragen, eine touristische Entwicklung im Einklang mit den Belangen des Natur- und Umweltschutzes zu fördern

Savanne: Grasland der tropischen Klimazone, welches stark durch den Wechsel von Regen- und Trockenzeiten beeinflusst wird. Die Dauer der Regenzeit bestimmt die Zusammensetzung der Vegetation (Pflanzen). Man unterscheidet Dorn-, Trocken- und Feuchtsavannen.

Senat: (Lat.: *senex* = Greis) Rat der Ältesten, eigentliches Regierungsorgan in der → Römischen Republik

Sesshaftigkeit: Der Übergang von der → Altsteinzeit in die → Jungsteinzeit war dadurch gekennzeichnet, dass die Menschen nicht mehr als nomadisierende → Jäger und Sammler umherzogen, sondern sich an festen Plätzen niederließen, Häuser bauten sowie Ackerbau und Viehzucht betrieben.

Sippe: Bei den Germanen hieß die Großfamilie „Sippe". Alle durch Abstammung oder Eheschließung verwandten Menschen bildeten eine Gemeinschaft, die z. B. bei Konflikten gemeinsam handelte.

Sklaven: unfreie Menschen, die zur Verrichtung von Arbeiten eingesetzt wurden; im Altertum waren Sklaven zumeist Kriegsgefangene oder deren Nachkommen. Sklaven konnten wie eine Ware gekauft und verkauft werden.

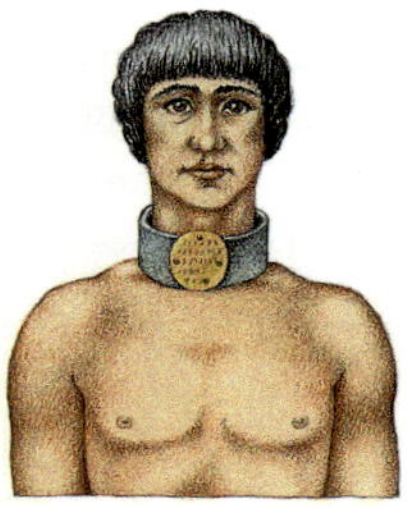

Staat: Als „Staat" wird eine Form des Zusammenlebens bezeichnet, bei der eine Gruppe von Menschen – das Volk – in einem abgegrenzten Gebiet nach einer bestimmten Ordnung lebt. Der ägyptische Staat gilt als einer der ersten Staaten.

Stadtstaat: Staat, der nur das Gebiet einer Stadt, z. B. Rom, umfasst

Stamm: „Stamm" heißt in der Völkerkunde eine lose Gruppierung benachbarter Siedlungsgemeinschaften von Familien und → Sippen. Sie haben in ihrer Lebensweise viele Gemeinsamkeiten.

Stand: abgeschlossene Gruppe in einer Gesellschaft; die Mitglieder einer Gruppe bestimmen sich durch Geburt, Vermögen oder unterschiedliche Rechte.

T

Toleranz: Eigenschaft eines Menschen Arten von Anderssein und Andershandeln (Meinungen, Werte und Verhaltensweisen) bei anderen Menschen nicht abzulehnen

Totengericht: Wie die Menschen der → Jungsteinzeit glaubten auch die Ägypter an ein Weiterleben der Menschen nach dem Tod. Neu ist in der ägyptischen Religion der Glaube an ein Totengericht: Danach müssen sich die Menschen nach ihrem Tod vor einem Gericht der Götter für ihre Lebensführung verantworten.

Transparenz: (aus dem Lateinischen: transparent = durchsichtig) Neben der eigentlichen Bedeutung für ein durchsichtiges Material wird das Wort „transparent" auch für Entscheidungsprozesse verwendet, die für alle Beteiligten nachvollziehbar („durchsichtig") sind.

Tribut: Leistungen, welche die von den Römern unterworfenen Völker bzw. die → Provinzen in Form von Naturalien oder Geldzahlungen erbringen mussten.

Tundra: baumlose Vegetationszone der Polargebiete mit Moosen, Flechten, Grasfluren und Zwergsträuchern. Die Sommer sind kurz und kühl (6 – 10°C), die Winter lang und kalt (unter – 8°C) mit einer Schneedecke bis zu 300 Tagen im Jahr. Charakteristisch ist der Dauerfrostboden (Permafrost).

U

Umweltschutz: alle Maßnahmen zur Erhaltung und Sicherung der Umwelt als natürlichen Lebensraum. Aktionen dafür werden z. B. in den Bereichen Abfallvermeidung, Artenvielfalt, Energie, Gewässer- und Klimaschutz durchgeführt.

UNICEF: (*United Nations Children's Fund*) Das 1946 gegründete Weltkinderhilfswerk der → UNO unterstützt Kinder und Mütter vor allem in den Bereichen Gesundheitsfürsorge, Familienplanung, Ernährung, Erziehung und leistet Soforthilfe in Notsituationen. Die Arbeit wird durch Spenden und die z. T. ehrenamtliche Arbeit der Mitarbeiter/-innen in fast 160 Staaten ermöglicht.

UNO: (Engl.: *United Nations Organization*) Die Vereinten Nationen sind eine Vereinigung fast aller Staaten der Erde mit den Zielen: Erhaltung des Weltfriedens und der internationalen Sicherheit sowie Schutz der → Menschenrechte.

V

Verfassung: Eine Verfassung legt fest, welche Aufgaben und Rechte die Bürger haben und wer den → Staat regiert. Sie kann eine „geschriebene Verfassung" sein, wie etwa das → Grundgesetz der Bundesrepublik Deutschland. Geschriebene Verfassungen gibt es erst seit etwa 200 Jahren.

Veto: das Recht, einen Einspruch (gegen einen Beschluss) einzulegen

Vorbild: (Idol, Model, Star) Person, die einen positiven Einfluss auf andere hat, da sie beispielhaft handelt, ein gutes Verhalten zeigt oder besonders erfolgreich ist; ein Vorbild kann jeder sein, da es davon abhängt, welche Eigenschaften oder Taten positiv gesehen werden, z. B. großer Bruder, Schulfreundin, bekannte Sportler, Musiker.

Vorratshaltung: Anlage von Vorräten (Lebensmittel, Wasser) für Not- und Dürrezeiten

Vorurteil: Häufig haben wir Vorstellungen und Meinungen über andere Menschen oder Völker, die gar nicht der Wirklichkeit entsprechen. Wir verallgemeinern etwas, was wir vielleicht einmal erlebt haben oder von anderen gehört haben. Manchmal ist es auch nur ein unbestimmtes Gefühl. Eine solche Meinung ist kein begründetes, sondern ein vorschnelles Urteil – ein Vorurteil.

W

Wendekreis: die beiden Breitenkreise, über denen die Sonne einmal im Jahr zum Zeitpunkt der Sommersonnenwende senkrecht steht, bevor sie wieder in Richtung → Äquator wandert; die Wendekreise liegen bei 23°27' nördlicher und südlicher Breite. An den Wendekreisen der Erde befinden sich einige große Wüsten.

Werkzeuge: Die Menschen der → Altsteinzeit stellten ihre Werkzeuge aus Waffen und Steinen, Knochen und Holz her. Ihr wichtigstes Gerät war zunächst der Faustkeil. Im Laufe der Zeit entwickelten sie zahlreiche Werkzeuge mit Spezialformen für verschiedene Aufgaben.

Wettbewerb: In vielen Lebensbereichen treten zwei oder mehr Bewerber in → Konkurrenz (von Lat.: *concurrere*) zueinander. Wenn politische Parteien, Sportler oder Unternehmen um eine bestimmte Sache kämpfen, handelt es sich um einen Wettbewerb. Unternehmen konkurrieren, um viele Kunden zu gewinnen, die die jeweiligen Produkte kaufen. Deswegen müssen sie bessere und kostengünstigere Produkte anbieten als ihre Konkurrenten. Dieser Wettbewerb ist eine wichtige Antriebskraft der Wirtschaft.

Z

Zeitzeuge: eine Person, die in der Zeit, die beschrieben wird, gelebt hat und das Geschehen selbst miterlebt hat

Sachregister

W

Z

*Die mit einem Sternchen markierten Begriffe werden auf der jeweils (zuerst) genannten Seite erläutert.

Textquellen

13 M2 Wirth, Christian: Schwebende Stange. http://www.spiele-wiki.org/wiki/Schwebende_Stange (Abruf 11.02.2011)

21 M7 http://schulministerium.nrw.de/BP/Schulrecht/Gesetze/SchulG_Info/schulgesetz.pdf. Schulgesetz von Nordrhein-Westfalen vom 01.01.2011, S. 16. Ministerium für Schule und Weiterbildung des Landes NRW, Düsseldorf (Abruf 09.05.2011)

22 M1 Berger-von der Heide u. a.: Politik entdecken Band 1. Berlin (Cornelsen Verlag) 2007, S. 36

23 M4 Zöller, Elisabeth: Und wenn ich zurückhaue? Carlsen Verlag GmbH, Hamburg Februar 2004, 9. Auflage, S. 51 f.

26 M1 Müller, Werner: Wenn die Fetzen fliegen. In: Schule aktuell, Nr.4/1996, S. 2 f., Ministerium für Bildung und Kultur des Landes Schleswig-Holstein (Hrsg.)

31 M3, M4 Zwiener, Susanne: www.kinderparlament-hilden.de. Stadt Hilden (Hrsg.)

32 Q1 Ziegler, Konrat Fürchtegott (Übers.): Plutarch, Zürich, Stuttgart (Artemis) 1954, S. 146

33 M2 Weeber, Karl-Wilhelm: Smog über Attika. Umweltverhalten im Altertum. Zürich, München (Artemis) 1990, S. 20 f.

34 Q1 Tarn, William: Die Kultur der hellenischen Welt. (Übers. von Gertrud Bayer) Darmstadt (Wissenschaftliche Buchgesellschaft) 1966, S. 302

35 Q2 Flaceliere, Robert: Griechenland. (Übers. von Edgar Pack) Stuttgart (Reclam) 1977, S. 97

38 Q1 Arend, Walter (Übers.): Geschichte in Quellen, Band 1, Altertum. München (BSV) 1970

39 Q2 Plutarch: Lykurgos 5 ff. (Übers. von Jochen Martin), zit. nach Geschichtsbuch 1. Berlin (Cornelsen Verlag) 1992, S. 78

40 Q1, Q2 Plutarch (Autor): Plutarch. Große Griechen und Römer. (Übers. von Konrat Fürchtegott Ziegler und Walter Wuhrmann) Zürich (Artemis) 1954

41 M1 Baltrusch, Ernst (Autor): Sparta – Geschichte, Gesellschaft, Kultur. München (C. H. Beck) 1998, S. 83 ff. [mit Auslassungen]

41 M2 Thommen, Lukas: Sparta. Stuttgart (J. B. Metzler) 2003, S. 141 [mit Auslassungen]

92 M4 Behn, Friedrich: Vorgeschichtliche Welt. Stuttgart (Klett-Cotta) 1962, S. 11 f.

110 M1 Müller-Jentsch, Ekkehard: Jugendschutz ist Glücksache. Süddeutsche Zeitung vom 05.01.2011, http://www.sueddeutsche.de/bayern/feldversuch-gluecksspiel-in-bayern-jugendschutz-ist-glueckssache-1.1042806 (Abruf 10.05.2011)

111 M3 Hartmann, Ulrich: Angst vor den Freunden. http://www.sueddeutsche.de/sport/bundesliga-manuel-neuer-als-profi-nach-muenchen-1.1087763-2 vom 20.04.2011 (Abruf 06.05.2011)

130 Q1 Zit. nach: Brackert, Helmut/Christ, Hannelore/Holzschuh, Horst (Hrsg.): Literatur in der Schule, Band 1, Mittelalterliche Texte im Unterricht. München (C. H. Beck) 1972 und 1976, S. 153 f.

136 M3 Zit. nach: Pleticha, Heinrich (Hrsg.): Deutsche Geschichte, Band 2. (Bearb. von Werner Dettelbacher) München (Bertelsmann Verlag) 1982, S. 213

137 Q1 Keutgen, Friedrich (Hrsg.): Urkunden zur städtischen Verfassungsgeschichte Berlin. Aalen (Scientia) 1965, S. 133

139 M4 Siegfried, Anita: Auf der Gasse und hinter dem Ofen. Düsseldorf (Sauerländer) 1995, S. 40

139 Q1 Lautemann, Wolfgang (Hrsg.): Weltgeschichte im Aufriss, Band 2. Frankfurt (Diesterweg) 1971, S. 73 f.

140 M4 Berger-von der Heide (Hrsg.): Entdecken und Verstehen GL/WK 2. Berlin (Cornelsen Verlag) 2007, S. 74

142 M3 Zit. nach: Seltmann, Ingeborg: Frauenleben, Frauenarbeit, in: Paxis Geschichte 2/1994. Braunschweig (Westermann) 1994, S. 37

143 Q1 Borst, Otto: Alltagsleben im Mittelalter. Frankfurt/M. (Insel Verlag) 1983, S. 213

143 Q2 Vogelsang, Reinhard (Bearb.): Franciscus Lubecus, Göttinger Annalen von den Anfängen bis zum Jahre 1588. Göttingen (Wallstein Verlag) 1994, S. 159

146 Q1a Eitel, Peter (Bearb.)/ Koppmann, Jan (Bearb.): Quellen zur Geschichte der Großen Ravensburger Handelsgesellschaft, 9. Lieferung, Ravensburg (Ravensburger Buchverlag) 1996, S. 11

146 Q1b Zit. nach: Horst Buszello: Die Hanse. Die Große Ravensburger Handelsgesellschaft. Die Fugger. Materialheft. Paderborn (Schöningh) 1983, S. 27

157 M3, M4 Petropulos, Kostas: Kinder als Glücksfall oder Störfaktor. http://www.zeit.de/gesellschaft/familie/2011-03/demografie-glueck. Zeit-online vom 30.03.2011 (Abruf 06.04.2011)

158 M3 Hoenecke, Christian: Differix Klassenbibliothek – Im Rollstuhl zur Schule. Berlin (Cornelsen Verlag) 2001, S. 2

163 M6 Maass, Harald: Die kleinen Hände können besser Zündschnüre stecken. Frankfurter Rundschau vom 08.03.2001

165 M6 Willinger, Ralf: Interview mit Jimmy. terre des hommes – Hilfe für Kinder in Not, www.tdh.de

167 M4 Hoelz, Max: Vom „Weißen Kreuz" zur „Roten Fahne", Jugend, Kampf und Zuchthauserlebnisse, Berlin 1929. Zit. nach: Emmerich, Wolfgang (Hrsg.): Proletarische Lebensläufe, Band 1. Reinbek (Rowohlt) 1974, S. 305–307 [leicht überarbeitet]

169 M4 Jahn, Dorothea: Kinderfest 2010 in Köln: „Respekt für Kinder". Stadt Köln, Amt für Kinder, Jugend und Familie. http://www.weltkindertag-koeln.de/index.php?id=59 (Abruf 06.04.2011)

170 M2, M3, 171 M4 Kinder haben eine Recht auf: „Gleichbehandlung", „Schutz vor Ausbeutung", „Schutz im Krieg". Köln (UNICEF Deutschland); http://www.younicef.de/fileadmin/Medien/PDF/F_0015_Kinder_haben_Rechte.pdf (Abruf 10.05.2011)

171 M5 Pressemitteilung vom 23.07.2007: Kinderrechte in Dürkcity thematisiert. Stadtverwaltung Bad Dürkheim; http://www.bad-duerkheim.de/html/Pressearchiv/Kinderrechte_in_Duerk-city_thematisiert.htm

179 Q1 Assmann, Jan (Hrsg. und Übers.): Ägyptische Hymnen und Gebete. Zürich, München (Artemis) 1975, S. 500

179 Q2 Horneffer, A. (Übers.). Neu hrsg. und erl. von Haussig, Hans Wilhelm. Mit e. Einl. v. W. F. Otto: Historien/Herodot. Stuttgart (Kröner) 1971, 4. Aufl., S. 104

184 Q1 Helck, Wolfgang (Textedition): Die Lehre für König Merikare. Kleine ägyptische Texte. Wiesbaden (Verlag Otto Harrassowitz) 1977
189 Q1 Brunner, Helmut (Übers.): Ägyptische Weisheit. Lehren für das Lernen. München, Zürich (Artemis) 1988
214 M3, 215 M4 http://www.ruhrtalradweg.de/ruhrtalradweg_1. Oberhausen (Arbeitskreis RuhrtalRadweg, RTG Ruhr Tourismus GmbH) (Abruf 10.05.2011)
220 Q1 Guggenbuhl, Gottfried: Quellen zur allgemeinen Geschichte, Bd. 2, Zürich (Schulthess) 1954, S. 264
225 M3 Politik und Unterricht: Medien 1/2002, Stuttgart (Landeszentrale für Politische Bildung Baden-Württemberg) S. 33, [red. bearb.]
227 M3 Politik und Unterricht: Medien 1/2002, Stuttgart (Landeszentrale für Politische Bildung Baden-Württemberg) S. 15
228 M1 Jugendmedienstudie JIM 2009: Ich informiere mich zum Thema … am häufigsten im … . Stuttgart (Landesamt für Kommunikation Baden-Württemberg (LFK), www.mpfs.de) 2009, S. 13
229 M3 Im Frühjahr 2010 nutzten 49 Millionen Menschen ab 14 Jahren wenigstens gelegentlich das Internet. (ZDF-Pressestelle) http://www.ard-zdf-onlinestudie (Abruf 12.04.2011)
230 M2 studiVZ & Co: Meine Daten im Internet. Düsseldorf (Verbraucherzentrale Nordrhein-Westfalen e.V./www.checked-4you.de); http://www.checked4you.de/UNIQ130500961431845/communities und: Wenn Gratis-Spiele doch Geld kosten. Düsseldorf (Verbraucherzentrale Nordrhein-Westfalen e.V./www.checked4you.de)
http://www.checked4you.de/UNIQ130501097531845/vorsicht_gratisspiele (Abruf 03.05.2011)
234 M3 Stöcker, Christian: Man wird nicht Amokläufer, weil man ein brutales Computerspiel gespielt hat. Hamburg (Spiegel Online GmbH) vom 16. 01.2011 (Auszug). http://www.spiegel.de/netzwelt/games/0,1518,739509,00.html (Abruf 12.04.2011)
237 M6 Amazon baut Logistikzentrum in Rheinberg. Hamburg (DVV Media Group GmbH) vom 28.02.2011 (Auszug); http://www.dvz.de/news/logistik/artikel/id/amazon-baut-logistikzentrum-in-rheinberg.html (Abruf 14.04.2011)
246 Q1 Polybios (Autor): Geschichte, Band 1. (übers. von Hans Drexler) München (Artemis) 1961, S. 11
248 Q1 Veh, Otto (Übers.): Appian von Alexandria. Römische Geschichte. Stuttgart (Anton Hiersemann Verlag), zitiert nach: Praxis Geschichte 6/1998. Braunschweig (Westermann) o. J., S. 28
248 M2 Bleicken, Jochen: Geschichte der römischen Republik. München (Oldenbourg) 1980, S. 58
251 Q1 Pohlenz, Max: Stoa und Stoiker. Düsseldorf (Artemis & Winkler) 1964, S. 265
252 Q1 Arend, Walter (Bearb.): Geschichte in Quellen, Band 1, Altertum. München (BSV) 1970, S. 527
254 M5 Carcopino, Jérome: Rom – Leben und Kultur in der Kaiserzeit. (Übers. von Edgar Pack) Stuttgart (Reclam) 1977, S. 247
256 Q1 Lindauer, Josef (Hrsg. und Übers.): P. Cornelius Tacitus, Germania. München (DTV) 1979
257 Q2 Lindauer, Josef (Hrsg. und Übers.): P. Cornelius Tacitus, Germania. München (DTV) 1979
258 M3 Westfälisches Landesmuseum (Hrsg.)/Glüsing, Peter (Autor): 2000 Jahre Römer in Westfalen. Mainz (Philipp von Zabern) 1989, S. 132
261 Q1 Arend, Walter (Bearb.): Geschichte in Quellen, Band 1, Altertum. München (BSV) 1975, S. 647
264 Q1 Plinius der Ältere, Naturalis Historia VI, 54 zit. nach: Cornelissen, Joachim; Ehrenfeuchter, Martin; Henzler, Christoph; Tocha, Michael; Winter, Helmut (Hrsg.): Mosaik. Der Geschichte auf der Spur, D1 Von der Vorgeschichte zum Mittelalter, Übersetzung vom Verfasser, München (Oldenburg Schulbuchverlag) 1. Auflage 2008, S. 53
268 Q1 Isokrates (Autor)/Drees, Ludwig (Übers.): Olympia. Götter, Künstler und Athleten. Stuttgart (W. Kohlhammer GmbH) 1967, S. 68
268 Q2 Kleinknecht, Wolfgang/Krieger, Herbert (Hrsg.): Materialien für den Geschichtsunterricht: Das Alterum. Frankfurt/M. (Diesterweg) 1982, S. 72
270 Q1 Lindauer, Josef (Hrsg. und Übers.): P. Cornelius Tacitus, Germania. München (DTV) 1979
274 Q1, Q2 Arend, Walter (Bearb.): Geschichte in Quellen Band 1, Altertum. München (BSV) 1980, S. 599
276 Q1 Lindauer, Josef (Hrsg. und Übers.): Tacitus, Annalen II. Ebenhausen bei München (Langewiesche-Brandt) o. J., S. 52
277 Q2 Arend, Walter (Bearb.): Geschichte in Quellen, Band 1, Altertum. München (BSV) 1965, S. 667
283 M2 Wahba, Annabel: Leben in zwei Welten. Hamburg (Zeit Online GmbH) vom 06.07.2007 (Auszug). http://www.zeit.de/2007/28/Pendlerkind-28 (Abruf 10.05.2011)
300 M2 Bundesverband deutscher Banken (Hrsg.): Im Kreislauf der Wirtschaft. Köln 2005, S. 18–19
305 M4 Leue, Vivien; dpa/jol: Selbstverzwergung gilt nicht. Hamburg (Spiegel Online GmbH) vom 24.03.2011 (Auszug); http://www.spiegel.de/karriere/berufsleben/0,1518,746029,00.html (Abruf 03.05.2011)
307 M5 Caritas: Integration bedeutet Anstrengung – doch das ist okay. Freiburg (Deutscher Caritasverband e.V.) 09.10.2009; http://www.caritas.de/57942.html (Abruf 10.05.2011)

Bildquellen

action press, Hamburg: 174 M5; agrarpress, St. Goar: 115 M2 li. (1) (W. Schiffer); akg-images: 4 (1; Wh. 126), 5 (1; Wh. 240/241), 35 M3 (Peter Connolly), 41 M3 (Erich Lessing), 76/77 o., 81 M6, 81 M8, 93 M5, 122 M2 (2, 3), 126; 142 M2, 144 M1, 145 M3, 145 M4 (Erich Lessing), 148 M3 (British Library), 183 M3, 192 M3 (James Morris), 194/195 M1, 281 M4 (Bildarchiv Steffens), 240/241, 275 M2, 275 M3; Michael Ammann/Baaske Cartoons Müllheim: 229 M2; AP/Luis Elvir: 164 M1; York Arend, Berlin: 69 M4, 205 M5, 282 M1; Archiv Weber-Kellermann, Marburg: 82 M1 (2); Arco Images GmbH, Lünen: 321 o. re.; argus Fotoagentur, Hamburg: 67 M2 (3) (Schwarzbach), 297 M6 (Mike Schroeder); Artemis Verlag, Zürich: 270 M3; 277 M2; Ashmolean-Museum, Oxford: 34 M1; Astrofoto, Sörth: 267 M2; Klaus Becker, Oberursel: 260 M2; Thomas Berger-von der Heide, Göttingen: 317 M4; Berliner Wasserbetriebe: 203 M4; Christoph Berten, Berlin: 17 M4 (1–4), 304 M1 o. li. + o. re.; Volkhard Binder, Berlin: 74 M1; © Blauel/Gnamm – ARTOTHEK: 148 M2; Helmut Bold, Leipzig: 81 M7; bpk-images: 141 M7, 143 M4; 182 M1, 187 M3, 188 M1, 221 M4, 242 M1 (Scala), 252 M2, 262 M3 (Herbert Kraft), 269 M3 (Antikensammlung SMB/Johannes Laurentis), 274 M1 (Scala); Bridgeman Berlin: 140 M2, 140 M3, 141 M5, 141 M6; Gerhard Brinkmann: 227 M6British Library, London: 220 M2, British Museum, London: 189 M4, 269 M4; © Brösel 2010, www. werner.de: 302 M1; Carlsen Verlag GmbH, Hamburg: 23 u. li.; Catherine Loizenau: „Antike – Die Welt der Ägypter, Griechen und Römer", ars edition München 2007, die Originalausgabe ist 2006 bei Bayard Edition Jeunesse unter dem Titel „Les Mondes Antiques" erschienen. © Groupe Bayard, Toulouse: 278/279; CCC, www.c5.net: 297 M5 (Jim Unger), 303 M3 (Horst Haitzinger); Christian-Albrecht-Universität, Schleswig: 258 M1; Coppenrath Verlag: 212 M2; Cornelsen Verlagsarchiv: 59 M8, 73 M4, 74 M5, 110 o. li., 111 u. re., 122 M2 (1), 164 M4, 235 M6; Das Luftbild-Archiv, Wennigsen: 201 M4; DB AG – BahnimBild/Lautenschläger: 64 M1; Deutscher Kinderschutzbund e. V. (DSKB), Berlin: 172 M2; Deutsches Kinderhilfswerk e. V., Berlin: 173 M5; DIE ZEIT, vom 04.05.2006/Grafik: Wolfgang Sischke: 306 M3, 307 M4; Volker Döring, Hohen Neuendorf: 64 M2; Dortmunder Stadtwerke: 201 M3; © Düsseldorf Marketing und Tourismus: 286 M1, 287 M6; Ehapa Verlag Berlin, © Les Editions Albert René/Uderzo – Goscinny, Paris: 252 M1; Emschergenossenschaft, Essen: 205 M3, 205 M4; Eventpress/Herrmann: 168 M2; Focus/SPL: 56 M1; Fotoarchiv St. Annen – Die Lübecker Museen/Foto: H. Jäger: 138 M2; fotolia: 218 o. M. (© Timo Darco), 219 o. re. (© Szerdahelyi Adam); © P. Frankenstein, H. Zwietasch/Landesmuseum Württemberg, Stuttgart: 99 M5; Getty Images/Bonnie Timmons: 109 M5; Jürgen Grabowski, Berlin: 304 M1 u. li.; Grindelwald Tourismus: 206 M1, 206 M2 li., 207 M3, 208 M2, 217 M6; Grohe Deutschland Vertriebs GmbH, Porta Westfalica: 202 M2; Gutenberg-Museum Mainz: 221 M3; Haidhausen-Verlag Grafik.PR Werbung GmbH, Herten: 112 M1; © HAMBURG WASSER: 202 M1; Lutz Hannemann, Potsdam: 72 M1; Peter Hartmann, Berlin: 324 re.; Bärbel Heerwig, Ellerbek: 210 M1; Sabine Held-Erhardt, Kehl: 11 M3, 13 M4, 22 M1 (1–2); Ch. Hoenecke, Berlin: 158 M2, 159 M4, 159 M5; Ernst Hürlimann: 108 M1; Institut für Ur- und Frühgeschichte und Archäologie des Mittelalters, Abteilung Ältere Urgeschichte und Quartärökologie, Tübingen/Nicholas J. Conard: 86 M2; Interfoto/Science Society: 178 M2; Prof. Dr. H. Jacobeit, Fürstenberg/Havel: 167 M5; KNA Katholische Nachrichtenagentur, Bonn: 174 M4; Christine Keitz, Berlin: 277 M5; © Kindernothilfe: 172 M1 (Hartmut Schwarzbach), 173 M4 (Bildschön-Schumacher); Kinderparlament, Hilden: 31 M5; W. Klaeber, Rangsdorf: 115 M2 re. (1); Torsten Kollmer/SOS-Kinderdorf e. V., München: 173 M3; Hans-Peter Konopka, Rechlinghausen: 83 M1; Kurverwaltung Wangerooge: 210 M2, 212 M3; 213 M6, 217 M7; Landesamt für Denkmalpflege und Archäologie Sachsen-Anhalt/Karol Schauer: 107 M2; Landesamt für Kommunikation Baden-Württemberg (LFK), Stuttgart (www.mpfs.de, Jugendmedienstudie JIM 2009, S. 13: 228 M1; Landtag NRW/Foto: B. Schälte: 286 M2; Limesmuseum Aalen: 262 M1; Jürgen Liepe, Berlin: 189 M2; Reinhold Löffler, Dinkelsbühl: 227 M4; LOOK-Foto: 118 M1 (Karl Johaentges), 296 M4 (Heinz Wohner); Henning Lüders, Berlin: 109 M4; Luftbild Krug, Heidelberg: 205 M6; Luftseilbahn Grindelwald Phingsegg AG: 202 M2 re. o.; LVR Landesmuseum Bonn: 113 M4; Martin von Wagner-Museum der Universität Würzburg: 34 M2; Wolf-Rüdiger Marunde, Trebel: 292 M1; Mauritius Images: Titelfoto (Hans-Peter Merten); Ludwig Meier, Regensburg: 165 M7; MTV: 306 M1 u. li.; Jörg Müller, Biel: 138 M1, 139 M3; NASA: 52 M1, 53 M3; Jürgen Neumann, Grevenbroich: 289 M6; Niedersächsisches Landesmuseum Hannover: 3 (3),76 M. (Wh. 96 M1), 80 M2, 124 M2, 258 M2, 262 M2; Nummer gegen Kummer e. V., Wuppertal: 23 o. (Logo); Ny-Carlsberg-Glyptothek, Kopenhagen: 183 M2; Oberösterreichisches Landesmuseum Linz/Foto: F. Gangl, Hellmonsödt/A.: 142 M1; Photo Scala, Florence: 242 M2, 243 M4, 269 M2, 270 M2; 277 M3, 280 M2, 281 M3; picture-alliance: 4 (3; Wh. 176/177, 4; Wh. 218/219), 67 M2 (2) (OKAPIA KG, Germany), 72 M2 (Eibner-Pressefoto), 160 M4 (BSIP/Lissac), 176 u. (picture-alliance/Arved Gintenreiter), 177 u. (allOver/VSL), 218/219 Hintergrund (abaca), 238 M3 (KEYSTONE), 253 M4 (united archives), 289 M3 + M4 (Rainer Hackenberg), 291 M3 (Horst Ossinger), 306 M1 o. li. (Sven Simon), 306 M1 u. re. (SCHROE'WIG/Eva Schroeder-Oertwig), 311 M5 (chromorange); picture-alliance/akg-images: 35 M4 (Erich Lessing), 38 M2, 52 M2 (RIA Nowosti), 113 M3, 130 M1, 146 M2, 218 u. M. (Erich Lessing), 255 M7 (Hilbich); picture-alliance/Arco Images GmbH: 80 M4, 80 M5, 90 M2, 248 M1, 272 u. li.; picture-alliance/Bildagentur Huber: 5 (2; Wh. 272 re.), 116 M2, 192 M1, 192 M2, 197 M6, 272 o. li. (Gräfenhain), 272 re. (R. Schmid); picture-alliance/dieKLEINERT.de: 25 M5 (Paul Carlsen), 120 M1 (Martin Guhl), 230 u. li. (Alfred Schüssl), 236 M1 (Arnold Metzinger), 316 M2 (Martin Guhl); picture-alliance/dpa © dpa: 16 M1, 29 M5, 85 RS (3) (Wissenschaftliche Rekonstruktion: W. Schnaubelt/N. Kieser (Wildlife Art) für Hessisches Landesmuseum Darmstadt), 106 M1, 117 M5, 164 M4, 169 M3, 176 o., 206 M2 re. u., 218 o. li., 301 M5; picture-alliance/dpa © dpa-Bildarchiv: 85 RS (1 + 2) (Wissenschaftliche Rekonstruktion: W. Schnaubelt/N. Kieser (Wildlife Art) für Hessisches Landesmuseum Darmstadt), 162 M2, 254 M1, 293 M3 Mitte; picture-alliance/dpa © dpa-Fotoreport: 164 M2, 165 M5, 237 M5 li., 316 M3; picture-alliance/dpa © dpa-Report: 4 (2, Wh. 150/151), 8/9, 93 M6, 103 M4, 117 M3, 150/151, 169 M5, 226 M2, 237 M3 re., 299 u. (Waltraud Grubitzsch), 306 M1 o. re.; picture-alliance/dpa/dpaweb © dpa: 5 (3; Wh. 298/299), 28 M1, 298/299 (Stephanie Pilick); picture-alliance/dpa/dpaweb © dpa-Fotoreport: 283 M4; picture-alliance/dpa/dpaweb © dpa-Report: 46 M2, 92 M2, 162 M1; picture-alliance/dpa Grafik © dpa Grafik: 231 M5; picture-alliance/dpa-infografik © dpa-infografik: 121 M4, 125 M6, 305 M3, 310 M2, 310M3; picture-alliance/Globus Infografik © Globus Infografik: 175 M7; 200 M1, 283 M3, 305 M2, 306 M2; picture-alliance/Godong: 161 M5 (www.relivision.com/Philippe Lissac), 161 M6 (Philippe Lissac), 161 M7 (www.relivision.com); picture-alliance/Rheinisches Landes-Museum-Bonn/WILD LIFE ART, Breitenau/WW: 86 M1; picture-alliance/Robert Parigger/APA/picturedesk.com: 104 M2, 104 M3, 105 M5; picture-alliance/ZB © dpa: 28 M3; picture-alliance/ZB © dpa-Report: 67 M2 (1), 310 M1, 314 M1; picture-alliance/ZB © ZB: 156 M1 (Bernd Settnik); picture-alliance/ZB © ZB-Fotoreport: 67 M2 (4) (Peter Förster), 76/77 u., 80 M3, 121 M3, 204 M1, 206 M2 re. M.; picture-alliance/ZB/euroluftbild.de: 48 M2; Thomas Plaßmann, Essen: 239 M5, 301 M3, 308 M1; © planetobserver.com: 53 M4; Project Photos, Augsburg: 113 M5, 304 M1 u. li.; Rolf Puller, Düsseldorf: 82 M1 (b, d); Rheinisches Bildarchiv Köln, rba_033512): 296 M3; Roemer- und Pelizaeus-Museum, Hildesheim/Foto: Sh. Shalchi: 184 M1 (Oberteil des Sarges von Tutanchamun), 184 M2 (PM 374, Detail) , 185 M3 (PM 53a), 185 M4 (Strichzeichnung Insignien), 186 M1 (PM 2407), 188 M2 (PM 19, PM 20), 190 M1 (Strichzeichung Relief aus Grab des Senedjem-ib), 191 M2 (Strichzeichung Schrift), 193 M4 (PM 1954, Detail, Sarg des Djed-Bastet-iuef-anch), 216 M2 (PM 2970, Kultkammer Uhemka, Detail, Umzeichnung der Szene); Roemer- und Pelizaeus-Museum, Hildesheim/ Foto: Bettina Schmitz: 186 M2 (Wandrelief aus dem Grab des Ramose); Römisch-Germanisches Zentralmuseum, Mainz: 254 M3; Klaus Rohmeyer, Ottersberg: 46 M1, 213 M5; Ingetraut Roller, Bad Homburg: 210 M4; Ruhr-Tourismus, Oberhausen: 214 M1, 214 M2, 215 M5; Sammlung Bauer-Schuster, Hartkirchen: 18 M1; Anette Schamuhn, Berlin: 108 M2; © Roger Schmidt, Brunsbüttel: 233 M4; Wulf Schmidt-Wulffen, Hannover: 123 M6, 175 M6; Michael Seifert, Hannover: 82 M1 (e); Shutterstock | Blend Images: 309 M5; Andrea Soest, Berlin: 115 M2 li. (2, 3), 115 M2 re. (2, 3); Spiegel Verlag, Hamburg (DER SPIEGEL 19/2005): 311 M6; Stadt Bad Dürkheim: 171 M4; Stadt Düsseldorf – Vermessungs- und Liegenschaftsamt – Lizenz-Nr. 25 2011: 287 M5; Olaf Staschik, Hilden: 31 M5; Stiftung Schleswig-Holsteinische Landesmuseen Schloss Gottorf, Schleswig: 260 M1; © Süddeutscher Privatbesitz: 131 M2; terre des hommes Deutschland e. V.: 173 M6; Tessloff-Verlag, Nürnberg/Illustration von Frank Kliemt aus WAS IST WAS, Band 62, Titel: Die Germanen: 257 M2 (Wh. 270 M4); © TOM – Thomas Körner, Berlin: 307 M6; ullstein bild: 82 M1 (c), 166 M1 (Archiv Gerstenberg), 213 M4 (Archiv Gerstenberg); Ulmer Museum/Foto: Thomas Stephan: 93 M7; © UNICEF Deutschland: 168 M1 (Logo), 170/171 (Illustrationen), 170 M1 (Plakat), 174 M2 (Plakat), 328 li. (Logo); Paul Valerry, Lenzkirch: 159 M6; Johannes Völker, Geesthacht: 11 o. re., 284 M1, 284 M2, 285 M3, 285 M4, 292 M3 rechts + links; Prof. Dr. Weber-Kellermann, Marburg: 166 M2; Peter Wirtz, Dormagen: 3 (1+2), 8 u., 13 o. li., 20 M4, 44/45; Reinhard Wölfel, Tröstau: 198 M7 – M9; Freimut Wössner, Berlin: 301 M4; Your Photo Today: 67 M2 (5) (Superbild)

Nicht in allen Fällen war es möglich, die Rechteinhaber der Abbildungen ausfindig zu machen. Für eventuell entstandene Fehler oder Auslassungen bitten wir um Verständnis. Berechtigte Ansprüche werden selbstverständlich im Rahmen der üblichen Vereinbarungen abgegolten.

Erde: Politische Gliederung